U0598161

世界现代史的主线和体系

于沛 主编

中国社会科学出版社

图书在版编目(CIP)数据

世界现代史的主线和体系／于沛主编 . —北京：中国社会科学
出版社，2010.11

ISBN 978－7－5004－9121－7

Ⅰ.①世… Ⅱ.①于… Ⅲ.①世界史：现代史—研究

Ⅳ.①K15

中国版本图书馆 CIP 数据核字(2010)第 179197 号

策划编辑 郭沂纹
特约编辑 李庆红
责任校对 周 昊
封面设计 毛国宣
技术编辑 张汉林

出版发行 中国社会科学出版社
社 址 北京鼓楼西大街甲 158 号 邮 编 100720
电 话 010—84029450(邮购)
网 址 http://www.csspw.cn
经 销 新华书店
印 刷 新魏印刷厂 装 订 广增装订厂
版 次 2010 年 11 月第 1 版 印 次 2010 年 11 月第 1 次印刷
开 本 710×1000 1/16
印 张 20.25
字 数 341 千字
定 价 55.00 元

凡购买中国社会科学出版社图书，如有质量问题请与本社发行部联系调换
版权所有 侵权必究

前　言

第二次世界大战后，特别是20世纪80年代以来，所谓"当代人不修当代史"这一史家必遵的"通理"，已经被彻底摒弃，无论在国内还是在国外都是如此。现在，国别的、地区的，或是世界的现代史研究如雨后春笋，蓬勃发展，历史学的科学认识功能、社会功能进一步得到实现。在我国世界史学界，对"世界现代史"有两种理解，其一，指19世纪末20世纪初到第二次世界大战结束的历史；第二次世界大战结束后的历史，则被称为"世界当代史"。其二，指19世纪末20世纪初，直到第二次世界大战结束后的历史，一直延续到21世纪初。这种观点实际上是将世界现代史、世界当代史合为一体。本文集从标题到文章内容，都是在第二种意义上界定"世界现代史"的。在当代中国，历史研究要关注现实，要不断增强自己的社会责任感，自觉回答现实生活提出的重大理论问题，已经成为史家共识。正是在这样的背景下，我国的世界现代史研究自20世纪80年代进入迅速发展时期。据不完全统计，改革开放的30年间，已经有各种不同版本的"世界现当代史"著作20多种公开出版，至于世界现当代史研究论文就更多了，数以千计决不为过。我国的世界现当代史研究充满生机和活力，这不仅仅是我国世界历史学科发展的结果，这自然是重要的原因；同时我们也应更清醒地认识到，这也是时代的呼唤，是现代世界和中国社会发展的客观需求使然。

学习和研究世界现代史离不开具体的历史事实，不能脱离具体的历史过程，如资本主义发展到垄断阶段、十月社会主义革命、苏联社会主义道路的探索、凡尔赛—华盛顿体系下的西方世界、第二次世界大战及战后世界格局的演变、战后主要资本主义国家的发展变化、社会主义国家的改革与演变、亚非拉国家的独立和振兴、新中国成立及中国特色社会主义的理论与实践、20世纪的科学技术和文化等。然而，仅仅这些是不够的。因为了解"具体的历史事实和具体的历史过程"，远不是研究和学习世界现代史的全部内容，关键是要通过认识世界现代史的基本特征和总趋势，科学认识人类历史矛盾运动的发展规律。

马克思主义创始人由于坚持彻底的唯物史观，使他们在分析人类社会历史发展过程以及预见其发展的最终趋势时总是坚持规律性与特殊性的统一。马克思恩格斯在《共产党宣言》中分析了资产阶级与无产阶级的产生、发展和斗争的过程后得出的重要结论，"资产阶级的灭亡和无产阶级的胜利是同样不可避免的"①。马克思同时在《〈政治经济学批判〉序言》中指出，"无论是哪一个社会形态，在它所能容纳的全部生产力发挥出来以前，是决不会灭亡的；而新的更高的生产关系，在它的物质存在条件在旧社会胎胞里成熟以前，是决不会出现的"②。马克思主义创始人的上述结论，是坚持唯物史观的基本原理，通过对世界近代历史，特别是资本主义发展历史的特点和趋势的分析中得出的。这些关于社会历史发展的规律性认识，今天通过对世界现代史的学习和研究，我们会有更深刻的理解。马克思恩格斯的结论，不是抽象的概念的推论或演绎，而是建立在生动、丰富、真实的历史事实的基础上，无论是世界近代的历史，还是世界现代的历史，都充分证明了这一切。列宁说：马克思"是运用最彻底，最完整、最周密、内容最丰富的发展论去考察资本主义。自然，他也就是运用这个理论去考察资本主义的即将到来的崩溃和未来共产主义的未来发展"。列宁认为，"马克思丝毫不想制造乌托邦，不想凭空猜测无法知道的事情，马克思指出共产主义的问题，正像一个自然科学家已经知道某一新的生物变种是怎样产生以及朝着哪个方向演变才提出该生物变种的发展问题一样"③。列宁不是历史学家，而是无产阶级革命领袖，但他的上述论述，对于我们学习、研究世界现代历史具有重要的指导意义。历史研究从来就不

---

① 《马克思恩格斯选集》第1卷，人民出版社1995年版，第284页。
② 《马克思恩格斯选集》第2卷，人民出版社1995年版，第33页。
③ 《列宁选集》第3卷，人民出版社1995年版，第186—187页。

是史料的堆砌或整理，而是从历史与现实的结合上，揭示人类历史矛盾运动的规律性，只有这样，我们才有可能洞悉事物的本质及其发展的趋势。

从上述基本认识出发，当我们在撰写一部新的《世界现代史》教材，在进行必要的理论准备时，不能不把认真研究世界现代史的主线和体系提上日程，这是我们避免或就事论事；或割裂世界现代历史内在联系；或碎化世界现代历史科学体系；或食洋不化，照搬照抄西方学术观点的具体措施。探究世界现代历史的主线，有助于掌握客观历史真理的本质内容，这是撰写一部唯物史观为理论指导的《世界现代史》的基础和前提。在我国，研究世界现代史的理论体系的条件已经成熟了。改革开放30余年来，一支具有一定理论素养和坚实专业知识的世界现代史研究队伍已经形成；一批具有一定科学水平和社会影响的世界现代史著作相继问世。此外，自20世纪80年代以来，有关世界现代史的主线和体系的讨论始终在进行。早年发表在《历史研究》、《史学理论研究》和《世界历史》等刊物上的一些论著，作为中国世界史学发展历史上的重要一页，并不会随着时间的流逝而消失，对今天讨论世界现代史的主线和体系仍有重要的学术价值。学术的传承不应割裂，也不可能割裂，因此，本文集的作者由两大部分组成：第一部分，以现在的世界现代史课题组成员为主；第二部分，以活跃在20世纪80、90年代的史学家为主，本文集选收了6位教授多年前的作品。

前已述及，本文集是撰写《世界现代史》教材的阶段性成果，因此，这部文集的内容不仅仅是从理论上探究世界现代史的主线和体系，而且一些作者还结合自己的研究领域，通过具体的实证研究来表述如何认识现代历史研究中的主线和体系。在世界现代历史研究中，特别是研究和撰写《世界现代史》时，不能脱离中国史。但是，在具体的研究实践中，仍存在不少实际问题有待探讨。世界历史研究中的中国史，不应该成为这一研究的"点缀"，或可有可无的"附属"。实际上，世界历史进程中的不少问题，若脱离开中国历史，很难进行深入的、有说服力的阐释，反之亦然。中国历史是世界历史的有机组成部分，没有中国历史的世界史，是不完整的世界历史；但是，这绝不是说要将中国历史的所有内容，都移入到世界历史中。因此，我们更多的是在强调，从中国和世界的相互联系、相互影响，以及互动关系中，去研究和撰写世界史中的中国历史部分，本文集也选收了这方面的论文，就如何撰写世界现代历史进程中的"中国与世界"进行了积极的探讨。

为了繁荣和发展历史科学，在探讨世界现代史的主线和体系时，我们应当切实坚持百花齐放、百家争鸣的方针，提倡正常的理论争论和学术批评。对于不同的学术观点或学术是非，不应简单评判、宣布对错，而应通过摆事实、讲道理，心平气和地展开对话、讨论，使真理越辩越明，澄清模糊的或错误的认识，推动历史科学的进步。提倡不同学术观点、学术流派的争鸣和切磋，提倡说理充分的批评与反批评，不应仅仅停留在口头上。我们鼓励大胆探索，在实践中不断认识真理、发展真理。这部文集的编撰，即是在努力体现上述原则，用实际行动努力营造生动活泼、求真务实的学术环境。

无论是探讨世界现代史的主线和体系，还是撰写《世界现代史》教材，我们都要自觉继承并发展中国马克思主义史学的优秀传统，既反对西化，也反对僵化。我们同国际史坛保持密切的联系，从自觉汲取人类文明优秀成果的高度，有选择地借鉴外国史学的有益内容为我所用，但是，我们一定要建立自己独立的史学理论、原则和方法，我们要有自己的史学理论框架和话语系统。在这方面，老一辈的马克思主义史学家已经为我们做出了榜样。以郭沫若、吕振羽、范文澜、翦伯赞、侯外庐等为代表的一批历史学家致力于用唯物史观指导历史研究，用有中国特点、中国气派的经典力作为中国史学的发展开辟了一个新的时代。他们不仅对中国马克思主义史学，而且对当时党领导的革命斗争，也做出过重大贡献。今天，时代变了，中国和世界都发生了天翻地覆的变化，但是，中国马克思主义历史学家的责任和使命，在本质上并没有变化。在实施马克思主义理论研究和建设工程时，发展新的有中国特点的马克思主义史学，不仅有利于当代中国历史科学的发展，而且对建设有中国特色的社会主义具有重要的意义。愿本文集的出版，不仅有助于《世界现代史》教材的编撰，而且对发展中国马克思主义史学，也能做出力所能及的微薄贡献。

于　沛

2010 年 6 月 29 日

目　　录

关于"世界现代史"主线和体系的理论思考

于　沛

　　历史分期问题，历来是历史研究中的重大理论问题之一，同时也是历史研究实践中无法绕开的实际问题。可以说，任何一个研究者从开始思考、确立其选题时起，就不能不考虑这个问题，因为这是历史认识、历史价值判断的基础或前提。正因为如此，随着历史研究中的理论分析、理论描述日渐突出，历史分期问题也引起越来越多研究者的重视。回顾改革开放 30 年中国史学发展的历史，在中外历史研究中，都可清晰地看到这个不争的事实。

　　关于近代以来世界历史分期问题，我国学者提出有"社会形态转变论"或"经济类型转变论"，"政治变革论"、"社会形态更替论"或"社会发展质变论"，"意识形态先行论"，"资本主义整体论"，"世界整体论"，"较多国家代表论"，"社会经济发展论"，"社会生产力发展水平论"，"现代化主线论"、"三大部类综合关系论"等不同的观点。[①] 这些观点在研讨世界现代史的分期时，也有不同的表现。关于马克思主义社会形态理论，也有多种不同的阐释。例如，关于"三大社会形态"、"五大社会形态"的争论，认为"三大社会形态"是社会历史过程的"宏观"描述，而"五大社会形态"则是社会历史过程的"微观"描述。一些研究者不仅提出"社会历史发展道路是单线还是多线"的问题，而且还就这个问题提出以下六种观点：单线论、多线论、先单线后多线论、一元多线论、一般性与多样性统一论、常规与变异论等。这些不同的观点表明，历史分期问题的研究方兴未艾，有越来越多的研究者开始关注这个问题，这对推动当代中国历史科学的进步，无疑具有重要的意义。

---

　　① 　参见赵文亮《近 20 年来我国学术界关于世界近代史分期问题研究》，《史学集刊》2008 年第 1 期。

·　本文不拟对上述各种不同的观点进行评述和讨论，而仅从当代中国社会发展和中国历史科学的实际出发，并赋予其世界历史的眼光，就如何认识"世界现代史"的主线和体系略陈管见，以期引起学界同人的关注，不妥之处敬请指正。

一　划分时代的标准：马克思主义社会形态理论

关于"时代"，在不同的领域运用，往往会有不同的解释，有不同的含义。本文所谈及的时代，是指一定社会发展阶段的历史时代。"每一历史时代主要的生产方式和交换方式以及必然由此产生的社会结构，是该时代政治的和精神的历史所赖以确立的基础，并且只有从这一基础出发，这一历史才能得到说明。"① 这是对唯物史观的经典表述，在马克思看来，所谓"时代"，是指经济时代，以生产力和生产关系作为区分时代的主要标志。从这一基本认识出发，划分人类历史的时代，或科学地进行历史分期，只能以由社会基本矛盾决定的社会形态为划分标准。马克思主义创始人认为，"不是人们的意识决定人们的存在，相反，是人们的社会存在决定人们的意识"②。他们还认为，"下面这个原理，不仅对于经济学，而且对于一切历史科学（凡不是自然科学的科学都是历史科学）都是一个具有革命意义的发现：'物质生活的生产方式制约着整个社会生活、政治生活和精神生活的过程'，在历史上出现的一切社会关系和国家关系，一切宗教制度和法律制度，一切理论观点，只有理解了每一个与之相应的时代的物质生活条件，而且从这些物质条件中被引申出来的时候，才能理解"③。将这些观点应用于认识时代的本质内容，进行历史分期，同样具有重要的、不可替代的指导意义。

马克思在《〈政治经济学批判〉序言》一文中对于社会形态演进问题所做的扼要表述——"大体说来，亚细亚的、古代的、封建的和现代资产阶级的生产方式可以看做是社会形态演进的几个时代"④，在过去一直被认为是"五种生产方式"理论的最初形态，因为上述四种生产方式，再加上

---

①　《马克思恩格斯选集》第 1 卷，人民出版社 1995 年版，第 257 页。
②　《马克思恩格斯选集》第 2 卷，人民出版社 1995 年版，第 38 页。
③　《马克思恩格斯全集》第 13 卷，人民出版社 1972 年版，第 525—526 页。
④　《马克思恩格斯选集》第 2 卷，人民出版社 1995 年版，第 33 页。

马克思分析资本主义得出的资本主义将被社会主义所代替的结论，合计有五种。但是，并不能据此就认为，马克思强调的是任何国家和任何民族的社会发展，都必然是按照这五种生产方式循序演进的。每个国家或民族都有自己独特的经历和特殊的发展道路。例如，有些国家没有经历过奴隶社会，有些国家可以不经过资本主义，有些国家可以不经过封建社会。马克思关于社会形态演进的理论，是从整个人类历史进程的视角来谈的，他所强调的人类历史规律性的不可逆转的进步趋势、"五种社会形态"的序列，是人类历史的进步序列，其核心内容是揭示历史发展的内在连续性和规律性，将社会形态的更迭理解为一个自然历史过程，在此基础上论证资本主义的灭亡和社会主义、共产主义的胜利，都是不可避免的。

近年国内理论界一些人对此提出疑问，有人认为，"五种生产方式"说系出于列宁、斯大林，而同马克思本人的历史观迥然有别。他们认为"五种社会形态说"缺乏充分的文本依据。《德意志意识形态》中的"部落所有制"并非"五种社会形态说"者所理解的原始社会。将《〈政治经济学批判〉序言》中的"亚细亚生产方式"简单地解读为原始社会生产方式，是对马克思原意的误解。将五种社会形态作为人类历史发展必经的循序递进的普遍规律，从根本上违背了马克思主义的历史观。一句"大体说来"已经从文字上表明，马克思并无意将他的结论作为世界发展的唯一图式，而只将其看做基于对现有资料的分析得出的大概认识。马克思生前对于把一种类似于"五种社会形态说"的历史分期模式强加到自己名下表示了明确的反对。这里的一个关键问题是如何理解"亚细亚生产方式"。有人提出，亚细亚社会、奴隶社会、封建社会，不是三种不同的社会形态，而是同属原始社会解体后的前资本主义社会，不存在社会形态的依次更迭。对上述观点，笔者不能苟同，一些问题需要深入研究。

除《〈政治经济学批判〉序言》（1859 年）一文外，马克思在《1844年经济学哲学手稿》（1844 年）、《德意志意识形态》（1845 年）、《雇佣劳动与资本》（1847 年）、《共产党宣言》（1848 年）、《1857—1858 年经济学手稿》，以及 19 世纪 60 年代在《资本论》中，1881 年在给查苏里奇的复信（及草稿）等著作中；恩格斯在《家庭、私有制和国家的起源》（1884 年）等著作中，也都论及社会形态演进问题。在唯物史观的奠基性著作《德意志意识形态》中，马克思、恩格斯不是从生产力的角度将人类历史分为游牧经济、农业经济、手工业经济和工业经济等，而是从所有制的角度，将人类社会发展，从部落所有制、古典古代所有制、国家所有制、封建的或等级的所有制，以及没有直接提及的资本主义所有制诸方面加以说明。

1897 年列宁在为波格丹诺夫《经济学简明教程》写的书评中讲道：政治经济学应该这样来叙述经济发展的各个时期，即原始氏族共产主义时期、奴隶制时期、封建主义和行会时期、资本主义时期。1919 年，列宁在《论国家》中再次勾勒了这样一个历史发展脉络。1938 年，斯大林在《论辩证唯物主义与历史唯物主义》中明确指出，历史上有五种基本类型的生产关系：原始公社制的、奴隶占有制的、封建制的、资本主义的、社会主义的。不难看出，"五大社会形态"说的形成，经历了一个不断发展和完善的过程，并非是斯大林个人提出来的，至于说是因斯大林提出，而使"五大社会形态"说成为"教条主义的理论根源"，就更没有道理，讨论这个问题，已经超出了学术研究的范畴。

我们认为，这一学说是"马克思从人的最基本的物质生产活动出发，从生产力、生产方式这些对象化的客体着眼，对社会历史过程所作的科学抽象。它是由生产力和生产关系、经济基础和上层建筑的矛盾运动所得出的必然结论，揭示了社会历史发展的动态过程"[①]。从马克思主义经典作家的论述中，我们可以得出这样的结论：不同社会形态的本质区别，是划分人类历史上不同时代的唯一标准。马克思主义经典作家揭示了人类历史进程的一般发展规律，尽管这不是、也不可能是世界各个国家或民族必须要普遍经历的发展模式，因为五种社会形态的依次更迭，是就世界历史的范围而言的，是就整个人类历史进程而言的。马克思的《历史学笔记》的详细记述，以及远古以来的人类历史进程事实本身，都充分地证明了这一点。

基于上述基本认识，我们从马克思主义经典作家所揭示的人类历史的进步性规律出发，可以认为人类历史划分为原始社会、奴隶社会、封建社会、资本主义社会和共产主义社会五个时代；五个时代之间又各有其过渡时代，我国即处于从资本主义向社会主义（共产主义社会的第一个阶段）过渡的时代。在人类历史进程中，从来没有哪一种社会形态是"纯粹"的，在一种社会形态中，除了"过渡"的形态之外，还有"交叉"的形

---

① 刘曙光：《人的活动与社会历史发展规律的关系》，民族出版社 2002 年版，第 57 页。

态。这样，就要求人们在认识时代的特征或划分历史分期时，既要看到其本质内容，又要避免从公式或概念出发，以期从实际出发。人类历史进程表明，在同一种经济基础上，可以存在多种具体的社会形态。在从资本主义向社会主义过渡这一历史阶段，同样如此。

这里需要特别强调的是，马克思主义社会形态理论揭示了人类历史发展中的共性，从来不否认每一民族从实际出发，有自己独特的历史发展道路。世界历史发展的一般规律，不仅丝毫不排斥个别发展阶段在发展的形式或顺序上表现出特殊性，反而是以此为前提的，不应把社会发展的普遍规律和特殊规律完全对立起来。

马克思主义关于人类社会历史发展总体进程的理论，在我国的世界历史研究中有着广泛影响。例如，吴于廑、齐世荣教授等在他们的著述中都写道：马克思主义根据人类社会内部生产力与生产关系基本矛盾的不同性质，把人类历史发展的诸阶段区分为原始公社制、奴隶制、封建制、资本主义制和共产主义制几种生产方式和与之相应的几种社会形态。它们构成一个由低级到高级发展的纵向序列，但不是所有民族、国家的历史都无一例外地按照这个序列向前发展。有的没有经历过某一阶段，有的长期停顿在某一阶段。总的说来，人类历史由低级社会形态向高级社会形态的更迭发展，尽管先后不一、形式各异，但这个纵向发展的总过程仍然具有普遍的、规律性的意义。不同民族、国家或地区在历史上的多样性，和世界历史的统一性并非存在互不相容的矛盾。① 历史研究要坚持马克思主义理论指导，"就是因为它正确。……马克思的学说是人类在 19 世纪所创造出来的优秀成果——德国的哲学、英国的政治经济和法国的社会主义的当然的继承者"②。在划分历史时代时，坚持用马克思主义的社会形态理论作为标准，是历史研究自觉以马克思主义为理论指导的具体体现。

二　世界现代史的主线：从资本主义向社会主义过渡

世界现代史最重要的特点，是社会主义打破了资本主义的一统天下，

---

① 齐世荣总主编《世界史·当代卷》序言，高等教育出版社 2006 年版，第 I 页。《吴于廑文选》，武汉大学出版社 2007 年版，第 48 页。

② 《列宁选集》第 2 卷，人民出版社 1995 年版，第 441—442 页。

出现了从一个到多个社会主义国家。社会主义从根本上改变了世界。社会主义与资本主义的斗争从没停止过，有时是十分激烈、甚至殊死的斗争。20 世纪末发生了苏东剧变，世界社会主义运动遭到严重挫折，但是社会主义依然存在，进入了与资本主义斗争、合作的新的发展阶段。世界现代以来的历史昭示未来，社会主义的前途光明。

社会主义、共产主义是客观的历史矛盾运动，是人们自觉地创造历史的现实运动。社会主义制度代表了人类社会发展的方向，是世界历史发展的必然产物。马克思和恩格斯根据资本主义社会的发展进程，深刻论证了资本主义制度的历史暂时性，揭示了资本主义将被社会主义取代的不可逆转的历史趋势，使社会主义从空想变成科学，实现了科学社会主义发展史上的第一次飞跃。

马克思在总结巴黎公社的历史经验时，明确提出了由资本主义社会向共产主义社会转变的问题，说这是一个"长久的阵痛"的过渡时期，而共产主义社会将依次通过共产主义的"初级阶段"和"高级阶段"才能实现。"初级阶段"即共产主义的第一阶段，是实现共产主义社会高级阶段的不可逾越的必经阶段。马克思恩格斯认为，社会主义、共产主义"不是在它自身基础上已经发展了的，恰好相反，是刚刚从资本主义社会中产生出来的，因此它在各方面，在经济、道德和精神方面还都带着它脱胎出来的那个旧社会的痕迹"①。正因为如此，任何一个社会主义国家建立后，都面临着十分艰巨复杂的革命和建设任务。恩格斯强调："'社会主义社会'不是一成不变的东西，而应当和任何其他社会制度一样，把它看成是经常变化和改革的社会。它同现存制度的具有决定意义的差别当然在于，在实行全部生产资料公有制的基础上组织生产。"② 马克思、恩格斯的上述论述，对于我们科学认识资本主义社会向社会主义过渡，以及这一过渡时期的本质内容，至今仍有重要的指导意义。

当前，一些人否认由"资本主义社会向社会主义过渡"的原因之一，是对现时代性质的认识，存在种种混乱。时代的性质是由社会基本矛盾决定的。生产力和生产关系的矛盾是人类社会的基本矛盾，它在资本主义社会中表现为资本主义生产方式与社会化大生产的矛盾。这一矛

---

① 《马克思恩格斯选集》第 3 卷，人民出版社 1995 年版，第 10 页。
② 《马克思恩格斯选集》第 4 卷，人民出版社 1995 年版，第 693 页。

盾在资本主义体系内是无法自行得到解决的，尽管在一定历史条件下，这一矛盾可能得到缓解，但资本主义必将为社会主义所代替，是不可逆转的。

1895 年 2 月，恩格斯逝世前不久在《卡尔·马克思〈1848 年至 1850 年的法兰西阶级斗争〉一书导言》中写道："历史表明我们也曾经错了，暴露出我们当时的看法只是一个幻想。历史走得更远：它不仅打破了我们当时的错误看法，并且还完全改变了无产阶级借以进行斗争的条件。1848 年的斗争方法，今天在一切方面都已经过时了。"恩格斯还从 19 世纪末欧洲的实际出发写道："历史表明，我们以及所有和我们有同样想法的人，都是不对的。历史清楚地表明，当时欧洲大陆经济发展的状况，还远没有成熟到可以铲除资本主义生产的程度；历史用经济革命证明了这一点，从 1848 年起经济革命席卷了整个欧洲大陆，在法国、奥地利、匈牙利、波兰以及最近在俄国刚刚真正确立了大工业，而德国简直就成了一个头等工业国，——这一切都是以资本主义为基础的，可见这个基础在 1848 年还具有很大的扩展能力。"① 恩格斯的这篇《导言》自发表以来就遭到歪曲和篡改，当时社会民主党的个别领袖宣扬，恩格斯已经"放弃了暴力革命的主张"，主张工人阶级"在任何情况下只能通过和平途径取得政权"，主张"无论如何要守法"等等。恩格斯当时即对《前进报》的编辑李卜克内西提出抗议，抗议对他的观点的歪曲。因为恩格斯在总结 1848 年至 1870 年无产阶级反对资产阶级的斗争时，虽然对以往自己对革命形势过高的估计进行了修正，但他从来没有放弃包括暴力革命在内的"革命的权利"，因为"革命权总是唯一的真正'历史权利'"②。一个多世纪过去了，恩格斯的反思和他当时的遭遇，在今天依然具有重要的现实意义，给人们以深刻的启迪。

我们生活在资本主义向社会主义过渡的伟大历史时代，这是时代的本质特征。战后资本主义出现了许多新变化：对资本主义生产关系的某些环节进行改良或改善，包括借鉴社会主义国家的一些做法，实施高福利政策；社会保障制度；失业保险制度……充分利用科技革命的成果，不断扩大资本主义生产关系对生产力的容量，促进社会生产力的发展。然而，这

① 《马克思恩格斯选集》第 4 卷，第 510、512 页。
② 同上书，第 10 页。

一切都是以不威胁资本主义的生存、不动摇资本主义的根基、不改变资本主义的性质为前提。

经济全球化是资本主义发展的一个阶段，但经济全球化并非仅存在于资本主义历史阶段，而是存在于资本主义与社会主义共存的历史阶段，全球化并不是资本主义的全球化，或全球资本主义化。从资本主义过渡到共产主义是一整个历史时代；经济全球化是资本主义向社会主义过渡的一个历史阶段。但是，"无论哪一个社会形态，在它所能容纳的全部生产力发挥出来以前，是决不会灭亡的；而新的更高的生产关系，在它的物质存在条件在旧社会的胎胞里成熟以前，是决不会出现的"。只要资本主义制度还没有发挥完它所能容纳的全部生产力，社会主义就还得和资本主义在同一个地球上并存下去。

资本主义迈出了经济全球化的第一步，资本主义主导着今天的经济。在经济全球化的新的历史条件下，新自由主义是国家垄断资本主义向国际垄断资本主义转变中的理论表现。不择手段地追逐利润，维护国际经济竞争中强者的利益，正是在这个意义上，新自由主义以及新自由主义的广为传播，被认为是"野蛮资本主义的复辟"。在经济全球化的广阔背景下，参与这一进程的任何国家和地区，以及它们的发展模式，诸如盎格鲁－撒克逊模式、莱茵模式、瑞典模式和斯堪的纳维亚模式、印度模式、东亚模式和非洲模式等，都不避免地会受到新自由主义的影响。但是，全球化的前景是否建立起永恒的资本主义世界统治？否。2008 年发生的世界金融危机，使人们对资本主义、社会主义和现时代的本质特征，有了更具体、更清醒的认识。

中国在参与经济全球化、保持与经济全球化同步的同时，成功地保持了中华民族的自主性和中国特色的现代化的自主发展道路。中国满怀信心地向世界敞开国门，主动地向发达的西方国家学习，但决不成为它们的附庸；中国顺应历史潮流，积极主动地参与全球化，但始终强调各国经济的相互依存、平等合作和互利共赢，决不会走依附型的发展道路。

经济全球化既是人类社会生产力发展的结果，也是人类社会生产力迅速发展的客观要求。经济全球化背景下的垄断资本主义，是国家垄断资本主义，是日趋发展的国家垄断资本主义的国际联合。列宁曾指出："国家垄断资本主义是社会主义的最充分的物质准备，是社会主义的前阶。"在列宁看来，"社会主义无非是从国家资本主义垄断再向前跨进一步，换句话说，社会主义无非是变得有利于全体人民的国家资本主义垄断"①。这就是说，与一般的垄断资本主义相比，国家垄断资本主义离社会主义更近了，但国家垄断资本主义的属性依然是资本主义。在资本主义生产方式自身发展的历史过程中，并不排除萌发出社会主义的"因素"。在资本主义向社会主义过渡的历史阶段，社会主义"因素"的萌生是不可避免的。例如，在社会保障制度、国有化、国家宏观管理、城市和乡村，以及脑力劳动和体力劳动之间的差别缩小等方面，都可以看到。

基于社会形态的更迭，可以理解成一个自然历史过程；人类社会的进步是一个不可逆转的历史趋势，那么，在世界现代历史进程中，资本主义社会向社会主义过渡则是不依人们的意志为转移的结果。列宁在《帝国主义论》中谈到，垄断资本主义是"带有某种过渡性事物"，而这种过渡，又是向"更高级的社会经济结构的过渡"②。当代国际政治经济发展的事实，使我们并不难认识到这一点。第二次世界大战后，资本主义进行了全面调整和自我扬弃，以"自我完善"，其目的是使资本主义的生产关系适应生产力发展的社会性要求，这确实使资本主义有了新的发展。但在客观上，这些"全面调整"和"自我完善"的结果，和资本主义新发展的趋向，却是走向社会主义。不管垄断资产阶级是否认识到，或是否承认这一点，这一规律性的历史发展总趋势，却是不可抗拒的。

正因为如此，在经济全球化新的历史条件下，资本主义不自觉地充当着历史进步的工具，全球化为世界社会主义运动的复兴和发展创造着新的历史前提。当代资本主义是资本社会化的最高形式。社会生产力迅速发展，物质财富不断丰富，为社会主义经济的宏观管理和调控开辟了道路，为资本主义最终消亡、人类走向社会主义和共产主义创造了必要的物质条件。在经济全球化的背景下，资本主义社会内部逐渐积累社会主义因素，是社会经济发展的必然结果。另一方面，经济全球化使资本主义的基本矛盾扩展到全球，从而使资本主义生产方式的扩张愈来愈接近极限，使它缓解矛盾的空间日趋减少，这将使人们更加清醒地认识到，资本主义为社会主义所代替，是世界历史发展的必然趋势。

---

① 《列宁选集》第3卷，人民出版社1995年版，第266、265页。
② 《列宁选集》第2卷，第606、650页。

三 十月社会主义革命:揭开从资本主义
向社会主义过渡的序幕

"如果说列宁在 1913 年把马克思主义看做是总结了德国古典哲学、英国古典政治经济学和法国社会主义的学说,那么,现在我们就应当把列宁主义时代的马克思主义看做是马克思和恩格斯已勾画出基本轮廓而为列宁所发展了的学说;除了上述三个组成部分之外,列宁又总结了三个新的组成部分:第一,垄断资本主义、帝国主义战争和西方无产阶级革命开端的经验;第二,俄国历次革命以及无产阶级和农民在其中的作用;第三,被压迫民族的运动。"① 1916 年,列宁在《帝国主义是资本主义的最高阶段》一书中全面分析了帝国主义的本质和基本矛盾,揭示了它产生、发展和灭亡的客观规律,得出帝国主义是无产阶级社会革命的前夜的结论。1917 年俄国十月革命这一伟大历史事件向世界宣告,资本主义制度并不是永恒的,在先进的无产阶级政党领导下,无产阶级和人民群众完全有能力建立起自己的国家政权。

列宁在开创俄国社会主义道路时,坚持社会历史发展统一性与多样性的辩证法,明确提出社会主义道路的多样性和民族性,以及不同的国家和民族如何以独特的形式表现出人类历史发展的普遍规律。这不仅是科学社会主义发展中的重大理论问题,而且也是俄国社会主义革命进程中不可回避的实践问题。列宁说:"在人类从今天的帝国主义走向明天的社会主义革命的道路上,同样会表现出这种多样性。一切民族都将走向社会主义,这是不可避免的,但是一切民族的走法却不会完全一样,在民主的这种或那种形式上,在无产阶级专政的这种或那种形态上,在社会生活各方面的社会主义改造的速度上,每个民族都会有自己的特点。"② 在走向社会主义道路时,造成"多样性"的原因是多方面的,主要包括当时所处的历史条件、国际环境的深刻变化,以及每一国家政治、经济和文化发展的民族特点等。

十月革命既非"早产",更非"悲剧"。20 世纪初,列宁曾针对俄国的实际指出:"不是前进,就是后退。在用革命手段争得了共和制和民主

① 季诺维也夫:《列宁主义——列宁主义研究导论》,东方出版社 1989 年版,第 15 页。
② 《列宁选集》第 2 卷,第 777 页。

制的 20 世纪的俄国，不走向社会主义，不采取走向社会主义的步骤……，就不能前进。"① 落后的俄国首先发生了社会主义革命，并取得了胜利，是在特定的历史条件下，帝国主义不可克服的矛盾激化的结果；是垄断资产阶级将这些矛盾转嫁到落后的俄国，使俄国成为帝国主义诸多矛盾的交汇点，成为国际垄断资产阶级统治最薄弱的环节。20 世纪 90 年代苏联解体前后，苏联史学界出现了一股攻击十月革命的逆流。在争论"十月革命究竟是 20 世纪重大的历史事件还是悲剧性错误"时，一些人置基本事实于不顾，污蔑十月革命犯了"原罪"，是"一场阴谋"，是"布尔什维克搞的政变"，是左翼激进政党"篡夺政权"，是俄国走向现代化进程中的"不幸产物"，是各种"偶然事件的巧合"，和俄国社会历史进程没有任何联系，等等。总之，这些观点的共同之处，就是彻底否定十月革命的历史必然性，进而否定科学社会主义基本原理，为垄断资产阶级企图在政治上、经济上建立起自己的一统天下张目。不言而喻，如何评价十月革命决非仅仅是所谓的"学术问题"，而是有着深刻的政治内容。

值得重视的是，上述种种奇谈怪论在我国世界史学界也有一定的影响，使人们在一些重大原则问题上思想混乱，产生了消极影响。在个别人看来，只要是外国的"新"理论，就一定是"好"理论，不加分析地盲目接受，将"新"看成是"好"的同义词。殊不知，在"新"的招牌下，要不然是西方资产阶级的老生常谈，换汤不换药；要不然就是拾人牙慧，包装上晦涩的概念或术语，标新立异，自欺欺人。这些做法，从内容到形式，和严肃的历史科学没有丝毫相同之处。以如何评价十月革命为例，可见其严重危害。在世界现代历史研究中，历史观作为一种社会意识形态表现得尤为突出，史学的社会功能和社会内容也日渐彰显，对此，广大世界现代史研究者应有清醒的认识。

十月革命的发生有其历史必然性。何谓"历史必然性"？"继续发展的必要条件往往也被称作历史必然性。法国大革命就是这个意义上的一种历史必然性，没有它资本主义就得不到发展；1861 年所谓'农民解放'也是这样一种历史必然性，没有它俄国的资本主义就得不到进一步的发展。就这个意义而言，社会主义是一种历史必然性，因为没有它社会就不能继续发展。既然社会要发展，社会主义就不可避免。马克思、恩格斯讲到

---

① 《列宁全集》第 32 卷，第 218 页。

'社会必然性'都是就这个意义而说的。"① 无论从俄国还是从世界的视角，也无论从 90 多年前，还是从 21 世纪初的今天来看十月革命，它都是具有世界历史意义的历史发展的必然产物。

"第一次帝国主义世界大战和第一次胜利的社会主义十月革命，改变了整个世界历史的方向，划分了整个世界历史的时代。"② 十月革命使无产阶级在人类历史上第一次成为统治阶级，第一次建立了社会主义的政治、经济制度。"十月革命是世界革命的新纪元，是人类觉醒的新纪元。"③ 1918 年 1 月 25 日，全俄苏维埃第三次代表大会通过的《被剥削劳动人民权利宣言》庄严宣告："俄国是工兵农代表苏维埃共和国。中央和地方的全部政权均归这些苏维埃掌握。" 全俄工兵农代表苏维埃认为自己的基本任务是："消灭一切人剥削人的现象，完全消除社会的阶级区分，无情镇压剥削者，建立社会主义的社会组织，使社会主义在一切国家中取得胜利。"④《宣言》还宣布废除土地私有制，将土地无偿拨给劳动者使用；同时将森林、草原、水流、耕畜、农具、农业企业，以及银行、工厂、矿山、铁路等一切生产资料和运输工具收归工农国家所有。

1917 年俄国十月社会主义革命的胜利揭开了新时代的序幕，开辟了"两个具有世界历史意义的时代，即资产阶级时代和社会主义时代，资本家议会制度时代和无产阶级苏维埃国家制度时代的世界性交替的开始"⑤。这里所说的"世界性交替"，是指"由资本主义向社会主义过渡"的无产阶级革命的新时代的到来，这是"由一个新阶级实行统治的时代"⑥。十月革命冲破了世界帝国主义的一统天下，在俄国建立了世界上第一个社会主义国家。

十月革命的胜利，实现了社会主义发展历史上的第二次飞跃，即科学社会主义从理论向实践的飞跃，使社会主义从理想变成现实的社会主义制度，形成了社会主义制度与资本主义制度并存与矛盾斗争的新的历史格局。十月革命已经过去 90 年了，无论是十月革命的故乡，还是国际共产

---

①　尼·布哈林：《历史唯物主义理论》，人民出版社 1983 年版，第 44 页。

②　《毛泽东选集》第 2 卷，第 667 页。

③　《李大钊选集》，人民出版社 1959 年版，第 121 页。

④　《被剥削劳动人民权利宣言》，见齐世荣主编《世界通史资料选辑》现代部分第 1 分册，商务印书馆 1980 年版，第 274—275 页。

⑤　《列宁全集》第 36 卷，人民出版社 1985 年版，第 208 页。

⑥　《列宁选集》第 4 卷，人民出版社 1995 年版，第 567 页。

主义运动，还是现代资本主义世界体系，都发生了深刻的变化。但是，由社会基本矛盾决定的现时代的性质，即"由资本主义向社会主义过渡"的时代并没有改变。

1919 年，列宁对东方各族共产党组织代表的讲话中曾经指出："你们面临着全世界共产主义者所没有遇到过的一个任务，就是你们必须以共产主义的一般理论和实践为依据，适应欧洲各国所没有的特殊条件，善于把这种理论和实践运用于主要群众是农民、需要解决的斗争任务不是反对资本家而是反对中世纪残余这样的条件。这是一个困难而特殊的任务，但又是一个能收到卓有成效的任务。"① 中国革命正是这样。十月革命后，中国革命成为世界无产阶级社会主义革命的一部分。十月革命帮助了中国的先进分子，使他们从资产阶级民主主义转向社会主义。他们用无产阶级的宇宙观作为观察祖国命运的工具，重新考虑中国的现实和未来。十月革命的胜利给半殖民地半封建的中国指明了方向，中国人民在回答"中国向何处去"时，选择了走俄国人的路，选择了社会主义理想，这种历史性的选择对中国新文化运动、中国共产党的建立、中国革命的历史进程等等，都产生了直接的影响。

十月革命的胜利是在马克思列宁主义指导下取得的，而苏联解体是背离马克思列宁主义的结果。如果说苏联解体是社会主义遭到了"失败"，那绝不是科学社会主义的失败，而只是一种社会主义模式的失败。这种模式失败的原因，既和苏联中央高度集权的指令性计划经济体制、粗放型的经济发展战略有关，和高度集权的政治体制中的弊端有关，同时也是鼓吹"摆脱意识形态的狭隘偏见"、确立体现全人类价值的"新的政治思维"②，在"民主和人道的社会主义"理论指导下，彻底背叛了科学社会主义的崇高理想、背离了马克思列宁主义基本原理的结果。

社会主义代替资本主义将是一个长期的、复杂的历史过程。这一进程始终是曲折、艰辛的，不可能一蹴而就。国际社会主义运动有低潮，有高潮，即使走向高潮之后也可能出现反复。但是，失败和挫折是暂时的，代表人类社会发展方向的社会主义最终将取得胜利，社会主义的前途无限光明。

---

① 《列宁选集》第 4 卷，第 79 页。

② 米·谢·戈尔巴乔夫：《改革和新思维》，新华出版社 1987 年版，第 180、181 页。

四　世界现代史的基本矛盾和基本内容

世界现代史的基本矛盾，在阶级关系上主要表现为帝国主义国家内部垄断资产阶级和无产阶级的矛盾，帝国主义国家之间的矛盾，帝国主义和殖民地、被压迫民族之间的矛盾，帝国主义和社会主义国家之间的矛盾。这四大矛盾产生的根本原因，在于列宁提出的帝国主义五大特征，即资本主义发展到垄断阶段；生产和资本高度集中，垄断组织在国家和世界经济生活中起决定性的作用；银行资本和工业资本相互渗透，在此基础上形成了金融寡头的统治；资本输出已经具有了特别重要的意义，成为垄断资产阶级攫取高额利润的重要手段；国际垄断同盟已经形成；最大的帝国主义列强把世界领土瓜分完毕。走向全面反动的帝国主义的内外政策，使"四大矛盾"不仅无法解决，有时甚至会变得更加激烈。这些从本质上不可克服的矛盾的存在，决定了时代的基本特征：从资本主义向社会主义过渡。

与列宁提出《帝国主义论》（《帝国主义是资本主义的最高阶段》）时期相比，帝国主义的基本特征已经发生了变化，出现了一些新的特征。例如，垄断资本与国家政权相结合，彼此之间的联系更为密切；垄断资本通过跨国公司的形式，加快向国际化方向发展；银行和整个金融资本在国家经济体系中的作用明显增强；资本主义生产方式通过调整和调节，更为成熟；帝国主义国家之间的联系和相互依存增强；殖民体系瓦解后，帝国主义对广大发展中国家的剥夺、掠夺出现了新的方式和形式。但是这些变化或特征，决不表明垄断资本主义已经成为"社会资本主义"。资本主义发展到国家垄断资本主义的新阶段，其本质仍然是帝国主义。

在世界现代历史进程中，四大基本矛盾的发展并不平衡，矛盾的激化、缓和或转化，各种力量对比所发生的种种变化，构成了具体、复杂和生动的世界现代历史图景，如无产阶级革命、两次世界大战、民族解放运动蓬勃发展、苏联社会主义建设和苏联解体，以及 21 世纪世界社会主义运动的复兴等。时代矛盾的不平衡发展，决定了时代主题的转化。包括世界现代史在内的历史矛盾运动，不可能是笔直的。无论历史发展如何曲折、矛盾、停滞甚至暂时的倒退，但正是这些历史矛盾运动，从整体上决定了世界现代历史的进步趋势。

资本主义、社会主义和民族解放运动，是世界现代历史的主要内容。除此之外，对于生产力发展的历史，特别是现代科学技术革命重大成果及其社会影响，对于世界现代历史发展中的文化因素，同样都应从理论与实践的结合上进行系统深入的阐释。

1883 年恩格斯在马克思葬仪上的悼词中指出："在马克思看来，科学是一种在历史上起推动作用的、革命的力量。任何一门理论科学中的每一个新发展，即使它的实际应用甚至还无法预见，都使马克思感到衷心喜悦。"他还强调：马克思"把科学首先看成是历史的有力的杠杆，看成是最高意义上的革命力量"①。马克思在谈到 1848 年欧洲革命和巴黎公社革命时曾说："蒸汽、电力和自动纺机甚至是比巴尔贝斯、拉斯拜尔和布朗基诸位公民更危险万分的革命家"，因为作为 19 世纪特征的伟大事实之一便是"产生了以往人类历史上任何一个时代都不能想象的工业和科学的力量"②。他认为分工、蒸汽力和机器"是从 18 世纪中叶起工业用来摇撼旧世界基础的三个伟大的杠杆"③。现代科学技术革命的本质特征和新的特点，是一个必须给予充分关注的问题。

20 世纪以来的世界现代历史进程表明，科学技术对人类社会的影响更为突出，这不仅仅是科学成果迅速地转化为社会生产力，更重要的是科学技术革命所产生的社会后果。这种后果既包括对社会结构和社会发展模式的影响，也包括对社会生活方式和社会文化的影响；同时对现代科学技术革命的负面效应也应重视。具体说来，除现代科学技术对生态环境的影响之外，现代科学技术与军事变革、经济全球化、世界格局、现代性问题，现代科学技术与人们的交往方式、思维方式，以及现代科学技术与人文关怀等等，都应该进入历史学家的视野。最后还需指出的是，在考察世界社会主义运动时，也不能脱离现代科技革命。科技革命是世界现代历史发展的重要力量之一，"科技革命与社会主义运动的结合，是马克思主义的内在逻辑"，已为越来越多的人所接受。探讨社会主义与科技革命相结合的途径和方式，无论在理论上还是在实践中，都具有重要的意义。

在现代世界任何一个国家的发展中，文化都占有重要的地位。例如，

---

① 《马克思恩格斯全集》第 19 卷，第 375、372 页。
② 《马克思恩格斯全集》第 12 卷，第 3 页。
③ 《马克思恩格斯全集》第 2 卷，第 300 页。

"在 20 世纪，美国所有政治家进行决策时，毫无例外，文化都起着决定性的作用"①。19 世纪英国文化史学家爱德华·泰勒在《原始文化》一书中提出："文化，或文明，就其广泛的民族学意义说来，是包括全部的知识、信仰、艺术、道德、法律、风俗以及作为社会成员的人所掌握和接受的任何其他的才能和习惯的复合体。"② 马克思主义经典作家虽然没有关于文化的专门的定义，但是，他们的学说却为我们科学理解什么是文化具有不可替代的重要指导意义。从马克思主义基本原理出发，人们可以清楚地认识到，生产过程决定着文化的形式。马克思说："人们在自己的社会生产中，发生一定的、必然的、不以他们的意志为转移的关系，即同他们的物质生产力的一定发展阶段相适合的生产关系。这些生产关系的总和构成社会的经济结构，即有法律和政治的上层建筑竖立其上并有一定的社会意识形式与之相适应的现实基础。物质生活的生产方式制约着整个社会生活、政治生活和精神生活的过程。"③ 文化是一定的社会政治、经济的反映，是一定的社会历史条件的产物；它植根于人类的社会实践中，为一定的政治、经济服务；文化发展具有相对的独立性，同时对经济基础具有反作用。

文化是人类特有的现象，是人类文明进步的结晶，渗透于社会生活的各领域，它对于人们树立正确的世界观、人生观、历史观、价值观，追求真善美，抵制假恶丑，具有不可替代的作用。民族文化是一个民族的灵魂和精神象征，是文化的核心。总之，任何一个民族的文化，包括生产方式、社会结构、思想意识、宗教信仰、伦理观念和风俗习惯等等，都是这个民族存在的标志和继续发展的前提。由此不难看出，任何一个国家或民族发展的历史进程中，都不可避免地有鲜明的文化因素渗透其中。在世界现代历史进程中，文化问题日渐重要，在各个国家和国际政治、经济文化生活中，文化因素成为不可或缺的重要因素，国际文化竞争已经延伸到国际政治、经济、军事和外交各领域，以致各个国家都不能不把国家文化发展战略问题摆在一个十分重要的地位。深入研究这些问题，有助于人们全面认识世界现代历史的本质内容。

在新的历史条件下，全面、系统地研究世界现代史，应有针对性地弥

---

① Frank Ninkovich, "Culture in U. S. Foreign Policy Since 1900", in Jongsuk Chay, ed., *Culture and International Relations*, New York, 1999, p. 103.

② 爱德华·泰勒:《原始文化》，广西师范大学出版社 2005 年版，第 1 页。

③ 《马克思恩格斯选集》第 2 卷，第 32 页。

补以往研究中的不足，例如关于生态环境问题的研究。马克思、恩格斯说："我们仅仅知道一门唯一的科学，即历史科学。历史可以从两个方面来考察，可以把它划分为自然史和人类史。但这两方面是密切相连的；只要有人存在，自然史和人类史就彼此相互制约。"① 但是，长期以来，人类史与自然史的关系在历史研究中却往往被忽略了。在这种情况下，人类与自然的关系的研究，也就无从谈起，这种情况在今天应当有所改变。人类的发展受自然界的制约，人类的灾难既包括社会因素造成的灾难，也包括自然灾难。自然灾难形成的重要原因之一，是人和自然关系的恶化或破坏造成的结果。恩格斯针对"劳动是创造一切财富的源泉"这一似是而非的命题时说："劳动加上自然界才是一切财富的源泉。"② 马克思经典作家始终认为，社会是人同自然界完成本质的统一，人的历史活动应当包括人类史、自然史两方面的内容；不应割裂两者之间的联系；更不能将其对立起来。

第二次世界大战后，世界经济获得了突飞猛进的发展，人类在征服自然的斗争中硕果累累，同时也付出了沉重的代价，诸如温室效应、臭氧层破坏、酸雨和酸雾、酸雪污染、水土流失、土地沙漠化，以及对资源破坏性的开采使资源枯竭等等。在经济全球化的进程中，人类的生态环境进一步恶化。全球每年排放的有害气体，使约9亿人生活在二氧化碳超标的环境中，另有10亿人生活在烟尘、灰尘等颗粒物超标的环境中。环保专家已测出260余种危害人体的挥发性有机物。全球危害性的废物每年以5亿吨的速度增加。③ 经济全球化的速度愈益加快，就愈使生态环境恶化鲜明地表现出全球的性质。"自20世纪70年代以来，世界范围内经济生产的大规模增长，不仅加快了全球资源的枯竭，而且也搅乱了地球再生系统，包括它在不同生命类型及其支撑结构之间的平衡。"④ 例如，温室效应使全球明显变暖，究其原因，和煤炭、石油、天然气的大量消耗，二氧化碳、氟利昂等排放量急剧增加有关。全球变暖使人类面临着严重威胁。在未来的100年中，海平面将上升1米，如南极冰川融化将使海平面上升，世界30多个海岛国家和众多的沿海城市可能被淹没。此外，全球变暖还将在全

---

① 《马克思恩格斯全集》第3卷，第20页注。
② 恩格斯：《自然辩证法》，人民出版社1984年版，第295页。
③ 参见顾德欣主编《地球村落的困惑》，中国青年出版社1996年版，第5页。
④ 詹姆斯·米特尔曼：《全球化综合症》，新华出版社2002年版，第214页。

球导致厄尔尼诺等现象出现，引发洪涝干旱等人力无法抗拒的自然灾害。此外，臭氧层受到破坏；生物多样性锐减；酸雨蔓延；森林绿地急剧消失；土地荒漠化加快；大气污染；水资源污染；海洋污染；废弃物污染等，也都对人类社会产生严重影响。

人类社会的发展，不应以对自然的掠夺和破坏为代价。在生态环境方面人类面临的主要问题是：气候变暖；人类在征服自然所取得的"胜利"面前，总要遭到自然界的报复。人和自然的关系，不是去如何征服它，而是如何发现和运用自然规律，使其为人类造福。

五   19 世纪末以来的中国和世界

在世界历史研究中，特别是研究或撰写近代以来的通史、断代史著作时，不能脱离中国史，这已经成为中国史学界的共识。但是，在具体的研究实践中，仍存在不少实际问题有待探讨。世界历史研究中的中国历史研究，不应该成为这一研究的"点缀"，或可有可无的"附属"。实际上，世界历史进程中的不少问题，若脱离开中国历史，很难进行深入的、有说服力的阐释，反之亦然。中国历史是世界历史的有机组成部分，没有中国历史的世界史，是不完整的世界历史；但是，这绝不是说要将中国历史的所有内容，都移入到世界历史中。因此，人们更多的是在强调，从中国和世界的相互联系、相互影响及互动关系中，去研究和撰写世界史中的中国历史部分，即立足于中国历史的长河中，但要有世界历史的眼光，在如何真正做到中外历史的有机结合上多下工夫。在世界现代史研究中，这个问题尤其重要。

19 世纪末 20 世纪初，发展到帝国主义阶段的资本主义，与自由资本主义相比，更富于侵略性、掠夺性和冒险性。此时的中国，病入膏肓的封建社会风雨飘摇，民族矛盾、阶级矛盾日趋激化，社会动荡，处于剧变的前夜。1840 年鸦片战争后，中国开始沦为半封建半殖民地，帝国主义列强的侵略、掠夺和清政府的腐败无能，使中华民族面临着"亡国灭种"的实际危险。1895 年中日甲午战争、特别是八国联军的入侵，帝国主义列强加紧了瓜分中国的步伐，中华民族危机空前加剧，处于更加危险的境地。"救亡图存"、"求强求富"，彻底改变中国任人宰割的悲惨命运，成为当时先进分子的理想和追求。

20 世纪初，中华民族危机不断加深，社会矛盾日渐激化，导致了1911 年辛亥革命的爆发。孙中山高举近代民族民主革命的旗帜，提出"驱除鞑虏，恢复中华，创立民国，平均地权"的革命纲领，发动武装起义。1912 年 2 月，清帝被迫退位，在中国延续 2000 多年的封建帝制土崩瓦解，在中国历史上建立了第一个资产阶级共和政府，1912 年 1 月，中华民国成立。中国反帝反封建的资产阶级民主革命，是从孙中山先生开始的。辛亥革命虽然最终失败了，却使中国发生了历史性的巨变。辛亥革命沉重地打击了封建主义，也在一定程度上打击了帝国主义，对亚洲各国人民解放运动产生了积极的影响。正如列宁当时所指出的那样，"中国人民的革命斗争具有世界意义，因为它将给亚洲带来解放并将破坏欧洲资产阶级的统治"。①

从 1919 年五四运动爆发到 1949 年新中国成立的 30 年，是翻天覆地的30 年。俄国十月革命后，马克思主义在中国广泛传播，并与中国工人运动相结合，中国共产党诞生是"开天辟地的大事变"，中国革命揭开了崭新的一页。中国革命是十月革命的继续，在中国共产党的领导下，中国人民为建立新中国而奋斗，中国革命在探索中曲折前进。建立人民民主专政的人民共和国，是中国人民的历史性选择。

1949 年中华人民共和国成立，彻底结束了帝国主义、封建主义和官僚资本主义在中国的统治，半殖民地、半封建的中国变成了独立自主的中国，开辟了中国历史的新纪元。新中国的成立，是第二次世界大战后具有世界历史意义的最重大事件，它冲破了帝国主义的东方战线，打击了世界殖民体系，壮大了世界和平、民主和社会主义的力量，彻底改变了世界政治力量的对比，极大地鼓舞了世界被压迫民族和国家争取独立解放的斗争。

新中国成立后，中国在世界上日益占有举足轻重的地位，国际地位日渐增高，发生在中国的许多重大事件，产生了具有世界历史意义的影响。例如 1955 年中国在万隆会议上倡导的"和平共处五项原则"，得到与会各国的认同，形成了亚非各国人民团结一致、反对帝国主义、争取和维护民族独立的万隆精神。1971 年中国重返联合国，成为安理会常任理事国成员，是联合国历史上的一次重大事件，对整个世界格局的形成产生重大影

---

① 《列宁全集》第 21 卷，人民出版社 1990 年版，第 163 页。

响。1974 年毛泽东关于划分"三个世界"的理论突出了发展中国家的重要作用，引起国际社会广泛关注。1979 年中美建交打破了西方对新中国的封锁，迎来了世界各国与新中国建交的热潮，极大改善了中国的国际环境，新中国外交展现全新局面。1978 年改革开放使中国经济迅猛发展，成为世界第三大经济体，在世界经济中扮演越来越重要的角色。中国的改革开放政策在各个领域影响了世界发展进程。香港和澳门是中国的神圣领土，近代以来，相继被英国和葡萄牙殖民者霸占。1997 年香港回归和1999 年澳门回归，结束了帝国主义、殖民主义一个多世纪以来对港澳的殖民统治。2000 年 9 月，由 150 多个国家元首或政府首脑出席的联合国"千年首脑会议"是联合国发展史上一次十分重要的会议。江泽民主席出席会议并倡导建立国际政治经济新秩序，对国际关系产生了深远影响。2005 年4 月，中国国家主席胡锦涛在参加雅加达亚非峰会发表讲话时提出的"和谐世界"理念，正在逐渐成为世界各国"正确处理国际事务和国际关系的广泛共识"。2008 年 8 月 8 日至 24 日，举世瞩目的第 29 届奥林匹克运动会在北京召开。中国人民履行了对国际社会的郑重承诺，赢得世界各国人民的喝彩，极大地扩展了中国的国际影响力。

经过艰难曲折的探索和实践，在中国共产党的领导下，中国人民终于找到了强国富民的正确道路，社会主义现代化建设取得的成就令世界刮目相看。2007 年，中国对世界经济增长的贡献超过美国，成为 20 世纪 30 年代以来第一个有能力做到这样的国家。在经济全球化的今天，中国综合国力在短时期内惊人增长，出现了"三千年未有之大变局"。无论在欧美发达资本主义国家，还是在亚、非、拉发展中国家，都可见人们以极大的热情在探讨"中国道路"（或"中国模式"、"中国经验"、"中国现象"）。所谓"中国道路"，其实质就是中国特色社会主义道路。

1966 年 5 月—1976 年 10 月的"文化大革命"，"使党、国家和人民遭到建国以来最严重的挫折和损失"①。邓小平在 1987 年曾说："现在的方针政策就是对'文化大革命'总结的结果。最根本的一条经验教训，就是要弄清什么叫社会主义和共产主义，怎样搞社会主义。"邓小平特别强调：

---

① 《中国共产党中央委员会关于建国以来党的若干历史问题的决议》，见《三中全会以来重要文献选编》下，人民出版社 1982 年版，第 808、809 页。

"贫穷不是社会主义","社会主义必须摆脱贫穷"。① 1987 年 4 月，邓小平同志在会见外宾时，提到我国现代化建设发展战略目标，即 20 世纪末达到小康，21 世纪中叶达到中等发达国家的水平。他还说，"如果达到这一步"，那就是"真正对人类作出了贡献"②。邓小平同志提出的"如果"正在成为现实。"中国的发展，不仅使中国人民稳定地走上了富裕安康的广阔道路，而且为世界经济发展和人类文明进步作出了重大贡献。"③ 在5000 多年漫长的历史长河中，中国各族人民艰苦奋斗、自强不息，创造了光辉灿烂的中华文明，为人类文明进步做出了重大贡献。在 21 世纪的今天，中国为占世界人口 3/4 的发展中国家找到了一条可资借鉴的发展道路。中国的历史性巨变，正在为人类作出更大的贡献。

现在，中国已经彻底结束了小农经济和计划经济，不仅经济结构，而且社会结构和人们的生活方式，也发生了深刻的变化。这些变化不仅使中国在本世纪内实现中华民族的伟大复兴，而且也为世界的和平发展注入了强大动力。中国改变了世界的面貌，有力地推动着世界经济体系的发展。在解决世界上一系列复杂问题的过程中，"中国因素"的影响日渐重要。从世界反恐斗争到全球生态—环境治理，从化解朝核危机到处理伊朗核问题，从多哈回合贸易谈判到苏丹达尔富尔问题，以及世界金融秩序的稳定、能源资源等全球性问题的解决等，都离不开中国的参与与合作。

中国道路既立足于中国国情，又充分学习和借鉴人类文明的优秀成果。中国自己繁荣富强的同时，促进了在经济全球化背景下人类文明的多样性发展。经济全球化不是西方化或美国化，不是"强权"的同义词。它对各民族国家的社会变化和发展道路可能产生影响、甚至是深刻的影响，但它不能剥夺任何一个民族国家选择决定自己未来道路的权利。独立自主的中国道路丰富了世界发展模式，谱写了人类文明发展史的重要篇章。中国道路为人类文明的多元发展，正在做出自己独特的不可替代的贡献。60年过去了，我们经过漫长的探索和实践，终于走上了中国特色社会主义这一强国富民的正确道路。中国革命沿着十月革命所开辟的道路胜利前进，我们既坚持了科学社会主义的基本原理，又根据我国实际和时代特征，赋

---

① 《邓小平文选》第 3 卷，人民出版社 1993 年版，第 223、225 页。
② 同上书，第 224 页。
③ 胡锦涛：《高举中国特色社会主义伟大旗帜，为夺取全面建设小康社会新胜利而奋斗》，见《中国共产党第十七次全国代表大会文件汇编》，人民出版社 2007 年版，第 9 页。

予其鲜明的中国特色，中国特色社会主义是当代世界社会主义运动发展的最新成果，开辟了世界社会主义运动的新途径，世界各国人民以中国为榜样，对社会主义的光辉未来更加充满信心。

　　撰写《世界现代史》是一件十分严肃的工作。当代人撰写当代史，更应从理论与实践、历史与现实的结合上，将这种撰写建立在对中国和世界一系列重大理论问题思考的基础上。撰写世界现代史，更应重视理论概括和理论描述。对一些重要的历史事件、重大的历史过程、一些有影响的历史人物，不能仅仅停留在考实上，而应在此基础上，做出科学的价值判断。中国史学工作者撰写世界现代史，应旗帜鲜明地坚持马克思主义唯物史观理论指导，自觉地用马克思主义中国化的最新成果统领这项工作。不仅指导思想正确，而且在学术上也精益求精。无论在理论体系、具体内容上，还是在研究方法上，都表现出鲜明的中国特色、中国气派，写出一部无愧于时代的世界现代史。

（本文作者：于沛，中国社会科学院世界历史研究所研究员）

坚持唯物史观　吸收最新成果

——对编纂世界现代史教材的一些看法

徐　蓝

　　改革开放 30 年以来，中国的世界通史教材的编写工作取得了重大进步。吴于廑先生在唯物史观的指导下对世界历史的纵向发展与横向发展的论述，已经在国内学术界产生了很大影响，以这一基本思想为主导，由吴于廑、齐世荣任主编的《世界史》（全 6 卷，简称吴齐本）已为国内多所高校的教学所使用。同样以这一基本思想为主导，由齐世荣先生任总主编的《世界史》（全 4 卷）也已经引起了国内学术界的反响。从这样的一个基本状况出发，我想谈谈对世界现代史教材编写的一些看法，以求学界同人的指正。

一　编写世界现代史教材的范围、功能与原则

　　在编写任何一部通史或断代史教材之前，都要明确它的范围并界定它的功能。世界现代史也不例外。世界现代史是研究和叙述人类进入 20 世纪以来的发展历程。在这 100 多年的时间里，尽管人类社会的发展曾出现过局部的具有重大影响的曲折甚至倒退，但从总的方面来看，人类在经济、政治、社会、文化等各个方面都有了长足的进步。20 世纪 80 年代以来日益加速发展的经济全球化的浪潮对人类历史发展的深刻影响，国际关系格局中牵一发而动全身的现实，都证明了世界现代史已经成为真正意义上的全球史，或者说，世界现代史已经成为真正意义上的世界史。正如齐世荣先生在吴齐本《世界史·现代史编·上卷》的前言中所说："世界历史虽然从近代已经开始，但到了 20 世纪世界才在经济、政治、文化各个方面联系成为一个息息相关的整体。因此，在一定意义上可以说世界史就是现代史。反过来看，现代史又只有用世界一体化的眼光才能认清它的实

质和各种问题，因此在这个意义上又可以说现代史就是世界史。"①

根据世界现代史的范围界定，世界现代史教材至少担负着两个重要任务。

第一，以马克思主义和马克思主义中国化中国特色社会主义理论体系为理论指导，以世界全局的眼光，注重人类自身的活动，综合考察自 19 世纪末 20 世纪初直至 21 世纪初以来的世界各地区、各国、各民族的历史，揭示历史的纵向发展与横向联系。

历史唯物主义告诉我们，人类的历史发展为世界历史，经历了相当漫长的过程。这一过程始终存在着纵向发展与横向发展两个方面。纵向发展是指人类物质生产史上不同生产方式的演变以及由此引起的不同社会形态的更迭。马克思在 1895 年《〈政治经济学批判〉序言》中指出："大体说来，亚细亚的、古代的、封建的和现代资产阶级的生产方式可以看做是社会经济形态演进的几个时代。资产阶级的生产关系是社会生产过程的最后一个对抗形式，这里所说的对抗，不是指个人的对抗，而是指从个人的社会生活条件中生长出来的对抗；但是，在资产阶级社会的胎胞里发展的生产力，同时又创造着解决这种对抗的物质条件。"② 根据人类社会的发展和马克思等经典作家的论述，人类历史在纵向发展中所形成的社会形态可以分为原始社会、奴隶社会、封建社会、资本主义社会、社会主义社会。尽管并不是所有民族、国家或地区都无一例外地按照这个序列向前发展，而是形式各异，先后不一，但这个从低级到高级发展的进步过程，具有普遍的、规律性的意义。横向发展是指随着社会生产力的发展，世界各地区、各民族、各文明之间的互动与交流不断扩大，世界日益形成一个息息相关的整体，历史也最终发展为世界历史。马克思和恩格斯在他们于 1845—1846 年撰写的《德意志意识形态》中已经指出，近代资本主义大工业创造了世界市场，从而"首次开创了世界历史，因为它使每个文明国家以及这些国家中的每一个人的需要的满足都依赖于整个世界，因为它消灭了以往自然形成的各国的孤立状态"，"各个相互影响的活动范围在这个发展进程中愈来愈扩大，各民族的原始

<hr />

① 吴于廑、齐世荣主编：《世界史·现代史编·上卷》，高等教育出版社 1994 年版，前言第 1 页。

② 《马克思恩格斯选集》第 2 卷，人民出版社 1972 年版，第 83 页。

闭关自守状态则由于日益完善的生产方式、交往以及因此自发地发展起来的各民族之间的分工而消灭得愈来愈彻底，历史也就在愈来愈大的程度上成为全世界的历史。"①

　　人类历史的纵向发展和横向发展互为条件，相辅相成。就世界现代史来说，这种纵向发展与横向发展更为密不可分，而且正是由于这样的历史发展，才形成了今天的世界。中国共产党第十七届四中全会公报指出，当今世界正处在大发展、大变革、大调整时期。世界多极化、经济全球化深入发展，科技进步日新月异，国际金融危机影响深远，世界经济格局发生新变化，国际力量对比出现新态势，全球思想文化交流、交融、交锋呈现新特点，综合国力竞争和各种力量较量更趋激烈，给我国发展带来新的机遇和挑战。我国经济建设、政治建设、文化建设、社会建设以及生态文明建设全面推进，工业化、信息化、城镇化、市场化、国际化深入发展。我国正处在进一步发展的重要战略机遇期，在新的历史起点上向前迈进。② 因此，全面准确地揭示 20 世纪以来人类历史的发展，勾勒今日世界形成之历程，才能帮助我们的学生辨明国际形势，认清时代潮流和历史发展趋势，看清人类的光明前途，理解中国的前途命运和世界的前途命运日益紧密地联系在一起，坚定地走建设中国特色社会主义的道路，为实现中华民族的伟大复兴而奋斗。这是我们编写世界现代史教材的重要任务和最终目的。

　　第二，作为历史教材，世界现代史同样承担着培养学生查阅文献资料以及在此基础上的分析和创新能力，以及培养和提高学生的人文素质的重要功能，为他们更好地从事社会主义国家现代化建设奠定知识和人文素质基础。对此本文不作详细阐述。

　　从上述世界现代史的范围界定和世界现代史教材的功能出发，编写世界现代史教材应该遵循几个基本的指导原则。

　　第一，以马克思主义的世界历史理论和马克思主义中国化中国特色社会主义理论体系为理论指导，吸收国内外学术界的最新研究成果，以世界全局的宏观视野，综合叙述自 19 世纪末 20 世纪初以来的世界现代历史整

---

① 《马克思恩格斯选集》第 1 卷，人民出版社 1972 年版，第 67、51 页。
② 引自新华社《中国共产党第十七届中央委员会第四次全体会议公报》，人民网，2009 年 9 月 18 日。

体发展的趋势和史实。国际学术界在 20 世纪 50—60 年代兴起的"全球史观"①，在撰写世界现代史的视角和方法论方面，都具有重要意义。

第二，打破"西欧中心论"的束缚。其一，不仅要重视殖民地半殖民地人民的抗争和争取民族独立对世界历史发展的意义，也要深入论述当今组成第三世界的民族独立国家在国际事务中的重要作用。其二，将中国在 20 世纪的历史作为世界现代史的有机组成部分，对中国与世界发生联系的重大史实、中国发生的具有世界影响的重大事件给予论述并揭示其意义，点明中国和世界的相互关系，勾勒出中国走向世界、世界走向中国的历史轨迹，编写出具有中国自己特色的世界现代史。

第三，无论以哪种体例编写教材，都要考虑教师和学生在教和学两方面的知识系统性和能力培养，使学生理解 20 世纪世界历史的较长时段发展的全球性和进步性，并注重适用性。

二　世界现代史的基本内容

（一）世界近代史是世界现代史的基础

世界现代史是在世界近代历史的基础上发展起来的，因此，了解世界近代史的概况，对撰写世界现代史很有必要。

世界近代史是 15 世纪末 16 世纪初至 19 世纪末 20 世纪初资本主义制度产生和发展的历史。在这个历史阶段，资产阶级通过革命或改革，相继在欧美主要国家和亚洲的日本取得了政权，资本主义制度得以确立。在此期间，相继发生科学革命和两次工业革命，不仅极大地丰富了人类的自然科学知识，而且使生产力获得迅猛发展，社会面貌发生翻天覆地的变化，文学艺术空前繁荣。另外，工业化在带来经济大发展的同时，对人类生存环境的破坏问题已经显现。

资产阶级随着新航路的开辟而走遍全球，不断通过侵略手段开拓世界市场并进行海外殖民，建立了资本主义的世界殖民体系，从而完成了资本主义世界体系的构建，并形成了人类历史上由少数资本主义国家奴役和控制世界上绝大多数国家和地区的最不合理的状态。西方先进、东方落后的

---

① 有关"全球史观"的论述，参见拙著《从"西欧中心史观"到"文明形态史观"和"全球史观"》，《历史研究》2004 年第 4 期，《新华文摘》2004 年第 20 期。

局面开始出现。

资本的残酷剥削和列强疯狂的殖民扩张，使资产阶级和无产阶级的阶级矛盾、资本主义列强与殖民地半殖民地国家的民族矛盾空前尖锐，工人运动、社会主义运动和民族解放运动蓬勃发展。19 世纪中叶马克思主义的诞生为国际共产主义运动指明了方向。

与此同时，资本主义制度的固有矛盾，资本主义国家在争夺海外市场、殖民地和世界霸权中的矛盾也不断激化，两大帝国主义军事集团的形成，为世界大战的爆发埋下了祸根。正是在这样的形势下，历史进入了 20 世纪，也就是世界历史的现代阶段。

（二）对世界现代史的宏观认识

进入 20 世纪以来，世界日益成为一个密不可分的整体，构成了世界各国相互依存又相互竞争的复杂局面，完整意义上的世界历史终于形成。但是，资本主义固有的各种矛盾和弊端，最终导致了 20 世纪上半期的两次世界大战。第一次世界大战期间俄国十月革命的胜利，将社会主义的理想变成了现实，建立了世界上第一个社会主义国家。从此，资本主义和社会主义两种制度的并存及其相互影响和斗争，一直深刻地影响着世界历史的进程。冷战的爆发和结束，就是这种相互影响又相互斗争的重要表现之一。

第二次世界大战后社会主义从一国发展到多国，开创了世界历史的新局面。社会主义在快速发展和改革中曲折前进。苏联的解体说明社会主义建设并不存在固定的模式，必须根据国际社会的整体发展和各国的具体情况，依靠不断的改革与社会制度的自我完善，才能获得最后的成功。中国特色社会主义建设在改革开放中取得了举世瞩目的成就，证明了社会主义制度的无限生命力。

现代资本主义国家通过一系列自我调节机制，其经济由于科学技术的突飞猛进而高速发展，社会矛盾有所缓和，社会生活发生了巨大变化。但资本主义制度的基本矛盾依然存在。

在持续不断的民族解放运动的打击下，世界殖民体系土崩瓦解，这是人类历史的巨大进步。独立后的发展中国家掀起了以工业化为代表的现代化建设高潮，它们在维护国家主权、振兴民族经济、促进社会发展和改变不合理的国际政治经济秩序方面进行着不懈的努力，在国际事务中发挥着重要作用。

冷战的结束和两极格局的瓦解，为美欧国家主导的经济全球化提供了进一步发展的条件。尽管目前的经济全球化对发展中国家存在着许多不公正，但也提供了发展的机遇和挑战。进入 21 世纪，经济全球化深入发展，世界多极化不可逆转，和平与发展仍然是当今时代的主题，各国之间的相互依存更加紧密。如何有效地避免战争，持久地维护和平，可持续地促进发展，仍然是人类最为关心和必须解决的重大问题。以联合国为代表的国际组织在捍卫世界和平、发展全球经济中发挥着越来越重要的作用。

人类在享受高科技带来的丰富多彩、多元文化的现代社会生活的同时，也面临着各种日益严重的全球性问题。这些问题只有通过国际合作才能得到克服和解决。

这样的宏观认识，是我们撰写世界现代史的基础。

（三）世界现代史的基本内容、重要结论和历史启迪

世界现代史是人类历史上最复杂的历史阶段。20 世纪以来资本主义国家、社会主义国家和不断由殖民地半殖民地演化而来的政治独立国家这三种类型的国家的发展，以及它们之间的错综复杂的国家关系，共同构成了世界现代史的基本内容；不断发生的科技革命、丰富多彩的多元文化和社会生活的变化也是其中不可分割的组成部分。因此，本文试图从上述几个方面，以 20 世纪一百年的较长时段，勾勒基本内容、重要结论和历史启迪。

第一，资本主义的发展历程。其基本内容是：19 世纪末 20 世纪初直至 21 世纪初的资本主义国家的发展历程，包括资本主义的危机、分裂与世界战争，科技革命与经济发展，国家职能的发展与调整，工人阶级斗争的新发展与社会保障体系的建立，社会改革与阶级关系和社会生活出现的新变化，资本主义国际协调机制的加强，等等。通过对上述内容的重点论述，揭示资本主义在这 100 多年中所取得的巨大成就和存在的问题，并分析其原因。

从对这些基本内容的论述中至少应该得出以下结论：科学技术作为第一生产力在推动资本主义经济、政治、社会等各个方面的发展中起到巨大作用；资本主义生产关系一定程度的调整为生产力的发展提供了条件；资本主义的改革受到了社会主义的影响；资本主义国际协调机制的

建立、改善与加强，使资本主义各国之间的矛盾得以通过和平谈判手段缓和或解决；资本主义的生产力和生产关系之间的固有矛盾并没有得到根本解决。

这一部分的历史发展给予我们的启迪是：现在主要资本主义国家，无论是在资本还是在科技方面都还有较大的优势，资本主义仍具有较强活力。马克思说："无论哪一个社会形态，在它们所能容纳的全部生产力发挥出来以前，是决不会灭亡的；而新的更高的生产关系，在它存在的物质条件在旧社会的胎胞里成熟之前，是绝不会出现的。所以人类始终只提出自己能够解决的任务，因为只要仔细考察就可以发现，任务本身，只有在解决它的物质条件已经存在或者至少是在形成过程中的时候，才会产生。"① 因此在坚信共产主义理想一定会实现的同时，社会主义必须正确认识当代资本主义，正确处理和它的关系。

第二，社会主义从理论到实践的发展。其基本内容是：20世纪社会主义在俄罗斯、东欧和中国等国家从理想变为现实的历史，列宁领导的十月革命的发生和取得胜利的历史必然性；社会主义从一国到多国的发展；苏联、东欧国家、中国等国家对社会主义建设道路的探索和实践，社会主义改革的成功经验和失败教训，等等。通过对这些内容的重点论述，揭示社会主义具有无限生命力的发展前景和世界历史意义。

从对这些基本内容的论述中至少应该得出以下结论：社会主义从理想变为现实，证明了以私有制为基础的资本主义社会是可以被打破的，以公有制为基础的社会主义制度是可以建立起来的；社会主义的苏联依靠自己建立起来的工业基础和巨大的民族牺牲，成为打败法西斯的主要力量之一，在保卫自己国家安全的同时，也在实际上挽救了资本主义；社会主义和资本主义是互相竞争又互相影响的，社会主义国家的存在，成为资本主义世界的一面镜子，为整个资本主义世界的改造提供了借鉴。②

社会主义的历史发展给予我们的启迪是：苏联在建设全新的社会主义

---

① 《马克思恩格斯选集》第2卷，人民出版社1972年版，第83页。

② 英国左派史学家艾里克·霍布斯鲍姆指出，因为"共产主义制度的存在，刺激资本主义对自己进行了重大改革。最矛盾的是，世界经济大恐慌的年代，苏联竟然完全免疫。这个现象，促使西方社会放弃了对传统派自由市场正宗学说的信仰"。艾里克·霍布斯鲍姆：《极端的年代》上册，郑明萱译，江苏人民出版社1998年版，第121页。

现代化过程中所进行的艰难尝试，开创了新的现代化建设模式，它所取得的成功经验和失败教训，为经济落后国家的现代化建设提供了重大启示：在社会经济落后的国家里进行现代化，包括进行社会主义现代化建设是特别困难的，并不存在固定的模式，必须根据国际社会的整体发展和各国的具体情况，树立科学发展观，依靠不断的改革与社会制度的自我完善，才能取得最后的成功。历史已经证明并将会继续证明，感悟这些启示的中国正在进行的革故鼎新的伟大实践，正在推动着世界经济的发展和整个人类文明的进步。

第三，殖民体系的瓦解和发展中国家的发展。其基本内容是：20 世纪殖民地半殖民地人民，包括中国人民的民族解放斗争；殖民地宗主国反殖因素的内容和原因；帝国主义殖民体系不断瓦解的历史必然性及其历史过程；发展中国家的殖民主义历史遗留问题和发展中国家在发展中的成就、经验、问题、教训等等；同时对"非殖民化"和"新殖民主义"等理论问题作出解释。

通过对上述基本内容的论述，至少应该得出以下结论：社会主义国家的出现和发展，促进了亚非拉各国的民族解放斗争，加速了帝国主义殖民体系的崩溃；殖民地半殖民地及其附属国坚持不懈的争取民族独立的斗争，包括规模很大、持续时间很久的武装斗争，是对殖民体系的最沉重打击，是殖民体系解体的决定性力量。世界殖民体系的瓦解、192 个民族独立国家进入联合国，是人类历史的巨大进步，具有重要的世界历史意义。

这一部分的历史发展给予我们的启迪是：20 世纪殖民体系的瓦解，是人类历史上最伟大的革命性事件之一。但是，以资本主义为主导的不合理的国际政治经济秩序是发展中国家的发展受到制约的最重要因素，因此发展中国家必须在不断自我改革的同时，团结合作，为建立合理的国际政治经济新秩序而不懈努力。

第四，国际关系的发展演变。其基本内容是：20 世纪发生的两次世界大战和一次冷战的历史；两次大战之后建立的凡尔赛—华盛顿体系和雅尔塔体系的异同比较，深入揭示世界现代史中的战争与和平问题；国际格局从欧洲中心到两极格局，在两极格局中孕育着多极化趋势；国际经济体系的发展变化以及经济全球化的利弊；联合国、世界贸易组织等国际组织在国际政治经济秩序中的作用与局限；列宁提出、中国政府坚持的不同社会制度可以和平共处的外交原则①，中国在国际事务中的地位和作用，等等。

从对这些基本内容的论述中至少应该得出以下重要结论：帝国主义各国的争夺扩张和发展的不平衡，以及由此产生的重新瓜分世界的需要，是两次世界大战爆发的基本原因；第二次世界大战后美国全球扩张的大战略和苏联保障国家安全的大战略之间的针锋相对和激烈碰撞，是冷战的基本动因；列宁提出、中国政府坚持的和平共处外交原则是20世纪新兴国际关系的基础，体现了民族国家平等和国际社会公正的思想，是对几个世纪以来国际关系中奉行的强权政治和霸权主义的否定；中国的和平发展是20世纪国际关系中最富启迪性的重大事件之一，中国在不断改变自己的过程中影响世界，中国在国际事务中地位和作用的不断提高是维护世界和平与促进共同发展的重要力量，中国提出的建立"和谐世界"的理念，将对国际关系产生重大影响。

20世纪国际关系的发展给以我们的历史启示是：和平与发展是当今时代的主题，经济全球化和世界多极化是时代的发展趋势。当今世界仍然是民族国家林立的世界，而人类社会已经形成一个息息相关的整体，因此民族国家惟有在参与全球化的过程中警惕霸权主义和强权政治，不断推进国际政治民主化，才能更好地维护自己的主权并获得长足的发展。不同社会制度的国家和平共处、相互学习和交流、和平解决国际争端是维护世界和

---

①　列宁在十月革命胜利后的第二天就发布的《和平法令》，作为无产阶级登上国际政治舞台后的第一个外交文件，显示了世界上第一个社会主义国家严厉谴责帝国主义战争、实行和平外交政策的基本取向，从而揭开了世界外交史和国际关系史上崭新的一页。尽管由于帝国主义对苏俄的武装干涉，《和平法令》未能立即实现，但是列宁在1919年就已经预见到，随着战争的胜利，国际关系即将出现"社会主义国家和资本主义国家共存的时期"。1920—1924年是列宁的和平共处思想的重要发展阶段。1920年2月列宁在回答美国《纽约晚报》记者的问题时，第一次较为准确具体地表述了不同社会制度的国家和平共处的思想，即建立以互不侵犯为前提，以互通有无、进行商品贸易为主要内容的和平往来的国家关系。当美国《纽约晚报》记者问列宁对亚洲的计划是什么时，列宁回答："和对欧洲的一样：同各国人民和平共居，同正在觉醒起来的要求过新生活，过没有剥削、没有地主、没有资本家、没有商人的生活的各国工人和农民和平共居。"当记者问到苏俄同美国保持和平的基础是什么时，列宁十分明确地答道："请美国资本家不要触犯我们，我们是不会触犯他们的。我们甚至准备用黄金向他们购买运输和生产用的机器、工具及其他东西。而且不仅用黄金买，还要用原料买。"1922年的热那亚会议是苏俄争取与资本主义国家和平共处的一次重大的外交实践，会议期间苏俄与德国签订的《拉巴洛条约》，体现了"两种所有制的实际平等"，是列宁和平共处外交政策的胜利。这里出现的引文，依次见《列宁全集》第2版第37卷第188页、第38卷第158页、第43卷第190页。中国政府一直提倡的和平共处五项原则，已为大家熟悉，这里不做赘述。

平、促进共同发展的重要保证。

第五，不断发生的科技革命和丰富多彩的多元文化的发展与社会生活的变化。其基本内容是：通过对科技革命的内容以及对人类社会各个方面造成的巨大影响的论述，对现代化和全球化所带来的全球性问题的论述，对丰富多彩的 20 世纪世界文化和社会生活的叙述和交流，揭示 20 世纪的经济全球化和世界多极化发展的同时，各个民族国家的文化和社会生活所呈现出的多元化、多样性发展的新趋势与新特点。

我们从中可以获得的重要结论是：科学技术是第一生产力；20 世纪人类的文化交流具有了真正的世界性和全球性，任何国家要采取闭关主义，包括文化上的闭关主义，都是行不通的；文化和社会生活作为软实力，在民族国家的发展中起着越来越重要的作用。

20 世纪的科技革命、多元文化的发展和交流给予我们的重要启示是：坚持科技创新，成功解决全球性问题，是民族国家和国际社会能否可持续发展的决定性因素；如何在发扬本民族国家优秀文化传统的基础上，既能吸收外来文化的有益成分，又能不为外来文化的糟粕所污染，是建设有中国特色社会主义过程中的一个必须研究和解决的重要课题。

可以相信，包括上述内容、结论和历史启迪的世界现代史教材，无论以怎样的体例编写，都可以清晰地透视逝去不远的 20 世纪和刚刚走过的 21 世纪初，可以增进学习者的智慧，使他们懂得如何掌握自己的命运，勇敢地走向曲折而美好的未来。

（本文作者：徐蓝，首都师范大学历史学院教授）

历史分期与世界现代史的开端

李世安

我国世界史学界在新中国建立后，以十月革命为世界现代史的开端。改革开放后，出现了一些新的观点。在这些观点中，有以 19 世纪末 20 世纪初为世界现代史开端的观点，有以 1900 年为世界现代史开端的观点，有以 20 世纪初为世界现代史开端的观点，还有以俄国 1905 年革命为世界现代史开端的观点等。其中影响最大的，是以 19 世纪末 20 世纪初为世界现代史开端的观点，和以 20 世纪初为世界现代史开端的观点。究竟哪一种分期方法更能恰当反映世界现代史的时代特征，更能准确地反映世界现代历史时期的到来？深入研究这个问题，对世界史学科体系的建设无疑具有重要意义。

一　历史分期与世界现代史的开端

历史分期，有一个发展过程。按社会历史发展的时间顺序，把世界史划分为世界古代史、世界中世纪史、世界近代史和世界现（当）代史的分期方法，古已有之。这种分期方法，可以给学生以历史顺序感，给学生学习历史奠定坚实的基础。对一本教科书来说，采用这种分期方法是比较恰当的。

欧洲古代就已经有了按历史发展顺序进行分期的历史分期方法。希罗多德所著《历史》一书，是按社会历史发展阶段来撰写的。尤希比阿斯（264—340 年）所著《世界史》、基督教正统神学历史观最主要的代表鲍修哀（Jacques Benign，1627—1704 年）的《通史论》（1681 年出版），也都属于这种分期著作。欧洲早期人文主义者在对世界历史进行分期时，则采用把世界历史分为古代、中世纪和现代的三分法。[①] 上述欧洲古代不同

---

① 罗荣渠：《现代化理论与历史研究》，《历史研究》1986 年第 3 期。

时期的学者在分期上的一致性，说明在古代，欧洲学者在构建世界历史的分期上，就有一种基本共识：即人类社会的分期，是按时间顺序来划分的。

近代以来，西方历史学家们都使用了古代、中世纪、近代和现代的分期法，但是在19世纪前，他们主要是从编年史的角度考虑问题，而没有从社会经济形态的变化去分析问题。因此，他们的分期非常笼统，没有说明古代、中世纪、近代和现代的社会性质。到19世纪上半叶，经过达尔文、摩尔根、恩格斯、列宁和马克思等人的努力，才解决了这个问题。欧洲也最终建立了世界历史分期的科学方法。

近代欧洲学者在世界历史分期方法上的进步，首先表现在对古代社会的分期问题上。关于古代社会，特别是关于原始社会，欧洲人过去一直认识不清其性质。但是从摩尔根开始，这种情况开始有了改变。摩尔根在《古代社会》一书中，将原始社会划分为"蒙昧"与"野蛮"两个时期，各时期又分为低级、中级、高级三个阶段。

恩格斯认为这种分期方法较好，他在研究原始社会时，就采用了这种分期方法。但列宁在研究原始社会时，又提出了新的分期法，他把原始社会分为"原始群"与"原始公社"两个时期。原始公社就是氏族公社，"按生产力的发展，氏族公社又划分为两个阶段，即母权制氏族公社时期与父权制氏族公社时期"[1]。这种分析是对原始社会的一种科学划分。

马克思则用社会经济形态说，对人类社会历史阶段进行了分析。他认为"每一历史时代主要的生产方式和交换方式以及必然由此产生的社会结构，是该时代政治的和精神的历史所赖以确立的基础，并且只有从这一基础出发，这一历史才能得到说明"[2]。

达尔文、摩尔根、马克思、恩格斯和列宁等人的杰出贡献，使世界历史的分期科学地呈现在世人面前。学术界公认，"19世纪后半期，由于达尔文的《物种起源》（1859年）、摩尔根的《古代社会》（1877年），特别是恩格斯的《劳动在从猿到人转变过程中的作用》（1896年）和《家庭、私有制和国家的起源》（1844年）等名著的相继出版，奠定了这门科学的基本规律"。

---

① 阎宗临：《世界古代中世纪史》，广西师范大学出版社2007年版，第78页。

② 《马克思恩格斯选集》第1卷，人民出版社1995年版，第257页。

根据马克思的"社会经济形态"分期方法，马克思主义历史学家以社会经济的发展变化为标准，把世界古代史对应为原始社会和奴隶社会、世界中世纪史对应为封建社会、世界近现代史对应为资本主义社会，在资本主义社会后，则是共产主义社会（未来社会）。

马克思主义的世界史分期方法，是在批判地吸收了人类世界史分期的优秀成果而形成的。西方资产阶级学者除了对"共产主义社会"的提法有争议外，并没有否认马克思主义的历史发展阶段论和社会经济形态学说。现在西方国家的世界史书，特别是通史和断代史，大多数是按照这种分期方法来进行编撰的；而许多科学研究项目的立项，也是按照这种分期方法来进行分类的。

在西方颇有影响的由赫尔兹廷（Herzstein）所著的历史教材《西方文明史》（*Western Civilization*, Houghton Miffilin Company Boston, 1963），其体例和内容基本上是按古代、中世纪、近代、现代来安排的。虽然这本书并没有明确强调五种社会形态，但是全书反映出了人类社会五种社会形态中的前四种社会经济形态。例如，在古代部分，他论述了原始社会和奴隶制度。他说："奴隶制度或者是古代和古典世界最典型的经济制度。"[1] 他有专章论述封建社会，还论述了资本主义社会。[2]

这本书在内容上强调以西方为中心，强调西方教会、理性、资产阶级的民主自由等。但是该书并非不强调生产力。正如我国的课本一样，在这本教材中，作者着力讲了人类社会经济的发展，例如，讲了工业革命等。该书并不仅仅讲经济，而且大讲革命。他有专门的章节论述人类社会的革命，如第六章，标题就是"革命年代：1776—1848"（The Age of Revolution, 1776—1848）[3]。该书也谈帝国主义和殖民主义等。[4]当然该书作者站在西方人的立场，其视角与中国人不一样。但是有一点是共同的，即他的著作反映出来的世界历史分期，与马克思主义的世界历史分期基本是一致的。西方其他关于世界文明史的书也基本是这样的构架。

世界上也存在以文明作为单位来写历史的，如斯宾格勒、汤因比等人。虽然斯宾格勒认为把历史分成"古代史"、"中古史"和"近代史"

---

① 　Herzstein, *Western Civilization*, Houghton Miffilin Company Boston, 1963, p. 17.

② 　Ibid. , pp. 127、243 - 244、324 - 325.

③ 　Ibid. , p. xii.

④ 　Ibid. , p. xv.

是一种"令人难以置信地空洞无物且又毫无意义的体系",他主张把文化作为世界历史的中心,并称之为"历史的托勒密体系",但他实际上仍然按古代、中世纪和近代等体系来安排文明的发展。①

汤因比(Arnold Toynbee,1889—1975年)把人类6000年的历史分为26个文明单位,古代文明赫然在其中。他的"文明"并不排斥古代—中世纪—近代的通用历史体系。而且他所写的文明也是从低级向高级发展的,即经奴隶制度文明发展到封建文明和资本主义文明。这也说明他的体系并不是什么新东西,他还是以社会发展阶段论为世界历史分期的根本原则。只不过他是从文明的视角来体现社会的发展,而不是从通史的角度来描述历史。

最近,英国学者巴里·布赞(Barry Bussan)和理查德·利苏尔(Rich-adroitly)提出要以国际体系为主线,重构世界史体系。同样,他也并没有否定在资本主义产生前就有国际体系(世界体系)存在的观点,相反,他还认为在公元前,伴随着采猎群之间长距离的交换网络的出现,前国际体系就已经出现。②他的国际体系的分期,也没有脱离按人类历史发展阶段来分期的方法。

在确立了分期的原则后,是否需要一个具体的年代作为世界历史各时期的分期界标呢?对此,列宁曾经有过精辟的论述。列宁认为,应"挑出那些特别突出、引人注目的历史事件作为大的历史运动的路标"③。因此,在可能的情况,应该选择一个重大的历史事件作为分期的标志。如果在某一历史时期,找不到这样一个伟大历史事件,则又当别论。但那只是非常少的特例而已。在一般情况下,每一个时代,都会有一个标志着这一历史新时代到来的伟大事件,问题不过是历史学家对什么是伟大历史事件,会由于价值观的不同,作出不同的判断而已。

当然西方学者在各个历史时代分期的具体年代上,并不统一,观点各异。新中国建立后,中国的世界史学界,根据马克思主义的历史分期方法,并在学习苏联历史分期方法的基础上,进行了中国历史时期的分期。

---

① 转引自何兆武主编《历史理论与史学理论·近现代西方史学著作选》,商务印书馆1999年版,第656页。

② 参见刘德斌《布赞和利特尔世界(世界史中的国际体系)笔谈》,《史学集刊》2004年第2期。

③ 李世安:《世界现代史》,高等教育出版社2000年版,第3页。

这种分期把世界史划分为世界古代史（原始社会和奴隶社会）、世界中世纪史（封建社会）、世界近代史（资本主义社会）、世界现（当）代史（资本主义和社会主义共存的社会）和共产主义社会（未来社会）等几个时期。

在我国的世界历史分期中，改革开放前无论是在古代、近代，还是在现代的分期上，主流观点基本都是比较一致的，特别是在世界近现代史的分期上，有非常明确的具体年代。

例如以十月革命为世界现代史的开端，是新中国成立后我国世界现代史学界所采用的分期方法。在周一良和吴于廑先生任总主编，杨生茂、张芝联和程秋原先生任分册主编的教材《世界通史·近代部分》下册中这样写道："十月社会主义革命打破了帝国主义的锁链，建立了人类历史上第一个无产阶级专政的社会主义国家。十月革命结束了一个旧的历史时代，开始了世界历史的新纪元。从此，资产阶级居于统治地位的世界近代史成为过去，世界无产阶级和广大劳动人民正沿着十月革命所开辟的道路，创造着比过去任何一个历史时代都更为光辉灿烂的世界现代的历史。"[1]

这就明确了十月革命是世界现代史的开端。我国的各种教材和相关历史著作，都采用了这种观点。但是改革开放后，我国在历史分期的一些具体年代上，特别是在世界近代和现代史的分期问题上，出现了不同看法。在世界现代史开端的问题上，更是百花齐放、百家争鸣，观点纷呈。

二　改革开放后我国关于世界现代史开端的几种学术观点

1978 年改革开放后，关于世界现代史的开端问题，出现了不少新的说法，并形成了几种观点。

第一种观点，是把 19 世纪末 20 世纪初作为世界现代史的开端。这种观点强调，历史时代的分期，应该以社会经济为依据，而不是以革命为标志。持这种观点的个别学者认为，"世界现代史的开端应以 19 世纪末 20 世纪初帝国主义的形成为标志。因为应该以经济基础的变化作为历史分期的标准。帝国主义是资本主义的最高阶段，帝国主义的形成为世界现代史

---

[1]　周一良、吴于廑主编《世界通史·近代部分》下册，人民出版社 1972 年版，第 13 页。

的分期树起了界碑。帝国主义在 1898—1900 年间形成，所以，世界现代史不能以革命为开始的标志"①。

在持这种观点的人中，还有人明确提出：划分世界现代史不仅应该考虑十月革命的因素，还要考虑经济条件，经济因素是历史发展的决定力量。以政治革命作为历史分期的标志，往往会产生分期的不确定性。如果以十月革命作为世界现代史的开端，即意味着无产阶级社会主义革命的开始。那么，这怎样去理解在此之前发生的巴黎公社革命呢？要弄清世界现代史的开端问题，应该从 19 世纪末 20 世纪初的历史实际出发。这期间资本主义变成帝国主义，其固有矛盾的斗争与发展，为无产阶级准备了历史条件，世界转入消灭帝国主义的伟大斗争的历史时期，使人类迈进了一个崭新的历史阶段。②

第二种观点，是以 20 世纪初为世界现代史的开端。这种观点认为：20 世纪上半期有几件大事合起来构成新时代。这些大事是：帝国主义形成；第一次世界大战；俄国十月革命；亚洲的觉醒和伊朗、印度、土耳其以及中国爆发的革命；以及日本、美国的兴起。③ 这种观点，高度肯定了十月革命在世界现代史开端划分中的作用："现代史卷的起讫时间大约从 20 世纪初到 1945 年第二次世界大战结束。在这一阶段，随着俄国十月革命的胜利和苏联的建立，人类历史第一次出现了崭新的社会主义生产方式和与之相适应的社会主义社会。资本主义和社会主义两种制度的并存及其相互影响和斗争，深刻影响了世界现代史和当代史的进程。"④

这种观点精辟地概括了世界现代史应该具备的特征与内容，坚持了马克思主义的社会经济形态学说理论，高度重视十月革命在世界现代史分期中的作用。在分期时，并不仅仅考虑帝国主义形成这一因素，而考虑到了社会主义诞生和其他各种因素。因此这种分期方法，比以 19 世纪末 20 世纪初作为世界现代史的分期方法，更进了一步，更能反映世界现代史的特征。但是这种分期方法，仍然没有采用一个准确的历史年代，作为划分世界现代史的路标。

---

① 乔明顺主编《世界近现代史教学参考手册》，北京大学出版社 1990 年版，第 324 页。
② 李世安：《世界现代史》，第 4 页。
③ 中国世界现代史研究会主编《中国世界现代史研究会通讯》第 18 期（1998 年 11 月），第 5 页。
④ 齐世荣总主编：《世界史·现代卷》前言，高等教育出版社 2006 年版，第 III 页。

第三种观点，是把 1900 年作为世界现代史的开端。例如有人认为："逐步在全世界取得支配地位的各发达国家资本主义从自由向垄断过渡，约当 19 世纪末 20 世纪初之际。因此 1900 年可以视为已在支配世界的资本主义经济形态发生巨大变化的标志"。[①] 他们还从"整体史观"的角度来分析这一问题。他们说，各主要资本主义国家在这个时期完成了向帝国主义的过渡，"世界终于形成牵一发则动全身的有机的整体"。[②]

第四种观点，是以 1905 年为世界现代史的开端的观点。这种观点的产生，主要是对"以 20 世纪初作为世界现代史开端"观点的发挥。持 1905 年为世界现代史开端的观点的人认为，由于"以 20 世纪初作为世界现代史开端"的分期方法，仍然没有用一个具体的历史年代和一个具体的重大历史事件，作为世界现代史的界标，因此如果能发现一个能体现世界现代到来的历史路标就好了。持这种观点的人认为，1905 年可以作为这样的路标，其理由如下：

第一，1905 年可以反映帝国主义的形成。帝国主义是在 19 世纪末 20 世纪初形成的。在 19 世纪末，标志帝国主义形成的事件有：1898 年爆发的美西战争、1899 年爆发的英布战争和 1905 年结束的日俄战争。

美西战争是一次极其重要的帝国主义战争。这次战争标志着西班牙殖民帝国的结束和美国作为新兴的世界大国进入历史舞台。但是由于当时美国只对太平洋地区事务感兴趣，对欧洲事务并不十分关心，美国仍然处于孤立主义之中。因此直到 20 世纪 30 年代，美国在欧洲国际关系中不占主导地位，不能领导历史潮流。因此以美西战争作为世界现代史的开端。从帝国主义形成这一方面看，理由也并不充分。

1899 年爆发的英布战争，是英国与布尔人之间争夺南非殖民地的战争。无论从战争的进程还是从战争的结果来看，它对世界全局的影响不大，所以不宜作为世界现代史的开端。

更为重要的是，如果美西战争和英布战争都只能作为帝国主义形成的标志之一，就不能说明世界现代史的全部特征，因此不宜以这两次帝国主义战争作为世界现代史的起点。

但 1905 年结束的日俄战争则有不同。这次战争的结束，意味着帝国

---

① 刘祚昌、王觉非：《世界史·近代史编》上卷，高等教育出版社 1992 年版，第 2 页。
② 同上书，第 2、425 页。

主义之间瓜分世界市场的争夺暂告一段落，帝国主义国家之间正在酝酿新的更大规模的世界战争。这与第一次世界大战不能不说有逻辑上的联系。同时从 1898 年到 1905 年，三大帝国主义战争的结束，也标志着帝国主义世界市场的形成。因此 1905 年在帝国主义发展史上占有重要地位，可以反映出帝国主义形成这一划分世界现代史的标准。

第二，从社会主义诞生这一方面考虑。俄国 1905 年革命是在 1904 年至 1905 年的日俄战争中爆发的。1905 年俄国革命是 1917 年俄国十月革命的总演习，它是 1871 年巴黎公社革命以来国际共产主义运动和国家工人运动史上第一次大规模的革命运动，它结束了 1872 年以来资本主义相对和平时期的发展，揭开了帝国主义时代无产阶级社会主义革命风暴的序幕。用 1905 年作为世界现代史的开端，就考虑到了世界现代史所包含的另一主要内容，即社会主义问题。可以说，我提出的以 1905 年为世界现代史的开端的观点，还是从要反映社会主义这一角度提出的。

第三，1905 年俄国革命唤醒了整个亚洲，引起了亚洲的革命，是亚洲觉醒的标志。在 1905 年俄国革命的影响下，伊朗、印度、土耳其和中国都爆发了革命。

第四，1905 年美国和日本分别在美西战争和日俄战争中获胜，成为影响现代世界历史发展的最重要的大国之一。美、日的兴起，具有划时代的意义。美国的世界大国作用，在 1905 年已经显现。例如在 1905 年，在美国斡旋下，日俄在朴次茅斯举行会谈，缔结了《朴次茅斯和约》，结束了日俄战争。而日本是发动日俄战争的罪魁祸首，它与俄国争霸远东的野心，是导致日俄战争的主要原因。日俄战争后，日本帝国主义取代欧洲殖民主义，成为远东各国的最主要敌人。这是影响世界现代史历史发展最重要的因素之一。从这个意义上说，用 1905 年作为世界现代史的开端，又增加了一点说服力。

第五，日俄战争后，由于俄国受到削弱，被迫从 1907 年开始 10 年军事振兴计划。在该计划完成前，俄国军事力量弱小，不敢参加帝国主义的世界战争。因此在 1912 年的第一次巴尔干战争后的议和期间，世界大战一触即发。但在最后时刻，俄国被迫让步，避免了第一次世界大战在 1912 年爆发。而在 1914 年第一次世界大战爆发时，俄国的军事振兴计划也还没有完成。俄国是在准备不充分的情况下参加第一次世界大战的。第一次世界大战开始，俄军装备落后、训练水平差的弱点暴露无遗。俄军在前线不断的失败，使俄国国内政局不稳，成为人民不满的重要原因之一。这也是导致俄国二月革命和十月革命的重要原因之一。因此，1905 年日俄战争的结果，不仅对第一次世界大战爆发的时间产生了影响，而且对俄国十月革命的爆发也产生了影响。

第六，现代史最大的特征之一，是科学技术突飞猛进的发展。科学技术推动着生产力迅速发展，使经济全球化进程不断加快。从科学技术发展的历史来说，1905 年具有划时代的意义。在第二次工业革命中科学技术有了飞速的发展。到 1905 年，这种发展有了突破性的进展。1905年，爱因斯坦发表了 5 篇论文，提出了震惊世界的狭义相对论。这是具有划时代意义的成就。爱因斯坦在核物理学上的贡献，为原子时代的道路奠定了基础。原子弹的爆炸、太空的争夺、核不扩散问题等的产生，没有一样离开了爱因斯坦的贡献。爱因斯坦的相对论推动了科学技术的革命，不仅对自然科学产生了巨大影响，而且还影响着整个现代历史的发展。

第七，1905 年至 1945 年的时代潮流是战争与革命，其特点是战争与革命摧毁了以欧洲为中心的国际秩序，形成了新的国际体系——雅尔塔体系，使战后的世界历史潮流向和平与发展方向前进。而到冷战结束后，世界历史潮流就成为了和平与发展。

第八，历史纪元的划分，并不必严格与世纪一致。这在国内外学者的历史分期中，都屡见不鲜。过去我国曾以 1640 年作为世界近代史的开端。在西方，世界近代史的开端就有各种说法，例如，有以 1453 年为世界近代史开端的，有以 1492 年为开端的，还有以尼德兰资产阶级革命为开端的等。而现代史的开端，在世界各国也说法不一。例如在西方，就有以1871 年普法战争为世界现代史开端的。在我国，也有以"20 世纪 40 年代"为世界现代史开端的说法。例如有的坚持"社会经济发展"论的学者认为，20 世纪 40 年代，第三次技术革命兴起后，以电子计算机为核心的信息技术迅速发展，使人类社会发生巨大而深刻的变化，因此可以作为世界近代史的下限。所以，也不必严格以世纪一致，不必以 1900 年或 20 世纪初作为世界现代史的开端。①

---

① 许永璋、于兆兴：《世界近代史断限问题新探》，《史学月刊》2003 年第 1 期。

三　坚持以俄国十月社会主义革命
为世界现代史的开端

列宁在论述历史时代的划分时，曾经提出要挑选那些特别突出、引人注目的伟大历史事件作为路标。以 19 世纪末 20 世纪初作为世界现代史的开端或以 20 世纪初作为世界现代史的开端，缺少了一个特别突出、引人注目的伟大历史事件作为路标。以 1900 年为世界现代史的开端更不能令人信服。因为 1900 年并没有发生足以改变世界、反映另一个新历史时代到来的伟大事件。

有的学者针对上述观点指出，"垄断资本主义的形成并不是世界近代史特点的根本变化，资本主义对世界的支配和领进地位没有改变。到了 1917 年第一次世界大战的结束和俄国十月社会主义革命的胜利，世界历史的特点才发生了质的变化，资本主义绝对支配、单向领进的历史才宣告终结"。十月革命开始了一个统一的制度被打破、两种制度开始并存的时代，这在本质上有别于资本主义一统天下的时代。①

有的人在讨论世界近代史的下限时说，十月革命后以"资本主义整体世界被打破，统一的、无所不包的资本主义世界体系已经不复存在"。因此他们主张以俄国十月革命爆发的 1917 年作为世界近代史的下限，即主张以十月革命为世界现代史的开端。②

还有人明确指出："十月革命的胜利是世界现代史的开端。因为十月革命不仅开创了俄国历史新纪元，而且开创了世界历史的新纪元。十月革命的胜利使人类历史发生了根本转折。这种思想是长期以来的传统观点，也是目前史学界大多数人认同的观点。"③

以十月革命为世界现代史的开端是合理的。在拙著《世界现代史》一书中，曾表明了这一观点："以俄国十月革命为世界现代史的开端，理由是比较充分的。因为世界现代史是帝国主义向社会主义过渡时期的历史。

---

① 孙港波：《世界近代史分期问题新探》，《扬州师院学报》1989 年第 3 期；董经胜：《世纪之交的回顾与展望——"20 世纪中国的世界史研究"学术讨论会综述》，《世界历史》2000 年第 4 期。

② 翁有利：《世界近代史分期分段再研究》，《松辽学刊》1994 年第 3 期。

③ 乔明顺主编《世界近现代史教学参考手册》，第 324 页。

虽然 1917 年以前世界资本主义就已经进入了帝国主义阶段，但只有在十月革命之后才开始了无产阶级革命的新时代，从而开辟了世界无产阶级革命的新纪元。十月革命诞生了苏维埃社会主义制度，打破了帝国主义的一统天下，使资本主义面临总危机。十月革命是'特别突出，引人注目'的历史事件，可以作为伟大历史运动的路标。"①

而以 1905 年为世界现代史的开端，也站不住脚。因为 1905 年在世界现代史上的地位固然重要，但是还没有重要到可以成为世界现代史开端路标的程度。

虽然 1905 年俄国革命能够揭示世界现代史帝国主义形成这一时代特征。但是却不能反映社会主义的诞生。虽然俄国 1905 年革命是俄国十月革命的总演习，没有 1905 年革命，就没有十月革命的胜利。但毕竟 1905 年革命并没有成功，并没有创造崭新的社会主义制度，因而也不可能宣布一个伟大历史新时代的到来。因此以 1905 年俄国革命为世界现代史的开端，时间仍然早了一点。

从理论上说，十月革命后，在人类历史上第一次出现了社会主义国家，从而开创了历史的新纪元。社会主义在资本主义母体中诞生，这是开天辟地以来的最重大事件之一。对十月革命的贡献，不能仅仅从"政治革命"来看问题。苏联社会主义制度的创立，并不仅仅是一个"政治制度"问题，它也包括了社会主义的经济制度、社会主义的文化制度和其他各种社会主义的制度。因此以十月革命为世界现代史的开端，并不仅仅是从"政治史"的角度看问题的结果，它也是从经济史、社会史和文化史等多方面看问题的结果。

现代与近代最显著的区别之一，不仅在于自由资本主义发展到了垄断资本主义，即帝国主义阶段，而且在于社会主义制度作为一种新的社会制度在人类社会诞生，从此开始了从资本主义向共产主义过渡的伟大历史时期。在这一历史时期，资本主义不断改革调整，不断焕发生机。但是这只能延缓资本主义灭亡的时间，而不可能避免资本主义的灭亡。而社会主义虽然遭到各种困难，在曲折中发展，但始终向着光明和未来前进。在这一历史时期，资本主义与社会主义将经历竞争、共处、合作和演变的历史过程，但资本主义灭亡和共产主义胜利则是必然的历史发展规律。

---

① 李世安：《世界现代史》，第 4 页。

因此在进行世界现代史开端的划分中，要注意两个关键问题：即既要考虑垄断资本主义的形成，更要考虑社会主义制度的诞生。十月社会主义革命能同时反映这两个特征，因而是世界现代史的开端。而其他只考虑到垄断资本主义形成的分期，而没有考虑到社会主义形成的分期，是不完全、不准确的分期。

其实，就是以垄断资本主义形成为世界现代史的开端，本身就存在难于界定的问题。究竟以哪一个年代能反映垄断资本主义的形成，非常难于服人。垄断资本主义的形成，是世界现代史的一个重要特征。但是从自由资本主义向垄断资本主义过渡的时间比较长，从 19 世纪下半叶开始，垄断资本主义就已经出现。到 20 世纪初最后形成。在这个阶段，可以标志垄断资本主义形成的事件很多，以哪一个事件为垄断资本主义的形成为好？如果以帝国主义战争为标志，从 19 世纪末到 20 世纪初，有三大帝国主义战争，以哪一次帝国主义战争为好？如果笼统地以三次帝国主义战争为标志，那就缺乏了一个标志性的时间，就会美中不足。如果以这三次帝国主义开始的时间 1898 年为世界现代史的开端，显然早了一点，而以这三次帝国主义战争中的最后一次战争结束的年份 1905 年为世界现代史的开端，也不完全准确。

再说，以三次帝国主义战争为世界现代史的开端，只能代表垄断资本主义何时形成的一种观点。关于帝国主义的形成时间，有多种观点存在。其中之一，是以托拉斯的形成作为垄断资本主义形成的标准。这种观点认为，托拉斯的形成，奠定了垄断资本主义的组织基础，最典型地表明了垄断资本主义的产生。托拉斯垄断了一切。信托制度、股票制度和跨国公司是垄断资本主义的载体。洛克菲勒在 1882 年创立了托拉斯，那么 1882 年就可以作为垄断资本主义形成的标志。

相反，如果以新生的社会主义制度的诞生作为世界现代史的开端，就非常有说服力了。首先，社会主义的诞生，标志着一个伟大的、与过去时代完全不同的新时代的到来。第二，社会主义制度是作为帝国主义的对立面出现的，社会主义的出现，本身就与垄断资本主义有关。因为帝国主义造就了它的掘墓人。无产阶级社会主义革命是由于帝国主义的剥削与压迫引起的。因此，反映社会主义制度诞生的伟大历史事件，同时也就含有引起无产阶级社会主义革命的垄断资本主义的内容。在找不到一个既能反映垄断资本主义形成，又能反映社会主义诞生的这样一个历史事件的情况下，就应该以社会主义诞生这一历史事件为世界现代史的开端。

俄国十月社会主义革命的爆发，是由于世界进入帝国主义阶段后帝国主义引起的矛盾激化了世界各种矛盾而引起的。俄国是世界各种矛盾集中的国家，因此俄国爆发十月革命有历史的必然性。俄国十月革命，既是世界现代史降生的助产士，也有体现世界新历史时代的所有特征。以十月革命为世界现代史的开端，就非常准确地反映了世界新的历史时代的到来。

在实践中，回顾世界现代的历史，从 1917 年开始到目前，社会主义的出现，给人类社会的发展带来了动力。资本主义因社会主义的出现，而不得不进行改革与调整，以图生存。世界现代史的发展，哪一件能离开了社会主义的历史内容？第一次世界大战后，帝国主义国家立即对苏俄进行武装干涉，企图扼杀新生的苏维埃俄国政权；第二次世界大战，没有苏联的贡献，就不可能打败德国法西斯，而冷战就是美国以反苏、反共而发动的。冷战结束后，中国特色的社会主义成为世界注目的焦点，世界社会主义仍然在发展。

如果世界现代史的开端不能反映社会主义的诞生，而只反映垄断资本主义的形成，或只反映出工人运动与社会主义运动的发展；而不是反映社会主义的诞生，那么，这种分期就是不全面、不完全的。

无论在理论上，还是在实践中，都可以看到以十月革命为世界现代史开端的合理性。因此，以 19 世纪末 20 世纪初作为世界现代史的开端、以 20 世纪初作为世界现代史的开端，或以 1905 年俄国革命为世界现代史的开端，都不妥当，而以十月革命为世界现代史的开端则最合适不过。

（本文作者：李世安，河北师范大学特聘教授）

关于世界现代史体系之我见

黄民兴

世界现代史体系问题是一个极其复杂的学术问题。由于现代史包括当代史，后者正处于发展中，要正确地判断未来趋势存在相当大的困难。以下仅就这一问题谈一些个人观点。由于笔者多年不再从事通史教学，对相关研究动态了解不够，错误在所难免，还请方家指正。

一 关于世界通史基本框架的不同观点

世界现代史体系首先涉及划分时代的标准问题。而且，要划分世界近代和现代史，不考虑古代是不全面的。因此，笔者认为，应当有一个全面适用的统一标准，以便体现历史发展的总体规律。

从新中国成立以来迄今，中国学术界有关世界通史的基础研究主要包括以下三种观点：

1. 以社会历史形态为依据的传统观点。这一观点主要受苏联史学的影响。其具体内容是依照五种生产方式即原始社会、奴隶社会、封建社会、资本主义社会、社会主义社会等划分上古（含原始社会、奴隶社会）、中古、近代、现代几个时期。

然而，这种划分近年来日益受到国内许多学者的质疑，主要是上古和中古时期的东西方国家情况差别很大，难以完全按照奴隶社会和封建社会进行划分，甚至学者们在"封建主义"的概念上也存在不同看法。[①]

2. 吴于廑的整体史观。吴于廑基于马克思和恩格斯的论断，并吸收了西方史学的研究成果，着重阐述了"世界历史是宏观的历史"的观点，提出"研究世界历史就必须以世界为一全局，考察它怎样由相互闭塞发展为

---

① 参见侯建新《"封建主义"——概念错位的原委及应对》，《历史教学》2006 年第 1 期。

密切联系，由分散演变为整体的全部历程"。他认为，古代史主要是农耕文明与游牧文明互动的历史，而近代以来的历史则是资本主义工业文明兴起（近代史）与资本主义和社会主义两种工业文明互动的历史（现代史）。①

吴于廑的观点既有纵向的历史思考，又有横向的探索，同时关注到了历史发展的宏观趋势和不同案例，体现出了新时期中国学者对世界历史发展的执著探索。这一观点在国内产生了广泛影响。②

3. 罗荣渠的现代化理论。现代化理论起源于西方，在改革开放之后传入中国，而罗荣渠的理论在此基础之上有了进一步发展。他提出了一种观察世界历史的新视角，即"一元多线的历史发展观"。罗荣渠指出，人类社会正经历"从传统的农业社会向现代工业社会转变的历史过程"，这个过程就是"现代化"，而且现代化是"一个世界性的历史范畴"。

林被甸和董正华认为，罗荣渠的《现代化新论——世界与中国的现代化进程》一书，首先在马克思主义发展理论方面探讨了现代化与马克思主义的关系，提出了以生产力为中轴的一元多线历史发展观与"中轴原理"；其次，在现代化理论方面突破了西方社会学的非历史的现代化理论，从宏观史学角度探讨了现代化的实质是向现代化工业社会的全球转变过程，对此总趋势进行了历史论证，并运用多学科方法建立了现代社会发展的宏观理论架构，提出了编写世界史的新思路。③

二　现代史的时代特征

笔者以吴于廑的整体史观和其他社会科学理论（如罗荣渠的现代化理论和美国学者托夫勒有关三次浪潮的未来学理论④）为依托，试图对现代史的时代特征进行一个大致的分析，这一分析同样是以整个人类社会的历史为大框架的。笔者主张以生产技术的发展为基础进行时代的划分（一定的生产技术是与一定的社会形态相结合的）：采集和渔猎时代（相当于原

① 参见《中国大百科全书·外国历史》"世界历史"条，中国大百科全书出版社1988年版。
② 吴于廑、齐世荣主编的六卷本《世界史》（高等教育出版社1994年版）即采纳了这一体系，该书为国内高校广泛采用。
③ 林被甸、董正华：《现代化研究在中国的兴起与发展》，《历史研究》1998年第5期。
④ 阿尔温·托夫勒：《第三次浪潮》，朱志焱等译，三联书店1983年版。

始社会），农业—游牧文明时代（相当于奴隶社会和封建社会，但对二者不作明确区分），资本主义工业文明时代（近代），复合的工业文明和信息文明时代（现代，包括当代在内）。

首先，世界现代史的工业文明是"复合"的，即包括多种类型：西方的资本主义工业文明，苏东和亚洲的社会主义工业文明，第三世界的混合式工业文明（融合了资本主义和社会主义的特点）。[①]

在上述三种文明中，西方的资本主义工业文明是原生文明，社会主义工业文明和混合式工业文明是在其传导下产生的，因而受到前者的重大影响。这表现在三种文明在以下方面具有共同性：工业化引起的环境变化、经济体制的变化、社会关系的变化（这里不包括与所有制相关的变化，而涉及血缘关系、宗教和教派关系、劳动力的产业转移、城市化、社会流动、大规模生产的工厂原则的推广、价值观念等方面的变化等），国际关系的变化等。[②]

具体而言，世界现代史呈现出以下基本运动特点。

第一，工业文明逐渐向新的文明发展，其核心是信息产业、生物产业和空间产业，制造业的主导地位让位于信息业和服务业。

学者们常常强调工业化对资本主义文明和现代化的重要意义，但随着时代的演进，以早期的大机器工业为代表的工业文明已经悄然发生了重大变化，不但制造业本身经历了机械化、电气化、自动化、化学化、数字化等变化和构成部门的新旧交替，而且主导产业逐渐从工业（包括制造业、采矿业、能源工业、公用事业、建筑业等）向信息产业、服务业演变，一个信息业和服务业主导的知识社会逐渐形成。这个"非工业化"（Deindustrialization）或"产业空洞化"的过程最早开始于20世纪50年代后期的美国，并逐渐向西欧和日本蔓延。根据国际货币基金组织1997年发表的《世界经济展望》报告提供的数字，1970年发达国家的制造业雇员人数占就业总数的27.6%，到1994年则下降到18.0%。该报告同时指出，如果用不变价格来计算，发达国家制造业的比重30多年来其实基本保持在相

---

① 罗荣渠认为，现代化包括三种类型，即西方资本主义（资本主义私有制、自由市场、分权型或集权型现代国家机构）、苏式社会主义（社会主义公有制、计划指令与有限市场结合、集权型现代国家机构）和混合类型（混合经济、自由市场、分权型或集权型现代国家机构）。见罗荣渠《现代化新论——世界与中国的现代化进程》，北京大学出版社1993年版，第151—158页。

② 参见黄民兴《关于现代化问题的再思考》，《南开学报》2006年第3期。

同水平上，制造业在国内产值中的比重下降主要是工业产品价格降低和服务产品价格上涨的结果。报告认为，造成上述情况的原因，主要是制造业劳动生产率的提高远远快于服务业，从而工业成本相对下降，其实是制造业对劳动力需求减少，由此分离出的多余劳动力转移到服务业。[1]　与此同时，西方的制造业走向高科技化，生产性服务业取得巨大发展，这给西方经济带来了活力，促进了其社会经济发展。[2]　而且，学者们将 20 世纪 90 年代以来这种建立在信息技术革命和制度创新基础上的经济持续增长与低通货膨胀率、低失业率并存，经济周期的阶段性特征明显淡化的经济现象称之为"新经济"（New Economy），其主要动力是信息技术革命和经济全球化浪潮。

　　不论对西方非工业化做出何种分析，西方国家服务业产值和就业比例的上升、中低级制造业向第三世界的转移都是不争的事实。它证明工业化只是现代经济发展的第一个阶段，而信息化和服务化则是继工业化之后的新阶段。与此同时，大工业所代表的大规模生产、标准化、专业化、集中化等，逐渐为信息经济所特有的分散化、个性化等取代或补充。与此相适应，服务业在经济中的比重迅速增长，并超过制造业，成为发达国家经济的主导产业。[3]　相反，污染重、能耗高的制造业则逐渐向亚非拉地区转移，甚至服务业也加入这一转移进程，从而形成了世界经济分工的新格局。[4]

　　美国著名未来学家阿尔温·托夫勒认为，第三次浪潮（信息时代）具有如下特点：多样化可再生的能源，"电子家庭"，新型的学校和公司，民族国家作用逐渐削弱，出现"既是生产者又是消费者"的经济。[5] 信息时代的来到，意味着社会从物质密集型生产方式进入了数据密集型生产方式。[6] 托夫勒也指出，生物技术和外太空文明构成第四次浪潮的核心。

①　Robert Rowthorn and Ramana Ranaswamy, *Deindustrialization: Causes and Implications*, IMF, 1997, p. 18, http://www.imf.org/external/pubs/ft/wp/wp9742.pdf.

②　参见杨仕文《美国非工业化研究》，江西人民出版社 2009 年版。

③　2005 年，美国仅生产性服务业总产值就接近 6 万亿美元，占美国经济总量的 48%，其中包括运输仓储业、信息服务业、金融及房地产服务业、教育培训业及商务支持产业等。见葛坚松《美国现代服务业发展经验及其启示》，《江南论坛》2007 年第 3 期。

④　全球信息科技服务业外包支出已从 2000 年的 560 亿美元，提高到 2005 年的超过 1000 亿美元。参见葛坚松，前引文。

⑤　阿尔文·托夫勒：《第三次浪潮》，朱志焱等译，第 4—5 页。

⑥　江丁丁：《知识社会与知识资产问题》（中译本序言），载阿尔文·托夫勒《财富的革命》，吴文忠、刘微译，中信出版社 2006 版，第 XIX 页。

　　另一位美国学者约翰·托夫勒指出：人类社会的第三次浪潮是服务业的革命，第四次浪潮是信息革命，第五次浪潮是娱乐业和旅游业的发展。在《第四次浪潮》一书中，他把新时代的趋势概括如下：（1）从工业生产方式向后工业生产方式的转移，其中新技术将节省劳力，增进智力，改变人类基因，基于视听与通信技术的信息革命可能为新兴的环太平洋文化提供动力；（2）管理实体从国家向全球社会的转移，国家不能再保障其公民的安全，不能吸引外资，防治污染，不能提出思想、概念；（3）从西方世界观（线性思维、求进步扩张主义）到亚太式思维的兴起（辩证、应变、立足于身体、自然统一）。①

　　显然，如果说近代工业文明的发展速度创造了整个人类历史纪录的话，那么现代工业文明的发展更是呈现出加速度发展的特征，令人眼花缭乱。不但创造财富的速度和数量空前加快，而且创造的方式和内容也大大不同于以往，甚至人类自身的存在方式也因此发生重大变化。

　　第二，社会主义工业文明的兴起及其与资本主义工业文明的斗争，第三世界的工业化及围绕着发展道路的斗争。

　　随着工业和现代经济在西方的日渐成熟，近代以来工业化在地域上开始向西欧北美以外的地区传播，包括中欧、东欧及亚非拉地区，即所谓的外缘地区。这一过程在第一次世界大战后导致了俄国出现新的工业文明，即社会主义工业文明，后者成为资本主义工业文明有力的竞争对手。同时，亚非拉地区的工业化也逐渐发展，尤其是在第二次世界大战以后，东西方展开了竞相影响亚非拉地区工业化道路的斗争，由此形成了亚非拉混合式工业文明的特点。同时，亚非拉地区的部分工业化是与西方发达国家信息和服务业的发展齐头并进的，世界产业的地理布局因此出现重大变动。

　　很明显，东欧、俄国与亚非拉地区的经济发展水平远远落后于西方，在国际分工中处于不利地位，这就决定了它们的现代化方式必然不同于西方，而呈现出丰富多彩的内容。

　　第三，作为中心地区的西方近代资本主义通过各种形式的扩张将其内在矛盾转移到东方国家，包括苏联在内的欧亚社会主义的兴起和第三世界的民族民主运动就是边缘地区矛盾激化和对西方反击的产物。因此，社会

---

① 约翰·托夫勒：《第四次浪潮》，中译本，花龄出版社1997年版，第1—2页。

主义是在这一历史背景下欧亚部分国家对现代化道路的新探索。

西方并不乐意看到第三世界工业化的发展（即使在其自身转向信息和服务业发展之后）。另外，率先工业化的西方也不失时机地把自己在工业化过程中积累的矛盾以各种方式转嫁给其他地区，而保持自身的发展和经济社会稳定。例如，西方以廉价夺取东方的农矿原料和向东方输出工业产品，早期在东方的所有投资都服务于上述两项努力，所有这些在东方国家造成了大批农民和手工业者的失业，政府背上沉重的债务，最终在这些国家形成了尖锐的社会矛盾。当然，这些也为殖民地半殖民地资本主义的发展提供了某种条件（此即马克思所说的殖民主义的"双重使命"）。因此，东方国家向工业化的转变是一个漫长、痛苦、曲折的过程，在这些国家普遍发生了反对殖民主义和帝国主义的民族民主运动。东欧和俄国的情况稍好，但它们在工业化的过程中也多半受到了西方国家的盘剥，程度不同地积累了社会矛盾。①

因此，西方资本主义文明的发展特点是对其他国家的剥削和压迫，它力图使中心与外缘的格局固定化，通过输出矛盾来缓和自身的问题。② 其结果是促进了外缘地区的矛盾和革命，即作为反抗的俄国、东欧、东亚的社会主义革命和亚非拉地区的民族民主运动。后两个地区走上了赶超型的现代化和工业化道路，努力尝试不同于资本主义的发展模式。它们通过调整所有制结构、国家集中主要资源、发展计划经济、大力投资重工业、与资本主义世界市场脱钩等手段，力图加速国家现代化的步伐。

在寻求现代化的道路上，社会主义国家和第三世界都经历了重大挫折并探索改革。20 世纪 90 年代初，苏联和东欧社会主义国家解体，意味着苏联的社会主义模式在政治和经济上的严重失败。但是，苏联倡导的平等的社会模式和计划经济模式等甚至对西方国家也产生了影响。③ 同时，亚洲的社会主义国家如中国、越南则走上改革之路（越南的改革奉行的是中国模式），经济日益繁荣，社会不断发展，形成了与西方自由主义的"华

---

① 斯塔夫里亚诺斯认为，俄国属于第三世界的一部分。参见斯塔夫里亚诺斯《全球分裂——第三世界的历史进程》，迟越、王红生等译，商务印书馆 1995 年版。

② 西方输出的不仅仅是社会矛盾，而且包括环境污染。其中既有无意的，也有有意的（今天，西方仍在向发展中国家大量输出各种有毒废物，同时指责后者不保护环境）。

③ 民主德国末任总理莫德罗在接受新华社记者采访时指出："社会主义在 20 世纪取得的经验对 21 世纪不会没有意义。"见王勋、胡小兵《"社会主义在 20 世纪的经验对 21 世纪不会没有意义"——专访民主德国末任总理莫德罗》，《参考消息》2009 年 11 月 26 日。

盛顿共识"相抗衡的"北京共识"。中国社会主义改革的成功及其影响的日益扩大，证明了作为第三世界国家的中国社会主义的生命力，及其工业化、现代化模式的有效性。

在世界进入 21 世纪的今天，发展中国家（以及东欧国家）中出现了一批生机勃勃的经济体，形成了所谓"新兴经济体"（Emerging Economies）、"新兴市场"（Emerging Markets），尤其是"金砖四国"（BRICs，中国、印度、巴西、俄罗斯）和"展望五国"（VISTA，越南、印度尼西亚、南非、土耳其和阿根廷）① 或"新钻 11 国"（Next－11，简称 N－11，巴基斯坦、埃及、印度尼西亚、伊朗、韩国、菲律宾、墨西哥、孟加拉国、尼日利亚、土耳其、越南）。② 2005 年，所有新兴市场的国内生产总值达到 8.9 万亿美元，而所有发达国家的相应产值为 32.4 万亿美元。"新兴市场"一词的发明者、美国新兴市场股份有限责任公司董事长安东尼·范·阿格塔米尔指出，新兴市场日益成为世界的生产中心，这里充满着"一种与众不同、活力四射的创新精神"，它们生产的一些新型产品甚至"优于美国、日本或欧洲开发的产品"，而且这些国家人口众多的中产阶级已经成为世界"巨大的消费需求重心"，并出现了一批"引领经济发展潮流"、"向世界一流公司迈进"的知名大企业，它们的视野、运作、思维、管理和经济增长都是全球性的。③ 在世界 500 强公司中，已经有 58 个来自新兴市场。显然，西方主导的世界经济及国际经济秩序正面临着强劲挑战，2008 年的世界金融危机爆发后尤其如此。

第四，资本主义在发展中暴露出其深层次的矛盾，世界性的经济危机、世界大战、社会主义革命和殖民地、半殖民地的独立都揭示了这一点。同时，资本主义也在经历自身的演变，即从自由资本主义向国家垄断发展。

从 19 世纪与 20 世纪之交开始，随着西方资本主义进入垄断资本主义，资本主义世界的经济危机呈现出愈演愈烈的特点，而以 1929 年大危机达

---

① VISTA 五国的共同特点是：天然资源丰富；年轻劳动力有增加的趋势；对引进外资持积极态度；政治稳定；中产阶级正在崛起，个人消费增长。见杨亚清、薄旭《VISTA 五国："展望"的展望》，《世界知识》2009 年第 19 期。

② 美国著名学者弗里德曼指出，进入 21 世纪以来世界变得日益平坦，有十大原因，其中两个分别是外包（以印度为典型）和离岸经营（以中国为典型）。见托马斯·弗里德曼《世界是平的》，何帆等译，湖南科技出版社 2006 年版，第 99—117 页。

③ 安东尼·范·阿格塔米尔：《世界是新的——新兴市场崛起与争锋的世纪》，蒋永军等译，东方出版社 2007 年版，第 4—21 页。

到顶点，它标志着自由资本主义体制的结束。第二次世界大战后，资本主义进入国家垄断资本主义阶段，由于国家干预，资本主义经济危机和经济周期也表现出新的特点。

资本主义在经济上的矛盾必然转化为政治上、战略上的矛盾，这就是19世纪与20世纪之交的第一波帝国主义战争（英布战争、美西战争、日俄战争），随后是空前惨烈的两次世界大战。

与此相关的是欧亚大陆一些国家的社会主义革命，并随后建立了社会主义阵营。这一阵营在战后初期拥有广大的面积和庞大的人口，无论在政治、经济、军事还是文化上都对西方资本主义阵营构成严峻挑战。

最后一个相关的变化是殖民地和半殖民地的彻底独立。必须指出，战争与征服早在古代即已存在，但当时军事上的征服一般并未伴随着文化上的征服，征服民族与被征服民族在文化上是对等交流的，后者甚至往往在文化上主导征服者。然而，在资本主义大发展的近代，西方的征服无不伴随着文化上的征服，从而使殖民化具有新的特点，直到18—19世纪，美洲的独立运动才揭开了殖民地民族独立的序幕。进入20世纪，亚非和太平洋地区的大批国家先后独立，终于使独立的主权国家成为国际关系的主体，这是人类历史上从未有过的。民族主义国家由此成为当代世界三大国家体系之一（另两个分别是发达资本主义国家和社会主义国家）。[1]

冷战结束后，西方世界一片欢呼，美国著名学者、时任国务院顾问的弗朗西斯·福山出版了《历史的终结及最后之人》（1992年）一书，宣称自由民主可能形成"人类社会形态进步的终点"与"人类统治的最后形态"，也构成"历史的终结"。然而，福山的理论受到西方左翼和右翼的共同攻击，金融危机之后尤其如此。2009年11月9日，BBC公布了一份对27国民众的调查，结果半数以上的受访者不满资本主义制度，认为自由市场经济的资本主义系统需要变革。[2]

① 彭树智：《东方民族主义思潮》，西北大学出版社1992年版，第9页。
② 《"中国道路"昭示"历史终结论"破产》，新华网引《北京日报》文章，2009年9月13日，http://news.xinhuanet.com/politics/2009—11/13/content_12445799.htm。刘擎认为，福山坚持"就长远而言"自由民主政体具有难以抗拒的优势，而他指称的"长远"应当是其多次提及人均GDP达到六千美元（1992年的美元购买力平价）的"转型阈值"。他因此在有生之年将要面对一个史无前例的检测——来自中国经验的检测。见刘擎《"历史终结论"面对的中国模式》，网易引自《东方早报》2009年9月20日，http://book.163.com/09/0920/23/5JMMH5BE00923M2M_3.html。

第五，世界一体化、经济全球化不断发展。全球化概念强调国际间经济联系的密切。德国学者乌尔里希·贝克认为，全球化意味着经济上的国际化、集约化、跨国交融和网络化，并在更大程度上开创了不以地区、民族国家和领土来界定的一种社会空间的所谓"三维"社会图景，包括跨国的逃避力量（如跨国公司、绿色和平组织、大赦国际等）、主权的困境（只有通过放弃国家主权，才能实现国家主权）、政治领域的转变（作为后政治世界出现的世界社会其实是一个高度政治化的社会）、超越民族国家的治理（政治组织的独立的跨国空间正在形成）、作为强权政治的世界主义伦理、文化全球化的辩证法（"差别的普遍性"）和未来可能出现的世界公民宣言。①

关于全球化的开端有不同看法，一般认为全球化始于冷战结束后，是我们当前所处的时代。但也有学者认为它从 15 世纪就已开始了，当前的全球化只是其最新的发展阶段而已。彭树智先生从文明交往的视角出发，指出："人类文明交往史转折于工商业经济时期，其特点是地缘性的区域交往发展全球化的现代交往。这个转折始于西欧的农本向重商发展，并在此基础上实现的以大机器生产为特征的工业革命和以全世界为市场的外向性商品经济。"②

无疑，20 世纪以后世界经济的一体化速度大大加快，上述历次世界性经济危机充分说明了这一点。而乌尔里希·贝克也从不同角度阐述了全球化的表现。

全球化的一个突出例子，就是今天社会主义的中国与资本主义的美国在经济上的相互依赖。改革开放以来，中国从美国引进资本、市场、技术、管理方法，向美国派遣留学生、输出商品和服务，购买美国国债；美国则依赖中国的廉价商品大大降低了本国的劳动力成本，维持了较低的通货膨胀率，同时依靠中国购买美国国债来维持美国的私人和公共消费。中美贸易关系因此成为世界上最重要的双边贸易关系之一，据中国海关统计，1993 年中国贸易对美顺差为 62.7 亿美元，2007 年猛增到 1633.3 亿美元，14 年间增长了 25 倍。同时，外资企业在中国外贸总额中占据主导

---

① 乌尔里希·贝克：《全球化时代民主怎样才是可行的？》，载乌·贝克、哈贝马斯等《全球化与政治》，王学东等译，中央编译出版社 2000 年版，第 14—15 页。
② 彭树智：《文明交往论》，三秦出版社 2003 年版，第 10、508 页。

地位，2008 年 1—11 月占到 55%①，这意味着从中国外贸顺差中获利的主要是美国等西方国家。2009 年 5 月，中国持有的美国国债已达到 8015 亿美元。② 此外，中国和美国的公司也开始在对方国内进行并购，联想购买 IBM 的个人电脑业务就是一个例证。中国经济实力的强大和深刻地参与全球经济体系，以致一些美国智库和前政要相继提出了"中美国"、"两国集团"（G2）等概念③。

第六，20 世纪的人类社会经历了从意识形态斗争向处理共同的全球性问题转变，即资源、环境、气候、粮食、难民、核扩散等。

从近代开始，代表无产阶级利益的社会主义思潮兴起，矛头直指占统治地位的资本主义体制。到 20 世纪初，社会主义分化为不同流派，即反对现有体制和维护现有体制的思想。十月革命之后，前者终于在俄国成功地建立了第一个社会主义国家，并在第二次世界大战后将其扩大为欧亚社会主义阵营。十月革命结束以后，社会主义与资本主义的关系从水火不容逐渐发展到和平共处，第二次世界大战后演变为以冷战为形式的全面对立。

冷战结束和苏东解体后，社会主义与资本主义的关系有所缓和。尽管中国与西方在意识形态上存在重大差别，但双方的经济和文化往来不断发展，在一些国际问题上的合作加强，相互依赖日益加深。事实上，双方更多的是发展模式上的竞争。冷战结束以来，帝国主义的腐朽主要体现在依赖优势的军事力量压制不同社会制度的国家和不同意识形态的力量，通过虚拟资本和金融扩张剥削以农业和制造业为经济主体的世界其他地区，维持自身的霸权。

现代史的另一个特点，是全球性问题日渐凸显，即资源、环境、气候、粮食、难民、核扩散、恐怖主义等。例如，随着世界人口的迅速增长

---

① 唐慧、林玲：《从中美贸易顺差看中国本土企业的贸易利得》，《经济问题探索》2009 年第 6 期。

② 美国财政部网站数字，转引自《国际先驱导报》文章《中国增持美国国债并不意外》，2009 年 7 月 20 日，http：//news. xinhuanet. com/herald/2009—07/20/content_ 11737718. htm.

③ 2007 年，美国著名经济学者尼尔·弗格森（Niall Ferguson）提出"中美国"（Chimerica）的观点，将其比作中美两国的联姻。2008 年，美国彼得森国际经济研究所所长弗雷德·伯格斯滕（Fred Bergsten）首次提出了中美"两国集团论"。接着，前国家安全事务助理、奥巴马竞选时的外交顾问布热津斯基（Zbigniew Brzezinski）于 2009 年初明确提倡建立美中 G2 的两极体制。参见吕克《中国为何对 G2 说不？》，侨报网，2009 年 11 月 23 日，http：//www. chinapressusa. com/comment/2009—11/23/content_ 263054. htm.

和生活水平的不断提高，环境受到的压力也不断增加。因此，近代以来的传统经济增长方式受到质疑，各国日益强调经济的可持续发展，重视环境保护。所有这些问题将不同地区、不同社会制度的国家联结在一起，要求国际社会采取共同的应对策略。"全球村"的概念就是在这种情况下应运而生的。

不过，全球性问题的出现并不意味着各国齐心协力给予应对。事实上，西方国家常常将有关问题（最新的例证是碳排放）作为向其他国家施加压力的借口，乘机赚取利润，甚至将自身的问题（如环境污染）直接或间接地转嫁给社会主义国家和发展中国家。

第七，国际关系经历了从西方发达国家主导的帝国主义—殖民地、半殖民地体系向由民族国家构成的较为平等的国际关系体系转变，社会主义国家和第三世界努力构筑新的国际关系秩序。战争作为一种国际关系行为被国际法所抛弃。

近代晚期的世界是由独立的西方帝国主义国家与失去主权的殖民地和部分失去主权的半殖民地构成的体系。同时，18 世纪开始于美洲的民族独立运动开创了第三世界争取国家独立的运动的历史。从 20 世纪开始，亚非和太平洋地区的国家纷纷独立，最终在第三世界形成了完整的民族国家体系，在国际关系中形成了资本主义、社会主义和民族主义三大体系并存的局面，民族国家成为国际关系的基本单元。民族国家的基本特征是完全自主和领土统一、中央集权制、主权人民化、国民文化的同质性和统一的民族市场，其政治形态是世俗的民族主义。[1]

社会主义国家和民族主义国家努力为改变不公正的国际政治经济秩序而奋斗。例如，和平共处五项原则就是中国、印度、缅甸等第三世界国家提出的重要的国际关系准则。

与此相关的，是第一次世界大战后国际关系领域对战争的日益限制。1928 年的白里安—凯洛格公约第一次在法律上禁止以战争作为推动国家政策的工具，对传统国际法中国家的战争权作出了重大限制。这一思想为以后的国际联盟和联合国所发展。联合国宪章第一章"宗旨及原则"第一条包括四点内容，其中前三点为：[2]

---

① 宁骚：《民族与国家》，北京大学出版社 1995 年版，第 271—281 页。

② 《联合国宪章》，联合国网站 http：//www.un.org/zh/documents/charter/chapter1.shtml.

一、维持国际和平及安全；并为此目的：采取有效集体办法，以防止且消除对于和平之威胁，制止侵略行为或其他和平之破坏；并以和平方法且依正义及国际法之原则，调整或解决足以破坏和平之国际争端或情势。

二、发展国际间以尊重人民平等权利及自决原则为根据之友好关系，并采取其他适当办法，以增强普遍和平。

三、促成国际合作，以解决国际间属于经济、社会、文化及人类福利性质之国际问题，且不分种族、性别、语言或宗教，增进并激励对于全体人类之人权及基本自由之尊重。

第八，20 世纪人类的思想意识发生了重大变化，尤其是在第二次世界大战后。其表现主要是近代被视为经典的思想受到质疑和新思想的兴起。

（1）后现代主义思潮兴起。20 世纪 70 年代初以来，西方社会的价值观念发生了重大变动，更加注重生活质量、环境保护，疏远国家权威，不信任科技和理性，拒绝西方式现代性中的非人道方面等，这些被称为"后现代"价值观①。它们证明了人们对西方式现代化的反思。

（2）自然科学和社会科学不同学科和文化领域出现挑战近代经典理论的"现代"理论和流派，例如：

物理学——物理学在近代一直扮演着自然科学带头学科的作用，而在 20 世纪初物理学界出现了革命性的理论。爱因斯坦的相对论（1905 年狭义相对论问世）认为时空是相对的，牛顿力学只适用于低速世界。量子力学提出了测不准定理，即微观粒子的某些物理量不可能同时具有确定的数值；其基础是波粒二象性，它否定了经典物理学的任何物理学过程均由连续的若干过程组成的观念。

横断学科——20 世纪中期以后出现的信息论、系统论、控制论、耗散结构理论、协同学、变突论、混沌理论、动态系统论、复杂性科学等学科构成的大型学科群，用混沌和非线性的自然观取代了作为近代科学基本模式的培根—笛卡儿—牛顿模式的决定论自然观，认为人是自然的观察者也

----

① 罗纳德·英格尔哈特：《变化中的价值观：经济发展与政治变迁》，中国社会科学杂志社编《社会转型：多文化多民族社会》，社会科学文献出版社 2000 年版，第 57—61 页。

是参与者，提高了对偶然性的认识，用复杂模式代替简化模式分析世界。①

艺术——进入 20 世纪，现代艺术成为西方艺术的主流。它更趋于多样化，具有多变性和主观性，其突出特点是"反传统"，各种流派层出不穷，传统的分类和观念失去存在的价值。同时，现代艺术的创作受到科学思想的深刻影响，如结构主义与立体派、工业技术思想与未来派的关系等。到 20 世纪 60 年代，出现了后现代主义艺术。英国学者费夫尔指出，当代人发现他们已经丢掉了"现代性信念"，"美被认为是虚幻而不可靠的东西，理想的破灭使美学堕落"。②

（3）经济学说从以往的"人类中心主义"的无限制开发转向强调代际正义，指资源与环境在各代人之间进行公平的分配与使用，即确立自觉维护后代人的权利等价值观念。同时，一些西方环境哲学家提出生态中心整体论，即人类应当对生物多样性或生物的健康给予直接的道德关怀，从而限制自身的活动。③

（4）旧有的社会科学学科体系受到质疑。1994 年当选为"国际社会学学会"主席的伊曼纽尔·沃勒斯坦认为，19 世纪在大学中形成的社会科学体系主要有四个学科：历史学、经济学、社会学和政治学。这种学科结构不仅人为分割了有关社会现实的知识，而且也经由这些学科知识的人为视界而从根本上切割了社会现实。到 20 世纪，人们开始在知识生产和再生产的实践活动中形成了一种新的时尚，即采取所谓"跨学科"的研究，例如"地区研究"和现代化研究。④

总之，现代史是内容丰富的世界史发展的新阶段。它不但极大地改变了经济、社会和人们的生活，而且对人类的思想变迁产生了重大的催化作用。

（本文作者：黄民兴，西北大学中东研究所教授）

---

① 参见苗东升《系统科学大学讲稿》，中国人民大学出版社 2007 年版。
② R. W. 费夫尔：《西方文化的终结》，丁万江、曾艳译，江苏人民出版社 2004 年版，第 72 页。
③ 彼得·S. 温茨：《环境正义论》，朱丹琼、宁玉波译，上海人民出版社 2007 年版，第 370—371、392 页。
④ 沃勒斯坦等：《开放社会科学》，刘锋译，三联书店 1997 年版。

对世界现代史编纂的几点看法

吴　英

　　人类世界的演化在近一个世纪以来发生着历史性的变迁。如实、客观、科学地反映现代世界的历史演进进程，要求我们在世界现代史的编纂中对所涉及的体系架构、矛盾冲突的解析，乃至历史的分期等问题，需有正确的视角。新中国成立以来，在唯物史观的指导下，我国史学界对世界现代史的分期一直都是以 1917 年俄国十月革命为起始点，并将由此而产生的新世界体系及其矛盾的发生与发展，作为世界现代史研究的中心内容，从而使我们能够对世界现代历史的变迁做出较为深刻的认知与把握。

　　但是，近一个时期，受西方世界史编纂体系的影响，以及苏东剧变带来的世界政治形势演变的冲击，我国史学界对于世界现代史的编纂要不要与近代史分开来写、怎么样写等问题，出现争议。各持己见的争议，不仅影响到世界现代史的编纂工作，更直接或间接地影响到人们，特别是众多青年学子对现代世界历史演进的认知。因而，这一争议在史学领域成为一个亟待解决的议题。

一　对世界现代史分期争议的解析

　　综观一个时期以来对世界现代史分期问题的争议，其焦点集中于：在已经建构的世界近代史基础上要不要再划分世界现代史。一些学者无视我国在世界史编纂中已经建构的"近代"与"现代"的界定，主张以世界近代史统辖 15 世纪以来的世界历史演进的编纂，认为其主线就是资本主义发展史，最多只是在世界近代史中划分出几个发展阶段，而且是按照资本主义的发展阶段来加以划分。倡导这种编纂架构的根据无非有二：一是西方史学界流行的编纂体系只是将世界通史划分为资本主义以前的历史和资本主义以后的历史，例如在中国影响颇大的美国历史学家斯塔夫里阿诺斯编纂的《全球通史》就只分上下两卷，上卷是 1500 年以前的世界，下卷是 1500 年以后的世界。① 二是认为"十月革命开辟了人类历史的新纪元"已经被证明是一个伪命题，因为世界第一个社会主义国家苏联已经解体，东欧一大批社会主义国家也已经转型融入资本主义体系，现时代仍然延续着西方资本主义强势的特征。

这两种依据是否能够成立却需要做出解析。

首先，就资本主义体系做历史性的考察。毋庸讳言，历经两次世界大战、20 世纪 30 年代经济大萧条的洗礼，以及目前正在遭遇的席卷全球的金融风暴的冲击，显现出的是资本主义活力犹存、具有很强的自我疗伤的能力。但是，一个不争的现实是，它的国际地位已是今不如昔。过去那种殖民帝国对全球的统治已经成为历史，而今只是依靠其财富与强势的军事实力维持着对国际事务的有限霸权。就当代处于霸主地位的美国而言，既要面对体系内诸大国为维护自身利益的相互竞争、在应对全球事务上的相互掣肘，又要面对多极化发展的世界，各个民族国家维护自身权益、抵制大国的强权渗透，再无颐指气使之能量。其次，创建全球第一个社会主义国家的苏联虽然已经解体，但是，十月革命所传播的社会主义理念及其建国方略，却已为众多新兴发展中国家昭示出摆脱帝国主义强权政治、走向富国强民道路的光明前景。苏联的解体仅是斯大林模式的失败，却并非社会主义建国理念的不可行，它的路径选择是多样的。就在苏联解体的同时，拥有全球 1/5 人口的中国开拓出具有自身特色的社会主义建设道路，使原来贫穷落后的半殖民地、半封建国家迅速发展成为世界第三大经济体。凭借其实力以及在参与国际事务中一贯反映并代表新兴发展中国家的利益诉求，中国已迅速成长为同帝国主义霸权行径相抗衡的重要力量。而她所创建的中国特色社会主义发展道路，也为众多新兴发展中国家提供着借鉴。这种历史性的变迁绝非偶然，它反映着马克思所宣示的新兴发展中国家借鉴资本主义发展的一切积极成果，同时避免遭受资本主义发展所带来的巨大灾难的跨越"卡夫丁峡谷"发展道路的科学性和生命力。② 由此，我们不难得出：否定以十月革命作为世界现代史的开端的依据是难以成

①　斯塔夫里阿诺斯：《全球通史》上下卷，上海社会科学院出版社 1992 年版。
②　吴英：《马克思的两种社会主义理论及其现实意义》，《天津师范大学（社会科学版）》2005 年第 1 期。

立的。

二　对世界现代史分期的拙见

依据唯物史观，人类社会的历史演进不是无序的，而是有一定规律可循的；也就是说，世界历史的发展有着客观规律可以认知和把握。马克思以深邃的洞察力和广阔的视野概括了人类社会历史演进的规律，建构了他的"三形态理论"，即："人的依赖关系（起初完全是自然发生的），是最初的社会形态，在这种形态下，人的生产能力只是在狭窄的范围内和孤立的地点上发展着。以物的依赖性为基础的人的独立性，是第二大形态，在这种形态下，才形成普遍的社会物质变换，全面的关系，多方面的需求以及全面的能力的体系。建立在个人全面发展和他们共同的社会生产能力成为他们的社会财富这一基础上的自由个性，是第三个阶段。第二个阶段为第三个阶段创造条件。因此，家长制的，古代的（以及封建的）状态随着商业、奢侈、货币、交换价值的发展而没落下去，现代社会则随着这些东西一道发展起来。"①

依据马克思就世界历史演进概括的"三形态"规律来观察、剖析现实世界历史发展轨迹，不难看出：在 1500 年以前，各个民族、国家基本是处于相互隔绝的生存状态，它对应的是"三形态"的第一大形态。那时，各个民族、国家相互之间尚未形成密切的经济交往关系，基本上处于"自给自足和闭关自守的状态"②，尚未形成真正的"世界历史"。资本主义的诞生，形成全球性的经济交往，促使整个世界构成一个有机整体。正如马克思所描述的那样："它首次开创了世界历史，因为它使每个文明国家以及这些国家中的每个人的需要的满足都依赖于整个世界，因为它消灭了各国以往自然地形成的闭关自守的状态。"③ 此时，人类社会演进到了它的第二大形态。但是，在 20 世纪以前，这个世界却是一种单一性世界体系，一统于资本主义的强势控制之下。资本主义社会制度成为各个民族国家实现发展的唯一选项。几个强势国家凭借各自的经济和军事实力，展开了瓜

---

① 《马克思恩格斯全集》第 46 卷上，人民出版社 1979 年版，第 104 页。
② 《马克思恩格斯选集》第 1 卷，人民出版社 1995 年版，第 255 页。
③ 同上书，第 114 页。

分众多后进、弱小国家的争夺，使它们沦为被奴役、被掠夺的殖民地、半殖民地。这种极不平等的状况一直延续到 20 世纪初、1917 年的十月革命，才有了根本性的转机。从此以后，世界体系包含了性质迥异的三类国家，它们是：资本主义国家、社会主义国家，以及众多摆脱了殖民统治的新兴发展中国家。如果我们无视世界体系的这种划时代的根本变迁，仍然认为世界体系是资本主义的一统天下，那我们就既抹杀了其他两类国家的存在和影响，也无从解释资本主义自身所发生的一些重大变革。正是由于借鉴了社会主义的管理模式，并且认识到只有新兴发展中国家取得一定程度的发展，资本帝国才能谋取更大利益，因而促成了资本主义对内（干预经济）和对外（推进经济全球化，以经济控制替代政治军事控制）策略的转化。

由苏联"十月革命"所开创的世界体系的新时代具有如下特征：其一，世界体系的构成不再是资本主义独大的格局，而伴随世界体系内多种国家类型的存在，国家间的摩擦与冲突时常上升为不同类型国家体系之间的利益纠葛。其二，以社会主义理论为指导建立的国家尚处于初生、发育的阶段，由于各国选择的具体发展道路不同，有失败的教训，更有成功的经验。像中国，虽尚处于社会主义的初级阶段，但她的发展、进步却已为世界所公认。即便是惯于颐指气使的资本主义霸主美国，在国际事务中也已不能无视中国的存在和影响。中国的成功，证明了在第二大形态中有不同于资本主义的发展道路存在。在相互影响和相互竞争中，两类国家都在自觉或不自觉地为向第三大形态或共产主义的过渡准备着物质条件。其三，摆脱殖民依附地位的众多新兴发展中国家励精图治，谋求自身的发展，但它们在富国强民道路的选择上不再只有单一的取向。它们纷纷从本国实际情况出发，创建了一个个多样的社会发展模式。而且为了维护本国的利益，它们跻身于各种国际组织，呼吁平等与正义，并敢于同帝国主义霸权相抗衡，发展成为世界的又一支力量。

综上解析，我们在世界近现代史的编纂上坚持世界现代史的划分，坚持将现代史的起点定在 1917 年十月革命，必将有利于我们对现代世界历史变迁的深入研究，也有益于青年学子更深刻地认识中国特色社会主义建设事业的伟大意义，更好地投身于这项事业。

三　世界现代史编纂的主线及其内部分期

依据前述标准，世界历史进入现代时期尚不足一个世纪。对于人类社会历史演进长河来讲，它不过是短暂的瞬间。但是，这一个瞬间，世界的变迁却是巨大而又深刻、纷繁复杂的。因此，只有确立编纂主线，我们对世界现代史的认知才能避免头绪万千、无所择取的尴尬，从而有效地推进世界现代史的编纂工作。而世界现代史的最大特点就是不同类型国家的并存与相互影响、并且充满矛盾与斗争。因此，把它们各自的发展与相互之间的影响和矛盾演化作为编纂世界现代史的着眼点，将不失为一种客观、合理的选择。

综观人类生存所在的地球，现已囊括大大小小 230 余个国家和地区。但若以社会性质和发展程度区分，则可划分为三大类型国家：资本主义国家、社会主义国家和新兴发展中的民族国家。相同类型的国家大体有着相同或相近的利益诉求。在国际事务中，也大体有着相同或相近的观点与行为准则。并且，它们时常结成联盟、联合阵线等，以采取一致的政策、行动。如果我们以不同类型国家各自的发展与它们之间的相互影响和相互矛盾的观点来解析现代世界，大体能够确认以下六对主要矛盾：资本主义国家的内部矛盾与调整；资本主义国家与资本主义国家之间的矛盾与调和；社会主义国家各自探索自身不同社会发展道路出现的矛盾及其克服；社会主义国家与资本主义国家之间的矛盾与斗争；新兴发展中国家探索自身发展道路中出现的矛盾与解决；资本主义国家与新兴发展中国家之间的矛盾与斗争。应该说，这六对矛盾构成了世界现代史演进的主线索。

在确立主线索的基础上，还需要通过对异常复杂的不同类型国家国内以及国际间的事务、多种矛盾与斗争的剖析，确立不同时段显现出的主要矛盾。当然，这个不同时段的划分，是为了更好地把握历史演进的轨迹。它是通过对主要矛盾的演化做必要剖析，根据主要矛盾发生转化的时点加以设定。而所谓的主要矛盾，则是指在特定历史时段起着左右历史前进方向作用的矛盾。依据这个标准，我们尝试做出以下概括：

第一个时段，从 1917 年十月革命至 1945 年第二次世界大战结束。这个时段，波及全球的主要矛盾主要集中于资本主义国家内部，可以概括为霸权之争阶段。一是资本主义大国为争夺霸权统治不惜兵戎相见，短短 30

年不到时间里爆发了两次世界大战，使多少城市、乡村毁于战火，几千万生灵惨遭涂炭！二是资本主义经济的内在矛盾凸显，20世纪30年代发生的经济大萧条促使各国政府对经济的管理由自由放任走向全面干预。而具有讽刺意味的是，世界性的大战削弱着某些资本帝国。于是，第一次世界大战促成了第一个社会主义国家苏联的诞生；第二次世界大战一方面促成社会主义由一国发展为多国，形成了社会主义国家体系，另一方面又促成众多殖民地附属国的民族解放运动的高涨，它们相继摆脱殖民统治，纷纷建立了独立的民族国家。

第二个时段，从1945年第二次世界大战结束至1989年苏东剧变。这个时段主要的矛盾表现为以"冷战"形式显现的资本主义国家同社会主义国家之间的矛盾与斗争。我们可以将它概括为不同制度较量的阶段。而同时，历经第二次世界大战的洗礼，以及战后经济全球化的迅速推进，不同类型国家中的强势国家纷纷为维护自身的世界地位与权益，大都从本国国情出发探索新的治国之道。在资本主义体系，涌现出英美、法德和日本三种不同的资本主义发展模式。但美国无可争议地成为巨无霸，在浓重的冷战氛围下，其他资本主义国家不得不俯首听命。在社会主义体系中，苏联以"老大哥"自居，推行大国沙文主义，致使体系内的联合走向瓦解。各社会主义国家先后摈弃苏联式社会主义道路，探索新的发展路径。于是，具有中国特色的社会主义发展道路脱颖而出。囊括于第三世界、为数众多的新兴发展中国家，游走于资本主义体系与社会主义体系之间，纷纷为富国强民之路做出积极探索。而从这一阶段的发展绩效比较，则差异极大，像被誉为"亚洲四小龙"的韩国、新加坡等国家和地区，可谓凤毛麟角，屈指可数。

第三个时段，从1989年苏东剧变至今，可以视为发展竞争阶段。经济的全球化与世界的多极化已不可逆转，各独立民族国家为维护与推进自身的政治与经济权益展开持久的博弈。放眼世界，哪里有不平等、有压榨和剥夺，哪里就有斗争、有反抗。如果从体系观察，现时段的主要矛盾更多地表现为资本主义体系（以美国为首）与新兴发展中国家之间的政治干预与反干预、经济榨取与反榨取的斗争。而社会主义类型的主要国家中国，伴随经济发展取得巨大成就，她的国际地位和影响也在与日俱增，为维护世界的和谐与发展贡献着自身的力量。毫不夸张地讲，现实的国际争端，若没有中国的参与、协调，已很难有公平、合理的解决。

四　坚持以唯物史观指导世界现代史编纂的几个理论观点

坚持以唯物史观的基本理论指导中国的世界现代史编纂，是我们必须坚持的基本准则。这里，不仅指马克思有关人类社会历史演进基本规律的科学阐释，他的具有预见性的全球化观点、社会主义过渡存在两类不同路径的观点，以及资本主义社会阶级构成的演化观点等，对于世界现代史的编纂更具有直接的指导意义。

（一）马克思的"世界历史"理论及其现实意义

马克思在他的著述中多次论述到人们间交往走向世界的议题。不过，他不是使用"全球化"这个特定术语，而是使用"世界历史"来表述的。

其一，马克思对全球化的论述，首先是指出，人类社会的历史演进由最初的民族、地域的孤立的历史向世界历史的转变，是具有历史必然性的规律，不可逆转。如马克思论述道："各民族之间的相互关系取决于每个民族的生产力、分工和内部交往的发展程度。……人们彼此间的世界主义的关系最初不过是他们作为商品所有者的关系。商品就其本身来说是超越一切宗教、政治、民族和语言的限制的。它们的共同语言是价格，它们的共性是货币。"① 这就是说，历史向世界历史的转变，是"生产力"、"分工"和"交往"发展的需要与结果，是受着商品交换促动的，是物质的而非纯粹精神的产物。因此，这种转变就具有必然性与不可逆转性；同时，表现为由低层次向高层次、更高层次的动态演进过程。

其二，促进人们间交往走向全球层面的推动力是什么？马克思深刻地指出："资本一方面要求摧毁交往即交换的一切地方限制，夺得整个地球作为它的市场，另一方面，它又力求用时间去消灭空间，就是说，把商品从一个地方转移到另一个地方所花费的时间缩减到最低限度。资本越发展，从而资本借以流通的市场，构成资本空间流通的市场越扩大，资本同时也就越是力求在空间上更加扩大市场，力求用时间去更多地消灭空

---

① 《马克思恩格斯全集》第13卷，人民出版社1962年版，第142页。

间。"① 从这一论述中我们可以领悟到，"资本"乃是推动全球化发展的直接动力源。它不仅在空间上要占领整个地球，而且在时间上要求尽量缩短它来往于全球各个角落的时间。这些预见在科学技术高速发展的今天已经实现，远距离的交流已经实现了瞬间化。

其三，全球化是一个多维的过程，而以经济全球化为基础。马克思论述道："过去那种地方的和民族的自给自足和闭关自守状态，被各民族的各方面的相互往来和各方面的相互依赖所替代了。物质生产是如此，精神生产也是如此。各民族的精神产品成了公共的财产。民族的片面性和局限性日益成为不可能。"② 也就是说，在全球化进程中，经济的交往固然是首当其冲，表现为一切交往的基础性交往；但伴随经济交往而来的，必然是全方位的、或说全面的交往。

其四，全球化是一柄"双刃剑"，它打破闭关自守，推动着不同文明的交流与共生；但同时却又把市场"弱肉强食"的残酷机制传播开来，造成全球范围的两极分化。马克思指出："在任何个别国家内的自由竞争所引起的一切破坏现象，都会在世界市场上以更大的规模再现出来。……如果说自由贸易的信徒并不懂一国如何牺牲别国而致富，那么我们对此不应该感到意外；因为这些先生们同样不想懂得，在每一个国家内，一个阶级是如何牺牲另一个阶级而致富的。"资本家之所以急剧地向全球推进他们的扩张，并不是出于什么善心，他们所怀有的企图只有一种，那就是通过掠夺而致富。

其五，全球化是自然历史进程演进的必然结果，它的历史意义就在于为向共产主义的过渡准备条件。而这种历史意义在马克思对世界历史理论的论述中占有极其重要的地位："历史中的资产阶级时期负有为新世界创造物质基础的使命；一方面要造成以全人类相互依赖为基础的世界交往，以及进行这种交往的工具，另一方面要发展人的生产力，把物质生产变成在科学的帮助下对自然力的统治。……只有在伟大的社会革命支配了资产阶级时代的成果，支配了世界市场和现代生产力，并且使这一切都服从于最先进的民族的共同监督的时候，人类的进步才会不再像可怕的异教神像

---

① 《马克思恩格斯全集》第46卷下，人民出版社1979年版，第33页。
② 《马克思恩格斯选集》第1卷，人民出版社1995年版，第255页。

那样，只有用人头做酒杯才能喝下甜美的酒浆。"①

马克思的世界历史理论关于全球化的一系列预断已经为百余年的历史发展所证实。当然，马克思生活的时代正处于资本主义自由竞争阶段。那时，资本的全球扩张、全球化进程的显现，只是反映资本主义自由竞争时期的特点。自那以后，资本主义进入了垄断时期，稍后又进入国家垄断时期，资本的全球扩张、全球化的演进又具有了不同时代的新特点。但是，可以肯定，马克思对全球化的分析的总体框架极富历史的洞察力。

（二）马克思的两种社会主义理论及其现实意义

马克思在其理论建构的中前期主要将精力集中于对西欧先发资本主义国家的研究，从历史发展规律的视角论证了资本主义向更高级社会过渡的历史必然性。他准确把握住了资本主义社会的内在基本矛盾，即社会化大生产和生产资料私人占有之间的矛盾。既然生产关系必须适应生产力发展的需要，那么随着社会化大生产的不断推进，生产资料私人占有对它的束缚将日益难以调整，从而要求必须对生产关系进行变革。至于变革所采取的手段是渐进的扬弃还是突发的革命，马克思在不同的著作中提出了两种可能性。

为了检验其理论体系在不同社会背景下的适用性，马克思在晚年将他的视野拓展到非西方社会，即后发国家的发展上，其中包括 19 世纪后期的俄国。当时的俄国正处于社会转型的十字路口：一方面，农奴制发生普遍危机，资本主义正在起步；另一方面，广大农村还存在着土地共有的农村公社，呈现着非资本主义发展的可能性。面对现实出现的新情况，马克思开始研究俄国问题，探讨了像俄国那样保存着农村公社的后发国家向社会主义过渡的道路问题，提出了后发国家可能跨越"资本主义制度卡夫丁峡谷"而直接向社会主义过渡的理论设想。首先，他指出："俄国不是脱离现代世界孤立生存的。正因为它和资本主义生产是同时存在的东西，所以它能够不经受资本主义生产的可怕的波折而占有它的一切积极的成果。"② 那么，资本主义生产的"一切积极成果"意指为何呢？这是马克思设想的"跨越资本主义制度卡夫丁峡谷"成功的条件中最为关键的问

① 《马克思恩格斯全集》第 9 卷，人民出版社 1960 年版，第 252 页。
② 《马克思恩格斯选集》第 3 卷，人民出版社 1995 年版，第 762 页。

题。一则因为这是一个高度的预见和概括，它的具体内涵需要在社会主义理论和实践的发展中予以确认；二则因为正是在这一问题上发生的认识失误使现实社会主义的实践遭受惨痛教训。其次，他指出要对农村公社进行民主化改造，具体措施是"只要用各公社自己选出的农民代表会议替代乡这一政府机关就行了，这种会议将成为维护它们利益的经济机关和行政机关"①。就是说，农民应该掌握自己的政治和经济命运，而不能委身于专制制度。而这就必须有俄国革命，"要使农村公社成为'俄国社会新生的支点'，'必须排除从各方面向它袭来的破坏性影响，然后保证它具备自然发展的正常条件'"。②"如果革命在适当的时刻发生，如果它能把自己的一切力量集中起来以保证农村公社的自由发展，那么，农村公社就会很快地变为俄国社会新生的因素。"③

历史演进的实践昭示我们，马克思的"跨越论"把是否恰当地发挥主体能动性视为决定成败的根本条件。而实现跨越的第一个条件是必须吸纳资本主义发展的一切积极成果。列宁把社会主义等同于"苏维埃＋电气化"，说明他将"积极成果"理解为仅限于物质技术范畴。尽管他在新经济政策中允许市场交换有一定程度的发展，但他只是将新经济政策视为过渡性的权宜之计，一旦社会主义政权稳固下来，这种政策就需终止。列宁逝世后，斯大林很快终止了新经济政策，将市场机制从社会主义经济中排除出去。而在多重条件远不成熟的情况下实行完全的计划经济是难以为继的，最终成为导致社会主义在苏联夭折的一个严重教训。中国也曾一度排斥市场机制，所幸的是，邓小平同志以高度的理论洞察力适时地指出："计划经济也好，市场经济也好，都属于经济体制层面，都是手段。"④从而正确地将适应于工业化大生产的体制模式，宏观的市场机制、微观的企业管理模式，一一纳入"积极成果"的范畴，为建设中国社会主义市场经济开拓了正确的途径。

在跨越资本主义制度的根本条件中，马克思还提出了社会、政治和精神方面的条件，这突出地表现在他关于必须对农村进行民主化改造的论述。他指称的民主化改造不只是政治体制的改革，还包含社会和精神上的

---

①　《马克思恩格斯选集》第 3 卷，第 766 页。
②　同上书，第 765 页。
③　同上书，第 773 页。
④　《邓小平文选》第 3 卷，人民出版社 1993 年版，第 367 页。

"自由发展"。马克思强调，作为人类进化第三大形态的共产主义，本质上是"自由人的联合体"，这就决定了为建立"自由人的联合体"做准备的社会主义社会必须促进人的自由个性的逐步成长。我们过去更多是从经济角度、特别是从所有制和分配角度来界定社会主义，致使这一点常常被忽视，束缚了个体的全面发展，束缚了独立个性的发展，最终反过来还会使物质生产力的发展受到束缚。这也是现实社会主义实践、发展所应注意的问题。

中国的渐进式经济改革，以成功的实践验证着马克思关于后发国家向社会主义过渡的理论所具有的现实指导意义。同时，也反证了以唯物史观的基本理论观点来指导世界现代史编纂的实际意义。

（三）新中间阶级的兴起及其社会政治影响

20世纪在发达资本主义国家社会阶级结构方面发生的一个最重大变化是旧中间阶级，即小资产阶级的逐渐衰落与新中间阶级的兴起和壮大。究竟应该如何认识西方发达社会新中间阶级崛起这一社会历史现象，也就成为坚持以唯物史观为指导编撰世界现代史的重要理论问题之一。

马克思在对资本主义内在的演化趋势做理性的探索中已经预见到，随着资本社会化的发展，资本主义越来越显现出一种自我扬弃的趋势，其中中产阶级的发展和壮大是其表现之一。马克思在评价马尔萨斯的观点时表达了这一理论设想。他说，马尔萨斯的"最高希望是，中等阶级的人数增加，无产阶级（有工作的无产阶级）在总人口中占的比例将相对地越来越小（虽然它的人数会绝对地增加）。马尔萨斯自己认为这种希望多少有点空想。然而实际上资产阶级社会的发展进程却正是这样"。① 把马克思的这一表述同他关于资本主义必然发生"自我扬弃"的论说联系起来，可以看出他在写作《资本论》第3卷时就已经预见中间阶级必然发展的趋向及其路径。当我们面对当今西方资本主义的历史进程去深入解读唯物史观的科学内涵时，不得不为马克思的锐利眼光所折服；而这种种预见则成为指导我们认识和编纂世界现代史的重要理论指导。

马克思指出，资本主义的自我扬弃和新中间阶级的兴起是一种自然历史过程，即它们是在整个经济社会大背景的变化下发生的相应变化。而就

---

① 《马克思恩格斯全集》第26卷第3册，人民出版社1974年版，第63页。

新中间阶级的兴起来讲，它的历史背景包括：

一是"经理革命"。"经理革命"系指资本主义企业出现的资本所有权与控制权分离的现象，是资本主义从自由竞争走向垄断阶段的产物。伴随资本的积聚和集中，企业的规模不断扩大，那种完全由资本所有者，即资本家个人承担企业管理工作的状况难以为继。在大中型企业中迅速形成等级管理制度，创造了比以前更多的管理职位，为吸纳更多具有脑力劳动能力的人从事脑力管理工作提供着现实基础。二是产业结构的升级。随着资本主义向垄断阶段的过渡，企业规模不断扩张，大企业成为经济生产领域的主导性力量。其结果是劳动生产率有了巨大提高，"节省"出大量剩余劳动力供其他产业，尤其是新兴的第三产业使用，从而为服务业的大发展提供了劳动力供给基础。而服务产业的大规模发展始于两次世界大战之间的时期，第二次世界大战后获得更为普遍的发展，各国服务产业的产值比重和就业比重纷纷超过制造业的相应比重。这就为新中间阶级的大发展提供了又一个契机。三是政府"角色"转换。新中间阶级兴起的另一个原因是政府公职人员的扩张。随着20世纪30年代经济大萧条的爆发，主张市场自主发挥作用的新古典经济学被证伪，而主张政府积极干预的凯恩斯经济学的重要性明显提升。美国罗斯福新政应对危机的成功，更为凯恩斯经济学成为主流经济学奠定了坚实基础。凯恩斯经济学逐渐为西方主要发达资本主义国家所接受。在这种理论指导下，政府不断扩充其经济干预职能，公职人员的数量不断增加。一部分是由政府发挥干预经济职能而相应产生的，另一部分是政府发挥社会保障职能而相应产生的。四是第三次科技革命的影响。人类社会步入知识经济时代的一种重大变化在于职业类型的演化。例如，在美国，到20世纪80年代末90年代初，随着"互联网与电子商务的发展，使得对'核心'信息技术工人的需求增加，同时也创造了新的信息技术职业。1998年从业于信息技术及其他行业网络岗位的技术劳动者已约有740万人，占劳动力总数的6.1%"①。这些从事信息技术工作的人员自然是脑力劳动者，即新中间阶级。

马克思的阶级分析方法还告诉我们；阶级利益是决定阶级行为的关键。新中间阶级有自己的利益诉求，在这种诉求驱使下会产生相应的政治行为。一是新中间阶级兴起使蓝领工人的传统斗争方式受到挑战。随着新

---

① 胡延平等编译：《第二次现代化》，社会科学文献出版社2002年版，第113页。

中间阶级成为社会多数集团，传统上那种由蓝领体力劳动者为维护自身利益、争取新的权益采用的主要斗争方式，像进行罢工等在逐渐减弱。有鉴于新中间阶级的利益诉求主要是非物质或政治社会方面的，像在企业微观层面要求自主掌握工作时间和工作方式，参与企业的管理，对工作有更大控制权；在国家宏观层面，他们关心政治，参政积极性高，要求实现真正的民主；对社会面临的一些问题，如发展教育、环境保护、反核问题、民权和女权问题等，也多是积极参与。所以，在企业层面，他们一般可以通过个人或小范围抗争即可实现要求。在宏观国家层面，由于新中间阶级能够明确意识自身的要求，具有较高的综合表达能力，他们更多的是通过媒体、民意测验和选票来对政府施加压力，使政府满足他们的要求。二是新中间阶级兴起驱使左翼政党必须进行政纲革新来吸引这一新兴的社会多数群体。由于传统工人阶级发生分化，从中成长起新中间阶级这一社会多数群体，导致以蓝领体力工人为社会基础的传统左翼政党面临转型的巨大压力。它必须改变那种适应蓝领工人偏好的政治取向，革新政纲，来适应阶级结构演化形成的新社会多数群体的偏好，以求通过议会斗争、通过普选而执政。20 世纪 90 年代以来，在左翼政党中流行的"第三条道路"政纲就是这种背景的产物。三是新中间阶级兴起迫使政府必须调整政策。以福利国家政策为例：第二次世界大战后到 70 年代中期曾是福利国家制度发展的黄金期，世界上推行"福利国家"政策的国家急剧增加，"福利国家"政策的覆盖面和受益范围进一步扩大，福利项目成为公民享受的权利，"福利国家"中用于社会保障开支的绝对值及其占国民生产总值的比重显著增加，转移性收入规模进一步提高。就新中间阶级的发展壮大而言，虽然企业规模扩大以及产业结构提升是两个重大因素，但"福利国家"制度的作用不容忽视，它为提高劳动者素质起到至关重要的作用。中小学义务教育、对大学生提供赠款和贷款，均包括在"福利国家"体系内。它为提高国民的人力资本、增加社会的流动性，使越来越多的蓝领工人通过接受教育提升到新中间阶级行列发挥了重大作用。随后，当新中间阶级逐渐成为社会的多数集团以后，新中间阶级越来越不满足于旧的以救济和社会保障为主要目标的福利国家制度。他们的需要已由救济和保障转向了为他们提供质量更高的服务，诸如扩大高质量教育，提供高质量的医疗保健，解决已婚妇女就业带来的问题等等。总之，伴随新中间阶级的兴起，福利国家制度承担的职能发生了转化。这就要求政府对福利供给方向做重大调整，以满足新中间阶级这个新兴社会多数群体对政府为纳税人提供的服务需求。

世界现代史的编纂，既是各级各类学校历史教学之所需，也是全社会对当代历史认知之渴求。马克思主义理论研究与建设工程将世界现代史列入教材编纂计划，确实是急社会需求之所急。期望它能尽早与读者见面。

（本文作者：吴英，中国社会科学院世界历史研究所副研究员）

第二次世界大战
对战后世界历史影响的再认识

胡德坤

毛泽东指出，"凡属正义的革命的战争，其力量是很大的，它能改造很多事物，或为改造事物开辟道路"①。毛泽东还指出，"如果说，十月革命给全世界工人阶级和被压迫民族的解放事业开辟了广大的可能性和现实的道路，那么，反法西斯的第二次世界大战的胜利，就是给开辟了更加广大的可能性和更加现实的道路。对于第二次世界大战的胜利的意义估计不足，将是一个极大的错误"②。的确，第二次世界大战的胜利结束了殖民帝国主义统治世界的旧时代，开启了战后世界各国平等与依存、和平与发展的新时代，人类赢得了战争，赢得了和平，也赢得了进步。第二次世界大战胜利已经 60 余年了，但其对世界历史的影响至今仍以各种形式存在着，并时时显现出来。这主要体现在：

第一，第二次世界大战是 20 世纪世界历史的时代主题从前半期的战争与革命，向战后和平与发展转换的枢纽。在第二次世界大战胜利之前，帝国主义国家间为夺取更多的殖民地和势力范围，发动了两次争夺世界霸权的世界战争，给世界各国人民带来了无穷的灾难，表明资本主义各国统治阶级的统治继续不下去了，资本主义各国和殖民地半殖民地的广大人民生活不下去了，于是，在每次帝国主义发动的世界大战后期，便出现了无产阶级革命和民族解放运动高潮。第一次世界大战引发了俄国十月社会主义革命的胜利和东西方革命高潮，第二次世界大战引发了中国、东欧和东亚的一系列国家走上了社会主义道路，战后，民族解放运动风起云涌，一批又一批殖民地国家获得了独立。可见，以第二次世界大战为分水岭，20

---

① 《毛泽东选集》合订本，第 425 页。
② 同上书，第 1250 页。

世纪前半期是典型的战争与革命的时代。

　　第二次世界大战是一场正义的反法西斯战争，第二次世界大战的胜利带来了战后世界的巨变，也引起了时代的转换。第二次世界大战后，由于欧亚一系列国家走上了社会主义道路，殖民地半殖民地国家相继独立，这些国家都希望有一个和平的国际环境，以便集中精力从事建设，促进发展；欧美资本主义国家经过第二次世界大战，大多遍体鳞伤，急需恢复经济，而战前的侵略发展之路已行不通了，便走上了自我发展之路，也希望能有一个和平的国际环境来加快发展。因而，战后尽管存在冷战的干扰，但世界历史的主流仍是和平与发展，和平与发展便成为战后时代的主题。

　　第二，第二次世界大战是 20 世纪世界历史从前半期的战争与动荡时期，向战后持久和平时期转换的转折点。20 世纪上半期，人类接连发生了两次世界大战，而战后世界却保持了 60 余年的世界和平局面，这是令人值得深思的。其中，最重要的原因为：

　　一是第二次世界大战摧毁了法西斯军国主义势力。第一次世界大战后，战胜国对发动战争的军国主义国家采取制裁与剥夺的办法，未能从根本上铲除战争之源，一有机会军国主义势力便迅速膨大，成为新的战争策源地。第二次世界大战不仅彻底打败了法西斯国家，而且更重要的是战后对德日等主要法西斯国家，采取了占领与改造的方针，进行了民主化与非军事化改革，清除法西斯残余势力，铲除法西斯军国主义赖以生存的经济基础与上层建筑，使德日等国走上了和平发展之路。

　　二是第二次世界大战从根本上动摇了殖民主义统治的根基，促进了殖民体系的分崩离析。第二次世界大战使殖民地宗主国急剧衰落，或战败投降，或元气大伤，已无力控制大片的殖民地；第二次世界大战时期，殖民地人民积极参战，为反法西斯战争的胜利作出了重要贡献，有权分享胜利果实。战后，殖民地绝不容许宗主国继续维护殖民统治；更重要的是，两次世界大战爆发的根本原因就是为了争夺殖民地，即是说，殖民主义是两次世界大战的根源。在战时，反法西斯盟国就提出了殖民地民族独立的主张，以消除引发世界大战的根源。因此，战后殖民体系的瓦解和殖民地的独立便不可避免。殖民体系的崩溃和殖民地的独立，成为战后世界和平的重要基础。

　　三是第二次世界大战的胜利改变了以欧洲为中心的多极世界格局，形成了美苏两极世界格局。战后两极世界格局是由美苏两个最强大的反法西斯国家构成的。美苏之间的矛盾与冲突，采取既冷战又缓和，既对抗又协调，既竞争又合作，始终控制在不引发世界大战的范围内。其他国家实力有限，它们之间的矛盾与冲突当然不会引发世界大战。

四是第二次世界大战的胜利导致了国际和平力量急剧增长。两次世界大战，尤其是第二次世界大战，给人类带来了巨大的灾难，战争的惨祸使人们的战争观发生了重大变化，世界大战不能重演已成为人们的共识。战后，世界人民、社会主义国家、发展中国家是反对世界战争的，即使是发达的资本主义国家也是反对世界战争的。这些因素共同构建了战后和平的基石，为世界各国社会经济的发展奠定了和平的国际环境。

第三，第二次世界大战的胜利宣告了自近代以来，资本主义建立的以征服与掠夺求发展的旧模式的结束，催生了战后世界以平等与依存求发展的新模式。战后以平等与依存求发展的自我发展新模式，极大地促进了生产力的发展，带来了战后人类社会经济的空前进步与繁荣。

资本主义自 15、16 世纪在西欧发迹，便开始了疯狂的对外侵略扩张。特别是 18 世纪中叶以后，工业革命的蓬勃兴起，使资产阶级谋求世界市场、原料供应地和投资场所的欲望变得更加强烈。尤其是科学技术的进步、航海技术的发达，使得汪洋大海不再是人类交往的障碍，反而成为最便利的通道。于是，资本主义国家以巨舰重炮和廉价商品向世界所有落后地区发动剑与火的征服和扩张。在资本主义兴起的历史进程中，形成了一种不同于封建主义的发展模式，即以征服与掠夺殖民地、半殖民地来发展本国的发展模式，简称为"以征服与掠夺求发展模式"，或曰"侵略发展模式"。同封闭分散的封建生产方式相比，资本主义生产方式有力地促进了生产力的进步、经济的发展和社会的繁荣。但资本主义取代封建主义，毕竟是以一种剥削制度取代另一种剥削制度，其繁荣是建立在对无产阶级和劳动人民、对殖民地半殖民地人民的残酷统治与剥削的基础之上的。即在资本主义国家内部是人口占少数的资产阶级统治着人口占多数的无产阶级和劳动人民，财富集中于占人口极少数的资本家手中，占人口大多数的劳动人民则生活在水深火热之中；在世界范围内，是人口占少数的资本主义国家统治着人口占多数的殖民地半殖民地国家，财富集中于少数国家手中，使得占世界大多数的殖民地半殖民地国家丧失主权，经济更加落后，社会停滞不前，人民处于极度贫困状态，生活痛苦不堪。当世界大多数国家处于贫穷落后状态时，世界经济、国际社会整体上也就不能有可持续发展，就连靠剥夺殖民地半殖民地求发展的殖民主义国家本身的发展也受到局限。事实表明，资本主义旧有的发展模式已经不适应生产力的发展了，只有废旧立新，建立新的发展模式，才能适应生产力的需要，才能推动世界历史前进。实现人类历史这一重大转折的是第二次世界大战。

第二次世界大战的胜利，促使西方资本主义列强放弃以剥削殖民地半殖民地求发展的旧模式，走上了自我发展之路。第二次世界大战猛烈地冲击了资本主义世界的旧秩序，暴露了资本主义制度的腐朽面，表明资本主义旧的统治方式和发展模式不能照旧延续下去了。战后，由于殖民地半殖民地国家的独立，资本主义各国再也不能依靠剥削殖民地半殖民地来发展本国了。同时，第二次世界大战表明，用战争征服他国求发展之路是一条自取灭亡之路，不仅战争发动者德意日等国被反法西斯国家围而攻之，战败投降，未能达到重新分割殖民地、夺取世界霸权的目的，就连反法西斯战争的战胜国英法等西方强国也是遍体鳞伤，其殖民地纷纷独立，失去了往日的强势地位，也同样面临着求生存、求发展的生死攸关问题。形势迫使资本主义各国在不触动资本主义制度的前提下，实行生产关系的部分改革和调整，以尽快恢复和发展经济。资本主义世界的改革大致可以分为两种情况。第一种情况是德日等战败国。在盟国的占领下，德日实行了一系列的社会经济改革，不仅摧毁了法西斯军国主义战争势力赖以生存的社会经济基础，而且还革除了浓厚的封建残余势力，健全了资产阶级民主制，完成了资产阶级革命时期未能完成的民主革命任务，在很大程度上解放了生产力，为德日战后经济的迅速恢复和高速发展扫清了障碍，从而走上了自我发展之路。第二种情况是西欧诸国。在第二次世界大战中这些国家大多遭到削弱，导致经济衰退，实力锐减，再加上失去了殖民地，不得不通过调整生产关系，进行社会改革寻求自我发展之路。在国际上，西欧诸国谋求联合，建立经济共同体，互惠互利，协调发展。在国内，注重福利国家建设，缓和阶级矛盾，谋求社会稳定，同时，还加强了国家干预，努力发展科学技术，提高经济竞争能力。这些改革使西欧步入了以平等与依存求发展的自我发展之路。战后美国已成为超级大国，在政治、军事、经济、科技、文化、资源等方面，实力超强，最有条件走上自我发展之路。社会主义国家和新独立的国家，不可能走上侵略发展之路，而只能走以平等与依存求发展之路。于是，无论哪种类型的国家，战后都走上了以平等与依存求发展之路，从而，便形成了"以平等与依存求发展"的新型发展模式，简称为"自我发展模式"。战后自我发展模式的形成，带来了世界社会经济的持久发展和空前繁荣。

第四，第二次世界大战的胜利打破了殖民帝国主义的一统天下，形成了战后各种不同社会制度、不同宗教信仰、不同文化并存共处的多元国际社会。

第一次世界大战出现了第一个社会主义国家苏联，打破了资本主义的一统天下，但未能从根本上动摇殖民主义统治秩序。更重要的是，资本主义各国将苏联看成是洪水猛兽，群起而攻之，必欲置之死地而后快，当未能达到目的后，虽承认苏联存在的现实，但仍对苏联抱着严重的戒心，将苏联孤立于国际社会。同时，第一次世界大战后，殖民地半殖民地国家反抗殖民主义统治的斗争仍为资本主义世界所不容，被认为是大逆不道，亦遭到残酷镇压而失败。在第二次世界大战期间，为了抵抗法西斯侵略，各种不同社会制度、不同意识形态、不同宗教信仰、不同文化背景、不同国际地位的国家，在反法西斯的旗帜下并肩作战，生死与共。尤其是社会主义苏联，由于它在反法西斯战争中的特殊地位，赢得了各国的尊敬，同美英等世界大国结成联盟，共同制定反法西斯战争的重大战略，协调配合，加快了反法西斯战争胜利的步伐。苏联在第二次世界大战中的杰出贡献，不仅赢得了世界各国的尊敬，而且更重要的是赢得了国际社会对社会主义的了解。在战时，出于联合进行反法西斯战争的需要，美英等国积极支持苏联卫国战争，主动与苏联结盟。可以说，通过战时美英苏三国的合作，资本主义国家对苏联有了更深的了解，也为美英等资本主义国家学会如何同社会主义国家共处积累了经验。

在国际社会中占大多数的殖民地半殖民地国家，在第二次世界大战中积极参战，为反法西斯战争的胜利做出了重大贡献，也赢得了国际社会的赞赏，不仅为战后争取民族独立、国家解放创造了条件，更重要的是，国际社会尤其是美英等国也不得不刮目相看。如印度在战时的重要贡献是战后英国承认其独立的主要原因之一。中国更为典型。第二次世界大战前的中国是一个由列强共同支配的半殖民地弱国，战时中国是最早站起来同法西斯战斗的国家，在世界上开辟了最早、持续时间最长的反法西斯战场，也是世界反法西斯战争的四大主战场之一，中国以其在第二次世界大战中的突出贡献，迫使美英法等西方列强废除了近代以来与中国签订的不平等条约，成为反法西斯四大国之一，成为联合国主要创始国和安理会常任理事国，是发展中国家在安理会中的唯一代表。这同时也为发达国家如何与发展中国家相处积累了经验。

正是由于有了反法西斯战争中携手合作的经历，战后国际社会中，无论是大国、强国、富国，还是小国、弱国、穷国，均超越了社会制度、意识形态、宗教信仰、文明、文化的差异，每个国家都有生存权、发展权和话语权，从而形成了和而不同的多元国际社会。在战后多元国际社会中，虽然各国享有的平等权利是相对的，战后强权政治、霸权主义仍然存在，但各国毕竟都是国际社会承认的主权国家，在国际事务中享有参与权。

第五，第二次世界大战的胜利推动了战后国际政治经济新秩序的建立。战时，美英苏中四大国及盟国，以各种形式举行各种会议，就战后建立一个和平和繁荣的世界进行了多次磋商，尤其是雅尔塔会议，确定了建立战后国际秩序的基本原则和框架，被称为雅尔塔体制。

尽管雅尔塔体制深深打上了美苏等大国谋求势力范围的强权政治的烙印，但雅尔塔体制关于战后世界安排是以建立战后世界和平为主要目标，提倡和平、民主和各国独立原则，建立联合国作为协调国际争端、维护和平的机构等等，都体现了反法西斯战争的成果，确立了战后国际新秩序的框架。同第一次世界大战后建立的国际秩序相比，第二次世界大战后国际新秩序的最大不同在于，前者是建立在几个战胜国一己私利的基础上的，后者是建立在反法西斯战争胜利基础上的，是为了维护世界整体和平；前者是建立在清一色的资本主义社会制度基础上的，维护的是资本主义统治的世界秩序，后者是建立在不同社会制度基础上的，维护的是世界各国利益的世界新秩序。

1945 年 10 月 24 日，联合国在美国旧金山正式成立，其宗旨是维护国际和平与安全、促进人类进步与发展。反映了劫后余生的广大人民强烈要求有一个和平与平等、合作与繁荣的新世界的美好愿望。如果将第一次世界大战后成立的国际联盟与第二次世界大战后的联合国相比，则有着本质的差异：前者是由几个大国操纵的工具，后者则是世界各国协调关系的国际舞台；前者是维护殖民帝国主义的世界秩序，后者则是维护各种不同社会制度国家共同构成的国际新秩序。尽管联合国在成立后的一段时期内被少数大国所操纵，成为霸权主义的工具，但从总体上讲，联合国在反对殖民主义、霸权主义，支持各国独立与发展，维护世界和平，伸张国际正义等方面做出了杰出贡献，其影响、威信与作用日益增强。中国是联合国的主要创始国之一，是安理会常任理事国，为联合国的创立与发展作出了重要贡献。

战时，盟国还决定建立战后世界经济新秩序。1944年7月，美英苏中等44国代表，在美国新罕布什尔州布雷顿森林举行了联合国家货币金融会议，通过了《布雷顿森林协定》，决定成立"国际货币基金组织"和"国际复兴开发银行"（即世界银行），标志着以美元为中心的国际货币体系正式确立。1947年，在联合国主持下，美英苏中等23国签署了《关税及贸易总协定》，标志着世界贸易体系的确立。至此，以国际货币基金组织、世界银行和关税及贸易总协定为三大支柱的战后世界经济新秩序宣告成立，为战后世界经济的协调发展提供了保证。

在第二次世界大战胜利基础上建立的战后国际新秩序，从总体上体现了国际社会中各类国家的愿望和要求，保证了战后60余年的和平局面，促进了战后世界社会经济的空前繁荣。

第六，第二次世界大战为新中国的诞生奠定了基石。中国抗日战争是第二次世界大战的重要组成部分，中国抗战与第二次世界大战改变了世界的面貌，也改变了中国的面貌，扭转了中国的历史发展方向，推动着中国从半殖民地半封建社会走向社会主义社会。自鸦片战争以来，中国历次反抗外来侵略的战争均以失败而告终，抗日战争则是近代以来中华民族反抗外来侵略的斗争中第一次取得完全胜利的战争。中国抗日战争为中国共产党领导的革命力量的成长提供了良好的国际国内环境。九一八事变爆发后，中日民族矛盾便上升为主要矛盾，抗日是中国压倒一切的任务，是中国最大的政治。尤其是日本以东北为基地，以武力为后盾，步步进逼，于1937年制造七七事变，发动全面侵华战争，将中华民族推到了生死存亡的最后关头。在全国人民的推动下，国民党政府被迫走上了联共抗日之路，于是便有了国共第二次合作、全民族团结抗战的大好局面，中共领导的抗日武装和革命力量有了新的发展机会。尤其是国际反法西斯统一战线形成后，对国民党政府的反共活动进行了阻止与牵制，对中共及其革命力量起了重要的保护作用。在这种形势下，中共武装力量挺进敌后，开辟抗日根据地，依靠和发动群众，开展抗日游击战争，开辟了中国抗日敌后战场，并逐渐发展成为中国抗日的主要战场。中共在同日军的浴血奋战中迅速发展壮大，到抗战后期，已发展成为拥有121万党员的成熟的马列主义政党，中共领导的抗日武装发展到拥有正规军127万人、民兵268万人，为夺取解放战争的胜利打下了坚实的基础。

中国抗日战争与第二次世界大战改变了中国政治力量的对比，为战后中国共产党登上政治舞台准备了条件。抗日战争是试金石，一切阶级、一切政党都要在这场波澜壮阔的民族解放战争中经受考验，顺之者昌，逆之者亡，悖之者衰。抗日战争中，国民党内的叛变投敌分子及形形色色的反动附敌分子暴露无遗，被战争的洪流涤荡一净，为战后的解放战争减少了阻力。抗日战争暴露了执政的国民党的专制独裁、腐败无能，在全国人民中大失人心，从而决定了它在战后的失败命运。在抗日战争中，中国共产党经受了血与火的考验，在战斗中迅速发展壮大，在全国人民中威望日增，大得人心。这就使得战后中国政治力量的对比同战前相比，发生了天翻地覆的变化：中国共产党由小到大，由弱到强，国民党则由强到衰，从而有利于中共领导的解放战争的胜利，也才有了新中国的诞生。

综上所述，我们完全可以认为，反法西斯的第二次世界大战改变了世界，也改变了中国，是 20 世纪世界历史的时代主题从前半期的战争与革命向战后和平与发展转换的枢纽；是 20 世纪世界历史从前半期的战争与动荡时期向战后持久和平时期转换的转折点；摧毁了自近代以来资本主义建立的以征服与掠夺求发展的旧模式，催生了战后世界以平等与依存求发展的新模式；打破了殖民帝国主义的一统天下，形成了战后各种不同社会制度、不同宗教信仰、不同文化并存共处的多元国际社会；推动了战后国际政治经济新秩序的建立；为新中国的诞生奠定了基石。为此，当人类今天还在享受第二次世界大战胜利的果实时，需要对第二次世界大战在世界历史上的地位做出高度评价。

（本文作者：胡德坤，武汉大学国际问题研究院教授）

百年来中国与世界互动关系的变化

孟庆龙

世界史是全世界的人类的历史，中国史是世界史的一部分。研究中国与世界关系的发展变化，不仅要在世界中看中国，也要站在中国看世界，更要看两者之间互动关系的变化。20世纪初以来的一百多年里，中国与世界关系的互动性发生了明显的变化，总的趋势是，中国的主动性越来越大，政治、外交、军事、经济等在不同的历史时期发挥的作用也不一样。

一

中国与世界的关系开始得很早，但二者产生互动应该是始于中国现代化的开端。1840年中国沦为半殖民地半封建国家之后，现代化问题就提了出来，这就是实现中华民族的伟大复兴。[①] 1840年至中华人民共和国成立，中国从"师夷之长技以制夷"到变法图新，再到推翻帝制，又再从旧民主主义革命到新民主主义革命，经历了由强变弱、由闭关走向被迫开放、再艰难走向复兴之路的历程。在这一变化过程中，政治外交体现得最为明显。

1840年以前，中国在历史上的许多时期曾是世界强国，但与外部世界缺乏互动。鸦片战争迫使中国开放了门户，开始走下坡路，进入蒙受耻辱的时期，国际地位急剧衰落。在此过程中，19世纪90年代的中日甲午战争对中国的打击尤具决定性。此前，中国尽管在两次鸦片战争和中法战争中均遭失败，但实力损伤还属有限。因此，中国尽管在欧美诸强面前处处被欺负，但在远东和东南亚国家中依然维持着大国的地位。甲午战争后，

---

① 参见李捷《中国特色社会主义与当代中国发展道路》，《毛泽东邓小平理论研究》2009年第2期。

日本跃居亚洲第一强国，中国的国际地位堕入低谷。

中国在多次遭受军事侵略后，被迫打破长期以来的封闭状态，开始与外部世界发生较为广泛的联系，逐渐拉近了与世界的距离，使中国近代史基本上融入了世界历史。但中国由于是在极为被动的情况下与世界发生联系的，再加上政治、军事、经济等方面力量软弱，因此在国际关系中处于屈辱、从属和孤立无援的境地，"弱国无外交"也就尽显无遗。其结果是，这一时期中国一直被排斥在构建国际经济政治秩序的过程之外，在世界历史中的地位也处于低谷。在与世界的相互关系中，中国几无主动性可言。

20世纪上半期，中国在与世界的关系中开始从低谷艰难地徐徐爬升。但由于军事、经济、政治实力仍然羸弱，难以获得应有的历史地位，在与世界关系的互动性中，基本上仍处于被动状态。

1911年爆发的辛亥革命推翻了帝制，但未能改变中国积贫积弱的落后状态。革命诞生的新政权成立后得不到任何国家的承认，更难以获得外部世界的支持，外交上遇到了十分沉重的打击。北洋军阀政府统治时期，中国的外交再遇重大失败，凸显在世界上的地位十分软弱，最典型的例子就是1919年中国代表团在巴黎和会上的屈辱性失败。中国在第一次世界大战中加入协约国参战，战争结束后本指望能以战胜国的身份一举结束近80年来受屈辱的历史。然而在巴黎和会上，中国提出的各项要求均未被接受，西方诸列强反而承认了由日本继承战败国德国在山东的权利。结果是，作为参战国与会的中国，却成为西方列强宰割瓜分的对象，在世界上的无足轻重可见一斑。

然而，20世纪初的这段时期，特别是从1911年到1927年中国大革命时期，正是中国参与国际事务的开端。中国在与外部世界的关系开始进一步密切的过程中，在世界中的地位也开始从最低谷缓慢爬升。20世纪20年代后期至40年代后期，中国历史和世界史都发生了天翻地覆的变化，中国与外部世界的关系相互激荡，中国在世界上的地位有所上升。国民党南京政府先是在外交上极力寻求列强的支持，设法维护诸强在华势力均衡，后又主要依靠美国。此间，中国抗日战争开始及第二次世界大战爆发后，中国内部和外部都发生了历史性的重大变化。在国内，抗日战争全面爆发后国共再度合作，为中华民族复兴奠定了良好的基础。在外部，由于抗击法西斯的需要，英美苏等大国开始在实质上接纳了中国，为中国与世界关系的进一步密切创造了良好条件。因此可以说，在某种意义上，这场战争使中国与世界的关系发生了历史性转折，"将中国与世界最终连在一起，也最终使中国人在观念上，将自己的国家、民族的命运，与世界最终联结在一起"①。

第二次世界大战期间和战后初期，伴随着在外交上取得的一系列重要成就，中国开始跻身大国行列，在一些重大世界性事务中开始发挥大国的作用，在世界中的地位有了实质性提高。主要体现在：1941 年与美、英、苏等国签署《联合国家宣言》；1942 年 10 月至 1943 年 1 月通过谈判废除了英、美在中国的领事裁判权等特权，后又与其他国家签订了相关条约，使得"一个世纪以来作为中国对外关系基础的不平等条约体系终于崩溃"②；1943 年 10 月，中国作为四大国之一签署《关于普遍安全的宣言》，12 月与英、美发表《开罗宣言》，在国际法上保证了收复失地和恢复领土完整；1944 年参加敦巴顿橡树园会议；1945 年与美、英、苏一起发起旧金山联合国制宪会议，成为联合国安理会常任理事国之一。

虽然不可否认，第二次世界大战结束时，中国虽为战胜国，但因为国内纷争激烈，政治、经济、军事等方面难以与美、苏、英相提并论，这三大国打心眼儿里并没有以真正平等的态度对待中国，中国仅是名义上的"四大国"之一，在战后国际秩序构建过程中依然难以真正反映自己的诉求。然而，就中国与世界的相互关系而言，1928—1949 年这段时期具有转折性的意义，鲜明地表现在：中国已不再任人摆布，在与世界的关系中主动性显著增强。特别是新民主主义革命的胜利，一下子改变了中国与世界关系的原有基础，也极大地改变了远东乃至世界的格局，完成了中国追求的恢复 19 世纪失去的国家独立和主权的民族复兴的主要目标。

二

1949 年至 20 世纪 70 年代末，中国不但站起来了，而且成为国际社会的重要力量。1949 年 10 月 1 日中华人民共和国宣告成立，掀开了中国历史的新纪元，也给世界历史注入了新的元素。中国以一个崭新的面貌出现

---

① 参见牛军《世界的中国：21 世纪初的中国外交研究》，《国际政治研究》2006 年第 1 期。
② 参见章百家《改变自己，影响世界——20 世纪中国外交基本线索刍议》，《中国社会科学》2002 年第 1 期。

在国际舞台上，开始主动向外部世界开放，并且在开放过程中越来越自信，逐渐发展为世界大国，与世界的关系不断磨合，良性互动逐渐成为主流。在这一变化过程中，政治外交的作用最为重要，军事的作用也很明显。

在新中国成立之前，毛泽东就多次提出对外开放的主张，并指出对外开放是全方位、多元化的大开放。可以说，新中国成立后 30 年里，中国的外交活动实践基本上体现了中国与世界发生关系的过程。

新中国成立至 20 世纪 70 年代初的 20 多年里，中国外交的核心问题就是如何作为一个独立的主权国家同外部世界打交道，在更好地维护自身利益的同时，努力推动国际秩序朝更为公正合理的方向发展。中华人民共和国成立后，可以对旧的世界秩序说"不"了，开始坦然面对世界。20 世纪 50 年代中期之前，中国政治外交的重中之重是巩固新生政权，并为国民经济的恢复和向社会主义过渡尽可能创造有利的国际环境。为此，毛泽东先后提出了"另起炉灶"、"打扫干净屋子再请客"和对苏"一边倒"三条方针，并在实施中取得了成功。

从 20 世纪 50 年代中期开始，中国遵循和平共处五项原则，与世界其他国家发展新型的国家关系，打破了美国遏制和孤立中国的图谋，取得了对外关系的普遍发展，扩大了国际影响，显著地提高了在世界上的地位。50 年代后期，"一边倒"格局开始松动，至 60 年代末，中国试图摆脱苏联模式的束缚和影响，艰难探索适合中国国情的社会主义发展道路，在国际共产主义运动和世界事务中尝试着发挥更大的作用。由于中苏关系恶化、美苏搞缓和等种种原因，中国逐渐走上与美苏两大国同时对抗的道路——"两个拳头打人"，"反两霸"成为中国与世界关系中最鲜明的特点。

然而，从中国与世界关系的角度来看，这一时期，中国的"得"要大于"失"。中国虽然经历了中苏关系全面倒退、中印关系恶化等重大挫折，但塞翁失马，焉知非福！中苏关系的恶化虽然使中国失去了最重要的盟友，但另一个结果更加重要，也更具历史意义：它使中国在与世界关系的发展中，彻底摆脱了"中苏两党历史上的特殊关系而造成的羁绊"[1]，向全

---

① 参见章百家《改变自己，影响世界——20 世纪中国外交基本线索刍议》，《中国社会科学》2002 年第 1 期。

世界有力地展示了中国自主发展的坚定决心和坚强信心。

通过抗美援朝战争，抵制苏联把中国纳入其世界战略轨道的企图，坚决反对美国干涉中国内政、搞"两个中国"的图谋，有力支持印度支那各国的抗法抗美斗争，中印边界自卫反击战等重大战略行动，在保卫了国家主权和领土的同时，也扩大了中国的国际影响。主要外交成就有：与许多亚非拉和西欧国家建立了外交关系，解决了与几个邻国之间的历史遗留问题，通过大使级会谈与美国建立了接触渠道。

随后，1966 年开始的"文化大革命"对中国的外交政策和国际影响产生了冲击，再加上从 50 年代末到 70 年代初这段时期，由于中国领导人对亚非拉的革命形势和爆发世界战争的危险估计偏高，对美苏合作主导世界的担心过重，对中国本身的国际影响和在世界上的作用估计偏高，导致了对中国政治外交因素的作用的过高期待。现在回头看有些方面确实偏离了现实。总的说来，中国基本上仍然被孤立于以西方为主导的国际体系之外。

20 世纪 70 年代初开始，中国通过启动中美关系正常化进程，成功地改变了外交大格局，与世界的关系也发生了里程碑式的变化。60 年代末，国内形势的需要以及外部因素、特别是 1969 年中苏边境冲突和苏联随后的军事威胁，促使中国外交政策发生了战略性转变。1971 年春的"乒乓外交"拉开了中美关系缓和的序幕；1971 年 10 月第 26 届联大恢复中国代表权标志着中国独立主权国家的地位得到了国际社会的普遍承认；1972 年尼克松访华正式启动了中美和解的进程。这些重大外交事件的发生，大大地催生和带动了世界各国与中国建交的高潮，中国与世界的关系也发生了前所未有的变化，主要体现在，"中国外交第一次对世界格局的演进起到巨大的推动作用，中国外交活动的范围从此扩展到整个国际舞台，而此前是被局限在半个舞台上"①。

到 20 世纪 70 年代后半期，中国虽然走了一些弯路，付出了较高，甚至在某些方面过高的代价，交了不菲的"学费"，但取得的巨大成就却是世界瞩目的，其中最突出的是，中国在美苏对立的两极世界中逐渐成为国际舞台上一支公认的独立力量，更重要的是在一定程度上摆脱了冷战的

---

① 参见章百家《改变自己，影响世界——20 世纪中国外交基本线索刍议》，《中国社会科学》2002 年第 1 期。

束缚。

在中国政治外交地位提升的过程中，军事因素起了重大作用，经历的几大战事对于扩大中国的国际影响力、提高在世界上的地位，具有相当重要的影响。

中国共产党和新中国历来重视军事建设。新中国成立之初，以美国为首的国际帝国主义对"亚欧大陆一片红"感到恐慌，对新中国实行"制裁"和"封锁"。这一时期，中国始终把军事建设放在重要位置。朝鲜战争结束后，以美国为首的反华势力仍制造各种困难，遏制中国与世界关系的发展。中国在大力发展国民经济、增强国家经济实力的基础上，实施建设强大国防的发展战略。1954 年 9 月，周恩来提出了国防、工业、农业、交通运输业"四个现代化"。1955 年，毛泽东说中国要努力阻止战争的爆发，万一无法阻止，就准备打他几年，把战争从亚非拉三大洲的土地上扫出去。① 1957 年，毛泽东指出，1956 年的苏伊士运河事件，苏联的警告"起了制止侵略战争的作用"。中国要争取 15 年的和平，到那时就"没有人敢同我们打了，世界也就可以得到持久和平了"。②

历史实践证明，重视军事建设，善用军事力量，扩大了中国在世界上的话语权，提高了中国的国际影响力。在朝鲜战争、台湾海峡危机、中印边境自卫反击战等军事行动中，新中国没有被以美国为首的西方军事压力及邻国的挑衅所吓倒，反而通过军事较量，中国独立自主的和平形象很快为周边国家和世界上越来越多的国家所了解和信服，对中国国际影响力的提高起了较大作用。

抗美援朝战争以战止战，成为中国大国地位的奠基之战。

1950 年朝鲜内战扩大为朝鲜战争并威胁台湾海峡安全后，中国在军事上没有完全做好准备的不利条件下派出志愿军入朝参战，经过艰苦卓绝的战斗，逼迫美国在停战协定上签了字。这一战不但达到了以战止战的目的，而且加深了世界对中国的了解，中国在与世界的互动关系中主动性进一步提高。

这一战极大地提高了中国在世界上的声望。首先，打击了美国的好战

---

① 毛泽东：《美国可怕，又不可怕》，中华人民共和国外交部、中共中央文献研究室编《毛泽东外交文选》，中央文献出版社、世界知识出版社 1994 年版，第 206 页。

② 毛泽东：《国际形势到了一个新的转折点》，中华人民共和国外交部、中共中央文献研究室编《毛泽东外交文选》，第 292、296 页。

政策。作为世界头号强国的美国直接体验到了新中国的强大，知道了中国人的分量。其次，加深了美国国内及美国与盟国之间的矛盾，降低了美国的国际威望。第三，在世界上树立了中国的和平形象，扩大了中国的影响，极大地提高了中国的国际地位。外国学者认为，战争的结果提高了中国的声望①，"无论就军事还是政治而言，中国人都是胜利者"，在政治上"确定了中国在亚洲大陆的主要军事强国的地位"②。美国官方也承认，中国在这场战争中"赢得了声誉"，"提高了地位"。③ 中国军事史家认为，通过此次较量，中国用实际行动取得了世界上军事强国的地位④。

　　在朝鲜半岛的较量中，中国展示了国威、军威，增加了在世界政治中的分量，奠定了中国的国际地位。中国参战后，朝鲜战争实际上变成了中美两国在朝鲜进行的一场以军事较量为主的政治、军事、经济、外交的全面较量。从军事上看，似乎双方打了个平手，但美国实际上大丢其脸。在诸多不利条件下，志愿军把美军从鸭绿江边赶回了三八线，并能牢牢守住这条战线。而且中国是在敌我武器装备和经济实力强弱悬殊的情况下，战胜了世界头号强国，在现代战争史上树立了弱国打败强国、以劣势武器装备打败优势装备强敌的光辉典范。

　　这一仗过后，中国在国际上得到了更多的尊重。苏联东欧等国家对中国的态度好多了，斯大林对新中国更是刮目相看，在朝鲜战争进行过程中向中国领导人、志愿军和全体人民"致以衷心的敬意"。战争结束后，中国获得了苏联援助的 156 项重大建设工程，从而奠定了工业化的重要基础。西方国家虽然没有马上与中国建立外交关系，但中国赢得了尊严，成为以后双方发展正常关系的基础。战争结束后没过几年，英、法、荷、意等许多参加对中国实施封锁禁运的西方国家，先后恢复了与中国的正常贸易关系。与战争开始时相比，到 20 世纪 50 年代末，与中国建交的国家数翻了一番。

　　从国家安全战略和民族心理看，志愿军的赫赫军威、新中国领导人在

---

① 理查德·克罗卡特：《50 年战争》，王振西主译，新华出版社 2003 年版，第 146、151 页。
② 姚有志、过毅主编《百年战争评说》，军事科学出版社 2001 年版，第 219 页。
③ 沃尔特·G. 赫姆斯：《朝鲜战争中的美国陆军——停战谈判的帐篷和战斗前线》，国防大学出版社 1988 年版，第 565 页。
④ 徐焰：《毛泽东与抗美援朝战争——正确而辉煌的运筹帷幄》，解放军出版社 2003 年版，第 19 页。

外国侵略势力面前绝不低头的骨气产生了巨大的威慑力。正是由于这场战争的教训，在随后的越南战争中，美国政府才没有再把中国政府的警告置若罔闻，其地面部队未敢越过北纬 17 度线。最为重要的是，抗美援朝战争大大提高了中华民族的精神。在中国一百多年来参加的对外战争中，抗美援朝战争是战果最为辉煌的一次胜利，也是中国近现代史上最为扬眉吐气的一场战争。战争的胜利使中国人在近代百年史上因种种屈辱而受到压抑的民族自尊心和自信心得以重建。世界认识到，中国不再是那个任人欺凌的国家，已成为任何人都不能忽视的力量。1953 年 9 月，毛泽东在谈到抗美援朝战争时充满自信地说："帝国主义侵略者应当懂得：现在中国人民已经组织起来了，是惹不得的。如果惹翻了，是不好办的。"①

在朝鲜战争之后的台湾海峡危机中，中国以战治战，向全世界展示了中国的大国气概和维护国家主权和领土完整的坚强决心。

朝鲜战争爆发后，美国派第 7 舰队侵入台湾海峡，对中国的主权构成巨大威胁。朝鲜战争期间和停战后，美国进一步介入台湾事务，制造"两个中国"。1953 年先是把驻台湾的代表从"公使"提升为"大使"，后同台湾当局签订了"军事协调谅解协定"。美国的行径引起中国人民的严重关切。中国政府 1954 年 7 月做出了"一定要解放台湾"的决定。美国政府不顾中国的警告，反而以武力相威胁。1954 年 8 月，美国军舰和飞机侵入台湾海峡和大陈岛一带。为回击美国，9 月 3 日和 22 日，人民解放军两次炮击金门，向全世界昭示了中国人民一定要解放台湾的决心。但美国一意孤行，于 1954 年 12 月同台湾当局签订了《共同防御条约》。中国政府决定通过一定的军事行动来显示维护国家统一的意志和决心。1955 年 1 月，人民解放军海空军部队轰炸了大陈岛，一举解放了一江山岛，"在军事上给予美国一个有力的回击，打击了美蒋在台湾海峡地区战争叫嚣的气焰"②。2 月，又解放了渔山列岛、批山列岛等岛屿，再次击退了美国的军事威胁。至 2 月底，浙江沿海岛屿全部收复。此后，解放军又积极为解放金门、马祖做准备。

但美国不愿"丢面子"。1955 年 1 月，美国国会批准了艾森豪威尔授权他使用美国军队来"保证"台湾和澎湖列岛安全的要求。中国政府则重

---

① 姚有志、过毅主编《百年战争评说》，第 222 页。
② 苏格：《美国对华政策与台湾问题》，世界知识出版社 1998 年版，第 251 页。

申不仅要解放沿海岛屿，而且要解放澎湖列岛和台湾。《人民日报》还专门发表了题为《坚决反对美国的战争挑衅》的社论。此间，美国呼吁联合国出面"来停止中国沿海的战斗"。中国政府态度强硬，严词拒绝。周恩来正告美国：如果挑起战争，中国一定抗击到底。美国进一步采取军事行动威胁中国。1957年11月，美第7舰队在台湾附近海面举行大规模军事演习，台湾当局也加强了对大陆的骚扰活动。1958年5月，美国在台湾设立了"美军驻台协防军援司令部"。同年7月，美国派兵武装干涉黎巴嫩。随后，台湾当局叫嚷要"反攻大陆"。美国强化对中国的武力恐吓，甚至以"战争边缘"来威胁和讹诈中国。为了摸清美国的战略意图和底线，显示中国解放台湾的决心，教训国民党军队，8月23日和24日，解放军大规模炮击金门。美国政府十分恐慌，急调第7舰队主力和第6舰队部分舰只到台湾海峡，几日之内便在沿中国大陆海面集结了一支庞大的舰队，此外还从美国本土和日本、菲律宾等地调兵。美国政府甚至还数次发出核威胁，1958年9月把3门可发射核炮弹的大炮运上金门岛。

对此，中国政府态度强硬。毛泽东命令福建前线解放军："金门海域，美国人不得护航。如有护航，立即开炮。切切此令！"[①] 但美国不顾中国政府的严正警告，于9月7日开始派军舰为国民党军队运输船护航打气。面对美军直接介入，毛泽东决定"照打不误"，只是"只打蒋舰，不打美舰"。9月8日，解放军猛烈炮击料罗湾的国民党军舰和金门岛上的军事目标，护航的美国军舰一炮未发，在解放军炮击后便不再护航。在9日的炮击中，美舰又迅速撤至外海，以避免与解放军发生直接冲突。

由于中国不惧战争威胁，美国政府很快软了下来。国务卿杜勒斯在1958年9月称美国没有保卫沿海岛屿的任何法律义务。总统艾森豪威尔在10月说："任何人都不必担心美国会单纯为防卫金门、马祖而军事介入。"[②] 后美国又企图逼蒋介石撤离金门、马祖，以换取"永久停火"，让台湾和大陆分峡而治。10月下旬和11月初，解放军又对金门实施了第5、第6次大规模炮击。

在艾森豪威尔任内，虽然台湾海峡的战争威胁一幕接一幕，但美国决

---

① 毛泽东：《中美两国没有开战，无火可停》，中华人民共和国外交部、中共中央文献研究室编《毛泽东外交文选》，第359页。

② 过毅、高鹏主编《20世纪重大战略决策选评》，军事科学出版社2004年版，第362页。

策者并不敢与中国真正动武。行事谨慎的艾森豪威尔内心里力避与中国发生摩擦，担心被蒋介石拖入"第三次世界大战"。在这次海峡危机中，中国采取军事行动有效地维护了国家主权，是一个以战治战的光辉典范。

20世纪60年代初发生的中印边境自卫反击战，中国以战促和，在新中国成立以后国家最困难的时期打了最漂亮的一仗，昭示了中国克服一切困难保卫国家安全的毅力和实力。

印度在独立后不久就对中国频频进行武力挑衅。20世纪50年代后在中印边界东段、中段和西段屡次侵入中国领土，并屡屡制造流血事件。1959—1962年，中印关系从友好逐渐变为对抗状态。

实力并不强大的印度之所以敢于对中国进行武装挑衅，与其对国际形势的错误估计有很大关系。它自以为：其对华政策会得到美苏等大国的支持；当时中国的经济困难已严重到不可克服的程度；美国支持台湾国民党当局窜犯中国东南沿海牵制了中国的主要精力，中国西南地区防务空虚；中苏裂痕加深，中国处于"孤立无援"的境地。因而，此时正是在中印边界全线进攻的"大好时机"，而且不管印度怎样进攻，中国是不敢还手的，故而利令智昏，走上了军事冒险主义的道路。

中国政府对印度的屡屡挑衅和武装入侵活动一直采取克制忍让的态度，并为和平解决中印边界问题进行了不懈努力。印度视中国的宽容忍让为软弱可欺，一再拒绝中国多次提出的和平谈判解决边界问题的建议，以致决定铤而走险，诉诸武力。1962年10月12日，印度总理尼赫鲁公开下令要把中国军队从印军侵占的中国领土上全部"清除掉"。

为保卫西部边疆的安全，创造和平解决中印边界问题的条件，中国政府在边防部队遭受严重伤亡、忍无可忍时，不得不决定对印军的进攻和挑衅予以坚决反击，被迫以武力维护边境安全。1962年10月18日，中共中央决定实施自卫反击作战，中央军委指出，此次作战事关国威、军威，务求初战必胜，只能打好，不能打坏。事实证明，中国在别无选择的情况下采取的武力反击行动，捍卫了边境地区的和平与安宁，客观上促进了边界争端向和平解决方向发展。事实是，若干年后，印度又回到了谈判桌上。

此战有力打击了印度的好战气焰。自卫反击作战只进行了一个月，完胜印军，沉重地打击了印度的士气。印度国民从未经历过如此失败情绪的冲击，全国陷入一片混乱。尼赫鲁无论是声望还是在国内外的影响都一落千丈。

　　这一仗也打击了国际反华势力。印度之所以敢于如此对华挑衅，与国际反华势力、特别是美苏的支持有着密切关系。美苏出于对华政策的需要，乘机利用中印边界问题和"西藏问题"大做文章。中印边界争端发生后，美国乘机拉拢印度，企图使印度的军事挑衅与蒋介石窜犯大陆遥相呼应。1959 年 12 月 10 日，艾森豪威尔访问印度，是印度独立以来美国总统首次访印，受到热烈欢迎。1960 年 2 月初，美国政府决定大幅度增加对印援助。肯尼迪上台后，美国对印度反华更为热心，尼赫鲁也称肯尼迪政府"是印度在十年左右时间内所遇到的最友好的政府"①。从 1959 年下半年到 1961 年底，美国给印度的援助高达近 41 亿美元，比 1959 年以前增加了一倍。② 苏联也明确表态支持印度。有了美苏撑腰，尼赫鲁随后在 1960 年 4 月与周恩来会谈时态度更为僵硬。战争爆发后，尼赫鲁呼吁苏联介入冲突，并公开请求西方国家提供军事援助。1962 年 10 月 27 日，美国驻印大使首次公开支持印度关于"麦克马洪线"是中印边界的主张。

　　然而，随着印度的战败，美国对印度的支持明显降低。1963 年，印度向美国提出的一系列增加援助的要求大都没有得到后者的支持。从 1962 年 10 月到 1965 年 9 月，印度从美国得到的军援为 3.613 亿卢比，相当于美国允诺数额的 45%。英国的态度也有了明显转变。中国主动提出停火、后撤建议后，英国希望印度接受建议。苏联利用中印边界问题大做文章的目的也没有得逞。

　　此战过后，基本实现了中印边界的长时间和平。反击作战开始之前，毛泽东就说：这一仗不打则已，要打就打出威风，打的目的是为了确保和平。③ 战争结束后，毛泽东总结说，"这一仗，至少可以保持中印边境 10 年的稳定"。中国的完胜打破了印度企图将西藏变为"缓冲区"的图谋，为中国赢得了边界的相对稳定，也使国际社会认识到了"西藏问题"的敏感程度，领略了中国政府和人民保卫主权和领土完整、绝不允许西藏从中国"独立"出去的决心。这场只打了一个月的中印边界战争，却使我国赢得了迄今为止 40 多年的边界和平。

---

　　① 赵蔚文：《印美关系爱恨录——半个世纪的回顾与展望》，时事出版社 2003 年版，第 19 页。

　　② 郑汕、郑绍生、杨平学编著《中印军事斗争历史回顾与启示》，军事科学出版社 2004 年版，第 85—86 页。

　　③ 王厚卿主编《中国军事思想论纲》，国防大学出版社 2000 年版，第 11 页。

这场战争提高了中国的国际地位。这一仗使美国和苏联认识到了中国在世界战略格局中的重要地位，南亚国家和东南亚一些国家对中国的态度也有了明显好转。更为重要的是，中印边界战争使国际社会认识到，必须在万隆会议通过的和平共处五项原则基础上来处理和调整国与国之间的关系，特别是处理纠纷和矛盾。

20世纪60年代以后，鉴于外部安全形势明显恶化，国家安全受到多方向、多来源的外部威胁，中国进行了准备抵抗外部入侵的全民战备工作，加强了尖端武器的研制。1964年，中国成功爆炸了自己的第一颗原子弹；1966年，中国首次发射导弹核武器成功；1967年，成功爆炸了中国第一颗氢弹；1970年，中国第一颗人造卫星发射成功。上述军事成就不仅增强了中国的国防力量，而且大大提高了中国的国际地位。

三

从改革开放开始至20世纪末，中国对外关系进入全面发展时期，与世界的互动方向也开始发生根本性变化，中国的主动性显著增强，政治外交和经济方面的重要性较为突出。

1978年十一届三中全会之前，中国虽然开始主动向外部世界开放，但"世界观"的封闭和内倾色彩较为明显。中国启动改革开放之路，开始探索适合中国国情的社会主义现代化发展道路。在勇敢地向世界开放、与各国进行经济贸易及政治文化交往的过程中，中国与世界的互动关系迅速增强，其中中国的主动性日益凸显。

20世纪70年代末，中国走到命运攸关的历史时刻。国内，经济几乎到了崩溃的边缘；国外，与世界潮流"时差"日益扩大。邓小平说："历史经验教训说明，不开放不行"，"再不实行改革，我们的现代化事业和社会主义事业就会被葬送"。① 十一届三中全会的召开，标志着中国从此走上改革开放之路。

改革开放之初，中国由于实力有限，非常需要世界其他国家和地区的资金、技术及管理经验，对国际社会的需求远远超过国际体系对中国的借助。因此改革开放之后一段时期，中国决策层在对外关系方面的战略思考

---

① 《邓小平文选》第3卷，人民出版社1994年版，第89—90页。

和决策，既有为改革开放创造有利国际环境的一面，更有借助外国资金、先进技术和管理经验实现现代化宏伟目标的一面，实践上就深化和加快了中国与世界融合的速度。在与世界的互动明显加强的同时，中国在世界上的影响进一步扩大。这段时期，在中国与世界、特别是西方国家发展关系的过程中，政治外交和经济因素起了较为重要的作用。

在外交政策方面，从改革开放开始至 20 世纪 80 年代中期，中国进行了引人注目的调整，以更加积极主动的姿态朝全面融入国际体系前进。此次外交政策调整的深刻意义，主要表现在意识形态方面的变化上。改革开放之前，中国在对外交往中往往把意识形态因素放在首位。改革开放之后，在对外交往中，中国注意处理好民族主义与国际主义的关系，不再坚持以意识形态划线，认为社会制度和意识形态的差别不应成为发展国家间关系的障碍。提出要根据世界发展趋势和自身利益需要来处理与不同类型国家的关系，不再划分敌、我、友，不再团结一部分国家打击某个或某些国家。经过此次调整，"中国已经告别了以往那种带着浓重意识形态色彩的理想主义的'革命外交'，以积极主动的姿态自觉地朝着全面融入现存国际体系的道路前进"①。

此次外交政策调整还体现在中国对一些重大国际问题以及中国与世界关系的认识产生了重大变化，主要表现在：领导人逐步放弃了关于大规模世界战争不可避免的观点，认为和平因素的增长超过了战争因素的增长，和平与发展成为当代世界的主题；现存世界是多样化的，世界各国政治制度、历史文化背景、宗教信仰、经济发展水平等方面存在差异，因此既有矛盾斗争也有相互依赖，国家之间特别是大国之间在处理一系列国际问题时可以进行合作；明确了"独立自主不是闭关自守，自力更生不是盲目排外"②。1982 年中共十二大，中国宣布了不与任何大国结盟的独立自主外交政策。放弃了联美抗苏"一条线"战略，开始同美国保持一定距离，致力于建立更加均衡的对外关系。与周边国家的关系不断改善，同第三世界国家的政治、经济合作大大加强，中美关系稳定发展，中苏关系开始走向正常化，同西方国家和东欧国家的政治经济关系继续发展。这次外交政策

---

①　参见章百家《改变自己，影响世界——20 世纪中国外交基本线索刍议》，《中国社会科学》2002 年第 1 期。

②　《邓小平文选》第 2 卷，人民出版社 1994 年第 2 版，第 91 页。

调整，也为中国在世界上发挥更大作用奠定了坚实的政治基础，这一基础即使面临国际国内政治大动荡的严峻考验也没有被削弱。

从中共十二大至 20 世纪 90 年代冷战结束这一时期，在中国与世界的关系中，总的趋势是，政治和经济的重要性明显上升，要高于军事。1982 年党的十二大报告指出，"必须在大力发展经济建设的基础上加强国防建设"。邓小平强调，在相对和平的条件下，国防和军队建设要服从和服务于国家经济建设的大局。① 1987 年中共十三大报告提出，"和平与发展是当代世界的主体"。邓小平明确指出，虽然战争危险依然存在，但世界大战是可以推迟或避免的，中国必须从准备"早打、大打、打核战争"的临战状态转到和平时期建设轨道上来，"中国要实现自己的发展目标，必不可少的条件是安定的国内环境与和平的国际环境"。

20 世纪 80 年代末，冷战结束，中国发生政治风波，苏联解体，东欧剧变，以美国为首的西方国家开始把中国视为意识形态上进攻和瓦解的重点，对中国实行"制裁"，致使中国政治安全的重要性一度凸显，但经济的核心地位并未受到根本性影响。面对十分严峻的挑战，鉴于当时中国的综合实力和国际影响都比较有限，邓小平提出了"冷静观察、稳住阵脚、沉着应付"、"决不当头"、"要冷静、冷静、再冷静，埋头实干。做好一件事，我们自己的事"等"韬光养晦"的外交战略和指导方针，② 坚持把意识形态斗争与国家关系分开，这使得中国与世界的关系得以健康发展。在 1989 年以后的几年里，中国通过大力开展睦邻外交同亚洲国家全面建交，利用各种矛盾很快打破了西方国家的制裁，提出了以和平共处五项原则为基础建立国际政治经济新秩序的主张，在台湾、香港、西藏、澳门等问题上坚定地维护了国家主权。继续深化改革，不断加大与世界融合的广度和力度，国际社会更加重视中国的地位和影响。改革开放政策实施 10 年之后，中国与世界的政治经济联系达到了一个崭新的高度。

20 世纪 90 年代以后，中国以更大的魄力进一步扩大对外开放，与世界建立了更加密切的联系。90 年代初，面对国际上美国一超独大、经济全球化浪潮涌起之势，邓小平发表了"南巡"讲话，毅然做出继续改革开放的决断，中国特色社会主义建设进入新的历史时期。这一时期，中国的

---

① 《邓小平文选》第 2 卷，人民出版社 1994 年版，第 395 页。
② 《邓小平文选》第 3 卷，人民出版社 1993 年版，第 321 页。

"韬光养晦"策略并非消极、退缩、无所作为，而是积极防御，用邓小平的话说，就是在国际问题上"有所作为"，"积极推动建立国际政治经济新秩序"①。中国明确提出的与西方截然不同的国际新秩序的核心内容，就是反对以资本主义制度和文化一统世界，提倡各种制度和文化共存共荣共同发展，反对在国际关系中奉行实力原则和强权政治，提倡遵守平等原则。

随着改革开放的深化，中国与大国和发展中国家的关系进一步发展。1993年，克林顿总统称美国无意遏制中国。此后，美国对华政策逐渐以"全面接触"取代了"遏制"战略。20世纪90年代中期以后，中俄、中法明确宣布共同致力于推动世界多极化进程，建立公正、合理的国际政治经济新秩序。1996年，中俄建立"战略协作伙伴关系"；1997年，中法建立"全面伙伴关系"，中美确立"建设性战略伙伴关系"，与日本努力构筑"面向21世纪的中日睦邻友好合作关系"，与东盟确立了"面向21世纪睦邻友好互信伙伴关系"，与非洲建立了"面向21世纪、长期友好、全面合作关系"，与加拿大、墨西哥建立了"跨世纪的全面合作伙伴关系"；1998年与英国建立了"全面伙伴关系"。② 在上述一系列新型伙伴关系中，中国既重视大国的战略作用，又继续发展了与发展中国家的传统友好关系；既立足周边又面向世界，在双边及国际关系中主动性尽显。

在国际参与方面，中国本着"经济融入、安全合作、政治对话"的精神，取得了突破性成就：1991年加入亚太经合组织，1996年签署并批准《联合国海洋法公约》、宣布停止核试验，到1998年时签署了《经济、社会、文化权利国际公约》、《公民权利与政治权利国际公约》等19个人权公约；1999年与美国就中国加入世贸组织达成协议；2001年加入世贸组织。

改革开放后的20多年里，中国经济高速发展，在世界中的地位不断攀升。改革开放前十年，中国国内生产总值每年增长9.1%，第二个十年年增长更是高达10.4%。③ 1998年中国的GDP占世界总量的比重升至11.5%。2000年，按汇率法计算，中国已成为世界第六大经济强国。

①　《邓小平文选》第3卷，人民出版社1993年版，第363—365页。

②　参见李宝俊《冷战后中国外交新战略与中西关系的走向》，载郑宇硕编《迈进21世纪的中国外交》，香港天地图书有限公司2002年版。

③　The World Bank, *Global Economic Prospects and the Developing Countries*, 2001, p. 176.

四

到了 21 世纪，在与世界的关系中，中国更加主动，重要性升至新高，几乎所有重大国际问题的解决，都离不开中国的参与。政治、经济、外交、军事的作用都很明显，综合国力大幅提升。"中国与世界的关系"再不能理解为主要是对外政策和外交行动，而是成为一种名副其实的综合关系，其中，经济因素的作用越来越重要。

随着综合国力的提高，中国已经成为世界政治中最重要的力量之一，在国际社会的影响力日益增加。中国求和平、求发展，在"和谐世界"的理念下，参与国际事务更加积极主动，与世界已经密不可分。中国因素已毫无争议地成为国际体系中不可或缺的重要内容。在过去几十年里，中国人看世界往往先强调其他国家、特别是大国的因素。现在以及未来，外国人和中国人看世界，恐怕都得把中国的发展变化以及世界观作为最重要因素之一。

中国与世界的互动性在全球化进程中不断加大，中国的发展壮大正在促进世界面貌和格局发生积极变化。2001 年中国加入世贸组织后，与世界的融合又进一步加速，"9·11 事件"又为这一融合过程提供了新的契合点。美国在世界范围内强力反恐需要借重中国，客观上促进了中国在非传统安全方面参与国际社会并发挥积极作用的进程，为中国更广泛地参与地区和全球事务提供了更大空间。中国已然正在改变在国际体系中的挑战者角色和边缘角色，从"参与者"向"建设者"发展，成为世界经济体系的重要组成部分。

中国与世界关系的变化还表现在对多边组织和多边机制的态度上，即由谨慎观察、有限参与转变为主动参与和积极筹建。改革开放的头 20 年里，中国参加的主要是多边经济组织和机制，对多边安全组织和机制多持谨慎观望或有限参与的态度。2001 年 6 月，中国第一次主动倡导创建了多边国家间组织——上海合作组织。此后中国开始了一系列多边外交行动，如，2001 年 10 月在上海召开了亚太经合组织会议；2002 年 11 月与东盟签署了《南海各方行为宣言》，2002 年底与北约进行了首次接触；2003 年正式加入《东南亚友好合作条约》，签署《中日韩推进三方合作联合宣言》；2003 年 8 月和 2004 年 2 月积极促成和组织了旨在解决朝核危机的两轮六方会谈。

中国经济的持续强劲发展、特别是面对世界性经济危机的优异表现，令世人震惊。1978 年，按当时的官方数据和汇率，中国经济规模仅是美国的 1/40；2008 年，中国经济已达美国的 1/3，即 4.4 万亿美元对 14 万亿美元。2001 年，中国国内生产总值达 95800 亿元人民币，按汇率折算约相当于 11600 亿美元，超过意大利位居世界第六；2004 年，根据国际货币基金组织的计算，中国的经济总量已居世界第三。中国经济今后如能保持 7%—8% 的年增长率，经济规模极有可能在 20 年内赶上甚至超过美国，这还不包括人民币升值的汇率变化基本趋势。① 2009 年，中国的汽车产量第一次超过美国。

中国在世界经济中地位的提升还表现在在新兴经济体中的作用上。2007 年，中国、俄罗斯、巴西、印度"金砖四国"的 GDP 已占全球 GDP 的 30%，出口贸易占全球总贸易额的 45%，外汇储备占全球外汇储备的 70%。就经济拉动力而言，2008 年全球经济增幅的约 78% 来自新兴经济体，其中，"金砖四国"的贡献率超过了 45%；2009 年即便受到金融危机的影响，也不会低于 36%。② 在 2009 年 9 月举行的美国匹兹堡 G20 峰会上，主要是由于中国的积极努力，使举步维艰的国际金融体系改革终于获得重大突破，新兴国家在国际货币基金组织（IMF）中配额比例得以增加 5 个百分点，在世界银行的投票权权重也增加了 3%。新兴经济体的崛起，推动并加快了西方主导的国际机制的变革调整。近年来新兴经济体在许多国际机制中的地位和作用都在稳步上升，西方发达国家也在主动顺应或学会适应这种趋势。有西方学者称，中国等新兴国家的崛起，将构成未来世界历史时代的重要内容，将重新塑造世界。

中国对世界经济的贡献率也越来越高。2003—2005 年，中国经济增长对世界 GDP 增长的平均贡献率高达 13.8%，仅次于美国的 29.8%；2007年，中国对世界经济增长的贡献率首次超过美国，跃居世界首位；2008年，中国对世界经济增长的贡献更是超过 20%，成为世界经济增长的强劲动力；2009 年上半年 6 个月，中国 GDP 的增长对全球 GDP 增长的推动作

---

① 郭宇力、林芯竹、楚树龙：《美国、中国的发展变化与世界格局》，《现代国际关系》2009 年第 8 期。

② 高祖贵、魏宗雷、刘钰：《新兴经济体的崛起及其影响》，《国际资料信息》2009 年第 8 期。

用达到 1/3，中国被公认为继美国之后世界经济发展的第二引擎。① 2003 年，美国高盛公司预测，中国的经济总量在 21 世纪 40 年代中期将超越美国，2009 年年中又预测这个时间将提前到 21 世纪 20 年代中期。2008 年 8 月 14 日兰德公司发表的一份报告认为，中国的综合实力到 2028 年便可超过美国。当今中国是世界公认的最具活力的发展中大国，在国际金融、世界贸易、科技发展和交流等各个领域中的地位和影响日益扩大，已成为世界"各国经济成长的信心源泉"。

中国的迅速发展引起的世界关注度的增加也说明了中国重要性的提升。中国强大起来后往何处去引发了世界上的种种议论和猜测。有的心理不平衡，有的不断制造麻烦，有的说中国崛起是威胁，也有的说中国崛起后会具有很大的不确定性。法国进入 21 世纪后经济持续疲软，人均 GDP 降至世界第 17 位，2005 年 GDP 被中国赶超后醋意频显，在政治上和外交上不时给中国制造麻烦。随着整个欧洲和中国之间的贸易逆差不断扩大（2008 年达 1370 亿欧元），欧盟委员会主席巴罗佐说中国的崛起可能被欧洲视为威胁。② 英国《金融时报》说，30 年来中国经济的惊人崛起使得许多国家和地区感到不安，最不安的可能是欧洲。

国外有人对中国将来是要"取得世界的主导地位"、"登上指挥台"，还是要"发挥友好的作用"妄加猜测，声称中国崛起将威胁世界和平，甚至断言中美迟早"必有一战"。北京奥运会的巨大成功让世界感到震惊。法国《费加罗报》评论道：2008 年 8 月 8 日（北京奥运会开幕日）象征着中国在地缘政治上的复兴。美国《洛杉矶时报》说这一天宣告了中国的复出。美国《时代周刊》惊呼："强大的中华帝国已经回归。"2008 年 9 月，中国神州七号发射升空，美国则发生金融海啸。

面对"中国威胁论"，中国以"和谐世界"理念与"软实力"来应对和化解。中国提出的构建"和谐世界"的原则框架，丰富和发展了和平共处五项原则。中国倡导的"和平发展"理念，得到了世界上多数国家的理解和支持。世界主要大国逐渐接受中国为"利益攸关者"。中国进一步扩大了与联合国、世贸组织和八国集团等国际组织的合作。作为负责任的大国，中国公开、坦诚地向国际社会阐明："中国将始终不渝地走和平发展

---

① 参见陈健《2008 年的中国与世界》，《未来与发展》2009 年第 3 期。
② 同上。

道路。"近年来，中国在继续实行改革开放战略的同时，特别强调"互利共赢"，中国经济持续、快速、协调、健康地发展，将继续给国际社会带来更多的机遇和更大的合作空间。2008 年 12 月胡锦涛指出："当代中国的前途和命运已日益紧密地同世界的前途和命运联系在一起"，"必须把坚持独立自主同参与经济全球化结合起来，统筹好国内国际两个大局，为促进人类和平与发展的崇高事业作出贡献"。

　　2008 年爆发的世界性金融危机和经济危机，对于中国与世界关系的发展具有特别重要的意义。这场爆发于美国并向全球蔓延的危机，对世界多数国家来说，经济和心理的影响负面居多。西方政要并不讳言，这场危机对西方国家来说是"大灾难性的"，其意义不亚于苏联崩溃。对中国而言，此次危机对一些经济领域固然产生了诸多不利影响，但同时也提供了诸多发展机遇，总的来说应该是利大于弊。实际上，此次危机对我国金融业造成的损失并不大。即使对影响最大的出口业来说，从长远来看，也未免不是一件好事，它迫使出口业尽快实现转轨，如果转轨成功，就会大大缩短这方面与世界的差距。从战略层面看，这场危机对于我国综合国力的提高、乃至实现突破性发展，提供了十分难得的机遇。我国一方面采取一系列有效的应对措施，力保自身经济发展和金融市场的稳定，同时在稳定国际市场、推动国际金融体系改革方面与国际社会密切合作。与世界主要经济体的反危机合作以及对许多国家提供的经济援助表明，"中国已经超越了地区大国层次而开始发挥世界大国的作用"①。

　　我国可以抓住当前难得的发展机遇，充分利用世界上独一无二的制造能力和巨大的外汇储备，再加上在世界各国、特别是第三世界国家长期以来积攒下来的"软"实力，同极力阻碍我们发展的西方大国进行一场不动用军事手段的"较量"。从实践来看，在同美国、法国的"软"实力较量中，我们并未落下风，甚至还略显优势。从世界各国的反应来看，对世界最具影响力的要数"中国模式"或"中国道路"。

　　中国的和平发展为国际社会提供了一个全新的发展模式，对世界历史的发展具有巨大的启迪意义，为中国继续扩大在世界上的话语权提供了软实力支撑。此次世界性金融危机，暴露出自由资本主义模式的深层次缺陷，美国一直引以为自豪并向其他国家竭力推销的体制和发展模式，受到

---

　　① 参见郑羽《21 世纪的中国外交：挑战与应对》，《中国社会科学报》2009 年 10 月 22 日。

越来越多的质疑，其软实力受到的伤害比其经济本身遭到的打击更为严重。人们开始怀疑西方资本主义市场经济和自由民主制度的所谓优越性，甚至有人断言 2009 年将是历史的"界定时刻"①。

在这场"金融海啸"中，中国对资本主义世界的影响和冲击引起了多级地震，西方发达资本主义国家不得不重新打量"中国模式"。美国学者伊曼纽尔·沃勒斯坦说，资本主义世界"正在迎来美式社会主义"。与美国形成鲜明对比的是，"中国模式"的活力和影响力在这次危机中得以彰显。国际舆论赞叹中国凭借自身力量创造了经济转折，"为世界经济绘制了蓝图"。连美国著名的新自由主义学派代表人物约瑟夫·奈也认为，"中国模式"代表了世界发展模式的未来潮流。② 牛津大学教授阿什说，美式自由市场经济正被乌云笼罩，"中国模式"前途更为光明。③ 越来越多的西方学者认为，"中国实验"是当今世界"正在进行的最重要的经济实验之一，也许是唯一最重要的实验"，"中国实验的成败将会影响到中国以外的地区"。④

从历史发展进程看，"中国模式"具有划时代的意义。首先，它是对"苏联模式"的历史性超越。其次，"中国模式"迄今为止取得的成功已经雄辩地宣告了福山等"历史终结"论者的失败。再次，"中国模式"是中国对世界历史的巨大贡献。"中国模式"的本质既有别于西方现代资本主义模式，又不同于以苏联为代表的传统社会主义模式。它丰富了当今世界的发展模式，"为世界提供了一个新型社会形态、社会制度的发展模式"。正如邓小平预言的：中国的改革如果成功了，"可以对世界上的社会主义事业和不发达国家的发展提供某些经验"。⑤ 中国的发展道路与发展经验，正在得到国际社会的普遍关注和越来越多的认同。

从当前趋势来看，不但"中国模式"的影响力难以阻挡，中国不断发

---

① 参见时殷弘《美国权势、"西方模式"和相关的信心问题》，《现代国际关系》2009 年第 11 期。

② 参见何兰《国际局势变化与中国话语权的提升》，《现代国际关系》2009 年第 11 期。

③ 参见孔根红《中国与世界的关系·从中国与"天下大势"解读"中国模式"》，《当代世界》2009 年第 3 期。

④ 参见大卫·斯科威卡特/欧阳康《当代资本主义的批判与反思——美国学者与中国学者的学术对话》，《学术月刊》2005 年第 9 期。

⑤ 参见孔根红《中国与世界的关系·从中国与"天下大势"解读"中国模式"》，《当代世界》2009 年第 3 期。

展的世界观也越来越具有影响力。2009 年年末《瞭望》周刊《胡锦涛时代观的中国主张》一文，把胡锦涛的时代观的主要内容概括为"深刻变革论、和谐世界论、共同发展论、共担责任论和积极参与论"。有人认为，此论述可能成为中国"寻求准超级大国地位的里程碑"，"将毫无疑问为中国未来参与全球事务提供理论指导"①。此后不久奥巴马在访华时说，美国"欢迎一个强大、繁荣、成功、在国际事务中发挥更大作用的中国"。在哥本哈根气候峰会上，中国让世界看到了它在世界经济重要议题上举足轻重的作用。英国外交大臣米利班德称："历史学家将审视 2009 年发生的一切，看到中国在稳定全球中发挥的重要作用。"英国《泰晤士报》指出：中国已成为国际秩序变革中的关键"玩家"。②

在过去的一百年里，中国与世界的关系已经发生了深刻的变化。20 世纪前半叶，中国在世界体系中处于低谷，为恢复失去的独立和主权而不懈奋斗。20 世纪后半叶，中国在探索中学会了作为一个独立的主权国家如何同世界打交道，以便更好地维护国家利益并在世界上发挥应有的作用。在整个 20 世纪里，中国在从封闭向开放转变的过程中，由弱国一步步走向大国和强国。21 世纪将是中国综合国力全面提高、成长为世界强国的世纪。与此同时，随着中国同世界之间的相互影响更直接、更有力，互相碰撞甚至矛盾和冲突也会难以避免。毋庸置疑，经过 30 多年的改革开放，中国与世界的关系发生了历史性变化。无论从"中国之世界"还是"世界之中国"哪种角度来概括中国与世界的关系，除了说明两者之间的密切关系外，更突出了中国在与世界互动关系中的主动性和重要性。一个面向现代化、面向世界、面向未来、积极参与经济全球化进程的社会主义中国，将会为世界经济发展和人类文明进步作出更大贡献。

（本文作者：孟庆龙，中国社会科学院世界历史研究所研究员）

---

① 林和立：《中国公布它的新世界观》，香港亚洲时报在线 2009 年 12 月 11 日报道。
② 参见蔡拓《中国在国际秩序转型中要有所作为》，《现代国际关系》2009 年第 11 期。

论 20 世纪拉丁美洲历史的主旋律

韩 琦

变革与发展是 20 世纪拉美历史的主旋律。所谓变革是指经济结构、社会结构、政治结构等方面的根本性变化，所谓发展是指不同于单纯 GDP 增长的包括经济、政治、社会、文化等各方面的进步和改善，其中最关键的一个衡量标准是大多数人口基本生活水平的提高。发展是目标，变革是实现发展的前提，而推动变革与发展的根本动力是生产力水平的提高，直接动力则是改革与革命。纵观 20 世纪拉美的历史，拉美各国的进步势力为追求发展进行了不懈的努力，尝试通过不同的途径和模式推动拉美的变革和发展。这一历史画卷是波澜壮阔的、多姿多彩的，也是跌宕起伏和充满曲折的。本文拟就 20 世纪拉美变革与发展的进程和推动变革与发展的模式作一简要论述。

一 20 世纪拉美变革与发展的进程

在第三世界国家中，与亚、非国家不同的是，拉美大多数国家在 19 世纪初就获得了民族独立，但由于殖民地遗产的拖累，到 19 世纪 70 年代才基本得到了政治上的稳定，同时，也开始了追求变革与发展的历史进程，这一进程延续到整个 20 世纪。就 20 世纪拉美变革与发展的进程而言，大致可以划分为四个时期：早期现代化时期（1930 年之前）、进口替代工业化前期（1930—1960 年）、进口替代工业化后期（1960—1980 年）、民主化与新自由主义改革时期（1980—2000 年）。在这四个时期中，拉美的经济发展经历了从初级产品出口模式到初级进口替代工业化模式、高级进口替代工业化模式、新型出口导向模式的转变，拉美的政治发展则经历了从寡头威权主义到民众威权主义、官僚威权主义、代议制民主政治的转变，而这些转变的发生来自于拉美历史上一系列内部因素和外部因素的合力作用。①

（一）早期现代化时期

从 20 世纪初到 1930 年，仍是拉美初级产品出口带动的早期现代化
时期，两大趋势（即中间阶级的形成和美国成为世界主要强国）在改变
着该地区的历史面貌。这一时期，拉美在经济上仍奉行初级产品出口模
式，虽然资本主义得到一定的发展，但半封建的前资本主义势力仍占据
优势地位。在政治上，传统的土地寡头和出口寡头结成联盟，成为 "社
会和政治结构的支柱"②，虽然寡头威权主义取代了 19 世纪的考迪罗主义
统治，但专制主义政治的本质并没有改变多少。由于 1870 年以来初级产
品出口繁荣的带动，拉美主要国家的早期工业化、城市化得到了一定的
发展，社会结构也随之发生了新的变化。首先是中间阶层的出现，包括
专业人员（律师、医生、军官、公务员、教员和商人）、中小企业家等，
他们集中在城市，到 20 世纪初，开始组织政党，向寡头政治提出了挑
战。其次是新兴工人阶级，在 19 世纪末，拉美城市工人阶级已有 60 万
人，加上种植园工人和部分运输业、商业及服务行业的职工，无产阶级
约有 150 万—200 万人③。社会结构新变化给本地区带来的最重要的影响
是 1910—1917 年发生了墨西哥资产阶级民族民主革命，这是 20 世纪的
第一次社会革命。在南美国家，则出现了早期民众主义政权，如乌拉圭
的何塞·巴特列奥·多涅斯（1903—1907 年、1911—1915 年）、阿根廷
的伊波利托·伊里戈延（1916—1922 年）、智利的阿图罗·亚历山德里
（1920—1925 年）、秘鲁的吉列尔莫·比林赫斯特（1912—1914 年）。这
种政权一般代表新兴中产阶级的利益，试图与民众阶层联合起来反对传
统的寡头体制。其主张扩大国家在社会和经济生活中的作用，通过扩大
选举权、建设公共工程、提高就业机会和社会福利、普及教育等渐进的
变革来缓解社会矛盾。在巴西，由于对 "旧共和国" 的不满，代表中产

---

① 拉美有 33 个国家和地区，具有很大的差异性和多样性，这种概括主要基于拉美大国和先
进国家的历史进程，反映的是一般趋势。

② 费尔南多·恩里克·卡多佐、恩佐·法勒托：《拉美的依附性及发展》，单楚译，世界知
识出版社 2002 年版，第 48 页。

③ 祝文驰、毛相麟、李克明：《拉丁美洲的共产主义运动》，当代世界出版社 2002 年版，第
19 页。

阶级利益的青年军官发动了"尉官派运动",试图作为独立的政治力量反对寡头政府,并在1924—1927年进行了著名的"普列斯特斯纵队"长征,行程达2.5万公里。同时,拉美工人阶级在无政府主义者、工团主义者和社会主义者的影响下,也开始组织工会,并在1914—1927年掀起了劳工动员的高潮,[1] 这也是20世纪拉美社会冲突的第一次高潮。

外部环境发生的重大变化是,美国以第一次世界大战为契机取代了英国在拉美的主宰地位。19世纪末,随着美国超越英国成为世界头号工业大国,它加紧了对西半球的扩张,通过1898年"美西战争",吞并波多黎各,并把古巴变成事实上的"保护国"。1903年又策划巴拿马脱离哥伦比亚而独立,并独家控制了于1914年通航的巴拿马两洋运河。第一次世界大战期间,拉美各国都没有卷入战争旋涡。欧洲各国同拉美的联系减弱,美国乘机加强了对拉美的干预。1914年4月,派军队占领韦拉克鲁斯,干涉墨西哥革命;1915年武装占领海地;1916年侵略多米尼加,使其沦为保护国。第一次世界大战以后,美国继续推行"大棒政策"和"金元外交"政策,1924年侵入洪都拉斯,1925年占领巴拿马城,1927年又侵入尼加拉瓜。据统计,1898—1932年美国对拉美10个国家的干涉达34次之多。[2] 同时,美国对拉美的投资不断增加,到1929年已达54亿美元,占美国所有对外投资的35%。[3] 美国作为拉美(除个别国家如阿根廷外)首要进出口市场的地位已经没有任何国家可以取代。美国在拉美的新殖民主义政策遭到当地人民的强烈反抗,其中最著名的是1926—1934年尼加拉瓜人民在民族英雄奥古斯托·塞萨尔·桑地诺领导下的反美武装斗争。一方面,美国的侵略扩张令拉美人担忧,但另一方面,拉美人也被美国的工业化、技术和生活方式所吸引。

(二)进口替代工业化前期

1930—1960年是拉美主要国家发展模式和经济结构的转换时期。20世纪20年代世界资本主义发展中心由对外部原料依赖性较高的英国转移

---

① 托马斯·E.斯基德莫尔、彼得·H.史密斯:《现代拉丁美洲》,江时学译,世界知识出版社1996年版,第59页。

② 本杰明·肯、马克·沃瑟曼:《拉丁美洲历史》(Benjamin Keen and Mark Wasserman, *A History of Latin America*),霍顿米夫林公司1988年版,第516页。

③ 同上书,第524页。

到了国内资源丰富的美国，国际市场对拉美原料的需求相应减少。1929 年爆发的资本主义大萧条使得拉美国家原料出口锐减，1930—1934 年的总出口额比 1925—1929 年的水平低 48%，[①] 出口产品的价格也大大下跌，如以 1928 年的出口指数为 100，则 1932 年降至 36，[②] 国际收支发生严重困难。大萧条对拉美国家的政治制度形成了巨大压力，先后有 15 个国家发生政变，建立了独裁统治。同时，大萧条促使拉美部分政治和知识精英产生了经济民族主义意识，特别是由于进口能力的急剧萎缩，使国内市场工业品的供应面临危机，而第二次世界大战的爆发造成国际贸易与航运受阻，从外部获取工业品受到进一步的限制。他们认识到，为了减少对欧美国家制成品的依赖，为了节省外汇，为了给不断增加的工人阶级创造就业机会，必须发展本国的工业，实现经济的独立性。当时最切实可行的工业发展模式，不是简单地模仿发达国家以前走过的道路，而是直接生产那些从欧美进口的制成品，亦即实行替代进口工业化。实行这一工业化战略需要两个重要的前提条件，一是早期工业化阶段所造就的物质技术基础和制成品市场；二是国家政策的保护，如构筑关税壁垒，通过国家采购创造需求，建立国营公司和直接投资于工业企业等。而后者则要求新的政治体制的产生。这样，在一些已经发生早期工业化的拉美国家，就出现了所谓"民众威权主义"政权。如巴西的瓦加斯政权（1930—1945 年、1950—1954 年），墨西哥的卡德纳斯政权（1934—1940 年），阿根廷的庇隆政权（1946—1955 年）。这种政权的特点是以推进国家工业化和现代化的政治纲领吸引和动员广大民众，特别是城市中等阶层和劳工大众；积极倡导组织工会和其他社会团体，并通过多阶级合作的职团主义将民众组织起来；政治领袖的个人权力和超凡魅力在动员民众的过程中也起着重要作用。与"寡头威权主义"相比，这种政治体制倾向于动员民众，增加了民主的一面。但由于这些政权的领袖人物是军人出身或其政权直接就是军政权，通常他们代表的联盟反对其他利益集团（如大地主），因而带有某种程度的排斥和镇压，至少是"半专制主义的"，[③] 因此，这些政权被称作"民众威权主义"政权。"民众主义是实力依然弱小的资产阶级在建立自己的政

---

① 托马斯・E. 斯基德莫尔、彼得・H. 史密斯：《现代拉丁美洲》，江时学译，第 65 页。
② 莱斯利・贝瑟尔主编《剑桥拉丁美洲史》第六卷（上），高晋元等译，当代世界出版社 2000 年版，第 77 页。
③ 托马斯・E. 斯基德莫尔、彼得・H. 史密斯：《现代拉丁美洲》，江时学译，第 66 页。

治统治过程中所采取的一种政治策略"①，是为排斥和打击传统寡头势力而与民众阶层实行的一种暂时联盟，资产阶级等到他们的权力得到巩固后，往往会与民众阶层产生新的冲突。

从第二次世界大战结束到 20 世纪 50 年代末，外部环境发生了不利于拉美的变化。美国总统富兰克林·罗斯福 1933 年上台后宣布的"睦邻政策"曾放弃了对拉美的干涉，加强了与拉美的经济合作，特别是在第二次世界大战期间，美拉战时经贸合作使拉美国家保持了较高的经济增长。但是，第二次世界大战结束后，美国成为世界头号强国，它从推行反共冷战政策和谋求世界霸权的整体战略出发，将对外经济合作和援助的重点转向了欧洲和亚洲，拉美遭受冷落。同时，通过《泛美共同防务条约》（1947 年）和将原来较为松散的"泛美联盟"改组为"美洲国家组织"（1948 年），加强了对拉美国家的控制，并支持资产阶级右翼势力、特别是右翼军人发动政变夺取政权。在战后与美国建立更加公平的国际分工的期望破灭和美国加强军事和政治控制的背景下，拉美国家的民族主义被进一步激化。一方面，拉美经委会倡导的发展主义理论的形成（1950 年）使越来越多的国家认识到，工业化是从依附经济向独立自主的民族经济转变的关键，到 20 世纪 50 年代末，"所有拉美国家都已开始了工业化的初始阶段，一些国家甚至已经成为半工业化国家"②。另一方面，拉美出现了一连串的革命风暴，如 1944—1954 年的危地马拉"十年革命"，1952—1956 年的玻利维亚资产阶级民主革命，1953—1959 年的古巴革命等。

（三）进口替代工业化后期

20 世纪六七十年代是拉美进口替代工业化深化的年代，也是拉美民族民主运动高涨的时期。进入 60 年代后，国际局势发生了一些新的变化。亚洲、非洲一大批新兴民族国家的诞生，特别是不结盟运动的兴起（1961 年），标志着第三世界已形成一支新兴的政治力量；社会主义国家的国际影响日益扩大；苏联的军事实力迅速增强，逐步形成与美国争夺

---

① 苏振兴主编《拉美国家现代化进程研究》，社会科学文献出版社 2006 年版，第 95 页。
② 维克托·布尔默－托马斯：《独立以来拉丁美洲的经济发展》，张凡等译，中国经济出版社 2000 年版，第 349 页。

世界霸权的格局；西欧、日本的经济实力迅速恢复和增长，欧洲经济共同体的建立标志着西欧开始走向联合自强；美国的实力则相对衰落，特别是古巴革命的胜利和古巴走上社会主义道路，在西半球带来了共产主义的冲击波，美国在该地区的战略和安全利益受到了严峻挑战。从冷战思维出发，美国对拉美采取了软、硬两手。一方面，为了在拉美"以经济发展和社会变迁的美国模式来对抗苏联的意识形态和古巴的邪路"①，推出了"争取进步联盟"计划，1961—1969 年拉美地区在上述框架下得到来自美国和国际组织的双边和多边贷款总计约为 186 亿美元。② 另一方面，不惜支持拉美右翼军人建立独裁政权，开展反对"共产主义颠覆"的战争。

到 20 世纪 50 年代后期和 60 年代初，拉美国家进口替代工业化模式进入了一个十字路口。此时，前一阶段的进口替代工业化取得了一定成效，1929—1950 年拉美国家 GDP 复合增长率达到 3.9%，大大高于同期的发达国家。③ 在整个 50 年代，全地区的经济年均增长率为 5.1%，制造业年均增长率为 6.6%。④ 到 50 年代中期，在拉美主要国家中，一般消费品的进口基本上被国产品替代，经济结构也发生了一定程度的转变。但是，前一阶段是进口替代的"简易"阶段，主要生产的是一般消费品或曰非耐用消费品，虽然制成品进口减少了，但对生产这些产品的机器设备、中间产品乃至原材料的进口却不断增加，同时，随着收入水平的提高，中产阶级消费偏好转向耐用消费品，这种消费需求的变化只能依靠进口来满足。但拉美的出口结构没有发生重大变化，仍以出口初级产品来换取外汇，而世界贸易条件并没有改善，初级产品的出口创汇能力与工业发展对进口的需求形成尖锐矛盾，国际收支逆差加大。为了解决这一瓶颈，摆在拉美面前有两条不同的道路，一是像东亚国家那样转向制

---

① 雷讯马：《作为意识形态的现代化》，牛可译，中央编译出版社 2003 年版，第 335 页。

② 罗斯玛丽·索普：《进步、贫困和排斥，20 世纪拉美经济史》（Rosemary Thorp, *Progreso, Pobreza y Exclusion, Una Historia Economica de America Latina en La Siglo ⅩⅩ.*），华盛顿，美洲开发银行和欧洲联盟 1998 年联合出版，第 155 页。

③ 安德烈·A. 霍夫曼：《从比较的视野看拉美的长期发展：近期的和最终的原因》（Andre A. Hofman, *Long Run Economic Development in Latin America in a Comparative Perspective: Proximate and Ultimate Causes*）智利，拉美经委系列出版物 2001 年版，第 10 页。http://www.cepal/cl/，此处"拉美"是指 8 个主要拉美国家。

④ 莱斯利·贝瑟尔主编《剑桥拉丁美洲史》第六卷（上），高晋元等译，第 189、199 页。

成品出口，二是进行产业结构的升级。拉美国家选择了后者，实行了第二阶段的进口替代，即耐用消费品的进口替代。但这一发展模式的转化需要两个前提条件，一是要吸引跨国公司的资本和先进技术，二是要在收入分配政策上向中产阶级倾斜，不断创造出耐用消费品的市场。为了给跨国公司提供政治和社会的稳定条件，一些拉美国家的政治体制出现了新的变化，即"官僚威权主义"政权应运而生。这种体制通常采用军人执政委员会的形式集体行使权力，政治上高度镇压，减少或杜绝政治活动，经济上起用文人技术专家治国，关注经济发展。如巴西（1964年）、阿根廷（1966年）、智利（1973年）、乌拉圭（1973年）先后建立起这类政权，由于这种政权是以工业资产阶级与跨国公司、军人和文人技术官僚的联盟为基础的，因此，这时的资产阶级倒向了外国跨国公司，工人阶级在政治和经济上均遭到排斥。

到20世纪60年代后半期，拉美国家的领导人发现，耐用消费品的进口替代使用的是资本密集型技术，由此带来了几个预料不到的后果，一是未能扭转不断加快的失业趋势；二是由于只有少数工资收入者有能力购买耐用消费品，国内消费品市场的规模受到了限制；三是虽然实现了耐用消费品的替代进口，但资本品和中间产品进口所需外汇更多，国际收支危机加重。拉美国家并没有结束对工业化国家的依赖，仅仅是改变了依附形式而已。此时，拉美学术界产生了"依附理论"，该理论对中心与外围之间不平等的国际关系进行了揭露和批判。于是，拉美主要国家一方面开始出台鼓励制成品出口的政策，包括加强地区经济一体化，另一方面开始对跨国公司提高了警惕性，修改了外国投资法，对外国直接投资的引进越来越谨慎，更加喜欢使用外国贷款。到70年代，随着布林顿森林体系的解体和国际石油危机的冲击，拉美国家普遍进入经济危机阶段，面对不利的国际经济秩序和日益严重的国内社会冲突，拉美国家一方面在国际上为建立公正合理的国际经济新秩序而开展外交活动，另一方面利用当时大量过剩的石油美元实行"负债增长"，这种做法虽然使这个阶段的经济保持了较高的增长率，但却延误了经济结构改革和发展模式的转换，最终在1982年陷入债务危机。

同一时期，世界民族民主解放运动的高涨，特别是古巴革命的胜利，推动了拉美民族民主运动出现新的高潮。首先，拉美国家掀起了一场声势浩大的国有化运动。在20世纪50年代末，美国公司控制了拉美地区矿业生产的 80% 和石油产量的 75%，以及中美洲几乎全部的果品和糖业生产。①
外国资本的掠夺是拉美经济落后、民众生活贫困的重要根源之一。因此，
拉美国家主要对采掘业和公用事业的外国公司实行了国有化，在 1960—
1976 年间，共有 200 家外国企业被收归国有。② 同时，对工业领域的跨国公
司通过修改外资法给予了积极引导和一定的限制。其次，维护国家主权，
积极争取建立国际经济新秩序。60 年代中期，拉美国家针对超级大国实行
核垄断和核军备竞赛、威胁世界和平的霸权主义行径，展开了建立拉美无
核区的斗争，1967 年 14 个拉美国家在墨西哥城签署了《拉美禁止核武器条
约》，随后，其他拉美国家以及同附加议定书有关的各有核国家也都陆续签
了字，从而使拉美成为世界上第一个无核区。1970 年拉美 9 个国家发表了
《蒙得维的亚海洋法宣言》，表示坚决维护 200 海里海洋权，反对超级大国
对海洋资源的掠夺，到 70 年代后期，先后有 22 个拉美国家分别宣布 200 海
里领海、承袭海、专属经济区或渔区的主权，对推动国际上反对超级大国
海洋霸权的斗争起到了重要作用。60 年代以来，拉美国家还积极参与了第
三世界原料生产国维护自身利益的斗争，许多国家成为世界原料生产国和
输出国组织的成员。另外，拉美国家还积极参加了"77 国集团"和不结盟
运动的反殖反霸斗争，积极参与起草了《关于建立新的国际经济秩序的宣
言》和《行动纲领》等文件，为推动南南合作和南北对话作出了重要贡献。
第三，在经济民主改革方面，不少国家进行了旨在打击和削弱半封建寡头
势力的土地改革。这一时期的土改大致分为两类，一是国家自主型的土改，
如古巴、秘鲁贝拉斯科军政府、智利阿连德政府的土改；另一类是在"争
取进步联盟"计划推动下的土改，这类改革虽然也追求发展农业生产和缓
解社会冲突的目标，但成效不大。③ 第四，民众运动和游击队蓬勃发展。古
巴革命胜利后，拉美的工人阶级、农民和小资产阶级深受鼓舞，他们对未
能分享发展的成果及社会贫富分化加剧感到不满，从发动工人运动、农民
运动、学生运动开始，直至开展游击战争，由各种形式的农村游击队和城
市游击队掀起的游击武装革命几乎席卷整个拉美，引起了统治阶级的恐慌

---

① 关达等编著《第二次世界大战后拉丁美洲政治》，中国社会科学出版社 1987 年版，第 248
页。

② 联合国跨国公司中心：《再论世界发展中的跨国公司》，商务印书馆 1982 年版，第 248
页。

③ 罗斯玛丽·索普：《进步、贫困和排斥，20 世纪拉美经济史》，第 165—166 页。

和美国的不安。因此，在随后的年代军政权纷纷上台，到 70 年代中期，只有墨西哥、哥斯达黎加、哥伦比亚和委内瑞拉少数国家还维持着文人政府的统治。第五，在 1962—1983 年间，加勒比地区有 13 个小国家获得独立。这些英属和荷属加勒比国家的人民利用世界非殖民化浪潮的有利形势，采用和平方式争取到了自身的解放。

（四）民主化与新自由主义改革时期

从 1980 年到 20 世纪末，拉美历史的主要特征是债务危机、军政权"还政于民"和新自由主义改革。

在进口替代的高级阶段，拉美国家保持了较高的经济增长率，1960—1973 年为 5.4%，1973—1981 年在大量外国贷款的支撑下仍达到了 4.5%，同期，制造业年均增长率分别为 7.3% 和 3.7%。[1] 拉美国家的工业化程度明显提高，制造业产值占 GDP 的比重从 1960 年的 22.4% 提高到了 1978 年的 25.9%。[2] 但是，到 1982 年 8 月 12 日，墨西哥财长西瓦尔·埃尔索格向国际货币基金组织报告本国已经无力偿还外债，随后，其他拉美国家也出现了类似现象。银行系统是依靠贷款利息收入源源不断的流入维持经营的，拉美国家的行为意味着债务危机的发生。这一危机的发生与国际环境的变化有直接关系，如 1979 年第二次石油危机之后，为控制通胀，美国联邦储备银行将利率提高到 20% 以上，国际金融市场的利率也随之提高，不久拉美政府发现它们的利率从 9% 飞升至 19%。[3] 80 年代初世界经济的衰退使发达国家减少了对拉美初级产品的进口，当拉美国家失去出口收入后，只能依靠借新债来还旧债，这时它们通常只能借到高利息的短期贷款，因此外债迅速累积。到 1982 年，墨西哥积欠外债 860 亿美元，到期还本付息额为 160 亿美元；整个拉美地区的外债余额由 1975 年的 685 亿美元上升到 1982 年的 3000 亿美元以上[4]。但从深层原因分析，这是一场进口替代工业化模式的危机。如前所述，长期奉行这种模式会导致国际

---

① 莱斯利·贝瑟尔主编《剑桥拉丁美洲史》第六卷（上），高晋元等译，第 189、199 页。

② 联合国拉美经委会：《跨入 20 世纪 80 年代门槛的拉丁美洲》（CEPAL, *America Latina en el umbral de los anos 80*），智利圣地亚哥 1980 年版，第 57 页。

③ E. 布拉德福德·伯恩斯、朱莉·阿·查利普：《简明拉丁美洲史》，王宁坤译，世界图书出版社 2009 年版，第 300 页。

④ 苏振兴主编《拉美国家现代化进程研究》，第 311 页。

收支不平衡、财政收支不平衡、工农业部门发展不平衡，因此，人们逐渐发现这是一场深刻的结构性危机。在整个 80 年代，拉美人均收入每年下降 1.1%，社会状况恶化，各方面的发展基础弱化。这些年代被称为"失去的十年"。到 1990 年整个地区的外债超过 4200 亿美元，相当于拉美年收入的好几倍。①

债务危机的发生在很大程度上加速了军人政权的倒台，因为经济上的失败使其统治失去了合法性。1978 年巴拿马托里霍斯将军向文人总统移交部分权力标志着军人"还政于民"浪潮的开始，1979 年厄瓜多尔军政府正式让位于文人政权，同年尼加拉瓜革命胜利结束了长达 43 年的索摩查家族的独裁统治。进入 80 年代后，军人政权的倒台犹如多米诺骨牌一样不可阻挡，先后有秘鲁（1980 年）、洪都拉斯（1982 年）、玻利维亚（1982 年）、阿根廷（1983 年）、萨尔瓦多（1984 年）、乌拉圭（1984 年）、巴西（1985 年）、危地马拉（1985 年）、海地（1986 年）、苏里南（1988 年），到 1990 年 3 月智利皮诺切特军政权向民选的文人政权交权为止，拉美出现了历史上从未有过的清一色的文人执掌政权的新格局。这次民主化浪潮之所以到来，除了债务危机外，还有另外两个原因，即中产阶级力量的壮大和美国政策的变化。经过战后以来工业化、城市化的发展，拉美的社会结构发生了重大变化，中产阶级迅速壮大，到 80 年代初几乎占到总人口的 25%，独立的公民组织也陆续出现，政治上的民主要求和参与意识越来越强烈；同时，美国对拉美的政策发生了新的变化，不再支持军人独裁政权。卡特上台后积极推行"人权外交"，支持拉美军政权"还政于民"。里根上台后提出要搞"促进民主运动"，通过提供军事和经济援助推动拉美各国建立"代议民主制度"。冷战结束后，美国更明确地把推销西方式民主作为外交政策的重点。

债务危机的另一个后果是加速了拉美的新自由主义改革。新自由主义改革的大背景是在信息技术带动下的世界经济转型和世界格局的剧变。70 年代末 80 年代初，为摆脱能源危机，发达国家以信息技术、生物技术、新能源技术和新材料技术为龙头的科技革命向纵深发展，世界产业结构也发生了新的调整，发达国家的一些夕阳产业被转移到第三世界国

---

① E. 布拉德福德·伯恩斯、朱莉·阿·查利普：《简明拉丁美洲史》，王宁坤译，第 302 页。

家，世界经济的一体化、全球化要求全球自由贸易体制的形成。以英美
为首的发达国家进行了新自由主义的改革，"撒切尔主义"和"里根经济
学"便是这种改革的产物。80 年代末 90 年代初，东欧剧变，苏联解体，
冷战结束，这似乎意味着市场经济体制的暂时胜利。具体到拉美国家，
智利在 1973 年政变之后就开始了新自由主义改革的"试验"。当拉美国
家发生债务危机之后，发达国家借机进一步向拉美推销新自由主义，认
为"市场化改革"是拉美摆脱困境的唯一出路。1985 年美国财长提出的
"贝克计划"，一方面要求多边银行和世界银行为拉美国家提供资金支持，
另一方面则要求拉美国家实行私有化、开放国内市场、放松对外资的限
制、改革税收体系，实现价格自由化，等等。这种"一揽子"计划推动
墨西哥、玻利维亚等一批拉美国家启动了市场化改革。柏林墙倒塌后，
"华盛顿共识"第一次系统地提出了规范拉美国家经济改革的 10 条政策，
主要涉及宏观经济稳定、开放程度和市场经济三个重要方面，着重强调
财政纪律和公共部门资源配置方式的改革，主张私有化，金融、贸易自
由化和放松利率、汇率及投资管制，是一种典型的新自由主义共识。90
年代初，拉美国家纷纷采纳了"共识"的建议，到 1995 年卡多佐上台开
始领导巴西实现经济转型，标志着新自由主义发展模式在整个拉美大陆
居于支配地位。

　　到 20 世纪末，新自由主义改革在拉美取得了一定成效。改革恢复了
经济增长，1991—2000 年全地区平均增长率为 3.2%，高于 80 年代的
1.5%，使"失败的拉美"重见希望之光；降低了通胀率，地区平均通胀
率由 90 年代初的 3 位数降至 1999 年的单位数；实现了贸易自由化，地区
平均关税率由改革前的 41.6% 降至 13% 左右；进出口的增长成为经济增
长的引擎，1990—1999 年整个地区的出口额年均增长率为 7.9%，各主要
国家的出口增长都大于经济增长的幅度；区域经济一体化大大加强；随着
经济结构的调整，发展模式也初步实现了向新型出口导向模式的转换。但
是，由于各国在推行新自由主义改革的过程中，在强调市场机制的作用
时，过分贬低了国家干预的必要性，在强调对外开放时，过分贬低了顺序
渐进的重要性。因而随着改革的推行，新自由主义改革的负面影响日益彰
显，如贫困人口增多。拉美经委会在题为《拉美社会概览》的报告中指
出，1980 年，拉美有 40.5% 的人口（1.36 亿）生活在贫困线以下，到
1990 年增加到 48.3%（2 亿人口），到 2002 年虽然降至 43.4%，减少了 5

个百分点，但人口总量仍上升为 2.2 亿。①金融危机频仍，墨西哥（1994年）、巴西（1998 年）、阿根廷（2001 年）先后发生了金融危机，这三个国家均是拉美大国，对本地区的经济增长造成了不良冲击；全地区出现新的经济衰退，1998—2002 年拉美地区的经济增长率仅下降 1.3%，被称为"失去的 5 年"。②这些问题无疑对政治民主化进程构成了威胁。

实现了军政权"还政于民"，并不等于实现了政治民主化。政治民主化是一个含义十分广泛的概念，它至少应包括权力制衡机制的建立及其正常运转，各种监督机制的完善，公民对国家政治和社会生活参与的不断扩大，政府工作效率的提高与廉政的实现，政党体制的成熟与完善，法制的完善与健全，社会公正的扩大与巩固，等等。军政权"还政于民"仅仅是拉美民主化的一个开端，巩固和完善民主化还有大量工作要做。但是，由于文人政府的"政绩"不够突出，特别是新自由主义改革令人失望的结果，越来越多的民众对现存民主制度表现出一种前所未有的冷漠。联合国一份报告表明，根据 2002 年对 18 个拉美国家的调查，有 57% 的被调查者说他们偏爱民主制度甚于其他制度。但在这些人中，有 48.1% 认为经济发展比民主更重要，有 44.9% 表明，如果一个专制政府能够解决本国的经济问题，他们将支持专制政府。③整个 20 世纪，拉美出现了 3 次军人执政的高潮④，支持军人上台的决定因素往往是由于出现了经济或社会发展危机。到 90 年代末，拉美文人政府又面临着传统势力死灰复燃的挑战。

当民众对传统的工会和政党所发动的旧社会运动感到厌倦的时候，他们自己组织起了新社会运动。新社会运动是普通民众对新自由主义全球化给拉美社会所带来的冲击的一种反应。墨西哥的恰帕斯农民起义、巴西的无地农民运动、阿根廷"拦路者"（皮克特 piqueteros）运动等都属于这一类型。这些新社会运动包括了广泛的社会阶层，它们组织和发起各种形式

---

① 联合国拉美经委会：《2002—2003 年拉美社会概览》（CEPAL, *Panorama Social De America Latina 2002/2003*），第 3 页。见 http://www.eclac.cl/publicaciones/desarrollosocial/9/.

② 何塞·安东尼奥·奥坎波：《结构改革期间拉美的增长与公正受挫》（Jose Antonio Ocampo, *Latin America's Growth and Equity Frustrations during Structural Reforms*），《经济展望杂志》（*The Journal of Economic Perspectives*）总第 18 卷，2004 年第 2 期，第 68、70 页。

③ 联合国开发计划署：《思想与贡献：拉丁美洲的民主》（UNDP, *Ideas and Contributions*, *Democracy in Latin America*），纽约 2004 年版，第 74 页。

④ 第一次发生在大萧条之后的 20 世纪 30 年代；第二次发生在 20 世纪 40 年代末至 50 年代初；第三次发生在 20 世纪 60 年代到 70 年代。

的抗议或声援活动，有的活动声势浩大，甚至迫使本国总统下台，如 2000年 1 月，厄瓜多尔印第安人运动就迫使哈米尔·马瓦德总统下了台。

二　20 世纪拉美推动变革与发展的模式

发展是一个经济、社会、政治以及文化互动的过程，是一个充满各种复杂多样的政治博弈的过程。如前所述，20 世纪拉美经历了 4 种经济和政治发展模式的转换，但是，这些模式的转换并不是一帆风顺的，而是各种新兴进步势力与帝国主义、新殖民主义、本国传统的寡头独裁体制反复较量的结果。在这些斗争中，既有新兴资产阶级领导的、有广泛社会阶层参与的反帝反封建的民众主义改革和资产阶级民族民主革命，也有无产阶级或小资产阶级发动的、有广大工农民众参加的反对阶级压迫、争取社会解放的游击武装革命和社会主义革命。既有进步军人集团领导的自上而下的代表资产阶级利益的反帝反寡头改革，又有进步神职人员和普通民众发动的自下而上的"解放神学"运动和"新社会运动"。由于拉美国家众多，经济发展水平参差不齐，各国国情不同，所采取的推动变革与发展的模式也是多种多样的。

（一）民众主义改革模式

民众主义改革是由新兴中产阶级领导的、有广泛社会阶层参与的一种社会改革，改革的对象是传统寡头威权统治和初级产品出口模式。其中又分为早期民众主义改革和经典民众主义改革，早期民众主义改革比较温和，改革者与寡头统治阶级的矛盾主要是围绕初级产品部门利润分配发生的。经典民众主义改革则比较激进，改革者要求通过推翻寡头统治来转换发展模式，领导改革的工业资产阶级更倾向于寻求城市劳工的支持。

早期民众主义改革主要发生在经济较为繁荣的南锥体国家，改革的主要措施包括：（1）扩大公民选举权，废除在教育和财产方面的资格限制。如乌拉圭的巴特列政府修改选举制度，实行选民登记，给文盲和短工以选举权。阿根廷 1912 年的《培尼亚选举法》规定，年龄在 18—70 岁的男性公民都有选举权。1925 年智利宪法规定，年满 21 岁、识字并经过选民登记的公民都有选举权。（2）制定社会和劳工立法。如巴特列政府颁布法令，保证工人有权组织工会，实行最低工资制和 8 小时工时制，享有退休金、工伤保险和假日工资。阿根廷伊利戈延政府也对工人休假和 8 小时工作制实行了立法。智利 1925 年宪法增加了劳工权利和社会福利条款。（3）扩大公民受教育的机会。如巴特列政府建立了女子大学和全国各省的中学。伊利戈延政府实行教育改革，废除大学招生的社会出身限制，允许大学自治。1916—1922 年新开办学校 3126 所①。亚历山德里政府在 1920 年颁布《小学义务教育法》，规定 7 岁以上儿童享受免费义务教育。这些早期民众主义改革无疑削弱了传统寡头的统治，为发展开辟了道路。但是，这些改革本身尚不能突破初级产品发展模式的局限性，更加深入的改革还需外力推动。

经典民众主义改革发生在 1929 年大危机后，典型代表是巴西的瓦加斯改革、墨西哥的卡德纳斯改革和阿根廷的庇隆改革。他们的改革措施也具有一些共性：（1）加强国家对本国资源和重要经济部门的控制，限制外国资本的任意开发。如卡德纳斯和庇隆政府都实行了铁路和石油的国有化，瓦加斯政府也建立了本国的石油公司。（2）反对传统的自由主义经济政策，加强国家对经济的干预，倡导进口替代工业化。如瓦加斯和庇隆政府都推行工业化计划，通过关税和汇率政策保护本国工业发展。瓦加斯政府还建立了本国的钢铁公司。（3）反对寡头统治，实行土地改革。如卡德纳斯政府任内共分配了 1800 万公顷土地给 100 多万户家庭②。（4）制定进步的社会和劳工立法，争取民众对政府的支持。如瓦加斯通过创立劳工部和建立一套比较完善的劳工福利制度，将工人纳入他的领导之下。卡德纳斯则通过改组国民革命党，以职团主义的组织形式将工人和农民分别纳入其麾下。庇隆政府则通过工人权利法、老人权利法等提高工人的福利待遇，通过"埃娃社会救助基金会"提供对城市贫民的社会福利帮助，从而巩固了他的政治基础。

民众主义改革是拉美由传统社会向现代资本主义工业社会"过渡时期"的产物，因为此时工业资产阶级和工业无产阶级的力量都还弱小，为了反对共同的敌人（传统寡头统治）而暂时结成联盟，一旦共同目标消失，它们之间的矛盾就随之上升。同时，民众主义政权往往都是在经济一时"繁荣"的条件下以政府的财政支出作支撑的，当经济形势恶化或工业

---

① 叶尔莫拉耶夫主编《阿根廷史纲》，北京编译社译，三联出版社 1972 年版，第 457 页。

② 莱斯利·贝瑟尔主编《剑桥拉丁美洲史》第六卷（下），林无畏等译，第 427 页。

资产阶级的利益受到威胁的时候，工人阶级就会遭到排斥，联盟也就随之瓦解。不管是瓦加斯还是庇隆，甚至包括卡德纳斯，他们执政的后期都遇到了因经济形势恶化而采取紧缩措施以至于丧失民众支持的问题。

（二）军人改革模式

20 世纪 60 年代拉美出现了两种截然不同的军人集团领导的改革，一种是 1964 年之后的巴西军政权改革，改革者以新的国家"安全与发展"观为指导，建立起"官僚威权主义"政权，政治上排除大众参与，稳定国家局势，经济上起用技术专家治国，积极吸引外资，注重积累，抑制分配，促进增长。改革带来了 1969—1974 年 10% 的经济增长率，被誉为"巴西奇迹"，但经济增长集中在满足特权阶层需求的耐用消费品工业生产上，结果是两极分化加剧了，对外依附加重了。改革加强了旧体制和社会不公。这种军人改革具有明显的保守主义色彩。

另一种是 1968 年开始的秘鲁军人集团领导的改革，这是一场具有"左翼"倾向的社会改革。新政府旨在创立一种"既非资本主义又非共产主义"的发展模式[①]，所采取的改革措施包括：没收外国石油、铜矿和蔗糖公司，建立国营公司，推动民族工业的发展；实行土地改革，征收超过限额的土地，建立农业合作社；通过建立"全国支持社会动员体系"，扩大民众支持的政治基础；奉行独立自主的外交政策，加强与社会主义国家的外交关系。1975 年莫拉莱斯将军取代贝拉斯科，调整和修改了改革措施中的激进内容。1980 年在经济危机的打击下，军政权不得不"还政于民"。秘鲁的军人改革是反帝反寡头制的改革，被称为"通过进步军人自上而下进行的革命，"[②]"在拉美军人行为模式中是独一无二的"。[③]

（三）"议会道路"模式

"议会道路"是智利阿连德政府试图在资产阶级议会民主的框架内通过采取社会改造措施逐步建成社会主义的一种尝试。在 1970 年 9 月

---

① 莱斯利·贝瑟尔主编《剑桥拉丁美洲史》第八卷，徐壮飞等译，当代世界出版社 1998 年版，第 470 页。

② 沃尔夫·格雷贝道夫：《拉丁美洲向何处去》，齐楚译，时事出版社 1985 年版，第 57 页。

③ E. 布拉德福德·伯恩斯：《简明拉丁美洲史》，王宁坤译，湖南教育出版社 1989 年版，第 368 页。

智利总统的选举中，由 6 个党派组成的人民团结阵线的候选人阿连德当选为总统，11 月，人民团结政府宣告成立，这是一个民主联合政府，但社会党和共产党在其中占主导地位，总统是社会党的领袖，信奉社会主义，因此，新政府试图通过社会改造为进入社会主义创造条件。为此，采取了一系列改革措施：实行彻底的土地改革，把农民组织到农业合作社或国营农牧场；对外资控制的铜矿、银行和其他企业实行国有化；消灭垄断集团，将本国私人资本的大批工厂、企业、银行收归国有；大幅度提高居民的社会福利待遇；吸收工会参与工厂、企业及部分国家机构的管理；实行多元化的对外关系。但是，由于人民团结阵线在议会和总统选举中并没有获得绝对多数，因而未能掌握军队、法庭、议会等国家机器的控制权。激进的改革引起了国内外右翼势力的强烈反抗，他们先是通过议会民主程序反攻，后是策动军人发动政变，终于在 1973 年 9 月 11 日将阿连德政府推翻。阿连德相信议会道路，但是，在资产阶级宪法范围内，依靠资产阶级民主程序，依靠没有经过改造的旧军队，通过实行一些不仅打击传统寡头势力、而且损害中小资产阶级利益的社会改造措施，以求实现社会主义，这样的一条道路最终为历史证明难以获得成功。

（四）民族民主革命模式

进入 20 世纪，由于一些拉美民众对渐进变革感到失望，希望通过一条更为迅速和可靠的道路实现变革，因此有 5 次选择了革命的道路。所谓"革命"是指突然以强有力的暴力手段推翻旧社会，并以其他体制取代以前名誉扫地的旧体制[1]。这 5 次革命分别是：墨西哥革命、危地马拉革命、玻利维亚革命、古巴革命和尼加拉瓜革命[2]。尽管它们各有区别，但无疑也存在一些相似特征：（1）各国革命都要求彻底变革旧体制，目标都是反帝反封建，都通过国有化打击了外国资本的势力，通过土改打击了半封建的大地产制度。（2）革命的领导权掌握在资产阶级或小资产阶级手中。墨西哥的马德罗和卡兰萨、危地马拉的阿本斯和阿雷瓦洛、玻利维亚的埃斯登索罗等，都是资产阶级民族民主主义者，他

---

① 　E. 布拉德福德·伯恩斯：《简明拉丁美洲史》，王宁坤译，第 239 页。

② 　因文章篇幅所限，恕不能展开论述。

们是新兴资产阶级的政治代表，他们领导革命的目的是要实现资本主义的现代化，因此，这些革命是资产阶级民族民主革命。古巴和尼加拉瓜革命的领导权掌握在小资产阶级激进派手中，并都选择了社会主义的斗争方向，但只有古巴革命在特殊的历史条件下转化为社会主义革命。（3）这些革命都是通过武装斗争方式推翻了旧的半封建独裁政权，建立起新政权。（4）各国革命都实行了比较广泛的社会经济改革，都希望推动民族经济的发展，都有广大民众的参加，形成了大规模的自下而上的革命运动。（5）资产阶级在革命取得胜利后，往往会背叛与工农民众的联合，如墨西哥革命后期，卡兰萨上台后排斥和镇压农民起义军，并将农民领袖萨帕塔杀害。玻利维亚的埃斯登索罗在第二任期实行了反劳工的政策，囚禁了工会领导人。

这些革命是拉美进步势力为实现变革而做出的最极端的努力。就其命运看，墨西哥革命成功了，但 1940 年之后向右转。危地马拉革命享有"十年之春"，但在 1954 年被颠覆了。玻利维亚革命一度取得重大成果，但 1964 年被军人政变推翻。尼加拉瓜革命胜利后，桑解阵政权仅维持了十年。只有古巴革命坚持至今。

（五）游击武装革命模式

游击武装革命是在"游击中心论"影响下由共产党人或左派人士领导的旨在通过武装斗争夺取政权的革命运动。在 20 世纪后半期，拉美出现了两次游击武装革命的高潮。第一次发生在 20 世纪 60 年代和 70 年代中期，其导因从外部看，是受亚、非人民反帝反殖斗争所取得的胜利的鼓舞。从内部看，是由于拉美经济"有增长而无发展"，下层民众未能分享到现代化的成果，城乡差距拉大，贫富分化加剧，社会矛盾更加突出。许多国家出现了大规模的农民运动、工人运动、学生运动以及其他形式的抗议活动，形成了有利的革命形势。同时，1959 年古巴革命的胜利在拉美引起强烈反响，促使各国共产党人或左派人士考虑采取武装斗争的革命形式，而革命后的古巴也在思想上和物质上支援拉美各国的游击战争，格瓦拉的"游击中心论"一度成为这一时期游击运动的指导思想。游击武装革命的目标是反帝反独裁，通过武装斗争夺取政权，改善工农大众的社会福利和政治参与条件。这样，到 60 年代前半期，拉美地区有近 20 个国家先后出现了上百个游击队组织，形成了一股强大的有组织的反政府武装力量。其中有些组织的政治倾向是共产主义的。① 由于这些国家内部冲突加剧，政府逐渐失去对形势的控制，于是，军队纷纷发动政变，实行军事独裁统治。1962 年 3 月到 1966 年 6 月，拉美发生了 9 次军事政变②。军政府执政后，对游击队进行大规模暴力镇压，许多支持和同情游击队的左派政界人士也受到迫害。到 70 年代中期，拉美大陆的游击运动明显走入低潮。但也有一些游击队顽强地坚持了下来，其中包括尼加拉瓜的游击队。第二次高潮发生在 20 世纪 80 年代，主要是由于受到 1979 年尼加拉瓜革命胜利的鼓舞，中美洲地区的游击运动空前活跃起来，秘鲁和哥伦比亚的游击队也有了新的发展。但就规模而言，这次"高潮"与第一次相比逊色了许多。进入 90 年代后，世界和地区形势发生了重大变化，拉美国家的民主化进程不断巩固，从事合法斗争的空间增大，游击运动的势头逐渐减弱。

（六）"解放神学"运动

"解放神学"运动是以主张和宣扬"解放神学"的天主教神职人员和教徒为主体的人民革命运动。20 世纪 60 年代，拉美教会中出现了要求将天主教神学理论同社会现实相结合的思潮。秘鲁神学家古斯塔沃·古铁雷斯在 1968 年 7 月的一次神职人员大会上以"解放神学"为题作了一次报告，③阐述了"解放神学"的基本理论，主张从社会现实而不是从宗教教义出发探讨拯救穷人与人类解放的关系，把传播福音的使命与变革社会的斗争联系起来。同年 8 月底至 9 月初在哥伦比亚麦德林召开的第二届拉美主教会议上，"解放神学"的观点取得了主导地位，会议通过的最后文件强烈谴责社会不公正现象，督促各国政府实行彻底的结构性改革，并提出了主持社会正义、教会为穷人服务的主张。以往的教会基本上是站在保守势力甚至反动势力一边的，而这次教会内部的分化可以算得上一次"革命"。解放神学的产生"是以教皇'约翰二十三世革命'、古巴革命后拉美大陆解放斗争的高潮、'依附论'在社会科学领域的发展以及 60 年代世界性的

---

①　祝文驰、毛相麟、李克明：《拉丁美洲的共产主义运动》，第 214 页。

②　莱斯利·贝瑟尔主编《剑桥拉丁美洲史》第六卷（下），林无畏等译，第 211 页。

③　该报告后来被出版，见古斯塔沃·古铁雷斯：《解放神学的观点》（Gustavo Gutiérrez, *Teología de la Liberacíon*, *Perspectivas*），利马，学习与出版中心 1988 年版。

理想主义潮流为背景的"①。麦德林会议之前在拉美许多贫困地区就已经涌现出不少所谓"穷人教会"的基层教会团体②，它们同贫苦民众生活在一起，逐渐成为他们日常生活中的精神支柱，进而成为贫苦基督徒争取解放的战斗堡垒。麦德林会议之后，基督教神学被注入了一种重视实践的清新力量，解放神学逐渐深入人心。同时，解放神学推动了各国教会参与社会改革，一些神职人员和教徒积极参加到利用教会资源帮助穷人的社会实践中，有些人甚至参加了当地的游击武装革命，教会成为一支要求变革的力量。但是，教会内部并不统一，主张"解放神学"的教士的行动自然引起了教会保守派的敌视和当局的报复。据梵蒂冈的资料，在20世纪70年代有1000多名教士、主教和修女遭到当局的监禁、拷打或杀害③。著名的哥伦比亚神父卡米洛·托雷斯就是在参加游击队之后成了"解放神学"的殉难者。80年代末之后，由于世界形势的变化和梵蒂冈所采取的保守和压制方针，拉美的"解放神学"从整体上来说已经处于低潮阶段。

（七）新社会运动

　　新社会运动是普通民众对新自由主义全球化给拉美社会所带来的冲击的一种反应。新自由主义损害了三大社会阶级，一是小规模生产的农民，他们无法与美国的工业化农业竞争，他们的生产再无利可图；二是小企业家，他们无法与跨国公司竞争，新的资本集中使他们纷纷破产；三是普通工人，自由贸易挤垮了民族工业，他们的工作岗位被剥夺。同时，新自由主义也使印第安原住民度日维艰。面对新自由主义全球化带来的生存威胁，这些阶级开始做出反应。墨西哥萨帕塔民族解放军选择在1994年1月1日北美自由贸易协定生效之日在恰帕斯州发动起义，其发表的宣言要求政府保障印第安原住民的土地、自治、教育、民主等一系列基本权利，两年之后，他们在恰帕斯成功召开了第一届保护人类反对新自由主义的洲际大会，开创了拉美社会运动的新典范。巴西无地农民运动兴起于1984

　　① 刘承军：《救赎与历史——对"解放神学"的再认识》，《拉丁美洲研究》1991年第1期，第54页。
　　② 到20世纪80年代初，这种基层教会已达15万个。见弗兰克·A. 弗林《解放神学与拉丁美洲政治秩序》，陈建明译，《宗教学研究》1993年第1期。
　　③ 斯塔夫里亚诺斯：《全球分裂，第三世界的历史进程》，迟越等译，商务印书馆1993年版，第763页。

年，13 个州的 100 多名农业改革运动的代表在帕拉纳开会，确定采用"无地农民运动"这一名称，并在全国范围内开展争取土地的活动。1985 年、1990 年、1995 年和 2000 年，无地农民运动先后召开了四次全国代表大会。他们的斗争方式主要是强行占领土地（大多为闲置土地和公用地），然后迫使政府征购所占土地，安置无地农民，使占地行为合法化。阿根廷的拦路者运动在 1995 年首先出现在内乌肯市，是由一些失业工人发动的，他们在交通要道设置路障、切断交通，要求政府提供就业机会，解决吃饭问题。后来，此运动蔓延到全国各地，产生了较大影响。阿根廷的"五月广场母亲"运动是在 20 世纪 80 年代反对军政府的斗争中出现的，是由"失踪者"的母亲们发动的，她们数年来每周都在五月广场的玫瑰宫前游行一次，要求政府找回她们失踪的亲人。这一时期的新社会运动的主要特点①是：参与主体主要是印第安人、无地农民、失业工人或非正规部门工人、妇女；斗争目标不是夺取国家政权，而是反对新自由主义的经济政策，就自己所属群体的核心利益提出特定要求；组织形式采取人民代表会议的参与制民主模式，集体决定相关事宜；斗争方式是动员群众开展短期行动，如上街示威游行和进行群众性抗议活动，然后利用媒体引起轰动效应，给决策人物施加压力；重视国际合作，其中包括不同国家类似社会运动之间的相互声援②和通过建立国际协调机制将各国不同类型社会运动的力量凝聚在一起。声势浩大的社会运动在一定程度上推动了社会公正的实现。

由上可见，在整个 20 世纪，拉美进步势力为争取变革与发展的斗争一刻也没有停止，斗争的形式既有改革又有革命，而改革和革命的模式又是多种多样的。改革与革命的目标是废除殖民地时期遗留下来并在 19 世纪得到加强的旧的体制结构，解放生产力，发展生产力。但改革遇到了强大阻力，其中最主要的两股阻力是国内保守的"上层阶级"和国外的帝国主义或新殖民主义。前者"总是将他们自己的利益和愿望与整个国家的利益和愿望混为一谈"③，反对变革，极力维持传统的体制结构，后者为了维护自己的世界霸权地位，为了维护在拉美的外国资本的利益，不惜支持拉

---

① 参见方旭飞《当代拉美社会运动初探》，《拉丁美洲研究》2009 年第 3 期。
② 如巴西无地农民运动组织是著名的农民运动国际网络组织——"农民之路"的重要成员，该组织的成员包括了全球 87 个国家的农民。
③ E. 布拉德福德·伯恩斯：《简明拉丁美洲史》，王宁坤译，第 313 页。

美的落后体制和独裁统治。

拉美的改革和革命在 20 世纪出现了两次高潮。第一次高潮发生在 20 世纪上半期，特别是 1930 年之后的 20 年，这次高潮是由初级产品出口模式的弊端和顽固维护这种模式的寡头威权统治的残酷压迫和剥削引起的，当第一次世界大战、世界经济大萧条和第二次世界大战这些外部事件一再显示传统发展模式难以为继之后，当拉美早期现代化培育起了新的工业生产力和新兴中产阶级之后，改革和革命就发生了，矛头指向半封建的寡头威权主义体制和外国资本的控制，在拉美主要国家发生的民众主义改革基本上获得了成功，墨西哥革命也在卡德纳斯改革之后最终完成。危地马拉革命的成功维持了 10 年之久。拉美主要国家实现了发展模式的转换，工业资产阶级登上了历史舞台。当然，这种成功与当时比较有利的外部环境，特别是美国罗斯福政府的"睦邻政策"不无关系。

第二次高潮发生在 20 世纪六七十年代，这次高潮主要是由"进口替代工业化"模式的弊端以及普通民众未能分享现代化成果而引起的，改革和革命的矛头指向为跨国公司和上层阶级利益服务的资本主义体制，不少改革和革命增加了社会主义色彩。在改革或维持现状之间，中等阶级右翼选择了后者，并与上层阶级结盟。改革和革命的领导力量来自无产阶级、小资产阶级和资产阶级左翼。结果是，除了古巴革命获得成功、尼加拉瓜革命一度成功之外，游击武装革命普遍遭到了失败，阿连德政权被颠覆，玻利维亚革命蜕变，秘鲁军人改革的成果也未能得到巩固。失败原因是多方面的，但主要是拉美的一些改革者和革命者未能正确判断形势，过高估计了改革或革命的有利条件，当然，国际共产主义运动错误政策的影响也难辞其咎。同时，中等阶级右翼倒向了上层阶级，削弱了革命力量，尤其是美国总把拉美争取变革与发展的斗争一成不变地套入美国和苏联冲突的模子，并与"共产主义和资本主义之间的冲突混淆在一起"，积极慷慨地支持拉美的独裁统治①，美国不允许拉美再有第二个古巴出现。这一时期的"北方巨人"扮演了阻碍变革的极不光彩的角色。

到 20 世纪 80 年代，进口替代工业化模式终于发生了转换，但却是债务危机引发的。债务危机对经济发展具有极大的破坏力，随后的新自由主义改革成为拉美没有出路的出路，这是一种资本主义体制内的改革，在大

---

① E. 布拉德福德·伯恩斯：《简明拉丁美洲史》，王宁坤译，第 5 页。

多数国家，这种改革走向了极端，虽然转换了发展模式，但却强化了为少数人利益服务的旧体制，强化了两极分化的社会问题。于是，新自由主义改革的弊端引发了新一轮的民众要求变革的浪潮，新社会运动成为其先兆。

结　　语

变革与发展是 20 世纪拉美历史的主旋律，在这百年历史中，拉美变革与发展的进程经历了四个阶段，经济发展模式发生了从初级产品出口到初级进口替代工业化、高级进口替代工业化、新型出口导向模式的转变，政治发展模式发生了从寡头威权主义到民众威权主义、官僚威权主义、代议制民主政治的转变。推动变革与发展进程的力量来自于中产阶级、进步军人、知识分子、工人、农民和其他下层民众，是他们发动的多种模式的改革和革命，解放了生产力，发展了生产力，促进拉美的工业化、城市化、现代化取得了长足的进步。早在 20 世纪 70 年代末，整个拉美地区人均 GDP 就超过了 1000 美元，墨西哥、巴西和阿根廷成了"新兴工业化国家"。从 1900 年到 2000 年，拉美地区的总人口由 7000 万增长到 5 亿以上，同期，全地区工业产值占国内生产总值的比重由不足 10% 提高到25%，人均收入增长了 4 倍多（达到 3680 美元），城市化水平由 25% 提高到近 70%，人均预期寿命由 40 岁提高到 70 岁，成人识字率由 35% 提高到了 85%。经济结构、经济组织和体制、基础设施和国家一体化都发生了重大变革，"在 4 代人的时间里普通人的生活发生了急剧地变化"[①]。但是，拉美的变革与发展既有阳光又有阴影，后者的突出表现是普通民众的贫困化和经济的依附性，到 2000 年，2/5 的拉美家庭仍处于贫困之中，拉美国家的外债数额达到了 7508 亿美元[②]，许多经济实体为跨国公司所控制。如前所述，20 世纪后半期拉美的大多数激进改革和革命遭到了失败，新自由主义改革只是资本主义体制内的改革，效果是加强了少数人剥削多数人、富国剥削穷国的旧的体制结构，拉美的社会公正问题并没有得到很好的解

---

① 罗斯玛丽·索普：《进步、贫困和排斥，20 世纪拉美经济史》，第 1—8 页。
② 谢里尔·E. 丁、马克·瓦塞尔曼：《拉丁美洲史》，黄磷译，海南出版社 2007 年版，第408 页。

决，正是从这种意义上讲，拉美的发展仅仅是"表面上的进步"和"形式上的现代化"。

　　但是，拉美的进步势力和社会力量从未被动地接受强加在他们身上的命运，为了推动社会变革，为了实现发展和社会公正，为了摆脱国家的依附地位，它们又开始了新一轮为争取变革和发展的斗争。在 21 世纪的第一个 10 年，随着世界形势发生新的变化，拉美似乎出现了 20 世纪以来改革与革命的第三次高潮，其突出表现是拉美各国的政权在向左转，形成了一股地区性潮流，并且，除了原有古巴继续坚持社会主义之外，又有委内瑞拉、厄瓜多尔和玻利维亚三个国家的总统提出并在践行"21 世纪社会主义"。巴西、智利、阿根廷等温和左翼政权，也推行了一些带有社会主义色彩的施政措施。他们在尝试建立"21 世纪的社会主义"。这是拉美左翼政治力量在全球化历史条件下对新发展模式的一种勇敢探索，是一种值得期待的社会进步，无论其成败与否，都将从理论和实践上丰富和发展社会主义的内涵。

（本文作者：韩琦，南开大学历史学院教授）

印度资产阶级与印度的发展道路

王红生

发展是人类面临的共同任务，对于新独立的亚非国家说来尤其如此。独立后的印度在 60 余年的发展实践中形成了如下鲜明特征：它打着民主社会主义的旗号，并在很长一段时间里学习并采用苏联的计划经济模式来努力实现工业化；它的经济发展政策具有高度的稳定性与连续性，并成功地进行过三次重大调整；虽然它的经济不曾像某些东亚国家那样创造过奇迹，但一直在以一定的速度增长，并在 21 世纪初终于迎来崛起。总体说来，印度在独立以来 60 余年里走的是一条资本主义发展道路，印度经济发展过程中出现的这些特点同印度社会结构以及印度资产阶级的构成及其特性有关，印度资产阶级是印度国家发展政策的决定性因素。本文试图通过印度资产阶级在独立前夕制定印度发展道路以及其在独立后对发展政策进行的三次重大调整，阐释印度资产阶级与印度发展道路之间的关系，并在最后对印度资产阶级与印度政府的关系作一粗略分析。

一 "孟买计划"——印度大资产阶级在印度发展道路形成过程中的作用

一般认为，在独立之初，印度有三种关于发展的主张：资本主义的、社会主义的以及既不是西方资本主义的、也不是苏联社会主义式的，而是印度式的发展道路。这三种意见在当时国大党党内分别由巴特尔、尼赫鲁和甘地为代表。甘地认为西方式的工业化模式对印度将是不人道的，社会效果是不理想的，他所向往的印度发展是建立在分权的、以印度的村社为基础的政治和经济结构上，每个村庄围绕农业而组织，有极大的自给自足性，由村庄手工业生产出村庄消费者所需要的产品，诸如布匹、鞋子和肥皂等。尼赫鲁和巴特尔则强调建立一个集权的工业化国家，它能够保卫印度的自由和满足广大民众的需求。尼赫鲁曾十分明白地说："我是极其赞成拖拉机和大型机器的，而且我深信，为了向贫穷作斗争，为了提高生活水准，为了国防以及其他种种目标，印度的迅速工业化是十分必要的。"[①]对尽快工业化的向往是当时亚非新独立领导人的普遍愿望，他们从自己国家落后挨打的历史经历中，以及对当时经济落后人民生活极度贫困的现状考虑，都认为只有尽快实现工业化，才有出路。但在如何实现工业化，尤其在界定政府在工业化中的作用问题上，存在不同的意见。尼赫鲁认为，资本主义是一种过时的、剥削的、不道德的制度，而对苏联工业化的成就十分赞赏，主张印度应该向苏联学习，推行科学的经济计划，走社会主义的发展道路，并认为这是不可抗拒的历史潮流。巴特尔则不信任计划经济，对含混的社会主义理念不以为然，偏好私有部门的发展，他因而被看做党内右翼势力，代表印度大资产阶级的利益。

在殖民地时期，印度工商业发展历史中，最初一代的现代工商业者是从当买办商人起家的，他们在 19 世纪中叶前后经营鸦片和棉花贸易，从中获取巨额利润后再投资办厂，因此，最早投资兴办资本主义工商企业的就是这批鸦片商和棉花商。[②] 另一个突出的特征是，印度的本地大工商业者具有很强的地域性和族群性，他们最初从商业种姓和族群像马尔瓦利人、古吉拉特人和帕西人中发展起来，通过经理行制度，在全印度形成商业网络。也是他们控制了印度工商业者联合会，该组织是印度规模最大、地位和影响最大的工商业者组织。

1944 年，当时印度最著名的八大资本家包括塔塔和比尔拉在内，齐聚孟买，会后发表了《印度经济发展计划》，该计划有两项主要内容：一是关于如何与外资建立合资公司，充分利用外国资本以发展本国民族工业；二是要求政府帮助发展重工业以及基础工业。印度的大资产阶级在政治经济实力上都不如欧美资产阶级，对一些投资大、收益慢、风险性大，但又为国民经济发展所必需的项目还非请国家主持操办不可。这个后来被称作《孟买计划》的资产阶级纲领为独立后印度政府的经济政策奠定了基础，显示出印度工商业资产阶级在印度发展道路选择上的地位和作用。

独立前后，印度国大党领导人与印度大资产阶级已经就独立后印度的

---

① 尼赫鲁：《印度的发现》，齐文译，世界知识出版社 1956 年版，第 57 页。
② 孙培均：《垄断财团》，时事出版社 1984 年版，第 19 页。

发展道路达成共识。1947 年 11 月，国大党全国委员会在一份文件中宣称印度发展的目的是：

> 我们的目的应当是组建形成一种使行政效率和个人自由结合的专政制度，组建形成一个实行最大限度生产而不发生私人垄断资本和财富集中的并使城乡经济保持适当平衡的经济结构。这样一个社会结构可以替代唯利是图的资本主义私有制经济和集权国家的严密的控制。[①]

尼赫鲁将这种同当时资本主义和社会主义国家所采取的有所不同的政策称之为"从一切现存制度（俄国的、美国的以及其他的）中吸取精华的第三条道路，它寻求创造某种适合本国历史和哲学的东西"[②]。

所谓的第三条道路，实质上是一种国家资本主义的道路，它力图通过国家与政府对经济的干预来完成资本主义工业化。具体说来，印度"第三条道路"建立在如下思维基础上：（1）殖民剥削造成印度经济的停滞与贫困，因而独立后的印度应该在经济上尽可能少地依赖西方资本主义，而寻求一种"自力更生"的发展。（2）以尼赫鲁为首的印度领导人，受英国费边社会主义的影响，主张由国家来支配经济活动，加强国家对经济活动的干预与指挥。（3）工业、尤其是重工业被视为成功发展的关键所在。（4）只有在国家领导下的工业化才能解决印度的贫困问题，应该将主要力量放在工业部门而不是农业部门的发展上。[③]

二　国家资本主义主导下的工业化道路与印度自由党的命运

印度独立后，印度大资产阶级与政府之间的共识在继续，但随着形势的变化，他们双方之间也出现了矛盾与分歧，从而不断地进行调谐。

尼赫鲁时期，尽管尼赫鲁本人及其政府的社会主义和加强国家在经济

---

① 《关于经济政策和纲领的决议，1924—1954》，第 20 页，转引自《南亚译丛》1983 年第 3 期，第 10 页。

② R. K. 卡朗吉亚：《尼赫鲁先生的想法：一次访问记》，第 100—101 页，转引自《南亚译丛》1983 年第 3 期第 1 页。

③ CalClark, K. C. Roy, *Comparing Development in Asia*, London, 1997, p. 96.

作用的话语不断升级，但尼赫鲁本人及政府始终安抚印度的工商业者，许诺印度"现有的工业将尽可能不收归国有"。1955 年 4 月 11 日，尼赫鲁在人民院中说："我惊奇地听到这个再三提出的建议：（有人说）我们必须没收或者剥夺外国资本。我不能想象比这更缺乏思考和没现实感的事情了。那是与现实无关的。除非在战争风暴或者革命中，事情不是按照法律或者政策，而是按历史动力发生的时候，任何国家也不能做这种事。让我们不要惊喜这种剥夺外国资本的谈论吧，那是不值得的。我们不是一个穷国，需要滥用策略而使我们失去世界的善意和信誉，并且也许会在我们心灵里留下一种做坏事的感觉。"①

尼赫鲁倾向于"建立更新式的国营工厂"，而不是将旧的外资和私营工厂国有化。他在一次讲话中说："谈到工业财产的问题，我们的做法是，除非是为了占有某个战略要冲以利于计划工作，政府是绝不应取得任何旧有工厂的。这种做法的理由是明显的。从工业上说，我们是一个不发达国家，我们需要建立成百座工厂。难道我们不该利用我们手头掌握的一切资源去建立新厂——国营工厂，而要取得属于别人的那些老的，也许是陈旧不堪的工厂吗？我不怀疑，正如我们曾受到蒸汽和电力的出现的影响一样，在未来十年、十五年或者二十年内，原子能的出现将会使我们全部工厂的管理方法迥然不同。这是我们为什么不应该在我们五年能建立更新式的其他工厂的时候，用仅仅取得私人财政的办法来浪费国家的资源的另一个原因。"②

由于尼赫鲁实行新建国有企业而不是将原有私营企业国有化的政策，印度私营工商业者仍然具有发展的巨大空间。轻工业仍然是私人资本的自由活动的空间，重工业大部分为国家垄断，但在若干主要部门中，国家资本仍未占优势。首先，从工矿业的投资看，国家资本的比重还不到一半，1960—1961 年时只占 37.3%，到 1965—1966 年度预计达 48.2%。其次，在工矿业中，国家资本主要是发展重工业，而轻工业特别是如棉纺织业、麻纺织业、制糖、食品加工等主要部门，仍然是私人资本自由活动的天地。即使在重工业中，国家资本也尚未在所有的部门中起决定性的作用。在机车和机床的产量方面，国营企业均已占 60%，化肥产量则占 85%，

---

① 中共中央对外联络部编印《关于民族主义国家的国营经济》，1964 年，第 3 页。

② 同上书，第 4 页。

但在其他几个主要部门，如钢铁、煤、石油，国家资本仍未占绝对优势。G. D. 比尔拉说："毫无疑问，单单一个私营部门是无力建设印度的。私营企业可以更有效、更快和更省地生产任何产品。但是私营部分只有在拥有足够资本的时候才能出面经营。如果需要巨额资本，而动员这笔资本又为私营部分力所不及，那么，由国家出面把私营企业无力发展的经济部门掌握在自己手中，一点也不反常。"4 年之后，他进一步指出："那些认为公营部分会妨碍私营部分发展的人是目光短浅的。公营部分将成为私营企业的动力。"①

事实证明，印度政府与私人资本之间是可以形成互补互利机制的。印度政府为私人资本的发展通过如下方面创设或改善了条件：对公用公司的投资；提供贷款和担保；包销股票债券和参与投资；提供廉价的原料和机器；向大企业订货。"大企业在获取新建或扩建工业的许可证方面处于有利地位，""采取工业许可证形式的管理制度限制了进入工业的自由，从而助长了生产的集中。"委员会还提到，大企业在银行和金融机构借取资金方面比小企业处于有利的地位也是引起集中的一个辅助因素。②

印度国家垄断资本的发展进一步扩大了私人垄断资本的实力。1960 年 5 月，时任印度财政部长的德赛对记者说："在过去的四五年中，私营部分扩大了 4—5 倍，如果没有公营部分，私营部分就不能获得这个成就，因为谁会给它们必要的钢铁和机器呢？"1962 年 2 月，尼赫鲁在一次演说中公开承认，印度工业家们在过去 12 年中所赚到的钱比这以前 100 年还要多。到 20 世纪 70 年代末 80 年代初，垄断财团的数目在增加，它们的实力也有了进一步发展。92 家垄断财团控制了印度全部私营公司资产总值的一半左右，其中最大的 20 家垄断财团就占了 1/4 以上，这些印度最大的资本家是真正左右印度经济生活的决定性力量。③ 私人资本通过参加国营企业的管理机构、合办合营企业、参加官方咨询机构等方式，对公营企业的发展也产生了某些有利的影响。

在第一个五年计划（1951—1955 年）期间，印度的工商业资产阶级虽也抱怨计划过于谨小慎微，将注意力过多集中在农业发展，并开始产生

---

① 中共中央对外联络部编印《关于民族主义国家的国营经济》，1964 年，第 66 页。

② 孙培均等著《垄断财团》，时事出版社 1984 年版，第 47 页。

③ 同上书，第 31 页。

对国家对企业控制的不满和对外资扩展的担心，但总的说来对政府政策是满意的，批评是十分温和的，工商业者们对政府仍感亲近。印度最大的财团之一比尔拉曾说："可能我们今天是全心全意与政府站在一起的社团。我们与政府之间一致的地方远远超过社会上其他社团与政府的关系。"工商业者主要的抱怨集中在政府的再分配和社会福利措施上。印度工商业联合会反对在经济发展的初期阶段，就想实现所有想要的目标，认为那将给经济造成巨大的负担，反对用征税办法来减少社会不公平。在他们看来，创造财富比公平分配更重要。①

尽管有工商业者的抱怨，尼赫鲁政府仍坚持在发展经济的同时注意社会公平问题。尼赫鲁曾明确表明自己的立场："我呼吁印度所有工业家在思考工业化时应该想到印度人民惊人程度的贫困，当然，我们都希望工业增长，但它必须是对四亿人民有利的增长，而不是对少数一些工业家和资本家有利。提高人民群众生活水平必须在所有工业增长的方案中摆在最优先的位置，而不只是工业重建的附带物。"②

1955 年 4 月在国大党阿瓦迪年会通过《关于建立社会主义类型社会》决议后，尤其宣布 1956 年工业政策决议后，印度工商业者喜忧参半。喜的是"二五"（1956—1960 年）计划比"一五"计划更雄心勃勃，显示政府对工业发展，尤其是重工业发展的高度重视，这是印度工商业者一直期盼的。工商业者的抱怨批评集中在三个方面：（1）反对对经济实行"全面计划"，怀疑"全面计划能否与民主相容，""在一个全面计划体制下，能否使经济发展得更快？"警告"全面计划既不会导致更快的进步，也不会完成目标"。"中央严密组织设计经济计划，其危险是巨大的，行政部门承受不了计划产生的紧张。"（2）主张依靠大工业解决消费工业的发展，反对中小工业和乡村工业，农村工业破产虽会造成失业，但这是短期的。（3）反对将私营工商业的作用放在极不重要的地位，认为除了重要部门之外，其余一切应交由私营工商业，公营部门缺乏效率。③

私营企业主们深感其经济潜力与政治权利不相匹配。工商业者利用时机对政府施加压力，要求改变既定政策。在"四五"期间，政府与工商界

①　Baldev Raj Nayar, *Business Attitudes Towards Economic Planning in India*. pp. 856 – 857.

②　*Selected Works of Jawaharal Nehru*, second series（v2），New Delhi，1984，p. 585.

③　Baldev Raj Nayar, *Business Attitudes Towards Economic Planning in India*, p. 859.

的差距拉大，相互间矛盾更加尖锐。工商业者们要求在"四五"计划中摒弃以前的做法，建立新战略。"用指导性计划取代全面计划"，将计划建立在自愿基础上而不是需要基础上；将公营部门限在农业和经济基础部门，取消所有对私营企业的限制和控制，削减公营部门的投资，优先发展农业和消费品工业，终止任何形式的土地改革；更多依靠发公债，减少对外援的依赖。尽管出于备战与意识形态的考虑将大量资本投入到重工业中，但效果不好，如将钱投入农业、轻工业，经济效果将大不一样。

总之，从1944年提出孟买计划到1965年制定第四个五年计划这20年里，印度工商业者的态度有了较大变化。在孟买计划时，大资本家们赞成由国家对经济制订全面的计划；同意国家实施有力的经济控制；支持实行重工业战略；主张推行激进的农业改革；支持大规模的赤字财政和严厉的税收政策。但20年后，大资产者要求：结束集中性的计划，采用指导性计划；实行更彻底的放任自由的经济；从重工业战略后退，依靠消费品工业推动经济增长；反对激进的农村改革；主张依照资源来制订计划，减少税收。之所以发生这样的变化，是因为"利益的驱动"，孟买计划既是受到当时国内外环境的压力，也是同当时印度工商业者的实力地位有关，在经过20年后，尤其是独立15年后的工业化进程后，原有的做法已经不再适合印度大资产阶级的需要，他们自然要求政府修正自己的政策。

同别的亚非国家一样，出于自身利益的考虑，私营资本也想参与政治，影响政策的执行。以塔塔为首的一部分西部（古吉拉特）垄断财团于1956年9月组成一个所谓的"非政治非党派性的社团——自由企业论坛"，宣布要为保卫"私营部分"和"自由企业"而斗争。塔塔比印度其他财团更西方化，历来崇奉经济放任自由主义，对政府的改良主义政策乃至激进的"社会主义"辞藻愈益不能容忍。在大财团中，它与政府的关系较冷漠，对政府的指责和批评最多。塔塔财团是印度数一数二的大财团，借20世纪初的民族主义运动之机，开始集资创办钢铁企业，在两次世界大战中获得进一步发展，因此它同国大党之间在独立前是命运与共的，而独立后，国大党由政府发展某些重工业部门的工业化政策多少影响了塔塔集团相关部门的发展。相比之下，以比尔拉为首的东部财团同政府的关系比较和谐，因为政府发展重工业有利于他们发展轻工业。1959年，该组织与某些印度前王公贵族势力联合组成自由党，成为印度政治中的右翼势力。自由党在国会中直接代表财团利益发言，公开反对国大党政府的经济政策，要求最大的经济自由。但该组织在经历成立后最初几次大选后便销声匿迹。1962 年第 3 届大选中，自由党首次参加大选，旗开得胜，一举在人民院中获得 22 席。1967 年第 4 届大选中该党的席位翻了一番，增加到 44 席，成为人民院中最大的反对党。但有趣的是，到 1971 年第 5 次大选时，只得 8 席，1977 年大选时自由党在政治舞台上消失了。实践证明，印度民众对商人传统的排斥心理使得工商业者无法直接参与政治。

三　绿色革命与农村资产阶级的政治崛起

1964 年尼赫鲁去世，其继任人无论在党内、党外都不具有尼赫鲁的威信，1967 年大选中，国大党在一些邦失利。在这种局面下，1966 年 1 月上台的英·甘地政府暂停五年计划，进行 3 年的整顿，开始在经济发展政策上作某些调整。主要体现在农业和农村政策的调整上。

独立后不久，印度政府开始推行以取消中间人地主、改善租佃农地位和限制最高土地限额为主要内容的土地改革。印度土地改革在取消中间人地主方面取得较大进展，而在限定最高土地占有限额方面，则困难重重。尽管如此，如果认为经过几十年土改之后印度土地占有情况同独立之初没什么两样，那也是错误的。印度的土改政策虽没能实现"耕者有其田"的目标，但还是多少改变了印度社会中原有的土地变动模式。土改后，原有的地主们由于占有土地规模变小，不得不采取资本主义经营方式以维持家庭收入；富裕农户增强了经营土地的积极性；农村无产者大军在加大，为城乡资本主义发展提供了劳动力。一句话，土地改革促进了印度农村资本主义因素的发展，为印度农业资本主义发展提供了必要的条件。但仅有土地改革还不足以保证农业资本主义的充分发展。农业资本主义如同工业资本主义一样，它具有高资本投资、高土地生产力、高市场取向的特征。这些既是资本主义生产的特征，也是资本主义发展的条件。始于 20 世纪 60 年代中期的绿色革命为印度农业发展提供了这些条件。

农业新战略产生了积极的成果。首先，印度农业生产力在独立后才得到真正提高。1950 年时，印度的粮食产量不过 5000 万吨，1960—1965 年期间年平均仅 8300 万吨，1970 年第一次跃上了 1 亿吨台阶，在 1967—1972 年的 5 年间，尽管其间有 2 年是大旱之年，印度的粮食年平均产量还是达到了 1 亿吨。1990 年达 1.76 亿吨，1994 年再增加到 1.91 亿吨，逼近

2 亿吨大关。在 1950—1994 年的 40 余年间，年均粮食产量增幅达 2.5%，其中，1980—1994 年 10 余年的增幅达 3.3%。农业的发展根本扭转了独立前粮食生产下降的局面，产量的增加使农民们有更多的余粮出售，实现了粮食自给，粮食储备足以应付饥荒的发生。60 年代初期，印度政府收购的粮食只占当年粮食总产量的 0.5%，70 年代以后，印度政府收购的粮食已占当年粮食产量的 9%—10%。从 1978 年起，印度不仅停止进口粮食，而且每年有六七十万吨粮食可供出口。

农业资本主义经营方式发展的结果，是一个新的社会阶层的崛起。他们中既有原来的地主，也有新富裕起来的农民，其共同特征是采用资本主义经营方式，有些学者称他们为"正在形成的农业资本家"。

当然，印度各地情况千差万别，随着社会经济的发展，也在许多地方看到各地农村中出现一批"恶霸"。Pradhan Prasad 这样描述比哈尔的状况：[1]

> 独立后，印度的农村部分接受了很大份额的公共工程。农村中一些人获得了这些工程的合同。在早些年，这些合同大部分是由那些来自农村中产阶级的人接手，他们不属于封建贵族。在此时期抓住机会的某些中产阶级的承包商对中产阶级印度教徒（他们构成中等农民的大部分）争取政治权力给予经济支持。这推动来自高级种姓的受过教育的失业者，农村富人的主要选民（不一定是大土地所有人）加入进来进行这种活动。当经济危机加深时，在此部门出现激烈的竞争。随着时间的推移，新的农村富人陷入到"胜者为王"的封建传统中，依靠所掌握的武力作为一种取胜战略。公共工程项目，主要同道路建设相联系，它帮助运输的发展和某种类型的运输所有者的成长，他们也来自农村上中层阶级。当进入运输生意时，拳头大的粗人占了上风。武装的保镖逐渐采用武装民兵的样式，在选举时，日益被使用来占领投票箱。这类人开始与有土地贵族形成更紧密的联系（诸如通过婚姻），后者需要前者的武力来限制贫下中农们的上升的经济和政治意愿。一个新的农村寡头（由传统的封建精英、承包商和运输业主组

---

① Gail Omvedt, *Reinventing Revolution, New Social Movements and the Socialist Tradition in India*, New York: M. E. Sharpe, Inc. 1993, pp. 32–33.

成）出现了，它的经济力量随着对公共资源的掠夺的份额的增加而增加。

从这段描述中我们看到当前印度农村一个特殊阶层，他们拥有土地、四处承包工程、垄断运输业务、把持村庄选举，而且往往使用武力，如同旧中国的"恶霸"。这些村庄寡头就成了农民们最凶恶的敌人，八九十年代后，信奉"毛主义"的印度的共产党人将主要斗争矛头对准他们。

值得注意的是，随着新富农阶层在经济上的崛起，他们日益显露出政治牙齿来。资本主义农场主，这些绿色革命的农户依赖现代农业投入——化肥、农药、电力和水泵与拖拉机所要的燃料——处于费用上升与现金作物回报低的困境之中。他们通过各种方式向政府施加压力，调整政策来满足他们的要求。

> 两个来自不同种姓的富农可能相互之间不会接受对方的食物，但却会走到一起为争取更高的农产品价格和更低的农业税收而斗争。他们利用种姓组织为工具，通过选举政治为自己谋求政治上的支配权。富农们尽管还没有形成全国性的阶级组织，他们在地理上仍处于分散状态下，但已开始寻求其在经济上和文化上的霸权地位。①

上个世纪七八十年代，查兰·辛格被认为是新富农阶层的代表人物，他在自己的著作和演讲中，总是不遗余力地为新富农们的利益鼓与呼，总是大力攻击"代表城市利益的院外集团"以及"寄生的知识分子阶层"。1977 年印度大选被认为是印度新富农阶层政治力量起了作用。在这次大选中，国大党第一次败北下台。人民党政府上台，查兰·辛格在该届政府担任了短暂的总理职务。他的支持根基在北印 1000 万贾特农民上。1978 年，作为人民党政府的内政部长，查兰·辛格建立全印农民组织，以此作为广泛基础的农民运动来提高他自己集团在执政党中的地位。为了展示他的力量，他在德里大规模农民集会上登台演讲。该次集会有 80 万人参加。他们搭乘火车、大卡车和牛车及 10000 辆拖拉机开进首都来象征他们的财富和力量。

---

① P. Bardham, *The Political Economy of Development in India*, Oxfoud, 1984, pp. 50 – 51.

1980 年，在马邦的纳西克地区，约希（Sharad Joshi）组织并发起一场"农场主运动"。马邦盛产洋葱、甘蔗和棉花，他们要求更高的农业支持价格和降低投入成本，农场主们用拖拉机设置路障并包围政府机关——希望邦政府让步。1988 年，约希再次从邦政府赢得重大让步，后者一笔勾销了到期农场所欠的贷款，并提高棉花的收购价格。同年在北方邦和比哈尔邦，一个名叫提塔克（Tikat）的农民领导了 BKU 运动，在一次抗议中，带领 10 万农场主到 Meerut 城进行为期 3 周的运动，他们包围政府办公楼，使整个城市实际上瘫痪。他们的要求包括提高农产品价格，提高对诸如电力、化肥投入的补贴，勾销农村所欠的贷款，在制定农业政策中具有更多发言权。BKU 运动宣称在北方邦有 1000 万追随者，相似的运动在印度更发达的农业地区是一支巨大的力量。[①] 1991 年，当新上台的拉奥的国大党政府宣布决定减少化肥补贴时，立即引起一场农场主们的抗议，最终迫使政府后撤。

尽管这些鼓动和群众集会展示了农场主们对邦乃至中央政府施加巨大压力的能力，以及由于他们人数上的优势，他们作为选票库，或支持基础，是所有政党都必须认真对待的。它的潜力却由于缺乏一个关键性的组织而未能充分施展出来。他们也曾做出努力要在全国范围进行协调，但各种群体仍然紧密地围绕一个地区、一个邦，甚至一种作物的利益而集合在一起。此外，他们不能在上层和落后种姓之间、在有土地与无土地的劳工之间，打破种姓和阶级之间的界限，形成一种团结一致的农村运动。

但新富农的崛起改变了原有的农村社会机制。在英国人统治时期，印度农村已经发生某种变化，只是变化的幅度有限，传统的大家族共有制、村社内的种姓分工制基本保存下来。独立后，随着废除柴明达尔制、绿色革命、工业化、教育发展以及城市化等进程，农村社会变动的步子加快了。废除柴明达尔制使得许多大家族失去了共有财产，包括限制土地最高占有额的土改政策使得许多有土地家庭尽量通过分户析产来保住自家的土地。占有一块土地的家庭不一定长住在村中，他们很可能在城中有工作和住所，但他们不愿放弃这块土地，因为土地是值钱和保值的。那么，他们要么雇工进行耕种，要么宁愿抛荒。这样就破坏了印度传统村社的内聚性。在传统村社中，每人按照种姓身份从事自己的工作，不同种姓按照等

　　① Robert Hardgrave, *India Government & Politics in a Developing Nation*, 1993, p. 197.

级形成垂直的保护人—被保护人的互惠关系。而在现时代，互惠关系被冷
冰冰的金钱雇佣关系所取代，从而导致冲突的发生。"新战略产生了三类
冲突，即农场大农和小农之间、所有者和佃农之间、雇主和雇工之间的冲
突。"① 这样，绿色革命就从内部颠覆了印度传统的农业生产组织形式——
村社，加快印度传统的村社制度瓦解。

四 印度资产阶级队伍的扩大与"改革共识"的形成

伴随印度工业化和经济发展过程，印度工商业资产阶级队伍在扩大，
力量在增强。出现独具印度特色的一些现象。首先是资本积聚与集中的同
时，继续存在小店主、小企业主的汪洋大海。其次，老的财团雄风犹在，
继续发展，而具有地方基础的新的财团快速崛起。

由于受甘地思想的影响，国大党政府从独立时就将扶持城乡小型企业
发展作为工业化纲领的一部分。1948 年的工业政策指出："家庭工业和小
型工业在国民经济中占据重要位置，为个人、村落和合作企业提供机会，
为重新安置难民安排出路。它们特别适合于更好地利用地方资源，以及实
现某些日用消费品，譬如食品、布料、农用器械等的自给自足。"1956 年
工业政策决议再次提到小型工业问题，指出：印度政府将重视家庭工业、
乡村工业及小型工业在国民经济中的地位。它们对一些亟待解决的问题提
供了独特的贡献：创造迅速大量的就业机会，确保国民收入区域公平合理
的分配，动员闲置的资金技术资源。希望通过在全国范围建立小工业中
心，避免无计划城市化导致的问题。

该决议还肯定过去在扶持家庭工业、乡村工业及小型工业的发展方
面，政府所采取的诸如限制大型工业部门的产量，对大小工业部门实行差
别税收以及直接资助等措施，表示今后将继续执行。同时，表示今后政府
要努力帮助小企业提高和更新生产技术，提高竞争能力，使它们与大型工
业一道发展。尼赫鲁去世后，国大党失去一党独大的局面，无论哪个党都
必须更加关注选举，而城乡中小企业涉及很大数量印度人的生计，因此，
历届政府都不得不重视，1977 年上台的人民党政府甚至提出"凡是小型部

---

① 鲁达尔·达特等：《印度经济》下册，雷启淮等译，四川大学出版社 1994 年版，第 182
页。

门能够生产的就交给它们来生产",当时的工业部长甚至扬言要"打断大工业家族的脊梁骨"。即使在 90 年代的改革中,印度政府还专门制定了新的小型企业政策,其目标在于向小型企业部门注入更多的获利和增值动力,通过提高效率来促进产量、就业和出口额的全面增长。在半个多世纪中,印度的小型企业享受着许可证免除、财政支持、为小型企业保留生产领域、提供基础设施、市场营销和工业延伸服务。从 1967 年到 1987 年,小型工业公司的绝对数量在 20 年中由 4 万多家增加到 8 万多家;所吸纳的就业人数由 172 万增加到 261 万;产值由 262 亿卢比增加到 2927 亿卢比。到 1997 年,小型企业部门就业人数已突破 1600 万人,小型工业部门生产 8000 多种产品,产值占全国制造业产值的 40%,出口额占全国总出口额的 35%,在国民经济中扮演极为重要的角色。如果将商业中的小店主也计算进来,其影响力和重要性更是不容忽视。总之,印度工业化过程中资本集中和积累的过程没有以牺牲中小企业的发展为代价,这也是独立运动领导者们,尤其是甘地主义者们所期盼的。

印度工业化进程中另一个值得重视的现象,是以地区为基础的工商业阶级的成长。新一代的工业企业家自独立以后已经形成,并且成功地向根深蒂固的老财团提出挑战。"一个越来越引人注目的现象是:今天,在印度 500 强私人企业中,有将近 1/4 是属于第一代企业家的。"[1] 20 世纪 80 年代的工业扩张促进了新一代企业财团的成长,他们通常就是第一代企业家。例如,在安得拉邦,大部分大型的制造业企业机构创办于 20 世纪 50 年代和 60 年代之间,这些或为公营部门,或为全国性的老财团像 Birlas, Thapar, Shriram 等所有。然而,到 20 世纪 80 年代,在水泥、制糖、药品和电子工业中,新生产力相当大的份额是为地区性的第一代或第二代商业家族,比如拉朱(Raju)家族所控制。同样,在古吉拉特、马哈拉施特拉和旁遮普也是如此。新一代地区性资本家们满怀信心地转向那些受邦政府和公共财政支持的新的投资渠道,并且它们内在的行动能力异常迅速。当然,原有大财团的惰性、家族内部的纠纷以及对失去在公共领域中的支配权的忧虑,也使它们在这场竞争中放慢了脚步。[2]

① Sanjaya Baru, Economy policy and the development of capitalism in India: the role of regional capitalists and political parties. In Frankel (eds), *Transforming India*, Oxford, 2000, p. 214.

② Ibid. , p. 215.

如果说塔塔财团和比尔拉财团是印度老财团的龙头老大的话，那么阿巴尼家族的发家史则代表新一代财团的成长。阿巴尼家族经营瑞来恩斯集团（Reliance），50 年前靠 500 美元起家，如今资产总额已达 180 亿美元，超过塔塔财团的 150 亿，成为印度规模最大的财团。该财团不仅能够掌控国家电力、石油勘探、金融、生物技术以及电信领域的发展方向，而且在很大程度上能左右整个印度。[①]

印度的经济学家这样解释印度经济中出现的新财团崛起的现象，并将之界定为"资产阶级扩展"。

在印度的特定条件下，有相当多的有利于资产阶级扩展的因素。在任何经济中，当收入突然迅速增加时，我们不是简单地扩大对一系列原先已有产品的需求，而是转向需求新的产品。理论上讲，新产品可以并且经常是由老的资本家生产，但事实上许多却不利于老资本而有利于新兴资本。首先，这些产品的生产技术在大多数情况下被处于世界范围的技术变革前沿的少数跨国公司控制。这类跨国公司往往宁愿和那些非最大财团联合，这样的较小的财团既有相当的值得联合的实力，能够动员必要的资源以便建立可以获得必要经济规模所需要的工厂，而又没有大到跨国公司感到难以驾驭的程度。其次，有些产品生产规模不大，技术上又易被复制和模仿，大公司往往不愿冒险进入。第三，在那种新产品是老产品的改良的情况下，如汽车行业，除非不得已，老的生产商总是自然地不愿转产新产品，因为这会影响老产品的市场。最后，地位稳固的老财团，既不愿扩大既有的经营，也不愿进入新领域，这些新领域的回报率尽管也是积极的和显著的，但相对于那些提供"最大"程度回报的领域还是"不充分"的。

除了经济因素外，非经济因素可能起更大的作用。例如，20 世纪 80 年代早期，当印度政府决定在安得拉邦向一种新的肥料制造设备发放许可证时，拉朱发现他正在同比尔拉为这一许可证而竞争。他开始同意大利的 Snamprogetti 公司在财政和技术方面合作，这才确保他能够获得这项许可证！围绕化肥生产许可证而展开的疏通活动表明：比尔拉，一个全国性的

---

① 钱峰：《阿巴尼家族左右印度商界》，《环球时报》2004 年 3 月 24 日。

大财团，是如何在开始时抢得先机，并争取到安得拉邦首席部长 Chenna Reddy 的支持，然而拉朱通过和 Snamprogetti 的联合，以及通过英·甘地的家庭成员（英·甘地的媳妇索尼娅·甘地来自意大利）得以接近英·甘地从而打败比尔拉的。化肥生意对拉朱公司极为重要，该产业使该家族加入到与外资、政治势力的"大联盟"中；与此同时，该事件向人们展示，地区性的商业集团是如何在一系列新的政治势力中心的支持下逐渐能够对抗全国性大商业的。[①]

　　尤其应该指出的，是地方财团与邦一级政治所形成的联盟关系。例如，20 世纪 50 年代，在马哈拉施特拉，邦政府对帕西和古吉拉特的资本就抱有歧视，积极鼓励马拉塔人在新兴工业部门，以及向制糖业和纺织业这样的传统工业部门发展。同样在北方邦，1969 年，查兰·辛格要求对非本地制糖业资本进行调查，要把他们的资产强制实行国有化，以转移到本地的资本中。本地的工商业财团逐步繁盛起来，将实力伸向邦政权。

　　在今日印度工商界还活跃一个特殊的群体——非常住印度人。他们利用自己的资产、知识、海内外关系，参与印度经济活动，一些人投资办厂，更多的是起中间人的功能：制订计划，修改合同，从事贸易，甚至是军火生意，作为跨国公司，特别是军火商们的先遣队。由于他们的成功与否取决于他们能否得到合同，因此他们所关注的就是如何和政治家和国家工作人员建立并发展亲密关系。

　　资产阶级扩展现象必然对印度政治和经济产生影响，独立以来，尤其是 20 世纪 80 年代以来，随着资产阶级的扩展，在原有的老财团的身旁站立起新财团，加上汪洋大海般的小企业主和小商店主，还有进进出出的非常住印度人，政府同资产阶级的关系变得复杂多了，大中小资产阶级的矛盾使得原有的工业政策遭到越来越强烈的批评。总体说来，许可证制度被认为是不公平的，只对大财团有利，这项制度以及笨拙烦琐的官僚主义程序，成了阻止新财团崛起的障碍，同时也增加整个机构编制的费用。因此，地区性的工商业集团就变得越来越反对这种"许可证制度"。当然，大财团们也对终止这种许可证制度怀有兴趣，因为它也限制了它们自身的发展。而一旦这一体制被终止，那么许多被大财团家族所拥有或控制的公

---

　　①　Sanjaya Baru, Economy policy and the development of capitalism in India: the role of regional capitalists and political parties. In Frankel (eds), *Transforming India*, p. 217.

司就可以自由地扩展生产力，而且这也有助于他们面对来自下面的、隶属于地区性商业集团的较小型公司的竞争。因此，这一许可证制度的终结对全国性和地区性的大财团都有利。这些为达成经济发展共识、启动经济自由化改革进程提供了社会基础。

进入 80 年代，东亚地区经济发展迅速，中国的改革之风刮到了南亚次大陆。对比东亚、东南亚和改革开始后中国的发展，印度领导人和人民群众对独立后印度经济的表现深感失望与焦急。印度一家报纸的一篇社论这样写道："50 年代开始时，许多国家如韩国、泰国、马来西亚和印尼等其发展水平与我们是相仿的，而现在用各种标准看都远远走在印度的前面。"[1] 1980 年底，英·甘地总理在一次国大党会议上说："当我们想关闭没有效率的企业时，立即就会有人叫嚷这样会造成很多人失业，但如果我们不那样做，以后就会有更多的人失业。"[2] 80 年代末，年轻的拉吉夫·甘地总理认识到："印度没赶上 19 世纪工业革命的公共汽车，也没能搭上二次大战后兴起的电子革命的第二辆公共汽车，现在不能再错过目前正发生的电子计算机革命，我们要用现代技术将印度带进 21 世纪。"[3] 在他的领导下，印度政府在 80 年代末进行政治经济改革，放弃独立以来实行的经济半管制政策，开始实行经济自由化政策。

印度的真正经济改革被认为始于 90 年代，在此之前的改革被描绘为"偷偷摸摸、缺乏果敢精神、不平衡的、慢吞吞的和肤浅的"。"90 年代初的自由化纲领，相反，是一有目的的和公开的力图对经济制度和功能的连根带叶的转变。英·甘地的措施代表从'计划经济'向'计划管理'的转变；拉·甘地的做法是增加上层收入群体的购买力；90 年代的自由化纲领则是一更根本性改革的努力——'解放'经济，当然是从国家的干预中，如果不是从某种由国家管理极小化中解放的话。"[4]

五　"车夫"还是"车主"：印度政府与印度资产阶级

在发展中国家的工业化进程中，一个值得注意的现象是政府在制定政

---

①　《经济时报》，新德里，2000 年 1 月 26 日。

②　Indira Gandhi, *The Task Ahead*, New Delhi, 1984, p. 62.

③　孙培均等：《印度：从"半管制"走向市场化》，武汉出版社 1994 年版，第 14 页。

④　Byres, *The State, Development Planning and Liberalization in India*, Delhi, 1998, p. 5.

策、执行政策乃至创办经营关键性工业部门中的支配作用，而亚非新独立国家又往往缺乏民主与法制不健全，缺乏行之有效的对执政党和政府职能部门的监督，在一个政党一个领袖的机制下，往往形成以统治家族为核心的垄断财团，旧中国的"四大家族"、印尼的"苏哈托家族"、菲律宾的"马科斯家族"都是典型的例证。这些家族不仅实行政治上的独裁统治，在经济上则巧取豪夺，通过自己的家族成员经营的各种企业和金融机构，掌控了国家命脉。这种政治和金钱的二元一体必然导致政治上专制独裁的加强，使原有的民主制度遭到摧残。这些官僚资本由于凭借政治势力，缺乏资本主义经营的规则和活力，同时挤占了私营企业的发展空间，必然影响该国经济的长远发展。因此，在考察印度独立后的工业化进程时，在对其成果和问题考察的同时，有必要分析国大党政府与垄断财团的关系。

自由党从印度政治舞台上淡出，并不意味着印度大资产阶级对印度政治影响的减弱，只不过改变影响的方式而已。财团通过资助政党影响政局，通过资助政党左右政府决策。据计算，"1977 年大选国大党从企业界得到 11.3 亿卢比的捐款，这些资金绝大部分来自大资本家的捐赠。如，1966 年北方邦选举，比尔拉财团捐赠 1000 万卢比，支持英·甘地在该邦的选举。大资本财团除了向国大党捐赠外，有时也向反对党捐赠。"1969 年国大党内的斗争和分裂，表面上是英·甘地同辛迪加的矛盾和斗争，背后则分别有以比尔拉为首的东部财团和以塔塔为首的西部财团的支持。1977 年国大党的下台和人民党的上台，也是各有其财团背景的。1979 年 7 月查兰·辛格组阁后不过 24 天就被迫辞职，从经济背景来说，是因为查兰·辛格代表新兴地主富农和农业资本家的利益，不受财团的欢迎。英·甘地 1980 年东山再起，则是由于工商界希望有一个"强大而稳定的中央政府"而得到财团的支持。[①]

总的说来，尽管存在腐败现象，印度工业化进程中尚未出现官僚资本化或资本官僚化的现象。官僚与资本之间维持着良好的合作关系，矛盾冲突是次要的，和谐合作是主要的。一些西方学者以"社会主义的国家，资本主义的社会"来概括独立后印度的特征。80% 的印度国民收入由私营部门生产出来，甚至比美国还高。[②] 同时，政府官僚们与私营资本之间还是

---

① 孙培均等著《垄断财团》，第 231 页。

② Robert Hardgrave, *India government & politics in a developing nation*, 1993, p. 386.

保持了一定的距离。孙培钧教授说得很对："由此可见，印度大资产阶级同中国大资产阶级在性质上有很大的区别。这就是说，印度大资产阶级没有中国大资产阶级那么多的买办性，印度财团还没有同国家主权结合起来，不同于旧中国的'蒋、宋、孔、陈'四大家族，因此他们不属于我们中国学者所讲的那种'官僚资本'。"[①]

也就是说，毫无疑问印度国家是资产阶级性质的，印度政府官员们是为资产阶级利益服务的，但这不等于说政府官员与印度的资产阶级，尤其是大资产阶级之间已经完全融为一体，"官僚"与"资本"之间的分离同时又和谐一致，维持了独立以来的民主制度的基础。

（本文作者：王红生，北京大学历史系教授）

---

① 陈翰笙、孙培钧：《印度财团的发展过程及其前途》，《南亚研究》1983 年第 4 期。

自由与平等的博弈

——解读 20 世纪资本主义的三次调整

许 平

　　自由与平等是现代社会的两大基本原则。它们是一对孪生子，同时诞生于现代社会发轫之初的思想解放运动。14—16 世纪的文艺复兴运动把人当做"宇宙之精华，万物之灵长"，用来反抗宗教的和世俗的封建权力对人的统治和对人性的压抑。在 18 世纪的启蒙运动中，启蒙思想的巨擘们高举理性主义的旗帜，反对以人身不自由、门第不平等为基础的封建专制制度，强调人的理性，倡导每一个人与生俱来自由平等的权利，从而确定了资本主义的基本价值观——自由与平等。在此后发生的美国革命和法国大革命的风雨中，自由与平等这对双生子共同经历了血与火的洗礼。法国的《人权宣言》开宗明义写到："在权力方面，人生来是而且始终是自由平等的。"美国《独立宣言》宣布："人人生而平等，他们都从他们的造物主那里被赋予了某些不可转让的权利，其中包括生命权、自由权和追求幸福的权利。"就这样，自由与平等合力打拼，完成了资本主义对封建主义的最初胜利。

　　但是，自由与平等虽然同根同源，却代表了理性主义的两个不同方面。一个是主张思想自由、经济自由、科学进步的工具理性，一个是要求天赋人权、实现人人平等的价值理性。在资本主义针对封建制度的战斗中，两种理性各自所代表的自由发展和社会公正是并行不悖的。也就是说，作为手段的理性，即强调经济自由，推动社会进步的工具理性，与作为目的的理性，即强调平等，实现每个个人解放的价值理性是相一致的。但是，随着资本主义的进一步发展，两种理性之间的平衡与和谐被打破。取而代之的是工具理性横扫一切的推进。19 世纪被人们称为"自由主义的世纪"。经济上的自由主义和社会达尔文主义在大西洋两岸的资本主义国家大行其道，"Laissez-faire"（自由放任）成为那个时代的箴言。在自由主义的引导下，18—19 世纪的资本主义创造了工业革命和工业进步的巨大历史功绩。但是启蒙精神中追求人的解放、实现人人平等的价值理性却被淹没了，社会平等被忽视。突飞猛进的资本主义在碾碎以出身为基础的封建的不平等之后，却造成了新的巨大的不平等。马克思在《英国工人阶级的状况》中所描述的英国工人阶级的悲惨的生活状况与资本家的巨额资本积累形成强烈的反差。这是新的不平等，是资本主义的不平等！与封建性质的由出身不同而决定的机会不平等相比，资本主义工业化时期的不平等彰显的是结果的不平等。在很大意义上，是资本为实现最大利润而自由运作所造成的不平等！

进入 20 世纪，经历了第二次工业革命，资本主义获得了远远高于 19 世纪的生产能力。虽然在这时，欧洲国家的福利国家建设正在起步，20 世纪初美国也出现了限制垄断发展的进步主义运动，但是，整个西方社会仍然以经济上的自由放任为根本依归，社会平等被忽视。其结果，不仅社会矛盾尖锐，而且经济发展也出现了严重问题。整个资本主义制度面临崩溃的边缘。马克思在 19 世纪所预言的资本主义总危机似乎正在来临。20 世纪 30 年代的大危机充分证明，完全依靠"看不见的手"——市场自由运作的力量和自由竞争来决定经济发展的自由经济体制已经失灵。自由主义受到前所未有的质疑和挑战。

面对如此深刻的危机，一些富有远见、又不乏务实精神的资产阶级政治家和经济学家，如罗斯福和凯恩斯等人，提出了拯救和改造资本主义的措施和思想，这就出现了 20 世纪资本主义的第一次调整——罗斯福新政，以及第二次世界大战后在西方国家出现的在逻辑上与之一致的一系列改革。罗斯福新政首次大规模利用国家权力对经济进行直接干涉，颁布《紧急银行法令》、《工业复兴法》，整理金融秩序，削减农业产量，规范工业生产竞争法规。"新政"遇到信奉自由放任政策的保守势力的反抗。1935—1936 年《工业复兴法》和《农业复兴法》先后被最高法院宣布违宪。1935 年后，罗斯福利用弱势群体——广大工人要求改革的社会压力，依靠劳工组织的力量，克服重重困难，提高对富人征税，增加对农村用电补贴，并通过了《社会保险法》、《全国劳工关系法》，确定了工会与老板集体谈判的权利，还有《公平劳动标准法》，限定了最高工时和最低工资。从社会层面上，把改革推向深入。而这些法案才是新政影响最长久的改革。

　　20 世纪资本主义的第一次调整是在苏联社会主义经济蒸蒸日上、资本主义面临前所未有的大危机的形势下开始的。因此，调整中把实现社会目标放到了突出的位置。"'新政'的意义远远超出经济领域，也超出了一般的改良运动。不论提出者是自觉还是不自觉，它造成了资本主义的一次深刻变革，或者可以说是一次再生……"① 从经济角度看，"新政"改变了国家是资本主义经济"守夜人"的角色，开启了国家干涉经济的新模式。但是更深刻的变革在于理念的变化。罗斯福在其就职演说中，把传统的信教自由、言论自由、出版自由和结社自由，改为新的四大自由——信仰自由、言论自由、免于匮乏的自由和免于恐惧的自由。这样一来，就在自由之中加入了社会平等和经济正义的元素。这是对 18、19 世纪以来在欧洲和美国盛行的自由放任的自由主义和弱肉强食的社会达尔文主义的重要修正。事后，罗斯福在谈到"新政"时说，"为了永远纠正我们经济制度中的严重缺点，我们依靠的是旧民主秩序的新应用"。这里，"新"的含义之一，就是国家通过养老金制度、失业保险制度和对无谋生能力的人提供救济，限定被雇佣者的最低工资，承认工人组织工会和集体谈判的权利等社会立法，实现社会平等对经济自由的抑制。"新政"还在进行的时候，最先举起国家干预经济理论大纛的英国经济学家凯恩斯在给美国总统罗斯福的信中说："我们把您任总统之日作为一个新的经济时代的开端。"这次调整使 19 世纪经典意义上的自由资本主义发生了变化。在自由主义中注入了社会平等和经济正义的元素，自由主义演变成"新自由主义"，自由和平等之间有了一个平衡。

　　第二次世界大战之后，新的科技革命给经济发展注入了新的活力。从经济危机和世界大战的灭顶之灾中死里逃生的西方各国，乘此强劲东风，开始了资本主义的重建。在重建的过程中，西方各国扩大并加强了战前就已经开始的社会调整。他们一改以往让资本自由运作的做法，国家政权积极干预经济生活和社会生活，在让资本有利可图实现经济效益的同时，兼顾社会平等，让社会底层的人也能够活下去。因此，西方有人把战后的资本主义称作"再生"的资本主义。这里，"再生"的含义包括两个方面。一个是科技革命所造成的新的物质技术基础；二是战后西方资本主义国家实施的社会调整。美国当代著名社会学家丹尼尔·贝尔说，战后"国家指

---

① 资中筠、陈乐民：《冷眼向洋》，三联书店 2000 年版，第 134 页。

导性经济迅速扩展"，"这种扩展的目的是拯救危机中的资本主义制度"。①
英国历史学家霍布斯鲍姆有一句非常精彩的评论："这个奇异的世纪，最
矛盾和讽刺的真相之一，就是以推翻资本主义为目的的十月革命，其所造
成的最悠久的成就，却反而救下了其死敌一命，战时如此，平时亦然。"②
这里他是指，在第二次世界大战中苏联人的浴血奋战，击溃了法西斯的疯
狂进攻。在平时，社会主义苏联的存在本身就是对资本主义的挑战。而意
识形态上作为社会主义标签的社会平等原则和计划经济又给了资本主义以
改革的灵感。战后，西方各国福利制度逐渐完善。欧洲一些国家建立起
"从摇篮到坟墓"的福利保障制度。这些都是朝着实现社会平等方向调整
的体现。

　　然而，"自由与平等之间没有一个天然的平衡点，也没有任何一种能
使两者达到最大化的方法"③。早在19世纪资本主义蓬勃发展的时候，托
克维尔就指出，自由与平等之间的紧张状态是"不可避免的，也是无法根
除的"④。政府花在国民健康保险和福利保障上的每一个铜板，都意味着对
企业征税的相对增多和企业资金投入的相对减少。帮助社会弱势群体的每
一点努力，在一定意义上意味着对其他人自由权利的侵犯。当然，自由与
平等、经济效率与社会公正之间的关系不像一加一、一减一那么简单对
立。美国总统肯尼迪在开辟"新边疆"时说，"如果自由社会不能帮助众
多的穷人，那就不能保全少数富人"。穷人就业率的增加和购买力的增长
对于社会经济的增长和富人赚钱是有积极意义的。20世纪60年代，美国
约翰逊总统建设"伟大社会"，"向贫困宣战"——向富足社会中还存在的
部分人贫困的现象宣战。在其任内，通过了帮助老人和低收入者的"医疗
照顾"和"医疗援助法"⑤，还有"中小学教育法"和"高等教育法"⑥。
为全体国民提供更多的医疗保障和接受教育的机会。此外，还有《模范城

---

① 丹尼尔·贝尔：《资本主义文化矛盾》，三联书店1992年版，第70页。

② 霍布斯鲍姆：《极端的年代》，江苏人民出版社1998年版，第11页。

③ 弗朗西斯·福山：《历史的终结及最后之人》，中国社会科学出版社2003年版，第331
页。

④ 同上。

⑤ 《医疗照顾法》针对的是65岁以上的老人和不到这个年龄的残疾人。《医疗援助法》帮助
的对象是低收入者。

⑥ 拨款10亿美元改善中小学的办学条件；扩大大学生的奖学金、助学金和低息贷款。

市法》。① 改革依靠的是富足社会中丰裕的社会财富，更依靠社会财富分配方式的变化。为实现这些，政府必须征收高额累进所得税。后来当了美国总统的里根曾经说到，"我当电影演员收入最高的时候，挣的每 100 美元中，只有 10 美元进了我的口袋"。可见，追求社会平等是以牺牲经济自由为代价的。平等和自由之间的矛盾在现实中就变成了社会公平和经济效益之间的龃龉。

这是 20 世纪最后一次朝向平等方向的最大的社会改革。这场改革刚刚停缓不久，调整的负面效应就显现出来。1973 年，一场始发于英国，扩展至美国、日本、联邦德国和法国的经济危机爆发了。这场危机是因石油危机引起的。危机之后，西方各国的经济发展速度明显减缓。经济低速增长（甚至停滞）、高失业率与通货膨胀三种问题纠缠在一起，互相制约，医治每一个问题都会引起其他方面问题的负面连锁反应。这种以往罕见的经济现象被称作"滞涨"。"滞涨"局面的出现与战后西方的政府干预经济和福利国家建设有关。国家开支过大，财政赤字居高不下，造成通货膨胀。低收入者过分依赖福利制度，中高收入的人认为自己的辛勤劳动养活了懒汉，劳动积极性受挫。致使资本投入不足，经济增长动力受影响，就业机会减少。这表明，战后西方国家凯恩斯主义的国家干预经济政策失灵。在这种形势下，出现了以"里根革命"和"撒切尔主义"为代表的新一轮调整。

第二次调整被称为是"新保守主义"的改革。它是对"新政"以来"新自由主义"改革的一种反动，它是逆向平等，朝向自由、回归自由主义的一种调整。这次调整是在有利于资本主义的世界大环境中开始的。与第一次不同，在这次调整中经济目标放到了首位。调整的内容被归纳为"三砍一少"——大幅度减税，削减政府开支，减少政府对经济的干预，严格控制货币流量。与第一次"杀富济贫"寻求社会公正的调整不同，这是一次"劫贫济富"的行动。削减福利、削减补助、削减开支，国家给企业松绑。美国过去是建立规章制度最典型的国家，现在又是取消规章制度最有代表性的国家。其目的就是再造一个良好的客观环境，让市场自由发挥效应，让资本相对自由地运作，让企业家自由发展，让经济恢复自然的活力。

---

① 拨款改进城市贫民区的卫生和生存环境，建设廉价住房。

虽然这两次大调整的方向是相反的，但实质上是国家干预经济的不同方式。就像当初"新自由主义"的改革者不可能完全放弃自由主义的原则来实现社会平等一样，"新保守主义"改革的倡导者绝不是，也不可能完全回到过去的自由主义的老路上去。在现代技术革命所造成的新形势面前，在不同的历史时期，资本主义需要寻找一个自由与平等的平衡，一个效益与公平的契合点，既能保障经济自由和经济繁荣，又能实现社会的和谐与稳定。实际上，第一次朝向平等的改革，提高劳动者的工资福利，最终会导致扩大消费，提高资本的利润，促进投资和生产；而第二次朝向自由的调整，抑制通货膨胀，增加投资和就业，也有利于整个社会的和谐与稳定。从根本上说，自由和平等本来就是相通的，而自由和平等两大价值之间的张力在这里得到利用。

20 世纪 90 年代，全球化大潮汹涌。资本主义开始了第三次调整。1998 年 9 月，在纽约召开了"第三条道路论坛"会议。会议由英国首相布莱尔首创，美国总统克林顿、意大利总理普罗迪和保加利亚总理斯托扬诺夫参加。"第三条道路"在德国和法国也引起反响。成为 20 世纪最后 10 年欧美资本主义的"一道新的风景线"。

第三次改革可以说是对前两次改革的反思和扬弃。"第三条道路"的始作俑者——英国首相布莱尔上台之前，英国保守党已经执政 18 年，"撒切尔主义"的改革出现颓势，一系列深刻的社会矛盾和弊端凸显。市场低迷、投资不足、失业率上升。第二次调整中所强调的市场竞争和"有产者"的民主政治理念，已经不能解决英国这一老牌资本主义国家的社会问题，需要寻找一种能克服前两次调整弊端的新思维，以适应这个不断变化的新世界。"第三条道路"的策划者，伦敦经济学院院长安东尼·吉登斯试图超越传统意义上的"左"与"右"、自由与平等的两分法，认为二者之间的关系不是"非此即彼"或者"非彼即此"的隔断，而是可以通约或者简约的。政府可以既吸纳市场经济中自由主义的作用，又兼顾以国家为媒介的实现社会平等和社会正义的力量，开辟出第三条道路来。他强调，"市场的力量为公众的利益服务"，强调建立国家与个人之间权利和责任的"新契约"，强调"摒弃阶级政治"，"寻求跨阶级的支持"。在具体做法上，布莱尔政府改变传统福利国家通过"杀富济贫"的方式来实现结果意义上的平等的做法，变对弱势群体的"预后关怀"为"预先安排"与"预后关怀"相结合。增加教育与医疗卫生的预算，提高大众的接受教育水平和生存能力。我们知道，在现代社会，实现教育公平上，是在社会成员机会平等上下工夫。在经济上，实行"新的混合型经济"政策，强调规范化的市场作用，不放任自流，也不过多干预。政府的主要作用是鼓励新经济，促进知识型和技术型企业的增长，保证宏观经济的稳定。在对待宏观经济的问题上，布莱尔政府提倡"无责任无权利"的积极的社会保障政策。国家不能包揽一切，个人在享受福利权利的同时，必须尽义务，寻求权利与义务的平衡。

第三次调整的倡导者特别强调，"第三条道路"与"左"和"右"、自由和平等的关系不是"between（中间）"，而是"beyond（超越）"，不是二者取其中，而是汲取二者之精华的一种新东西。他们力图建立一种包容性社会（includable society）。在这个社会中，机会的平等和结果的平等同样重要。他们相信，"一种能动的平等模式或平等化能够为富人和穷人之间达成新的契约提供基础"。① 可以看出，这次调整的思路仍然没有超越经济自由与社会平等的框架。所谓"超越"，不过是提取二者之中有效的积极的成分，避免各自的消极影响，以便适应20世纪末新技术革命和全球化的新形势。

三次调整，三次蜕变，资本主义具有了当代的特色。自由与平等是现代社会的基础原则，它们之间的张力是社会发展演进的动力。在不同的历史条件下，根据变化了的形势寻找自由和平等的最佳平衡点，是可以做的，应该做的，也是必须做的。

自由与平等之间的博弈和选择还将继续，历史不会终结。

（本文作者：许平，北京大学历史系教授）

---

① 安东尼·吉登斯：《超越左与右——激进政治的未来》，社会科学文献出版社2000年版，第203页。

试论"新殖民主义"及其对中非关系的困扰

刘乃亚

2006 年，温家宝总理在访问埃及时有力地批驳了西方有关"中国在非洲搞新殖民主义"的论调，指出，"'新殖民主义'这顶帽子绝对扣不到中国的头上"。探讨中非关系却引出了"殖民主义"这一常新的学术话题，表明"殖民主义"概念早已越出学术探讨的领域，转而成为国际政治斗争的理论工具。事实上，这也是学术研究成果在政治决策中的应用和反映。① 笔者认为，有必要从概念出发，对殖民主义的相关理论及其对非洲的影响做一回顾和分析，这对于批驳谬误及深化中非关系的发展，无疑都是大有裨益的。在此，笔者对西方政要的不实言论予以批驳，目的不在于争夺某种政治话语权，而是要维护公正并还原历史的真实性。

一 殖民主义及其在非洲的运行轨迹

所谓殖民主义（colonialism），牛津英文字典有一句非常经典的解释：它是指"强国对一国或几国行使控制的行为"。也有学者指出，它是一系列政策行为，形成了全球资本主义经济，而且通过理论的多角度分析和殖民主义的历史遗留，形成了人们的思想意识，确认了彼此的身份。也有学者从殖民主义与技术的关联性角度，进行了深入分析，指出，殖民主义的发展不仅仅是压制殖民地生产经济作物，而且它也是与殖民地的技术不断

① 所有的历史都是现代史。学术研究会涉及道德评判，因为对历史事件的研究往往也是出于服务某种现实需要。近来，一些西方学者对殖民主义重要历史阶段——奴隶贸易所进行的研究，完全呈现出一种反主流文化的趋势，其结论令人瞠目。他们从现代人口学的角度，通过分析，竟然得出"奴隶贸易有利于非洲的劳动力再生产"的结论。又如 1840 年英国对中国发动的战争，英国史学界称之为"亚罗战争"，而不是"鸦片战争"。不同的命名无疑预示着不同的道德与价值评判。没有学者愿意承认自己国家为了鸦片——毒害人类的毒品，而发动一场毁灭世界文明的战争。这种研究偏离了学术的道德范畴，客观上掩盖了资本主义原始积累罪恶的一面。

弱化相伴随的。英国推行"废钢铁政策"的结果是殖民宗主国的纺织品、玻璃制品及各种五金产品对殖民地的大肆倾销。殖民当局通过立法刻意压制和破坏当地的生产技术的发展，使之不能形成与欧洲具有竞争力的生产能力。

（一）殖民主义理论概述

殖民主义一直是世界历史发展的一条主线。"从殖民美洲到苏联对非洲实行殖民主义干预，可以说，地球上没有一处不受其影响。"① 受其推动，世界史学界对于殖民主义的研究可谓汗牛充栋，成果令人目不暇接。在自由资本主义阶段，殖民主义理论经历了从亚当·斯密、李嘉图、威克菲尔德到马克思和恩格斯的殖民地理论的演进过程。斯密和李嘉图分别论述了国际分工和殖民地的关系；威克菲尔德则提出了殖民地移民应该"沉淀"为雇佣工人的系统殖民理论；二者的理论均论述了殖民地对资本主义发展的重要性。在垄断资本主义阶段，殖民地理论研究拥有考茨基、霍布森、洛里亚、费边和希法亭等众多代表人物，他们大多认同殖民地是新生帝国的重要组成部分。其中，霍布森的论述相对深入，指出殖民地是资本积累的环境。卢森堡在《资本积累论》一书中指出，"资本主义是第一个自己不能单独存在的经济形态，它需要其他经济形态作为传导体和滋生的场所"②。而真正为资本主义的发展提供"传导体"和"滋生场所"的，就是遍布全球的各殖民地和保护国。

（二）国内对殖民主义的研究现状

国内学界对殖民主义问题也有较为系统的研究，如中国非洲史研究会主持编写的三卷本《非洲通史》（华东师范大学出版社 1994 年版）；郑家馨主编的《殖民主义史·非洲卷》（北京大学出版社 2000 年版）；陆庭恩编著的《非洲与帝国主义 1914—1939》（北京大学出版社 1987 年版），以及陈其人的《殖民地的经济分析史和当代殖民主义》（上海社会科学院出版社 1994 年版）。以上著作分别从历史学、经济思想史学、帝国主义阶段及超经济强制等角度，对殖民主义在非洲的演变历史、殖民主义的阶段性

---

① http：//php. scripts. psu. edu/dept/history/.
② 卢森堡：《资本积累论》，三联书店 1959 年版，第 376 页。

表现与手段，进行了鞭辟入里的剖析，体现了中国学者对这一问题的认识和研究水平。1998 年《北大史学》也曾辟专栏，就殖民主义的"双重使命"进行讨论。有学者指出，在欧洲对非洲实行殖民主义统治时期，出于掠夺殖民地的需要，也曾经建立过一些铁路、公路等基础设施。这种建设性使命与破坏性使命并存，是殖民主义"双重使命"的具体表现。

世界近现代史的演变将殖民主义永远钉在了历史的耻辱柱上。凯瑟琳·鲍伯将之与"食人者"相提并论；包括恩克努玛在内的一些学者常把殖民主义与帝国主义在概念上互换使用。作为社会主义的信仰者，恩克努玛将新殖民主义看成"帝国主义的最后阶段"。殖民主义俨然成为"剥削"、"掠夺"、"不平等"和"不公正"的代名词。

综上，现代殖民主义研究的视角多维，结论丰富多彩，多半以自由资本主义和垄断资本主义作为殖民主义发展阶段的划分依据，且多数对殖民主义持批评态度。然而，在研究殖民主义问题的诸多学者中，以英国的菲尔德豪斯、R. 罗宾逊等人为代表，就殖民主义的历史阶段划分提出了完全不同的见解。他们不同意"帝国主义阶段"和帝国主义是一个特定的历史范畴的说法。指出，中心—外围之间自始至终最基本的经济关系——不平等的交换关系，首先是国际性的生产关系决定的。在 19 世纪 70 年代以来的殖民主义扩张仅仅是本世纪初叶扩张的延续，并无本质上的差别。在这种无差别性的背后，菲尔德豪斯等人的殖民主义的论述其实是否定了列宁有关帝国主义的理论学说。

就殖民主义的表现形式而言，尼日利亚著名历史学家阿迪·阿贾伊将殖民主义的内涵及其在非洲的运行轨迹形象地概括为三点：武力侵占殖民地并大举移民；掠夺资源；剥削殖民地的人民。①

应该看到，如果不从经济的角度分析殖民地的演变历史，我们就无从了解殖民主义在非洲的运行轨迹及当代殖民主义（抑或新殖民主义）的实际内涵。在不同宗主国统治下的不同国家和地区以及相同宗主国统治下的不同国家和地区，殖民主义的影响是不同的。作为工业产品的销售地，殖民宗主国不太主张在殖民地发展工业。就非洲国家的有限工业化而言，殖

---

① 阿迪·阿贾伊是联合国教科文组织主持编写的《非洲通史》（八卷本）第六卷主编，对殖民主义及基督教在尼日利亚的影响等问题有较深入的研究。参见北京大学《亚非研究动态》1992第 1 期。

民宗主国总体上持排斥态度。由于殖民地国家条件各异，殖民统治时间长短不一，各宗主国统治方式也不尽相同，因此殖民地的有限工业化程度也不一样。以英属南非、比属刚果和法属西非为例，南非在19世纪末20世纪初实现了以矿业经济为主的有限工业化。比属刚果的工业随出口贸易的起伏而变化不定，到独立时还未形成独立体系。而法属西非则因殖民当局对发展工业持排斥态度，独立时工业还未形成。

截至帝国主义形成时期，英、法、德、葡、比、意等欧洲殖民列强已经把非洲瓜分完毕。英国和法国分别是占领非洲殖民地最多的国家，但其特点和统治方法却又有所不同。法国对殖民地的掠夺方式，一方面取决于其高利贷资本的发展特点，另一方面也受制于殖民地的自然环境、人文状况和生产力的发展水平。以法国夺占阿尔及利亚，建立马格里布（北非）殖民地为例。在法军登陆翌日，法国陆军部长席拉尔宣称："这次军事征服阿尔及利亚基于迫切要求之上，这与维护法国，甚至欧洲公共秩序有重要和极为密切的关系：为了解决我们的过剩人口，以及推销我们工厂的产品来交换由于我们的土壤和气候关系以致我们所没有的其他的产品，为此必须开辟一个广泛的出口市场。"其后，法国在阿尔及利亚殖民主义统治是土地掠夺和移民并举，开始了其长达132年的殖民主义统治。从根本上说，殖民主义和殖民杀戮相伴随，是充满血腥的超经济强制。

综上，工业革命所造就的欧洲资本主义文明，以其合理的资源配置和较高的经济效益，而在同非洲自然经济的较量中，占据着明显的优势。对非洲大陆的瓜分、占领和实行统治的结果，成就了英、法"日不落帝国"和"法兰西帝国"的美梦。事实上，帝国主义离不开对殖民地的占领和掠夺。

如果单从字面上理解，"殖民地"（colony）或"殖民地化"（colonization）其本意为一中性词，指民众在某地的聚居行为。可以说，古已有之，近代为烈。随着近代资本主义的发展，这种跨区域及洲际性的拓殖（垦殖）规模达到了前所未有的程度。拓殖往往伴随着对殖民地原住民实行血腥镇压和残酷的政治统治，由此而呈现出的种种"道德失却"现象和行为，学术上称为殖民主义。

所以有"新殖民主义"的称谓，一说是因为殖民主义在不同时期的表现不一（可以说是变化常新的），并逐渐失去"殖民"的原有之意，而专门指因一国对他国行使控制而引发的有失公正、公允的行为和表现，后逐渐演变为帝国主义国家所惯用的超经济强制政策。对"新殖民主义"的另一种更为常见的解释是，战后 60 年代亚非拉发展中国家纷纷取得独立后，因殖民主义统治而带来的种种后果和影响。诸如民族冲突和边界纠纷，文化殖民主义、技术殖民主义等，不一而足。随着前殖民地国家的纷纷独立，帝国主义国家再以原有的方式进行统治已无可能。然而，在全球化形势下，发达资本主义国家在技术和工业制造等领域对发展中国家仍然保持着垄断和控制，成为殖民主义在新时期的具体表现。"新殖民主义"虽无军事占领及大规模移民，但是其实质仍然是对他国行使实际控制和影响。

（三）新老殖民主义的异与同

新旧殖民主义的区别在于不同时期，其表现形式有所不同。新殖民主义已不可能、当然也不再以军事的手段占领殖民地并进行政治统治。关于新殖民主义起源问题，有学者认为它起源于 19 世纪初的拉丁美洲。第二次世界大战后，随着联合国通过了非殖民化宣言及非洲民族解放运动的兴起，英法等在非洲大陆的殖民主义统治渐趋式微，纷纷开始从殖民地撤退。事实上，就其手段而言，与殖民统治初期的超经济强制相比，这是一种"没有殖民地的帝国主义"。这些前殖民宗主国通过采取联邦（英联邦首脑会议）、共同体（法非首脑会议）和联系国的形式，仍在维持着其"殖民帝国"的地位和影响。

以上，人们不难看出，传统殖民主义和新殖民主义虽然在表现形式上有所不同，殖民政策也是因国而异，但是，新老殖民主义的共性特征在于其目标的一致性，其实质是掠夺和剥削，换言之，不公正性和不平等性是新、老殖民主义的同质属性或交集所在。

二　互利共赢：中非关系的本质属性

近年来，西方某些政要及媒体将中国与非洲国家正常的友好交往与新殖民主义相提并论。应该如何解读西方对中国的这一指责？

笔者认为，这表明西方大国在密切关注中国的对非政策及其成效和影响。它有三种内涵或含义。首先，历史的传承与发展表明，中非交往与西方对非关系有着本质上的不同，具有中国特色，这与中国在战后所处的国际政治环境有着密切的关联。新中国成立后，为了避免西方对我孤立，采取了对苏联"一边倒"和广交朋友的外交政策。中国在国家建设最困难时期对非洲施援，如建设坦赞铁路等做法，也是毛泽东"三个世界理论"划分的体现与落实。对长期饱受殖民掠夺的非洲国家而言，中国不附带任何政治条件的援助，对于巩固非洲国家的民族独立和自决无疑是一种及时之助，笔者认为，这可以理解成是一个社会主义国家对非洲民族主义的"馈赠"，抑或说是一种理性的政治投资，是国际共产主义兄弟友谊的高度体现。这种大公无私的精神是追逐超额利润的帝国主义国家或谋求超经济强制的殖民主义国家所难以做到的。它与殖民主义"双重使命"中"建设性使命"无疑也是有着本质区别的。无论从其内涵或外延看，中国与非洲的关系都与殖民主义没有任何共同之处。

其次，中非关系的发展引起国际社会，尤其是西方的密切关注。中非日益密切及共赢互利的政治和经济关系的发展，再次唤起了前殖民宗主国的历史罪恶感。而更为重要的是，积极推行所谓不可逆转的"民主价值观"是新时期西方在非洲搞新殖民主义的最突出表现。即便现在，英语非洲和法语非洲国家的多数领导人及其子女基本上是在伦敦、巴黎或者美国接受教育，西方借此向其灌输西方的价值观。由西方控制的国际货币基金组织和世界银行在 20 世纪 80 年代实施的结构调整计划，把经济援助同样是与政治民主化挂钩，成为西方对非洲行使政治控制的又一佐证。中国的援助不附加任何政治条件，打乱了西方的这种政治安排。

新时期，西方大国新殖民主义的另一个体现就是在非洲仍有大量的驻军和基地，如法国在乍得、科特迪瓦仍保有空军基地和驻军，在吉布提则建立了海军基地，并不时地行使着区域"警察"的职责，对当地民众大打出手。

如前所述，新旧殖民主义的本质属性在于其不公正性和不平等性。中国与非洲关系是亚非关系的一个重要组成部分，也是南南合作的一支重要力量。作为中非关系的能动者和主角，中国政府历来是本着和平共处及公平、公正原则制定对非政策的，从这个意义上讲，中非关系的发展应该是对新旧殖民主义本质属性的反动。在发展中非关系问题上，中国主张双方"在政治上加强互信；在经贸合作上开展互利互惠，实现双赢"。中国不搞文化侵略和语言同化，强调文化平等交往，而非强求"精确复制"。即便在学习中国经验问题上，也是建议非洲国家根据自身的国情，通过发展经济不断增强综合国力，而不能照搬照套中国的做法。诚如温家宝总理在开罗举行的记者会上驳斥"中国在非洲搞'新殖民主义'"的论调时所指出的，"从 1840 年鸦片战争开始，中国遭受了大约 110 年的殖民主义侵略。中华民族懂得殖民主义给人民带来的苦痛，也深知要同殖民主义作斗争。中国长期以来之所以支持非洲民族解放和振兴，这是一个主要原因。"正因为中非同为殖民主义的受害者，共同的遭遇及相互同情是发展中非友好关系的历史基础和政治基础。

从这一属性出发，西方指责"中国在非洲搞殖民主义"，无疑是脱离了中非友好的实际。指责中国在非洲搞殖民主义其实仍旧是西方冷战思维的表现。这也表明，世界范围的殖民化与非殖民化运动的斗争尚未完结。回顾近 50 年来的中非关系，确实可以用"好兄弟、好伙伴和好朋友"三点来概括。中国与非洲地理上相隔遥远，在宗教信仰及文化上也存在着很大的差异性。然而，这并没有阻碍中国与非洲国家建立相互信任的伙伴关系，发展包括与非洲国家在内的第三世界的外交关系成为新中国外交的基石。中非双边关系的发展能够历久弥新，并不断散发其强大的生命力，这是非常值得世人关注的历史、然而却又是非常现实且意义重大的命题。笔者认为，这一迷思需要人们从历史中找寻，在现实中求证，中非关系无疑也会在未来得到更大的发展。

然而，西方国家却对中非友好关系进行了错误的解读：认为，这是中国对非洲实行新殖民主义。更有甚者，西方有政要放言：中国在非洲的所作所为，与英国在 140 多年前的做法别无二致……西方政要何以将中国的对非关系与殖民主义联系在一起？

笔者认为，这种"误判"的原因在于，它割裂了新殖民主义与传统殖民主义的内在联系性。持续了 400 年的大西洋奴隶贸易使非洲损失上亿的精壮人口，这是非洲欠发达的历史原因；而在近现代历史上，欧洲殖民列强对非洲的豆剖瓜分则使非洲陷入了万劫不复的深渊，"正是欧洲的殖民主义使非洲变得不发达"。这或许也恰恰应验了英国著名哲学家罗素的名言："白人有支配他人的欲望。"

与此同时，罗素还对中国文化有着独特的解读："中国人有不希望支配他人的美德。"西方对中非关系错误解读的原因还在于：它们对中国基于传统文化理念而制定的和平外交政策的无知和无视。社会主义国家的中国把和平共处外交政策写进了宪法，因而，从根本上消除了其对外实行殖民扩张的可能性。"和平"亦即"非侵犯"。新中国成立至今，从"和平共处"到"和平发展",再到"和平崛起",其在不同阶段的外交战略无不贯穿着和平的理念,个中的精义在于中国奉行"互尊主权和领土完整,互不侵犯,互不干涉内政,平等互利,和平共处"五项基本原则。本着这一理念,中国在赢得世界信任和尊重的同时,也为自身赢得了外部的发展空间,中国对非洲国家的友好交往就是一个极好的例证。

中非高层互访不断,表明双方互有需求,这是双边多层次关系能够得以发展的现实基础。关于中非合作对非洲国家的影响,非洲能力培养基金会执行秘书长、马里前总理苏马纳·萨科认为,"非洲正在获益于与中国的紧密合作伙伴关系",也对西方媒体所谓"中国要把非洲变成殖民地"的说法予以严正驳斥。他指出,"那种认为中国与非洲开展经贸合作只是为了能源的看法是错误的、片面的",中国的投资为非洲大陆创造了大量就业机会。非洲大多数国家最近几年的经验是,政府凡有基础设施建设的国际招标,中国公司最有可能中标,因为他们更具有竞争力。自从中国开始在非洲投资和进行贸易以来,他们给非洲带来了价廉物美的商品,非洲国家可以根据自己公民的购买力从中国进口不同档次的商品。中国的市场经济发展使非洲获得了 5% 的经济增长率。中国海关数据显示,过去 5 年里,中非贸易额从每年 100 亿美元增加到近 400 亿美元。去年,中非总贸易额增长 35%。机电、高新技术产品等成为中国对非出口中增长最快的部分,几乎占到对非出口总额的一半。非洲国家与中国紧密的政治伙伴关系确保了国际组织做出的决定有利于那些最贫穷的国家,而不是某些大国。在联合国改革过程中,中国和非洲也有着共同的利益。大多数非洲国家已经注意到,中国尊重别国主权,对把自己的一套东西强加给别人不感兴趣。事实表明,中国非常尊重非洲和非洲国家政府,中国通过正面鼓励来支持非洲,而不是用高压和惩罚的手段对待非洲。肯尼亚外交部长拉斐尔·图朱(Raphael Tuju)在接受英国《金融时报》采访时说,"非洲如不与中国接触,那才是'疯狂之举'!"

综上,中国与非洲关系的发展与殖民主义毫无共同之处。当前一些西方政府和舆论对中国开展对非外交的片面报道实际反映出它们的一种不健康心态,即中国的到来会损害西方国家的切身利益,尤其在石油和矿产资源领域。中非关系的发展让某些西方国家和非政府组织感到不舒服,一定程度上唤起了其殖民主义的罪恶感,因此自然也就难怪会有以上的"误读"或"误判"了。

在全球化形势下，中国和非洲在进一步加强高层互访和政治互信，通过相互投资促进经济发展和人民福祉的同时，更应将加强彼此的文化交往作为发展双边关系的"润滑剂"。文化力的作用在于以文化的平等交往，促进相互间的了解和信任。对非洲加强文化交往，这也是中国政府一贯倡导的世界文化多样性的具体实践。①

"中国在非洲搞新殖民主义"的言论对中国而言无疑也是一种警醒。唯有认真贯彻落实科学发展观，以人为本，科学地制定本国的社会经济发展战略，尤其是要改革粗放式的经济增长模式。以此为依归，在全球化形势下，中非双方应该以一种全新的思维，对双边的经贸关系进行重新定位和思考。因此，如果能就这一问题达成共识，那将是对发展经济学和国际关系理论的一大突破和进步。这样，我们就可以在理论和实践上，对"中国在搞殖民主义"的言论展开双重反击，使谣言止于智者，不攻自破。

三 "中国在非洲搞新殖民主义"言论 的升级：二律背反？

2009 年 9 月 16 日，笔者在荷兰莱顿大学访学期间，曾赴海牙出席知名学者梅恩·彼得·冯·戴克（Meine Pieter Van Dijk）等编著的新书《中国在非洲的新表现》（*China's New Presence in Africa*）发布会。② 发布会由荷兰社会学研究所（ISS）和马斯特里赫特管理学院（MSM）可持续发展研究中心联合举办，面向公众开放，应邀出席的嘉宾中有荷兰外交部非洲司负责人和一些相关领域的学术大拿。

该书以"中国是新殖民大国，还是非洲的救世主？"为主线，通过对与华关系密切的一些国家（如苏丹、赞比亚）及领域（如矿业、能源、农业、纺织和成衣业）的案例分析，指出，中国对非发展援助、在非投资及其与非洲国家的贸易均呈现出迅速增长的势头。作者基于系统化的分析，认为中国政府在非洲所追求的目标是多重的，但其中有些目标则是彼此矛盾和对立的。关于中国的援助与发展模式究竟在多大程度上对非洲国家起着示范作用，该书在分析华盛顿共识与北京共识在非洲发展道路问题上的

---

① 参见拙文《中非共赢离不开文化力》，2006 年 6 月 20 日《第一财经日报》社论。
② 该书由阿姆斯特丹大学出版社于 2009 年出版发行。

矛盾性后①，提出中国经济的发展模式并非非洲国家效仿的榜样，"中国对非洲国家所提供的发展援助缺乏透明度，且在某些国家产权和所有权还不甚明晰"。作者还认为，中国与美国和沙特阿拉伯在非洲竞相获取土地，而且往往由中国农民组织生产并将其生产的农产品出口到中国。中国的企业家常常把自己的同胞从中国带来非洲从事农业生产，其后果是促进了中国国内当地的就业水平，但非洲的农民却因此丧失了增加收入的机会。

　　作者最后的结论是：出于其自身利益的考虑，中国在非洲出售其产品；确保自身的石油供给，以增强其超级大国的地位。该书同时还指出，多数非洲人对中国在非洲的所作所为甚至表示感激，因为他们认为，选择与中国合作，这有助于增强其独立自主能力，从而摆脱非洲国家对欧洲和美国的依赖性，这让荷兰的学者颇感离奇。

　　学术成果的价值在于学者依据事物本身的是非曲直，旁征博引，通过自己的辛勤努力，实事求是地得出客观结论，因而其具有较强的公信力，并进而可能成为政府决策的重要依据。《中国在非洲的新表现》一书的作者虽多为研究中非关系问题的知名学者，然而，由于他们纯粹从维护西方国家利益立场，而不是从中非关系的客观事实出发，"戴着有色眼镜"分析中非关系，其结论难免有失偏颇，甚至完全是错误的。它所流露的，其实是一种"无可奈何花落去"的"酸葡萄"心理。这同时也表明，西方指责我国"在非洲搞新殖民主义"已经有所升级，现已不仅限于政府官员的言论，而有了新的表现，即由一些智囊机构的知名学者著书立说，试图通过所谓的实证研究，向政府部门和公众进一步散播"中国在非洲搞新殖民主义"的不实之词。笔者认为有必要据理对此加以批驳，既为进一步促进中非关系的顺利发展计，同时也可以正视听。

　　事实上，该书的立论本身问题层出，因为其最终结论并不能必然导致

---

　　① 该书试图将"北京共识"（一称"中国模式"）和"华盛顿共识"加以对立。且不论在非洲发展问题上，两者间是否真正截然对立，作者在这里显然是指向近来议论颇盛的"G2"论（即中国和美国将共主世界，该提法比照"G8"），该论断排斥和降低了欧洲在未来世界中的主导权。针对"金砖四国"等新兴市场国家对世界经济的影响力不断增强，法国总统提议将"G8"扩大至"G13"，试图抵消这种言论对欧洲外交的影响力。匹兹堡召开的 20 国集团峰会，凸显当今世界已由单边走向多边，这是不争的事实。另参见齐冰《"北京共识"VS"中国模式"》，载《中国社会科学院报》2009 年 1 月 6 日。

作者所设计的"非此即彼"的二律背反的结果。①

该书立论在本质上的错误，使作者所设计的"非此即彼"的二律背反的前提与条件无一成立。作者所谓的第一个前提——"中国是新殖民大国"——不能成立的原因已如上所述，无论是套用殖民主义理论，还是就中国发展与非洲国家友好关系的实践来看，中国均与殖民主义无缘。这无疑是犯了移花接木和偷换概念的逻辑错误。

作为第二个前提——"中国是非洲国家的救世主"，同样违背中非关系是"互利共赢"关系这一历史事实。

事实上，诚如《国际歌》歌词所说："从来就没有什么救世主，也不靠神仙皇帝，要创造人类的幸福，全靠我们自己。"非洲应像其他新兴市场经济国家一样，积极寻求有自身特色的发展道路，并开展联合自强。②任何外来援助唯有通过发挥非洲国家自身的主观能动性，才能真正实现其应有功效，否则，只能徒增其对外依赖性。中国在发展对非关系过程中，注重培养非洲国家自身的能力建设，加强与非洲国家在人力资源领域的合作，因为中国深知"授其以鱼，不如授之以渔"的道理。③这也是新中国在经历复杂多变的国内和国际形势后所总结出的成功经验，为此，中国深感"独立自主"的宝贵和"自力更生"的重要性。

笔者认为，对中非关系本质属性研究表明，就中非关系而言，中国既非"新殖民主义"，亦非非洲的"救世主"——即非此亦非彼，恰好是对《中国在非洲的新表现》一书作者所谓"二律背反"立论的完全背反与否定。因此，如果该立论不能成立，那么，作者的真实用意何在？其实，该

---

①　"二律背反"（原出希腊文 ANTINOMI）是康德的哲学概念，又译作"二律背驰"，"相互冲突"或"自相矛盾"；意指对同一个对象或问题所形成的两种理论或学说虽然各自成立但却相互矛盾的现象。纯粹理性的二律背反的发现在康德哲学形成过程中具有重要意义，它使康德深入到了对理性的批判，不仅发现了以往形而上学陷入困境的根源，而且找到了解决问题的途径。康德将二律背反看做源于人类理性追求无条件的东西的自然倾向，因而是不可避免的，他的解决办法是把无条件者不看做认识的对象而视之为道德信仰的目标。虽然他对二律背反的理解主要是消极的，但他亦揭示了理性的内在矛盾的必然性，从而对黑格尔的辩证法产生了深刻影响。

②　非洲国家结合自身情况，走联合自强的道路，在自身发展规划上已有一个良好的开端：即通过区域合作，实现全非洲一体化的目标。在 2009 年 9 月美国匹兹堡召开的 20 国峰会上，南非前财政部长、现任规划部长曼纽尔认为，非洲只有更好地组织动员起来，并在区域经济发展有更为上乘的表现，才能在全球治理中拥有更大的发言权。参见 http://allafrica.com/stories/printable/200909210579.html。

③　自 20 世纪 60 年代以来，中国一直在向一些非洲国家派遣医疗队。医疗队的一项重要任务就是为当地培养医疗人才，此举在一定程度上缓解了这些国家缺医少药的状况。

命题是作者借助"二律背反"，"非常聪明地"为读者设置的一个选择"陷阱"：即如中国自己以及其他国家，甚至包括多数非洲国家所说的那样，不是"新殖民大国"，那么，中国就是非洲国家的"救世主"；按照作者"非此即彼"的推论，这位"救世主"何以在苏丹和赞比亚"大肆"开采石油和其他矿藏，难道果真如英国外交大臣所言"中国在非洲的所作所为和英国140年前的殖民主义别无二致"？确实如其所设想的那样，作者的最终目的即是要把读者错误地引向"中国在非洲就是新殖民大国，而非救世主"这一结论。

作为世界最大的发展中国家，中国之于非洲，既非"新殖民主义国家"，亦非"非洲国家的救世主"。中国在平等互利基础上发展与非洲国家之间的友好关系，以不损害第三国利益为前提，当然也绝不会允许任何国家破坏中非关系的顺利发展。试问，曾经对其他国家实行残酷的殖民主义统治的国家，何以恣意指责别国"在非洲搞殖民主义"？这只能表明，此种指责背后所表现出的是一种"酸葡萄"心态。

然而，这种"酸葡萄"心态非常有害，它会引发一连串不可想象的后果：即基于欧洲学界对华外交、尤其是对我与非洲国家之间互利共赢关系的片面理解，甚至是刻意歪曲，可能导致一国甚至整个欧盟外交决策上的集体"失误"；[①] 欧洲前殖民宗主国对于中非互利共赢关系不断深化所表现出的心态失衡，会毒化中欧关系的氛围，且一旦遇有摩擦，极易使双边关系出现不应有的倒退。事实上，无论是将所谓的"达尔富尔人权问题"与北京奥运会挂钩，在德国柏林等欧洲中心城市搞所谓"人权火炬接力"，与我对抗，还是法国打着维护宗教自由的名义，册封达赖"巴黎荣誉市民"称号，以上种种与这一指责可谓一脉相承，均源自于中非关系的深化发展这一背景。[②]

梅恩·戴克等编著的这本新书在西方的相关著述中具有一定的代表

① 荷兰学术界对该书的好评就是一个例证，并极有可能成为荷兰外交政策制定时的一个"基本"认知。莱顿大学非洲研究院院长认为，这是一本应时之作，指出，该书通过旁征博引，揭开了当代中国在非洲崛起的奥秘，而颇具深度的案例分析所引用的材料有助于人们对这一问题的解读。马斯特里赫特管理学院（MSM）可持续发展研究中心主任戴德里克则认为，这是政策制定者及学者研究中国在非洲影响问题的一本必读书。

② 萨科齐在就职演说中将法国与非洲国家的关系，列为其与美国及欧盟同等重要的地位。事实上，自20世纪以来，法国历任总统都将非洲视为法国的"生命线"，因而，除欧盟大外交外，对非关系就构成了其自身外交的重要利益所在，法非首脑峰会业已成为法非关系的重要纽带。

性。它们往往选择一两个与华经贸关系较为密切的非洲国家作为个案研究，剖析一两个领域（其中多半是能源与石油等），然后通过以点带面的分析，得出带有普遍性的结论。这些研究大多未能跳出"殖民主义的窠臼"。就研究方法而言，《中国在非洲的新表现》一书可以看成是此种著述的升级版。欧盟一些政客和学者无所不用其极，极尽能事，大肆攻击我在非洲搞"新殖民主义"，其用意即是要给顺利发展的中非关系设置"斯诺克"。欧洲利用其与非洲的历史渊源，通过学术交流和政要访问，以此作为传播"中国在非洲搞新殖民主义"的一个主要渠道，对中非关系形成反制和影响，甚至对我形成某种束缚。而这种指责的不断升级表明，西方学界试图对我在和平共处基础上发展中非关系做出道德评判，使中国与非洲间互利共赢的友好合作就此止步不前。因此，新殖民主义问题已经成为中非关系议题中不可回避的应有内容。如何在这场博弈中破解由西方设置的这一障碍，确实考验着中国学界的智慧和论战水平。

西方政界和学界指责中国在非洲搞新殖民主义的主要借口和依据，是中国涉非企业重用本国工人及向驻在国大量出口本国商品，导致该国失业率增加和产业竞争力下降。事实上，随着中国产业化的不断升级，我国中西部地区利用劳动力的比较优势，在承接东部沿海地区的产业转移的同时，完全可以向非洲国家释放某些产能，即利用中国的资金、技术与市场，以及非洲国家的劳动力资源和自然资源，在非洲设立合资生产型企业，吸收当地人就业，就可以实现共赢。① 如果西方指责我的依据不再成立，那么，其论点自然也就站不住脚。

论战的重点在于打破"新老殖民主义"的束缚，做到解放思想，真正实现互利共赢和多赢。即既要批驳西方在非洲搞殖民主义的历史，同时又不能落入这一"窠臼"，为其所左右。以目前我与苏丹进行的农业合作为例。加强与中国在农业领域的合作，是苏丹政府在与我开展石油领域合作，取得大量的石油美元收益之后，谋求通过深化两国合作，发展本国农业，以解决贫穷问题的一项重要举措。② 笔者以为，这就不可避免地要涉

---

① 以我国江西省为例。作为中西部的农业省份，江西在承接东部发达地区的产业转移的同时，也在积极寻求与非洲国家的合作机会。通过发展现代高效农业，减少温室气体排放，中国与非洲在农业和环境保护等领域正面临着前所未有的合作机遇。

② 参见人民日报记者王南在喀土穆对笔者的访谈录——《中苏合作进入新阶段》，人民网，2009 年 6 月 16 日。

及对苏丹土地的使用权问题和所有制问题。这既要考虑产权状况，又要兼顾经营人的经济利益和生产积极性。然而，戴克等人因此指责中国像美国和沙特阿拉伯等国一样，在大肆获取苏丹的土地，并借此指责和攻击中国是"新殖民大国"，而我若迫于舆论，害怕别人说我在非洲搞所谓的"新殖民主义"而畏缩不前，那么，双方互利共赢的局面就难以实现。事实上，只要这种合作是建立在平等互利和自觉自愿基础之上，那就无可厚非。

四　几点看法

就双边关系而言，中非关系不损害第三方利益。但事实上，事情不那么简单。

（一）新殖民主义问题是现代国际关系中不能回避，且必须厘清的重大问题。西方舆论及某些政要的立场旨在混淆世人的视听，无疑给中非关系的发展附加了一个并不轻松的注脚。如果不能明辨是非，并对这种无端的指责据理批驳，其结果势必会黑白颠倒，使中非关系陷入二律背反的境地。人们当然也完全可以采取超然的态度去面对，不必理会，谣言止于智者。然而，当这种违背历史事实的言论为西方掌控，它就会通过传媒的放大效应，使得中非关系在某一方面或以某种形式落入西方所谓的"新殖民主义"的"窠臼"（尤其是在能源合作方面），其结果可能导致中非经贸关系裹足不前，甚至陷入倒退的境地。基于此，我们又不能对此种言论置之不理或听之任之，而必须予以严正驳斥，使中非关系能够不受非议地健康发展。

（二）我们对西方有关"中国在非洲搞新殖民主义"谬论的批驳，所要解决的，绝不仅仅是该主题本身所引发的逻辑思辨——这一不能回避而又带有理论突破的问题，它同时也是我们审视当前中非关系中存在的种种问题的难得契机。它直接涉及发展中国家之间在全球化形势下究竟应该怎么样加强合作的问题。譬如，如何解决长期以来中非关系所呈现出的政治发展与经贸合作的不对称性问题？在合作领域，能否超越过分集中于能源领域合作的现状，实现中非合作"全天候"互动？

（三）新殖民主义在20世纪八九十年代则发生了变化，成为国际经济秩序间的斗争，即发展中国家为谋求建立国际经济新秩序反对国际经济旧秩序的斗争。中国作为最大的发展中国家，经济增长强劲，中国在平等互利的基础上继续发展与 50 多个非洲国家的友好合作关系，对于建立公正合理的国际政治经济新秩序有着十分重要的意义。

（四）发展中国家至今仍存在的单一经济结构和有限工业化、边界冲突、民族和宗教争端等问题确实是殖民主义统治带来的后果，而且这种后果的影响是很严重又很深远的。但发展中国家经济发展滞后，一些地区和国家政治动荡等现象的存在也不能完全归结于此，也与本国所处的环境，领导者的决策和选择的发展道路等诸多因素有关。

（五）就殖民主义的后果而言，随着战后殖民地纷纷独立并开始自主地发展自身的国民经济，其破坏性使命渐弱，建设性使命渐强。西方八国对非洲等前殖民地地区的债务减免和关税优惠，还是在一定程度上优化了发展中国家的外部经济环境。笔者认为，鉴于文化殖民主义的影响是新殖民主义的影响最为深刻的方面，非洲大陆至今仍然被人为地分割为英语非洲、法语非洲和葡语非洲等。传统殖民主义国家，如英国，也屡有利用这种文化影响力重返非洲的意图。而对非洲民族主义国家而言，如果不锐意改革、励精图治，任何一项重大政策失当，都有可能招致殖民主义重返非洲，这种情形已经为战后非洲经历的种种磨难所体现。

（本文作者：刘乃亚，中国社会科学院西亚非洲研究所副研究员）

世界现代史体系建构中的中东社会史研究

韩志斌

进入 21 世纪以来，世界史研究呈现空前繁荣的局面，其显著标志就是社会史从边缘到中心的兴起，为古老、固化的世界史学术体系增添了一股活力。社会史兴起的标志有以下几点：一是学术期刊注重刊登社会史的文章；二是高等院校课程体系中突出社会史的内容；三是学术会议与团体成立专门机构研究相关内容；四是高等院校与研究机构开始招收这方面的硕士、博士研究生。社会史研究的异军突起不仅改变了以往政治史、军事史、外交史、经济史主导下的史学布局，而且拓宽了世界史研究的学术领域，丰富了世界史研究的选题内涵，充实了世界史研究的文化视野。正如英国著名的社会史学者哈罗德·珀金所言，社会史从灰姑娘变成了一位公主，成为历史研究中的皇后。① 目前国内社会史研究的对象主要是西方国家，中东社会史的研究只是刚刚起步。本文不打算对社会史理论作过多的探讨，而是尝试将中东社会史研究纳入史学转型的路径予以考察，以中东地区为研究个案对中国世界现代史学术体系建构中的社会史研究进行归纳，以弥补相关领域的空白点。

一　中东社会史研究的学理意义与必要

中东社会史研究的学理意义与必要主要体现在以下三个层面。

一是"全球化视野下文明交往"时代主题的需要。

关于时代及其主题问题一直是世界史学界争论的主题，这一似乎已经老掉牙的理论命题却一直困扰着世界现代史的教学与研究。时代问题的理论论争是一个不断变化与流变的主题。我国学术界对时代主题的认知有以

---

① 　田居俭：《把当代社会史提上研究日程》，《当代中国史研究》2007 年第 3 期，第 22 页。

下几种观点：1. "战争与革命"。这一观点最先提出者是列宁，他提出了"帝国主义时代"（1917 年）、"无产阶级社会主义革命时代"（1924 年）。1924 年，斯大林将上述思想归纳为"帝国主义与无产阶级革命时代"，成为当时流行一时的时代主题。2. "两种制度（社会主义与资本主义）并存共处的时代"。3. "和平与发展的时代"。①

当然，以上说法的提出既有其时代特色，也有侧重点，既有合理性，也有时代的局限性。特别是随着全球化的发展，全球化视野下的文明交往成为世界历史发展进程中一股不可避免、且十分明显的力量结构，因此，笔者认为目前的时代主题应为"全球化视野下的文明交往"，其理由如下：第一，全球化是当前时代的主流命题，在历史学界体现为全球史观的宏大叙事结构。全球史观是近年来由国外史学界首先提出的一种研究世界历史的新观点，强调全球范围内不同民族和人民之间的互动，全球或区域环境的变迁、商贸往来、技术发明的扩散发展等。②也就是说，史学家应该将视线投射到所有的地区和时代。但是全球史观的一个重要特点，就是各大文明间交往的节奏、速度、色彩比以前更为频繁。实际上全球化就是人类社会文明交往化的新时期，是古代文明交往联系在当代的新发展。③第二，交往成为全球化时代运行的主题。文明交往是人类跨入文明门槛之后，直到现在、而且还将持续发展的基本实践活动。④而推动全球各大文明进行多层次、多角度、多秩序交往的原动力就是文明交往所产生的交往力。"文明交往形成的交往力，同生产力相互作用，分别组成人类社会发展进程中的横线和纵线，彼此交叉璧联，织成色彩斑斓的多样性历史画卷。"⑤

全球化是指各种不同的社会、文化、经历空间与行动单位的相互作用，相互影响与交织越来越频繁、越来越紧密了。这一理论论断也适用于中东地区，正是因为"全球化时代文明交往"这一时代主题要求历史学关注的对象应该从昔日中东的政治精英的宏大叙事转向草根民众为主体的社

---

① 曹胜强主编《世界通史教程·现代卷》，山东大学出版社 1999 年版，第 397—402 页。
② 何平：《全球史对世界史编纂理论和方法的发展》，《世界历史》2006 年第 4 期，第 117 页。
③ 彭树智：《松榆斋百记：人类文明交往散论》，西北大学出版社 2005 年版，第 82 页。
④ 彭树智：《文明交往论》，陕西人民出版社 2003 年版，第 3 页。
⑤ 同上书，第 5 页。

会生态，因此中东社会史的关注对象不仅是构成社会运行结构的各种要素，而且是深入到社会形成机理的细枝末节。只有看到隐藏在社会、社会生活的表象下面的多重结构和相互联系，社会史才能实现对社会历史的深层次把握，从传统的"事件—叙事"史学模式发展到"问题史学"的新史学模式。

二是史学人文关怀的体现。

历史学研究最根本的主体对象是人，研究的最终目的也是要为人服务，如果脱离了这一点，那么历史学就失去了它的意义。但是社会的发展并不是风平浪静的，每一次挫折与灾难（诸如疾病、瘟疫、战争、水患、火灾等）都会对人们造成严重的摧折，使人们的心理发生变化，产生困惑与恐惧。这时就要有历史家从历史的资料中挖掘先例，为人们打气、鼓舞，否则人类的心灵就将难以支撑，陷于绝望之地。汤因比的历史研究就是在目睹第一次世界大战对人类的摧残而进行《历史研究》写作的，因此，《历史研究》探究的又是人在历史进程中如何运用智慧和能力改造世界，如何在挑战和应战中生存和发展。所以历史研究的意义不是为纯学术的，而是有其真实的价值，这种价值就在于其社会现实性。社会史重视对人的研究，使得一些西方学者指出，几乎所有的历史都是社会史。[1] 正如有的学者所指出的，社会史学可以克服历史学和社会学研究中的缺点和不足之处，充分发挥历史学和社会学各自的长处，并将其有机地结合在一起去认识和分析社会历史现象，从而使之"既见树木，又见森林"。[2]

三是中东社会史具有丰富的内涵。

中东地区是全球化时代文明交往最快速、最频繁的区域之一。中东在政治地缘史上历来就是较为开放的地区。在人类社会由闭塞、分散走向开放、联系的文明化过程中，中东是变化最快的地区之一。中东地区是20世纪以来，特别是第二次世界大战以来国际关系中一个持续性特征最突出的"热点"。中东地区文化的一个重要特点就是伊斯兰教在历史交往中形成的政教合一、教族合一性，其社会文化的显著特点就是宗教政治型文化与强烈的政治参与型传统。这种宗教信仰与政治意识形态相结合使得中东

---

① 段建宏：《汤因比的人类"终极关怀"思想与社会史研究》，《太原师范学院学报（社会科学版）》2007 年第 3 期。

② 于沛：《变动中的西方史学》，《当代中国史研究》2003 年第 6 期。

地区形成了以伊斯兰教为政治权威的传统宗教政治观。这种宗教政治文化体系形成的历史传统和社会心理赋予阿拉伯伊斯兰社会文化以独特的系统和恒久性质。因此，在全球化时代，中东地区阿拉伯—伊斯兰文明在对外交往中，其社会结构的变动比其他地区都更深刻、更耐人寻味。中东地区社会因其独特的伊斯兰宗教文化而在社会生态、社会生活、社会思潮、妇女地位等层面表现出独有的特征。

二 中东社会史研究的内容与结构

不可否认，社会史学对于冲破传统史学的僵化模式、片面注重政治史和革命史的著史格局、理论与方法单一的倾向具有革命意义。但西方学者几乎一致认为，在历史学中，社会史是一个颇难界定的学科。按照霍布斯鲍姆的观点，直到 20 世纪 50 年代，社会史还没有形成一个专门的学术领域。[①] 因此，学术界对于社会史的概念、意义、研究对象、范畴、学科内容、理论方法与相关学科的关系等，都存在不同的看法。而具体到中东地区，笔者认为，社会史应该以普通民众的日常生活及其生活的自然生态为主要研究对象，并以此作为探讨社会经济、政治和意识形态结构演变的基础和依据，从而更准确地解释和把握社会历史发展的轨迹。应该指出的是，社会史即是一种范式或研究视角，也是研究方法。因此，与中东地区密切联系的灾害史、社会生活史、疾病史、社会思潮史、妇女史、文化史都成为研究的对象。限于论文篇幅，本文选择其中个案进行介绍。

（一）中东社会生态史[②]

社会史研究的一个重要领域是大范围的环境和生态变迁，动物、植物和疾病的流动对人类社会与自然环境的影响，由此产生了所谓生态史学派。这一史学首先兴起于美国，导因是 20 世纪六七十年代的环境保护运动。国内环境史研究起步相对较晚，但最近十年发展非常迅速。但研究成果主要集中在欧美等国家。

---

① 侯建新：《人文和整体的历史——西方经济—社会史初论》，《世界历史》2002 年第 1 期，第 21 页。
② 相关资料均来自任德胜《论自然灾害对中东文明发展的影响》，西北大学博士论文，2007年。

中东生态文明是人类文明交往的基本内容之一。它强调人类社会与自然环境的综合性和整体性交往关系，人与自然是统一的，人起源、依靠、发展、归属于自然。① 探讨自然灾害生态文明对人类文明的影响是中东史的一个崭新而又陈旧的课题。说它崭新是因为作为世界生态文明史与社会交往史重要构成部分的灾害史却没有引起学者们的重视，说它陈旧是因为中东地区有着较早的自然灾害记录，有记载的自然灾害至少有 3700 年的历史。中东历史上自然灾害之频繁，影响之深远，实属世界历史所少见。特别是 1201 年埃及、叙利亚发生的大地震，造成 120 万人死亡，这是世界历史上死亡人数最多的大地震。因此，探讨近代中东自然灾害生态文明与中东文明的互动交往意义重大：从世界历史与中东史的学术研究层面考量，这一命题可以丰富世界生态文明史的内容，夯实中东史研究的理论与实践维度；从生态文明史现实意义来分析，这一课题可以为自然灾害的预防以及历史研究总结提供不可多得的资料。这里以灾害史为研究对象，阐述中东地区的社会生态史的特点。中东地区自然灾害的类型呈现出多样化的特点，包括地震、海啸、饥荒等。

1. 地震

从地质构造板块来看，中东地区多数国家处于欧亚板块、非洲版块与印度、澳洲板块结合处，即欧亚大地震带上（又称地中海地震带）。特别是土耳其、伊朗与阿富汗横穿欧亚大地震带，这种特殊的地理环境决定了中东地区地震危害十分严重。土耳其全国 95% 的人口、92% 的陆地面积处于地震高发区。伊朗的地震更为频繁，几乎每天都有轻微地震发生。中东的地震具有震级大、损失严重、发生频繁等特点。中东地区 7 级以上的震级就有 109 次，死亡人数超过 5000 人以上的地震有 60 多次。特别是奥斯曼帝国的政治中心伊斯坦布尔、波斯（今伊朗）的德黑兰、大不里士等地都是地震多发区，多次遭受震灾，居民伤亡惨重。

2. 海啸

海啸在近代中东也屡见不鲜，中东地区周边的地中海、黑海、阿拉伯海、马尔马拉海以及黑海和死海湖泊都发生过多次海啸。公元前 2000 年，叙利亚的地中海沿岸发生了中东历史上记载最早的海啸。中东共发生 62 次，大多数为地震引发的海啸。

---

① 彭树智：《文明交往论》，第 7—8 页。

3. 饥荒

作为自然灾害后果之一，饥荒也是中东地区自然灾害之一。近代中东许多地区的居民都生活在饥饿的边缘，其原因有：一是人口规模与可以获得的粮食数量常常是不平衡的；二是战争破坏以及年景不好等天灾人祸所致；三是人口增长超过了自然生态系统可以承受的程度，农业生产体系压力增大。① 5000 多年来，中东地区的饥荒有 31 次。

自然灾害对中东文明的推进表现在两个层面：一是自然灾害的毁灭性后果形成的挑战迫使生命个体、社会与人类文明释放潜能与激情为生存而应战。二是中东人民大众在与自然交往中积累了丰富的实践经验，促进了近代中东文明的发展。

（二）社会生活史与疾病史②

社会生活史是社会史研究最鲜明、活跃的领域之一，也是中东现代化变革与社会发生变动最直接的领域。中东社会生活具有以下特点。

一是人口的变化。1. 增长快。20 世纪 80 年代，中东的人口增长名列世界第一。2. 政府采取控制人口政策。1962 年后，埃及、土耳其等国开始推广计划生育，妇女采取避孕措施。3. 人口大规模移民。如非产油国工人为了谋生到产油国打工。4. 难民潮。由于阿以冲突、两伊战争、海湾战争、伊拉克战争的影响产生的难民潮，主要有伊朗、巴勒斯坦、阿富汗及其周边国家等。

二是部族作用的演变。中东地区部族关系的重要性仅次于非洲，特别是部族主义对中东社会生活产生的影响。中东部族具有如下特点：1. 民众主要依部落进行生活。2. 血缘关系是维系部落的纽带。如盛行表兄妹联姻。3. 部族管理秩序的独立性。部族拥有军队，跨越国界进行季节性流动。4. 职业（农业、游牧业、手工业）与空间（农村、牧区、社区）的封闭性。随着中东民族国家构建的完成，部族也发生了以下变化：1. 强制定居。如沙特国王伊本·沙特、伊朗国王礼萨汗、阿富汗首相达乌德都强制部族定居；2. 部落酋长与民众身份的转变。部族酋长逐渐变成大地主，

---

① 克莱夫·庞廷：《绿色世界史》，王毅、张学广译，上海人民出版社 2002 年版，第 7 页。
② 参见彭树智主编《二十世纪中东史》（第 2 版），高等教育出版社 2001 年版，第 288—308 页。

部落民逐渐向大城市移民，成为工人、士兵与小贩。

三是日常生活方式的变迁。一是居住条件由移动棚屋向定居住房过渡。二是城市布局由传统型向现代型转变。传统城市布局多围绕王宫或行政官员的城堡、清真寺、集市为中心，辐射型的结构，现代城市布局基本上是西方式街道南北贯通，设施先进而现代化。三是饮食内容的改变。大饼与和面饼取代了玉米饼成为主食，西方的饮料也开始大众化。四是服饰的现代化。阿拉伯传统服装的特点是宽松舒适。传统的妇女服装是长袍与连衣裙。20 世纪以来，妇女的服装发生了很大变化。牛仔裤、超短裙也成为抛头露面的阿拉伯妇女的最爱。

四是妇女地位的跃升。作为社会史重要组成部分的妇女史，一直是学术界关注的对象。传统意义上的中东妇女一直处于社会的底层，社会地位低下，婚姻没有自主权，文盲率很高。中东民族国家建构以后，许多国家都把提高妇女地位作为新政府的首要任务。他们改善妇女生存状况，给她们提供接受教育、充分就业的机会，颁布法律保证妇女婚姻自主，提高她们的文化素质。

瘟疫在人类社会文明史上占有重要地位，它突发性强，经常在意想不到的时间地点发生，让人束手无策。震惊世界的黑死病曾使欧洲一片沉寂。作为世界文明的发祥地，中东地区也是瘟疫频发区。其原因有三：一是定居农业使得人类与疾病零距离接触，群居的生活更加速了疾病的蔓延；二是近代中东卫生条件差，城市人口拥挤，环境污浊，造成传染病肆虐与人口大量死亡；三是战争灾害引起的瘟疫。中东的瘟疫包括黑死病、天花、霍乱、流感等，中东发生瘟疫 139 次。中东地处"五海三洲"之地，历史上一直属于瘟疫的重灾区。据木乃伊检验，埃及第 29 王朝第四位国王拉美西斯五世就是死于天花。①

许多人认为，中东地区不存在艾滋病蔓延的社会基础，实际上近年来中东地区的艾滋病患者令人担忧。在 2004 年 12 月 11—13 日开罗召开的阿拉伯国家宗教领袖艾滋病事务地区会议上，与会的伊斯兰教及基督教人士呼吁清真寺、教堂和各教育机构必须打破沉默、联合起来面对艾滋病的威胁，以宗教的原则和科学的创造寻找新的途径来应对这一灾难。截至 2004 年 12 月，全球 HIV 感染者人数总计 3940 万，2004 年新增感染人数 490

---

① 刘文鹏：《古代埃及史》，商务印书馆 2000 年版，第 501 页。

万，死亡人数 310 万。其中，中东和北非地区（大多是阿拉伯国家）感染人数约 54 万。[1]

（三）文化史

欧洲研究者长期保持这种认识：中东各帝国的优势是军事成就和政治组织，文化的贡献微乎其微或根本没有。[2] 而事实上，中东各帝国在思想文化领域表现得更为突出，影响着近代中东社会生活的面貌、进度、节奏、深度和色彩。这里以奥斯曼帝国为例阐释近代中东帝国文化的特点：

第一，阿拉伯—伊斯兰文化雄厚的历史底蕴和宗教意义成为奥斯曼帝国文化的肥沃土壤。

在大多数学者看来，伊斯兰教是一种宗教世界观，而不是一种文化。实际上伊斯兰教本身就是一种辉煌灿烂的文化，它不仅包涵神学世界观，还有其他构成因素。作为宗教文化，伊斯兰文化本身具有多层次、多方位和多中心的特点。这些文化主体包括阿拉伯地区固有文化（如阿拉伯语言、文字、诗歌、谚语、散文、故事和传说等）与波斯、印度、希腊、罗马等东西方外来文化交往的综合性内容。正如有的学者指出："伊斯兰文明尽管发源于麦加，其根源却在巴勒斯坦、巴比伦和波斯波利斯（古波斯帝国都城之一）。"[3] 伊斯兰教在与这些文化和文明交往过程中，相互交汇、渗透、融合，并丰富和壮大起来。

随着阿拉伯大帝国的衰亡，蒙古帝国作为世界历史的主要政治行为体开始大规模的西进，中东东部地区大都处于蒙古人的统治之下。需要指出的是，蒙古人的统治并未改变中东的主流文化。原因有三：一是蒙古人统治该地区的时间较短；二是蒙古统治从本质上讲是一种武力征服，留驻的蒙古人是一些武士。而在这幅员辽阔的土地上，并未有（也许是时间不允许）足够的普通蒙古劳动大众，而某一文化的传播正是要借助劳动人民在该地区的长期存留，生产劳动与文明交往才能得以实现；三是蒙古政治精英及其后继者本身开始接受该地区主流文化，即伊斯兰文化。合赞汗

---

① 邹冬心：《阿拉伯国家艾滋病问题现状综述》，《阿拉伯世界》2005 年第 5 期，第 39 页。

② Stanford Shaw, *History of the Ottoman Empire and Modern Turkey*, volume 1: *Empire of the Gazis: the Rise and Decline of the Ottoman Empire, 1280–1808*, Cambridge University Press, 1976, p. 139.

③ William L. Cleveland, *A History of the Modern Middle East*, Third Edition, Westview Press, 2004, p. 1.

（1295—1304 年在位）是伊儿汗国明君，1295 年 6 月 19 日，他率领将士改宗伊斯兰教。同年 11 月 3 日即汗位，取名穆罕默德，自号素丹，帖木儿等成吉思汗的继承者实际上都承袭了阿拉伯帝国的文化传统。

第二，阿拉伯—伊斯兰文化的重心转移特征使其在中东地域影响甚广。

阿拉伯帝国衰落后，阿拉伯—伊斯兰文化重心从巴格达地区迅速向其他地区转移。埃及在战胜蒙古铁蹄和十字军后，成功保存了阿拉伯—伊斯兰文化遗产，开罗取代巴格达成为伊斯兰世界的文化中心。在其存续的六七百年时间里，阿拉伯帝国已经将伊斯兰信仰及由此带来的相关文化深深地印记在统治区域民众的生活中。奥斯曼帝国的统治区域大致与阿拉伯帝国的统治区域相似，根深蒂固的文化体系难以在短时间内发生根本性变化，奥斯曼帝国早期的文化主体还是阿拉伯—伊斯兰文化。奥斯曼帝国政府还有意强化这种意识。1331 年，奥斯曼帝国在依兹尼克（Iznik）建立第一所伊斯兰学校，学者大都是来自埃及和波斯的宗教学者。随后，布尔萨、埃迪尔内（Edirne）和伊斯坦布尔相继建立类似伊斯兰学校，讲授伊斯兰文化。[1]

第三，奥斯曼帝国保留、吸纳、改造、革新阿拉伯—伊斯兰文化。

奥斯曼帝国文化是多种文明主体交往的结果，不同文明之间的冲突和交融构成了文明交往史上的绚丽篇章。[2] 在奥斯曼帝国战争交往的过程中，交往力是帝国崛起的最主要力量。伴随奥斯曼帝国征服而来的是一些地区居民的伊斯兰化，许多基督徒在交往的双向互动作用下（包括物质诱惑与暴力胁迫）皈依伊斯兰教。毋庸置疑，作为与伊斯兰教形影相随的阿拉伯文化最直接、最深刻地影响了奥斯曼文化。奥斯曼人和阿拉伯人有许多共同点：都是游牧民族，善于吸收外来文化的精华。伊斯兰教是用阿拉伯文写成的，奥斯曼神学作家一般也使用阿拉伯文写作，阿拉伯字母及其词语、表达方式和习惯用法被土耳其人使用。[3] 奥斯曼帝国素丹接受中东的统治权，同时也继承哈里发一职，承担穆斯林对伊斯兰教的最高职责，伊斯兰教在奥斯曼帝国居于统治地位。《古兰经》仍以阿拉伯文为唯一承载

---

① Ira M. Lapidus, *A History of Islamic Society*, Cambridge University Press, 1988, p. 324.

② 彭树智：《文明交往论》，第 13 页。

③ Ira M. Lapidus, *A History of Islamic Society*, Cambridge University Press, 1988, p. 320.

语言，学校以传授伊斯兰教为宗教教育的主体内容。阿拉伯—伊斯兰文化精巧复杂和规范的文体导致了古典奥斯曼文学的产生，得到帝国上流社会和知识分子的保护、实践、欣赏。[①] 从这一角度来说，有的学者认为奥斯曼帝国衰败实际上也是政治伊斯兰地位下降的结论并不过分。[②]

第四，奥斯曼帝国文化具有世界文化（cosmopolitan culture）的特质。

奥斯曼帝国文化包括阿拉伯帝国传统、波斯文明、拜占庭文明以及欧洲文明的元素。马赫穆德二世就曾经慷慨地资助文化艺术事业，支持波斯诗歌，引入欧洲绘画艺术。在他的宫廷中，阿拉伯和波斯文人、意大利绘画家、希腊与塞尔维亚诗人都被待为上宾。奥斯曼帝国宫廷诗注入了阿拉伯文与波斯文。奥斯曼帝国清真寺单一的圆屋顶、高耸的尖塔以及柱廊式的庭院布局体现了拜占庭教廷的建筑风格。[③] 在语言方面，土耳其语将大量的阿拉伯语和波斯语单词和短语吸纳其中。[④] 在这里应该提及波斯文化对奥斯曼帝国文化的影响。早期的奥斯曼人曾流浪于波斯地区，素丹至高无上的地位这种思想即源自波斯人的观念。[⑤] 奥斯曼人在历史著作方面模仿波斯人，大量借用波斯语汇，这些著作的风格与波斯文的虚夸之风颇为相似。在文学方面，奥斯曼人擅长模仿波斯文学的原型，并研究波斯诗歌，用语言学诠释波斯经典，取得卓越成就。

三　中东社会史研究中的理论难点

自 20 世纪 80 年代社会史研究成为学术界一股潮流后，有关社会史的相关理论问题层出不穷。但这些成果对社会史这一学科的基本概念、研究对象、研究内容、研究方法，以及社会史与文化史、社会史与社会学和社会心理学、社会史与人类学的关系的了解都不甚深入，有些甚至是大有偏

[①] Stanford Shaw, *History of the Ottoman Empire and Modern Turkey*, volume 1: *Empire of the Gazis: the Rise and Decline of the Ottoman Empire*, *1280 – 1808*, pp. 139 – 140.

[②] Martin Sicker, *The Islamic World in Decline: From the Treaty of Karlowitz to the Disintegration of the Ottoman Empire*, Praeger Publishers, 2001, viii.

[③] Ira M. Lapidus, *A History of Islamic Society*, pp. 319 – 322.

[④] Stanford Shaw, *History of the Ottoman Empire and Modern Turkey*, volume 1: Empire of the Gazis: the Rise and Decline of the Ottoman Empire, 1280 – 1808, p. 140.

[⑤] 赛义德·亚菲兹·马茂德：《伊斯兰教简史》，吴云贵等译，中国社会科学出版社 1981 年版，第 433 页。

颇。众所周知，社会史是发轫于西方的一门新兴学科，其理论缘起、学术结构与研究范式都是按照西方社会秩序结构的特点进行系统运行的。任何一种社会现象，任何一个范围内的区域文化，都有自己独特的历史和独特的表现形式，都可以构成一种独特的研究类型。作为地缘上十分独特的研究领域，中东社会史的理论范式并不能照搬或套用西方的理论结构，而是需要在对本地区相关命题进行具体研究的基础上探索一条独特的研究范式与理论路径。中东社会史的理论难点表现在以下层面。

一是研究对象的模糊性。自社会史产生之日起，学术界关于其研究对象就存在着不同的看法。第一种观点认为社会史是研究历史上人们社会生活的运动体系，以人们的群体生活和生活方式为研究对象，包括社会生活史、生活方式史、生活行为史。第二种观点认为研究对象包括三个方面：即社会构成（人口、婚姻、家庭等基本社会元素和细胞）、社会生活（衣、食、住、行的物质生活和价值观念、伦理观念、宗教信仰等精神生活方面）、社会职能（教育等方面的社会控制和社会病态的防治等）。第三种观点认为社会史才是真正的通史，其广义定义是再现人类社会过去的历史，其狭义定义可以是研究社会结构变迁时普通人的经历。[①] 以上诸观点仅是众多看法中具有代表性的几种，这些观点分别从宏观、微观角度对社会史的研究对象进行了解读，带有普遍的实用意义。但具体到中东地区，由于其特殊的地缘结构、宗教构成、民族文化等各种因素的影响，其社会史的研究对象与中东社会构成和社会存在状况及其运行轨迹存在着紧密的关系。既包括微观上的社会构成，如社会生态、人口、婚姻、家庭等社会基本要素和细胞，又包括宏观上的社会整体运行形态。这种泛化的研究对象，是中东社会史研究中的一个难以回避的理论难点。

二是中东社会史研究的整体与局部的关系。从研究形态来讲，社会史包含两个层面：即研究人类生活的整体运行，干脆就像英国的屈威廉"将排除了政治的人民史"作为他眼中的社会史的恰当表述。[②] 另一层面，社会史研究人口、婚姻、家庭和家族、生活方式、社会心态，甚至赌博、卖淫等具体社会问题。因此对于中东社会史来说，从理论角度应该是一个系统的整体，但在具体研究中则应该注意到具体的微观领域，如社会生态、

---

① 邓慧君：《社会史研究存在问题之我见》，《甘肃社会科学》2003 年第 6 期。

② 周晓虹：《试论社会史研究的若干理论问题》，《历史研究》1997 年第 3 期。

疾病等。如何协调区域研究与整体研究、个案研究与普遍研究的矛盾，是一个基本难题。

三是中东社会史与社会学理论的关系。在现代社会学成长的过程中，新方法的运用所产生的革命性意义绝对不亚于甚至要强于各种理论的建树。新方法的运用在使社会学摆脱抽象思辨的研究范式成为一门现代实证科学的过程中起到了决定性的作用。其实，现代社会学包括了社会学研究的指导原则、逻辑基础、研究模式、操作程序、调查技术和手段等。社会学理论是社会学家对社会结构和社会行为进行整体性科学研究后得出的规律性认识。这些理论包括强调社会结构的"大"理论，如帕森斯的结构功能主义和冲突理论；侧重社会行为的"中层理论"，符号互动理论和社会交换理论；"微观理论"注重个案的细微研究。这些来源于西方的社会学理论体系与方法，如果利用适当，对于研究社会史是大有裨益的。但西方的社会学理论并不具有普适价值，许多理论并不能镶嵌在中东社会行为的具体行为之中。应该指出的是，中东社会史研究应该、也必须向社会学借鉴各种行之有效的研究方法，但前者不应成为后者简单的拷贝或复本。理论并不能僵化地套用，如何将这些生动的西方社会史理论运用到中东社会史的理论与实践中去是学术界的一大难题。在中东社会史学领域简单照搬现代社会学的研究方法，就难以达到准确研究历史上的社会或社会现象的目的。

总之，尽管社会史研究已经初具规模，但中东社会史的研究却刚刚起步，研究的成果仅限于局部的细枝末节，还有待于中国学者进行深入研究。

（本文作者：韩志斌，西北大学中东研究所副教授）

论日本现代史的断代

张经纬

所谓"历史的长河"是对历史发展的一种形象的文学描述，其实这种描述也不乏学术意义，旨在告诉人们人类历史发展是一个不可分割的连续的整体。然而，这个不可分割的连续的发展过程又不是一条平滑的曲线，在历史发展的某一时段常常表现出有别于另一时段的特征和趋势，这就为历史学家断代并在此基础上构建自己的史学体系、从而预测该时段的发展趋势提供了依据和可能性。每一时代和每一个国度的历史学家对于历史的理解和评判，都难以摆脱他所生存时代和所属国度的价值体系的影响，依据不同的史观和标准对历史进行断代会有不同的结果，据此构建的史学体系也各异。对于日本现代史的研究也是一样，中日两国不同时期的历史学者的断代是有区别的，在此基础上构建起来的现代史体系也各有特征。本文拟就中日两国历史学者有关日本现代史的断代与体系做一比较分析，并提出自己的看法。

一　中国史学界关于日本现代史的断代与体系

近年来，在中国学界有关日本近现代史的划界问题争论不多，也没有学者对此问题进行过专门的研究和论述。其实，近现代的划界问题既是近代史的下限问题，也是现代史的上限问题。从中国学者特别是改革开放以后的学者所撰写的日本通史和日本近代史来看，对日本现代史的上下限还是有分歧的。这种分歧主要表现在以第一次世界大战后和第二次世界大战后为开端两种划分方法，时间差距较大，这里牵涉到世界通史分期和国别史分期的关系问题。一方面由于各个民族国家历史发展的不平衡性和特殊国情，国别史的分期与世界通史的分期不可能完全一致。另一方面，随着西方列强的扩张、特别是 19 世纪以后的扩张，世界越来越联结为一个整体，日本已不再是一个锁国的农耕民族，其历史发展已与世界历史联系起来，这样就有可能在两者之间找到一个接合点。究竟哪种方法更接近这个接合点呢，我们或可通过分析中国学者写的世界通史、日本通史或日本近代史对这个问题梳理一下。

吴于廑、齐世荣主编的《世界史》可谓改革开放以来出版的影响最大的世界史通史类专著之一，该书的现代史编上限定在 20 世纪初，下限定在冷战结束后的 20 世纪末。该书对世界现代史的上限设定在 20 世纪初给出了如下理由："20 世纪初，资本主义发展到帝国主义阶段。两大帝国主义军事集团为重新瓜分殖民地、势力范围和争夺世界霸权而展开激烈的斗争，最后导致了第一次世界大战的爆发。"第一次世界大战使得"19 世纪欧洲资本主义列强支配世界的局面告终。美、日两个新兴的帝国主义国家崛起于北美和东亚。社会主义国家苏联在地跨欧、亚两大洲的俄罗斯帝国废墟上巍然屹立"①。由于这一系列重大事件和历史剧变都发生在 20 世纪初，因此，该书主编认为把 20 世纪初作为世界现代史的开端是合适的。关于该书下限设定的理由，主编并没有给予理论上的解释，只是说"世界现代史的进程尚在演变之中，它的下限暂时定在本世纪（即 20 世纪末——引者注）之末"②。

世界通史和国别史的断代既有联系又有区别。那么，在这部世界现代史里，是如何处理这种关系，即如何选取日本现代史的内容呢？该书的日本部分以 1904—1905 年的日俄战争为日本现代史的开端，并简单追溯了之前 10 年的战争准备情况，这与全书的上限及设定上限的理由是基本吻合的。因为日俄战争发生于第一次世界大战之前的东北亚地区，然而却震惊了整个世界。俄国战败导致了 1905 年革命的爆发，而 1905 年革命又为具有世界意义的十月社会主义革命准备了条件。另外，日本战胜，跻身世界强国，扩张野心益加膨胀，成为日后影响亚洲乃至世界历史发展的一方霸主。该书日本史部分的下限与全书设定的下限稍有出入，内容也相对简单。主要介绍 20 世纪 80 年代寻求由经济大国向政治大国的转变，国际关系和外经贸的内容也仅止于 90 年代初。对于在苏东剧变、冷战结束这样的大国际背景下，日本的经济社会发展（如泡沫经济破灭）表现出来的新

---

① 吴于廑、齐世荣：《世界史·现代史编（上）》，高等教育出版社 1994 年版，前言第 1 页。
② 同上书，前言第 2 页。

特点，则没有给予足够的重视。

吴廷璆主编的《日本史》是20世纪90年代中期国内学界的一部集体力作（南开大学出版社1994年版）。全书分为三卷，第一卷为古代，时间设定为1868年明治维新以前，包括原始社会、奴隶社会和封建社会三种社会形态；第二卷为近代，时间设定为从1868年明治维新至1945年第二次世界大战结束，包括资本主义形成和帝国主义形成两个时期；第三卷为战后，时间设定为1945年至1992年。吴先生为该书写的前言极为简单，只是就成书的原委和写作的分工情况作了一个简明的介绍，对该书的断代分期、为何分为三卷、为何把1945年之后称作"战后"而不是"现代"等没作任何说明。但是我们还是可以从该书的体系框架及所叙述的内容来思考三个问题：第一，社会形态的更迭是该书分卷、分期的主要依据；第二，虽然没有冠之以"现代"，但从全书的分卷和脉络来看，该书的战后部分就是现代史；第三，该书在卷次内容的分配上是平衡的、协调的，但从社会形态更迭的角度看，它的卷次安排又是分裂的、不统一的。第一卷古代社会合三为一，即涵盖原始、奴隶、封建三种社会形态，资本主义社会形态又一分为二，即分为"近代"和"战后"两卷。①

万峰著《日本近代史》（中国社会科学出版社1981年版）是改革开放之后较早出版的一部日本近代史专著。该书的上限定于19世纪50年代中期日本开港前后，下限定于第一次世界大战结束的1918年前后。对于下限的设定，作者提出了两点理由：一个是从世界史的角度看，从1917年俄国十月社会主义革命胜利后不久即进入现代史阶段；另一个是从日本史的角度看，这时日本帝国主义已经形成。关于后一个理由，作者作了如下说明："日本自从甲午战争后出现后期产业革命的高潮以来，大体上到1910年前后，随着产业革命完成，资本主义形成和发展，并逐步过渡到垄断资本主义阶段，转变为帝国主义。之后，经过1914年至1918年的第一次世界大战，日本成了帝国主义暴发户，垄断资本主义实力空前膨胀。……已经挤进屈指可数的几大帝国主义强国的行列，俨然以'东洋的霸主'自居，因此，从第一次世界大战结束后开始，日本的历史也和世界

---

① 吴廷璆主编《日本史》，南开大学出版社1994年版，第1—20页。

历史一样，开始进入自己的现代史发展时期。"①

吕万和著《简明日本近代史》出版于改革开放初期的 1984 年。该书引言的第一句话就是"近代的日本（1853—1945），史学界把它比作'东方的彗星'"②。毫无疑问，在吕氏看来，日本现代史的起点应该在第二次世界大战之后。虽然他对于日本近现代的断代和分期没有大段的论述，但可以肯定的是，第一，其观点是传统的马克思主义的史学观点，这些在今天看来依然有较高的参考价值；第二，他是按照日本资本主义的特殊发展历程来划分阶段的，可以设想，如果吕氏续写日本现代史，对于战后日本史也会作为资本主义发展历程的一个特定阶段来处理。关于这两点在该书的引言和结语中已经清晰地反映出来，比如，在引言中他把日本近代史分为四个时期，即 1853 年至 1894 年从封建主义向资本主义的转化期、1894 年至 1918 年从资本主义向帝国主义的转化期、1918 年至 1937 年是向法西斯的转化期、1937 年至 1945 年是法西斯的崩溃期。③ 在该书的结语中，作者对战后至 80 年代初的日本历史以"战后以来"给予高度概括，虽未冠之以现代之名，但习惯上可以理解为吕氏的日本现代史体系构想④。

王新生著《日本简史》分古代、中世、近代和现代四章，现代的开端定于第二次世界大战后的占领与改革，下限止于 20 世纪末的经济衰退与改革。该书言简意赅，观点新颖，选取各个时代的大事件阐述历史发展的大脉络，在体例上有所创新。然而，该书既无前言也无后记，无从考察著者把现代史开端设定为第二次世界大战后的理论依据，我们只从分章的情况来判定著者断代的特征⑤。

王仲涛、汤重南合著的《日本史》，从日本的远古时代叙述到 20 世纪末。该书没有明确划分出古代、近代和现代，也看不出按社会形态递进安排章节的痕迹。著者以时间为经，按时序撷取能反映历史发展重大变动的大事件分章叙述，这样，就很难发现著者的断代依据和体系框架的指导思

①　万峰：《日本近代史》，中国社会科学出版社 1981 年版，第 6 页。
②　吕万和：《简明日本近代史》，天津人民出版社 1984 年版，第 1 页。
③　同上书，第 3 页。
④　同上书，第 405—406 页。
⑤　王新生：《日本简史》，北京大学出版社 2005 年版。

想，也需要通过分章情况去揣摩隐含其中的断代理念①。

宋成有著《新编日本近代史》上限在幕府时代，较其他近代史专著在时间上更加提前，从政治、经济、思想文化等方面全面考察了幕府时代的历史遗产。该书的下限设定在日本第二次世界大战战败。该书虽然没有明言其断代的依据是社会形态的变化，但体系框架却是对这一依据的发展和创新。把近代开端的上限提前，分析幕府时代的历史遗产，在于寻找日本由封建社会向资本主义社会过渡的内部动因。把近代的下限设定在第二次世界大战战败，是在从连续性和变异性上考察日本明治维新至战败投降这一特殊的历史阶段。关于断代的理由，著者也说得很实在，"将倒幕维新运动兴起至战败投降的近代日本历史全过程，作为一个整体来考察，不仅符合历史的真实，也有利于评论其历史进程中的成败得失与是非功过"②。可见，在著者眼里，战后日本是日本资本主义发展的又一个特殊阶段，日本现代史的开端是在第二次世界大战之后。

总体来看，国内的日本史学者对于日本近现代史的划界，亦即日本现代史的开端问题，大体有两种观点，一种观点是 20 世纪初或第一次世界大战，另一种观点是第二次世界大战之后，而以后者居多。关于这个问题，在此不多作论述，而在后文笔者综合比较时再行详析。

二　日本史学界关于日本现代史的断代与体系

战后日本史学界关于日本现代史的断代不是一成不变的，而是经历了复杂的变化过程。在日本，同样存在如何处理日本史与世界史的断代的关系问题，日本史学家对于这个问题进行过长期的争论，比起中国史学界的争论更加复杂、充分。对于这一点，我们可以主要通过对岩波书店出版的几个版本的《岩波讲座日本历史》和《岩波讲座世界历史》了解一个梗概，并尽可能解读其断代方法随着时代的发展而变化的原因。

《岩波讲座日本历史》在战后已经出版过三个版本，每个版本的断代都有变化。我们可以通过对三个版本的比较，发现其断代及体例的演变。

（一）20 世纪 60 年代版本，日本通常称为"旧版"讲座，丛书名为

---

① 参见王仲涛、汤重南《日本史》，人民出版社 2008 年版。

② 宋成有：《新编日本近代史》，北京大学出版社 2006 年版，前言第 2 页。

《岩波讲座日本历史》，全书有 21 卷加别卷 2 卷，1962 年至 1964 年出齐。
断代及卷次如下：

原始·古代 4 卷：远古—院政期

中世 4 卷：平氏政权—战国期

近世 5 卷：信长政权—天保期

近代 4 卷："开国"—甲午战争·产业革命

现代 4 卷：1900—1960 年①

（二）20 世纪 70 年代版本，日本通常称为"新版"讲座，1975 年至
1977 年出齐，丛书名仍为《岩波讲座日本历史》，全书由 23 卷加别卷 3 卷
构成，断代和卷次如下：

原始·古代 4 卷：远古—院政·平氏政权

中世 4 卷：镰仓幕府—信长时代

近世 5 卷：丰臣政权—幕府灭亡

近代 8 卷：明治维新—第二次世界大战战败

现代 2 卷：占领期—20 世纪 60 年代②

（三）20 世纪 90 年代版本，1993 年至 1996 年出齐，丛书名改为《岩
波讲座日本通史》，全书由 21 卷加别卷 4 卷构成，断代和卷次如下：

古代以前 1 卷：弥生时代之前

古代 5 卷：弥生时代—11 世纪（摄关政治期）

中世 4 卷：院政期—战国时代（12—16 世纪）

近世 5 卷：安土桃山—天保时代（16 世纪后半至 19 世纪前半）

近代 4 卷："开国"—占领期（19 世纪 50 年代至 20 世纪 40 年代）

现代 2 卷：媾和—泡沫破裂（20 世纪 50 年代至 90 年代）③

比较以上三个版本可以看出，岩波讲座日本历史的时代划分各版都有
不同。关于现代史的开端，60 年代版本以日本帝国主义形成的 1900 年以
后作为现代史的开端，井上清在现代第一卷的第一部分写的"现代史概
说"就采用了这种时代划分方法。但 70 年代版发生了很大变化，现代史
的开端后延至第二次世界大战结束。藤原彰在《现代史序说》中解释了这

---

① 参见《岩波讲座日本历史》目录部分，岩波书店，1962—1964 年。

② 参见《岩波讲座日本历史》目录部分，岩波书店，1975—1977 年。

③ 参见《岩波讲座日本通史》目录部分，岩波书店，1993—1996 年。

种新的时代划分论，他认为战败及战后改革是明治维新以后最大的划时代历史性事件，因此应以此为日本现代史的开端①。此后，"战后史等于现代史"的划分方法渐渐成为日本史学界的主流，至20世纪80年代这一划分方法几成定论。90年代版本对于日本现代史的开端又略为后延，以20世纪50年代的"媾和"为现代史的起点。这样，关于日本现代史的开端就经历了"20世纪初→战败→媾和"这样一个变化过程。

国别史与世界史存在着复杂的关系，我们有必要通过权威的《岩波讲座世界历史》来了解一下日本史学界对世界史的断代问题。《岩波讲座世界历史》已出版两个版本，即20世纪70年代版本和20世纪90年代版本。

（一）20世纪70年代版本《岩波讲座世界历史》，1969年至1974年出版，全书由29卷加别卷2卷构成，断代和卷次如下：

古代6卷和中世7卷（略）

近代10卷：近代世界的形成—帝国主义时代

现代6卷：第一次世界大战—第二次世界大战②

（二）20世纪90年代版本《岩波讲座世界历史》，1997—2000年出版，全书由28卷加别卷1卷构成，断代和卷次如下。

第1卷：走近世界史（总论）

第2卷：中东世界（　—7世纪）

第3卷：中华的形成与东方世界（　—2世纪）

第4卷：地中海世界与古典文明（公元前1500年—公元4世纪）

第5卷：帝国与支配—古代的遗产

第6卷：南亚世界·东南亚世界的形成与发展（—15世纪）

第7卷：欧洲的诞生（4—10世纪）

第8卷：欧洲的成长（11—15世纪）

第9卷：中华的分裂与重建（3—13世纪）

第10卷：伊斯兰世界的发展（7—16世纪）

第11卷：中部欧亚大陆的统合（9—16世纪）

第12卷：遭遇与发展——异文化的视角

---

① 转引自永井和《日本现代史序说讲义》，《京都大学文学部基础现代文化学系现代史学专修讲义》，第5页。

② 参见《岩波讲座世界历史》目次，岩波书店，1969—1974年。

第 13 卷：东亚·东南亚传统社会的形成（16—18 世纪）

第 14 卷：伊斯兰环印度洋世界（16—18 世纪）

第 15 卷：商人与市场——网络中的国家

第 16 卷：主权国家与启蒙（16—18 世纪）

第 17 卷：环大西洋革命（18 世纪后半—19 世纪 30 年代）

第 18 卷：工业化与国民形成（18 世纪末—20 世纪初）

第 19 卷：迁徙与移民——活跃的地域融合

第 20 卷：亚洲的"近代"（19 世纪）

第 21 卷：伊斯兰世界与非洲（18 世纪末—20 世纪初）

第 22 卷：产业与革新——资本主义的发展与演变

第 23 卷：亚洲与欧洲（1900 年代—20 世纪 20 年代）

第 24 卷：解放的光与影（20 世纪 30 年代—40 年代）

第 25 卷：战争与和平——通向未来的信息

第 26 卷：经济成长与冷战（20 世纪 50 年代—70 年代）

第 27 卷：从后冷战到 21 世纪（20 世纪 80 年代）

第 28 卷：普遍与多元——面向现代文化[①]

　　通过以上两个版本目次的比较可以看出，70 年代版本的前近代部分，按古代、中世的时代划分介绍七个主要地域的历史。现代部分共有 6 卷，第 24 卷为现代的第 1 卷，以第一次世界大战为开端，第 29 卷为现代的第 6 卷，以第二次世界大战为下限。全书分古代、中世、近代、现代四部分，断代是清楚的。其对于现代的断代与 60 年代版《岩波讲座日本历史》大体接近，与 70 年代版《岩波讲座日本历史》则出入较大。

　　90 年代版就不同了，各卷在纵向的时间序列上没有明显的时代划分，没有贴上古代、近代、现代的标签，应该算作一部没有断代却是大体按时间顺序排列、自古及今的专题世界史。其选题一类是偏重某一时期的地域发展史专题，另一类是偏重某一时期的超越地域的世界史"共时"的专题。虽然各卷专题没有冠之以古代、近代或现代的时代称谓，但各卷的排列次序还是能反映自古及今的时间概念。第 23 卷"亚洲与欧洲（1900 年代—20 年代）"，与 70 年代版第 24 卷现代史开端接近，第 27 卷"后冷战至 21 世纪（1980 年代）"比 70 年代版第 29 卷现代史的下限后延了近半个

---

① 参见《岩波讲座世界历史》目次，岩波书店，1997—2000 年。

世纪。

为何90年代版本《岩波讲座世界历史》把断代问题模糊化处理了？这与日本史学界有关时代划分争论的变化有关。战后至上世纪70年代，日本史学界对于时代划分的意义和价值曾有过强烈的共识，于是有关中国史的论争，① 及对世界史时代划分的论争就展开了，然而70年代之后这种共识不存在了，因此这些论争也就偃旗息鼓了。

社会是一种有着特殊结构的实体，各地域发展的速度不同，特征各异，在所处的特定阶段上发展，这种在特定阶段上发展的地域能够用共同的标准去衡量，这就是当时形成发展阶段论所依据的"共识"。"古代"、"中世"、"近代"这些概念都有确定的含义，史学工作者首先要知道这些概念是指各地域社会发展相继出现的某一特定历史阶段，然后才可以确认某一特定社会所处的时代，这样便形成确定社会发展阶段的方法。在当时看来，认可这种方法并依据这种方法，对所有社会进行带有普遍适用性的时代划分是有重大意义的。

然而，20世纪70年代之后，日本史学界发生了很大变化。经历了高速经济成长的日本社会，人们的社会意识发生了很大变化，对历史进步的价值意识变得淡薄了，把人类历史看做进步过程的意识也渐渐失去，特别是在年青一代中这种倾向更加强烈。这种倾向影响到史学界，使史学界也产生了忽视既往研究课题的倾向②。史学工作者对争论的那些问题产生了厌恶感，对时代划分的意义和价值产生了质疑，对时代划分的争论不再感兴趣。也就是说，上述所谓作为时代划分前提的"共识"出现了异动，几近崩溃状态，时代划分的基础不存在了，这是90年代版本《岩波讲座世界历史》没再依据时代分卷的根本原因。同时，日本史学界也认为，还不

---

① 有关中国史的论争，出现过东大学派和京大学派的争论。1948年，前田直典对京都大学东洋史时代划分说的批判拉开了争论的序幕。京都学派的内藤湖南认为，上古至后汉为古代、六朝·唐为中世、宋以后为近世。战后宫崎市定发展了这一观点，认为不仅中国史、整个亚洲史都普遍存在"近世"，主张世界史分期不是欧洲的古代、中世、近代的三分法，而是更具普遍性的引入"近世"的古代、中世、近世、近代的四分法。前田直典主张隋唐之前为古代，宋代以后为中世的古代、中世、近代三分法，前田直典的三分法在1950年得到历史学研究会的支持后渐成为有关中国史主流的分期法。详细内容参见谷川道雄《战后日本的中国史论争》，河合教育文化研究所1993年版。

② 参见谷川道雄编《战后日本的中国史论争》。转引自永井和《日本现代史序说讲义》，《京都大学文学部基础现代文化学系现代史学专修讲义》，第12页。

能断言时代划分完全失去了意义，与旧的划分方法没有彻底决裂，新的划分方法又尚未出现，是20世纪90年代之后日本史学界出现的新特征。

另外，90年代版《岩波讲座世界历史》把断代问题模糊化，还可能与70年代版《岩波讲座世界历史》和大体同期的《岩波讲座日本历史》的时代划分出现了矛盾有关。即前者的现代以第一次世界大战为开端，后者的现代以第二次世界大战后的占领期为开端。也就是说，日本的史学家在如何协调世界史和日本史断代的关系时遇到了困难。一般来讲，近代以后，随着资本主义的扩张，进入一个通过文字把世界联系起来的时代，对整个世界应作为一个"共时"的系统来理解。同时，每一个民族国家都有其特殊的历史和国情，其所处的历史发展阶段又不可能是整齐划一的。这样，处理好普遍性和特殊性的关系，协调好"共时"的世界与个别国家的断代的关系，便成为一个复杂的史学难题。因此可以说，90年代版《岩波讲座世界历史》是由于对上述难题暂时束手无策才采取了模糊处理的办法。

关于日本现代史的划界问题，我们还可以通过梳理战后日本一些史学家的史观，发现其变化的脉络。

60年代版《岩波讲座日本历史》以20世纪初为日本现代史的开端。远山茂树创造了一种"合力"理论和"内外因主导转换"理论来解释这种划分方法。在他看来，历史的发展是由诸社会内在发展规律（即内部的、一国史的契机）与通过诸社会间的相互作用产生的世界史规律（即外部的、国际的契机）的合力决定的。同时，形成合力的两种力量在不同的历史时期所发挥的作用是不同的。历史的发展从以一国内部条件规定的发展规律为主的时期，向以世界史发展阶段与日本史特有发展阶段这两者相互作用的发展规律为主的时期的质的转换，这样的时代便是"现代"，在这种时代，任何民族都不能从世界史中脱离出来独立发展[①]。对于传统的马克思主义历史唯物论，远山茂树的观点是与时俱进的创新发展，还是修正抑或歪曲？不管怎么说，值得肯定的是远山茂树在努力寻求世界史与日本史断代的结合点。

马克思主义的历史理论是依据社会形态划分社会历史阶段，1900年前

---

① 永井和：《日本现代史序说讲义》，《京都大学文学部基础现代文化学系现代史学专修讲义》，第49页。

后的日本社会形态并没有发生质的变化，那么，远山茂树有关日本近现代的划界是否动摇了马克思主义历史唯物论的基本立场？在他本人看来，他对马克思主义的修正是在维护马克思主义历史学的基本原则。

另外，远山茂树一方面认为，日本历史发展的合力产生于"开国"之后，另一方面又认为"内外因主导转换"发生于20世纪初。表面上看似乎费解，但仔细分析，无论其对立论前提的判断是否正确，在他构筑的理论框架内，两个理论还是能够衔接起来。在他看来，19世纪后半期，资本主义还没有发展为垄断，世界资本主义对一国历史发展的影响力还相对较弱。一国国内的历史发展条件与世界史的发展条件虽已纠缠在一起，但对一国历史发展起主要作用的还是国内条件。日本之所以没有沦为发达帝国主义国家的殖民地、半殖民地而保持了独立，并取得了资本主义化的成功，就是因为存在那样的世界史条件。1900年前后，世界资本主义发展为垄断，这时一国史的发展条件与世界史的发展条件的主从地位发生了转换，因此把这个时点作为日本近现代史的划界是合适的。

20世纪60年代远山茂树的时代划分理论，是在批判斯大林主义的大背景下发生的，也是对战后至20世纪50年代盛行于史学界的、过分强调经济基础的史观的一种反省和修正。

70年代版《岩波讲座日本历史》对日本现代史的开端作了重大调整，即从60年代版20世纪初后延至第二次世界大战之后。对于这一变化，大石嘉一郎给予了这样的解释：60年代版日本历史重视西方对世界现代史的时代划分，当时大多把20世纪史或第一次世界大战后的历史视作现代史。另外，依据马克思主义的立场把俄国革命后资本主义的最后阶段或者普遍危机时代看做现代也是一个较为普遍的观点。然而，70年代版本把现代史开端后延是更合理、更现实的。因为从日本史的角度看，从明治维新到第二次世界大战期间，难以发现日本的社会形态发生了质的变化，而战后的民主改革使得以明治维新为起点确立起来的近代天皇制和军事半封建的资本主义得以解体，重建了具有新内容的资本主义社会，社会结构的特质发生了明显的变化。

大石嘉一郎的分析是对马克思主义依据社会形态转换划分时代理论的又一种修正，他认为要坚持依据社会形态转换划分时代的立场，就应该承认战后改革是日本现代的起点。大石嘉一郎的修正是不完善的，存在着逻辑上的矛盾和概念上的混乱。"从封建结构的资本制社会形态转向新结构的资本主义社会形态"，① 这个新结构是个什么样的结构？前后两个资本主义社会形态与马克思主义社会形态论中的资本主义社会形态有何区别和联系？等等，大石嘉一郎没有给予足够的说明。他的时代划分论，一方面以社会经济结构的转换为基础，另一方面又以划时代的政治事件为断代的分界线。这种模糊化、多标准的处理手法，与其说是对唯物史观的修正，倒不如说是放弃或者歪曲。

三　关于日本现代史断代和体系的思考

既然我们讨论的是现代史问题，那么就有必要首先把"现代"的含义弄清楚。"现代"所指涉的时间范围是变动不居的，现代和近代的分界也是相对的而不是绝对的。中国清代学者段玉裁所说的"三代为古，则汉为今；魏晋为古，则唐宋为今"②，即是在说时代认定的相对性，把古今视为不定之名。我们常把昨天、今天和明天比作过去、现在和将来，今天既是昨天的明天，又是明天的昨天，现在既是过去的将来，又是将来的过去。这些都说明时代的定名是一个不断发展变化的过程，翻一翻各国不同年代出版的现代史也会发现这种情况。

对于"时代"定名的相对性还有一层意思，即由于历史发展存在着连续性，因此任何断代都不能绝对的"一刀两断"，都必然要追溯某一历史时代开端的历史渊源。这样，由于对追溯历史渊源理解的不同，历史学家对某一历史时代开端的确定会出现差异。就是说，不同历史学家著述同一个国家的断代史，其上限出现时间差是可以理解的。如前所述，日本学者写的日本近代史，其上限有"开国说"，也有"明治维新说"。现代史的上限更为复杂，既有同一时段的差异，又有不同时段的变动。前者表现在"20世纪初"和第一次世界大战后的"米骚动"的不同，后者表现在"战败投降"、"战后改革"及"50年代初"的不同。这些差异都是由于著者对追溯历史渊源的理解不同而引起的。

同时，主张时代定名的相对性，并不是说断代是无从下手或者是没有

---

① 永井和：《日本现代史序说讲义》，《京都大学文学部基础现代文化学系现代史学专修讲义》，第64页。

② 段玉裁：《广雅疏证序》，见王念孙著《广雅疏证》，1984年江苏古籍出版社影印本。

根据的随意断定。由于历史的发展存在着差异性，因此断代是可能的。历史发展由于某些重大历史事件的出现而发生转折，社会的政治经济制度发生转换，因此，分析历史可以据此划分若干阶段。在一个特定的文化环境里，各国对某一历史时代的定名有一个约定俗成的相对稳定期，这个稳定期的长短，从20世纪主要国家的现代史编写情况看与各国的国情有关。这样，我们可以把"现代"通俗地理解为"现在生活的时代"，把现在的政治经济制度或体制向上回溯到重大变动时期即为现代的上限，也就是现代史的开端。比如，1999年版《辞海》对"现代"作了这样的解释：即帝国主义和无产阶级革命的时代。历史学上通常指资本主义存在和无产阶级进行社会主义革命的时代。1917年俄国十月社会主义革命可作为世界现代历史的开端。

历史发展存在着互动性。特别是19世纪中叶以后，由于西方列强的武力扩张遍及世界，这时一国历史的发展就与外部环境紧密地联系起来。这种互动性对某一国家的历史发展的作用甚至超过了国内的社会历史条件，因此世界史和一国史的断代是有密切联系的，两者在大的历史发展阶段上能找到吻合点或者接近点。同时，由于不同国家的历史和国情的特殊性以及外来影响传播的速度与距离存在差别，世界史和一国史的断代出现时间差异也是正常的。

中日两国的日本史学者特别是马克思主义史学家，虽都声称是依据社会形态更替划分时代，但划分的结果是不同的，而且随着时代的变化而变化。其实就中日两国学者对日本现代史的断代而言，都不是依据纯粹的社会形态更替来划分，而是依据体制的转换来划分的，或曰是依据社会形态的量变阶段来划分的，这都是对传统划分方法的某种修正。有意思的是，不管如何划分，并没有影响两国史学家把握日本现代史的脉络和趋势，也没有影响普通读者了解日本现代史的基本史实。

对历史的断代包括对日本现代史的断代，到底依据什么？是某一社会的生产力发展状况还是生产关系的性质，或者把两者结合起来？这是中日两国史学界长期争论却没能解决的一个问题。为了给日本现代史的断代提供一个较为平实的依据，这里有必要对社会形态更替的历史发展观及西方的某些历史发展观作一梳理。

五种社会形态依次更替的发展公式，影响中日史学界已有近80年的历史。这一公式追根溯源可能要追溯到马克思、恩格斯的早年著作《德意志意识形态》。书中提出原始的、古代的、封建的和现代资产阶级的几种社会形式，但并未把它当做历史研究的公式。他们认为，通过对历史发展的观察抽象出来的东西"离开了现实的历史就没有任何价值"，"……这些抽象与哲学不同，它们绝不提供适用于各个历史时代的药方或公式"①。后来，马克思在《〈政治经济学批判〉序言》中，排列出亚细亚的、古代的、封建的和现代资产阶级的几种社会形态②。从马克思晚年的著作来看，他认为每一种社会形态不是唯一的，而是存在着若干次生形态。从排列的这几个概念看，第一个是空间概念，第二个是时间概念，第三、第四个是政治概念，这本身就是一个多元内容的模糊排列，把空间概念、时间概念和政治概念这三者演绎为承前启后、依次交替并具有逻辑关系的公式，恐怕与 20 世纪二三十年代的国际政治形势有关，也就是说由于国际政治环境因素的影响，使一种观察历史的方法演变为一种政治意识形态。

1929 年，列宁的《论国家》首次发表。其中在论述从无阶级社会向阶级社会过渡的一般规律时，曾列举了原始社会、奴隶占有制社会、农奴制社会、资本主义社会的发展序列。此后国际史学界就力图把亚细亚社会、古代社会这两个空间时间概念涂上政治色彩，以方便纳入这一序列。如 1934 年苏联学者考巴赖夫在《奴隶制形态的若干问题》一书中，就把亚细亚生产方式视为"奴隶制在亚洲的特殊形态"。1937 年日本学者渡部义通在《奴隶制形态的日本特征》一书中，也以"变形的特殊奴隶制"来解释亚细亚生产方式在日本的表现。正是有了这样的基础，1938 年斯大林才在《论辩证唯物主义和历史唯物主义》中明确提出"历史上有五种基本类型的生产关系：原始公社制的、奴隶占有制的、封建制的、资本主义的、社会主义的"③。此后，五种社会形态的理论便成为一种定理和公式一直居于统治地位。

近年，西方的现代化研究中出现了一种历史观，认为现代化就是人类社会由农耕社会向工业社会过渡的过程。扩而大之，农耕社会之前则可视为由采集狩猎向农耕过渡的过程。这种单线的历史发展观在国际学术界颇为活跃，而且无形中被人们当成了与五种社会形态发展观相对立的理论。

---

① 《马克思恩格斯选集》第 1 卷，人民出版社 1972 年版，第 31 页。

② 《马克思恩格斯选集》第 2 卷，人民出版社 1972 年版，第 83 页："大体说来，亚细亚的、古代的、封建的和现代资产阶级的生产方式可以看做是社会经济形态演进的几个时代。"

③ 《斯大林文选》，人民出版社 1962 年版，第 199 页。

　　笔者不是研究史学理论的专家，本文篇幅所限也不容许再展开讨论这两种发展观的细节问题。但从以上的梳理结果看，五种社会形态的发展公式所依据的是生产关系，现代化理论中"农耕→工业"的单线发展观所依据的是生产力。前者依然是从社会政治制度角度宏观把握人类社会发展趋势的重要工具，不可盲目否定和抛弃，也不能采用教条主义的方法把其当做空间上放之四海、时间上空前绝后的绝对真理来生搬硬套；后者虽是来自西方的一种单线发展观，但来自西方的未必都是异端邪说、洪水猛兽，审慎地批判之余或许能发现其可取之处。在历史的断代和分期中，两者不是水火不相容的，而是可以相互参照和包容的。一个农耕阶段，可以包括奴隶制、封建制等若干个生产关系类型的发展时期。同样，一个资本主义社会形态，也可以包括机械化、电气化、信息化等若干个生产力发展阶段。两者完全可以在历史的断代分期中结合起来，这样会更方便、更灵活。

　　鉴于此，日本现代史的上限定为日俄战争之后或第一次世界大战之后都是合适的。从大的方面讲，在政治上，日本这一时期由自由资本主义发展为垄断资本主义，在这个过程中通过日俄战争加入帝国主义行列。同时由于十月革命的爆发，世界范围的工业化进程进入资本主义和社会主义两种模式竞争的时代，在这一点上，日本史和世界史是吻合的。从经济层面看，这一时期，日本产业革命的完成与世界进入垄断资本主义在时间上也是吻合的。无论中国学者还是日本学者，都采用过这种断代方法，这是从体制层面而不是从根本制度层面的划分，其实都是对马克思主义社会形态划分方法的一种变通和修正，或者叫创新发展。

　　日本现代史的下限止于20世纪90年代中期或20世纪末都是合适的。写作通史与对具体历史事件的微观实证研究不同，它所着意把握的是社会历史发展的宏观脉络和走向。现代史的下限不必拘泥于30年的档案解密期。我们知道，反映社会发展脉络和走向的大历史，依据政府说了什么、做了什么这些公开的东西即可梳理出一个头绪，因此现代史的下限比30年再短些也无妨。考察世界历史和日本历史的具体情况，把日本现代史的下限设定在20世纪90年代中期或者20世纪末都是合适的。

（本文作者：张经纬，中国社会科学院世界历史研究所副研究员）

20世纪80年代罗荣渠先生
关于世界近现代史体系的思考

王加丰

罗荣渠先生关于世界的主线和世界近现代史体系的思想,是与我国的改革开放一起产生和成长的。他这方面的思想,萌发于20世纪70年代末和80年代初,成熟于80年代末和90年代初。20多年过去后,再回过头来看看罗先生那时期提出来的一系列观点,可以看到他关于世界史主线和世界近现代史体系的很多设想至今仍很有价值。

一 罗先生的世界史主线和世界近现史体系思想的形成

罗先生关于世界近现代史的主线和世界近现代史体系的思想有两个最重要的理论来源:一个是历史唯物主义关于生产力在人类社会发展中起最终决定作用的原理,另一个是20世纪50年代到70年代在西方风行一时的现代化理论(其理论基础是进化论和结构功能主义,其最重要的方法是对各重要国家进行广泛的、综合性的比较研究)。他的现代化理论就是用前者来改造后者的理论成果,而他关于世界史主线和世界近现代史体系的思想,则是这一改造过程的一种副产品。

人类历史发展的主线是什么,这既是罗先生的现代化理论,也是他设想的世界史体系的一个基础性问题。20世纪70年代末和80年代初,我国史学界出现过关于世界史体系和历史发展动力的讨论。罗先生在1979年写的一篇文章中回顾解放以来世界史体系的缺点时,一下子就抓住了问题的关键。他说学者们"只敢讲阶级斗争,生产斗争就不敢讲"。接着他指出:历史发展的"根本动力"是生产力,"人类社会的发展史,首先是生产的发展"。当然,他在这篇文章的末尾说道:"新的世界史体系怎样才能建立，这个问题还需要我们作新的探索。"① 在 80 年代的一篇文章中，他对生产力在人类历史上的作用有了更清晰的想法："生产力的发展是历史发展的动力的动力。马克思主义认为，暴力本身就是一种经济力。离开了这个基本观点来估价革命暴力就要滑向唯心主义的泥坑。"② 当时在这场讨论中，生产力的作用虽然受到了讨论者的重视，但像罗先生这样来评价生产力在历史上的作用的，恐怕还没有。

这里，罗先生的现代化理论的一个基本要素，也即他关于世界史主线和世界近现代史体系思想的一个基本要素已经形成，但另一个基本要素有待于他去美国的访学。1980 年 8 月底，他来到美国密歇根大学。不久，他就对现代化理论产生了兴趣。在次年 6 月底的一封家信中，他写道："我现在正在读一些有关现代化问题的书，很有兴趣。目前国外这已成为一门新的学问。这门学问的特点是对世界历史进行综合比较研究，与我的兴趣最为切合。"在该年 7 月底的一封家信中，他又说道：现代化理论的研究方法，"正是我所欣赏的宏观世界历史研究方法"。他还强调，"回国之后，准备开辟这方面的新路"③。

1982 年初罗先生回国后可能出于某些原因，并未马上投入现代化问题的研究，而是研究和讲授美国史。不过他开设的《美国历史通论》课程已经开始从现代化的角度来看待美国的崛起问题。林被甸等老师在罗先生文集的《编后记》中有这么一个公允的评价：他的美国史讲义"首次以现代化和文明史为主线，以世界历史进程为参照，通过与俄、法、英、拉丁美洲的比较观察，立体地再现了美国的崛起历程及其世界历史意义"④。可以想象，大概在 1984—1985 年间，他可能在安安心心地撰写美国史与冒着一定风险投入现代化理论研究之间有过犹豫，但中国火热的改革开放形势在不断地向他招手。大约在 80 年代中期，他开始放弃美国史的写作，转而研究现代化。后来他曾说过："历史学必须与时代同呼吸共命运。于是

①　罗荣渠：《关于世界史的体系问题》，载《史学求索》（罗荣渠文集之三），商务印书馆 2009 年版，第 87、88、90 页。

②　罗荣渠：《浅谈政治权力、经济权力在世界历史进程中的作用——关于世界通史教材体系的一个问题》，载《史学求索》第 10 页。该文原载《武汉大学学报》1981 年第 1 期，写作时间是 1979 年 12 月初，参看罗荣渠《北大岁月》（罗荣渠文集之四），商务印书馆 2006 年版，第 652 页。

③　罗荣渠：《北大岁月》（罗荣渠文集之四），商务印书馆 2006 年版，第 667、669 页。

④　罗荣渠：《美国历史通论》（《罗荣渠文集之五》），商务印书馆 2009 年版，第 354 页。

我毅然中断了美国史的写作，开始踏入现代化研究这个新园地。"① 这方面最早也是最重要的成果之一就是 1986 年在《历史研究》第 3 期上发表的《现代化理论与历史研究》。至此，罗先生的现代化理论或他关于世界近现代史的主线和体系的基本观点已经形成，也就是说，他以唯物史观来改造西方的现代化理论的基本工作已经完成，其后的若干年中，主要是一个完善和科学地表达自己的研究成果的过程。当然，在这过程中依然有一个深入的问题。与他关于世界史主线和近现代世界史体系思想特别有关的，有 1989 年发表在《历史研究》第 1 期上的《论一元多线历史发展观》，和发表在 1990 年第 5 期《中国社会科学》上的《论现代化的世界进程》等文章。这些文章后来都收进《现代化新论——世界与中国的现代化进程》一书，该书于 1993 年由北京大学出版社首次出版，不久前由商务印书馆以"罗荣渠文集之一"的形式再版。下面，我想主要根据他的这本代表作，从三个方面较为全面地介绍一下罗先生关于世界史主线和世界近现代史体系的思想。

二　生产力的发展是人类历史的主线

人类历史发展的主线是生产关系还是生产力，这是罗先生的《现代化新论》中讨论的一个基本问题。他一反我国解放以来把生产关系作为人类历史主线的思想，认为"现实的生产力系统构成一切经济活动的物质基础，是社会变革的根本动因"。由此他提出："人类历史发展归根到底是围绕以生产力发展为核心的经济发展的中轴转动，我们称之为社会进步与经济发展的中轴原理。这是坚持马克思主义的历史一元论。"②

为什么人类历史发展的主线不是生产关系而是生产力？那是因为在现实的世界历史发展中，"同一性质与水平的生产力可能与几种不同的生产关系相适应。同一种生产力、同一种生产方式在不同的历史条件下可以适应几种不同的社会结构。"（第 66 页）也就是说，类似的生产力可以与不同的生产关系相结合，如果把生产关系作为社会形态分期的标准，则会出

---

① 罗荣渠：《现代化新论——世界与中国的现代化进程》（罗荣渠文集之一）一书的《罗荣渠自述》，商务印书馆 2006 年版，第 3 页。

② 罗荣渠：《现代化新论——世界与中国的现代化进程》（罗荣渠文集之一），第 75 页。下面只注明页码的均引自该书。

现并列的社会形态。比如现代生产力既可以与资本主义生产关系相结合，也可以与社会主义的生产关系相结合。古代也是这样的，罗先生曾引用马克思的论述来说明这一点："并不是所有的原始公社都是按着同一模式（原译'形式'，着重点为引者所加）建立起来的。相反，它们有好多种社会结构，这些结构的类型、存在时间的长短彼此都不相同，标志着依次进化的各个阶段。"①

总之，生产力是更具根本性的力量，是人类社会发展的最终原因。接着他指出，迄今为止，人类共经历过三大生产力形态："原始生产力，即自然形态的生产力"；"农业（含畜牧业）生产力，即半人工形态的生产力"；"工业生产力，即完全人工形态的生产力"（第 77 页）。这三大生产力形态依次向前发展，是唯一性的，所有的人类都依次经历过。

他还指出了历史上生产力发展的几个重要特点，要认识人类在不同时期的历史，就不应忽视这些特点，否则我们对历史和现实的理解都会大打折扣：

1. 生产力在人类历史上的作用并非在任何时候都一样，越到现代，它起的作用就越大。这是因为"在生产力水平低的社会里，超经济权力大于经济权力。经济因素对社会发展的独立影响，是随着生产力的发展与被解放的程度而逐渐增大的。政治因素对社会发展的独立影响，则由于经济因素作用的增长而相对削弱。国际因素则随着现代生产力的发展而具有愈来愈大的影响和互动作用"。（第 128—129 页，类似的观点还见第 74—75 页）我们可把这看成是近现代史与古代史的主要区别之一。我的理解是，这一特点也说明了为什么越是往前追溯人类的历史，人类的发展就越缓慢。比如，人类历史的大部分时间或几百万年的历史都属于旧石器时代，所谓的新石器时代只是最后一万多年来的事情。而所谓旧石器和新石器的区别，只不过是从打制石器过渡到磨制的石器，从现代人的观点看，只是一个微不足道的进步。以此类推，人类在农业社会里取得的进步与在工业社会里取得的进步也是不可同日而语。

2. 现代社会的生产力是对有史以来的各种自然形态的生产力和简单机械力形态的"重大突破"（第 129 页）。现代生产力发展之所以有这种

---

① 罗荣渠：《现代化新论——世界与中国的现代化进程》（罗荣渠文集之一），第 61 页。马克思的原话见《马克思恩格斯全集》第 19 卷，人民出版社 1963 年版，第 448 页。

"重大突破"，"其根本的奥秘就在于其经济增长具有明确的导向性。一句话，人类社会进入了经济文明时代。"（第 129 页）经济文明的时代的概念，把今天的社会与过去的社会划分开来。他还进而提出，这个时代的"原动力"来自"技术的、经济的或社会方面的多种创新（大规模的创新称为创新群集）"。各种创新中"最常见的是单项技术创新，而最难的是社会制度和结构的创新"。（第 130 页）

3. 现代生产力的飞跃发展，不仅仅是一个生产力本身的问题，而是"需要其他方面主要是政治与社会结构方面的转换或创新与之相配合，特别是制度化的调适尤为重要。只有这样才可能产生划时代的大变革，才可能实现向一个新的经济时代的自主性过渡，而不只是昙花一现的冲浪"。（第 130 页）

从以上观点可以看出，在人类漫长的历史中，生产力虽然从一开始就具有基础性的地位，但在统治者眼中或在社会看来，它只有相对的意义，只要它能不断地维持简单再生产，它就很难得到太多人的关注。但在现代，它已成为整个国家和社会都围绕着它来运转的力量，这是它发挥的作用越来越大的基本原因。如果我们编写的世界历史教材不能说明这个过程，那将是让人非常遗憾的事情。但长期以来，这一过程未得到充分重视，对该过程的研究也非常薄弱，应该引起我们的重视。

三　三次现代化大浪潮及其产生的危机构成世界近现代史的基本框架

罗先生的现代化理论主要是研究人类社会发展的基本线索，为我们勾勒出一个世界现代化进程的基本框架，同时为中国的现代化事业提供一些参考性的意见；所以他虽然探讨了人类历史发展的主线，但并未专门讨论过世界史体系的问题。尽管如此，他在关于世界现代化进程的论述中，包含了他关于世界近现代史体系的思想。换言之，他的世界现代化进程的基本框架，也就是他的世界近现代史体系的基本构成。这个框架或这个体系主要由下面五个阶段构成，这五个阶段反映了现代生产力的三次突破性发展及其所造成的巨大冲突。

第一阶段：原初现代化（大体上从 16 世纪到 18 世纪后期）。这是"西欧商业资本主义勃兴"的时期（第 136 页），其基本内容是"大转变的前提条件的形成"（第 134 页的小标题）。这里又分两层意思。

第一层意思是："在同一农业生产力形态下出现的东方社会发展进程与西方社会发展进程，有明显的不同特征。"资本主义萌芽在东西方都会出现，但只有西欧才形成了向资本主义过渡的历史条件，因为那里具有较多的"分散性、多变性、突发性"。（第 138 页）

第二层意思是：西欧只有英国是首先具备"启动这一大变革的物质技术条件与社会前提"的国家，但那些随英国走上资本主义道路的国家，其"某些社会经济条件也或多或少具有与英国相似的特征"。（第 139 页）

第二阶段：第一次现代化大浪潮（18 世纪后期到 19 世纪中叶，大约为 1780—1860 年间）。这是一个"由英国开端然后向西欧扩散的工业化进程"。但罗先生认为，这一巨大的社会变化"不是现代生产力自发推动的，而是史无前例的双元革命（dual revolution），即经济大革命与政治大革命共同推动的"。（第 140 页）也就是说，第一次现代化大浪潮首先表现为英国的工业革命，但仅有英国的工业革命还不足以在世界上产生那么大的影响；如果没有相应的政治大革命，也许英国的工业革命只会是英伦三岛上发生的一场静悄悄的经济革命。只是在美国独立战争、法国大革命和拉丁美洲独立战争的推动下，英国的工业革命才具有那么大的影响，因为这些与英国工业革命同时发生的政治革命为英国工业革命的传播开辟了道路。他称这种经济大革命与政治大革命为"双元革命"，认为它们构成了"大西洋革命"的时代。其基本内涵是历史上"最大的经济革命与最大的政治革命相结合，也就是现代工业主义和国家主义（或译民族主义，National-ism）相结合，形成了推动社会巨变的最大冲力，首先把西欧和北美局部地区卷入工业化和现代化的大浪潮之中"。（第 141 页）

第一次工业革命的结果是"拉大了各大文明区的发展差距，形成自农业革命以来的第二次大分化"。一边是西方工业化国家和现代工业文明，另一边是开始被迫接受不平等的世界分工的"传统农业国和古典农业文明"。（第 142 页）这里，我们看到，罗先生的现代化理论着重讨论的是经济现代化问题，这是 20 世纪八九十年代有关学者所关注的基本问题，但他总不忘经济以外的因素的作用。他一边把"工业化国家和现代工业文明"并列，另一边又把"传统农业国和古典农业文明"并列，说明他在关注经济发展问题时仍念念不忘人文学者对与经济发展过程相关的文化演变的关注。

　　第三阶段：第二次现代化大浪潮（19 世纪下半叶到 20 世纪初）。这时期工业化和现代化在欧洲核心地区取得巨大成就，其主要物质技术基础是电与钢铁，"由内燃机和电动机带动的'电工技术革命'的经济增长的速度"，比蒸汽机带动的第一次工业革命的速度要快得多，"世界经济在 19 世纪后期出现爆炸性的大增长"。（第 145 页）

　　这次现代化大浪潮的另一个重要特点，是开始"越出欧洲向异质文化地区传播"，使"西化"或"欧化"成为鲜明的历史发展潮流。（第 144 页）这一发展浪潮在非西方的各个重要古典文明中心如埃及、土耳其、中国和日本都引起巨大反响，但只有日本树立了军国主义的工业化样板。

　　第四阶段：两次世界大战（1914—1945 年）。罗先生关于两次世界大战的看法非常有特色，主要表现在把两次世界大战称为"第一次发展性危机"，是资本主义发展全面失控引起的"内部矛盾大爆发"。这种失控的主要表现是：各发达资本主义国家争夺市场的斗争白热化，造成军国主义兴起和经济军事化；生产过剩的经济危机造成法西斯主义的兴起。（第 146 页）

　　这一发展性危机的结果，不仅为两次世界大战，而且还为第三次现代化大浪潮的到来奠定了基础。

　　第五阶段：第三次现代化大浪潮（20 世纪下半叶）。这是一次"真正全球性变革的大浪潮"。（第 148 页）这次大浪潮的重要表现是：（1）西方发达国家利用战争和 30 年的停滞获得发展新动力，"古典"资本主义"逐步转身有调节的有计划的经济发展方向"；（2）殖民体系瓦解，出现"19 世纪前期大西洋革命后的最大政治风暴——第三世界革命"。这些经过革命后的第三世界国家"第一次明确提出把'现代化'作为发展的口号"。出现了大批发展中国家"齐头跑步奔向现代化"的局面。（第 149—150 页）世界现代化进程出现了前所未有的局面。

　　关于这一阶段的具体内容，我们比较熟悉，我们依然处在这个时代中，这里不再多加介绍了。①

---

　　①　罗先生关于"世界现代化三次大浪潮"的论述，最早见之于他发表于 1990 年第 5 期《中国社会科学》上的《论现代化的世界进程》一文。从那以来 20 年过去了，当前是否可认为人类进入了"第四次"世界现代化大浪潮，这个问题可以讨论，我个人认为我们依然处在第二次世界大战后的这一波世界现代化大浪潮中。当然，未来人写的历史中，可能会把这次金融危机作为一个新的历史时代的起点。

四　涉及世界近现代史体系的几个重要问题的处理

以上几个阶段构成了世界近现代史发展的基本过程，构成了世界近现代史体系的基本架构。但在 500 多年来的世界现代化进程中，还出现过一些重大的世界性问题，它们在世界近现代史中如何表达，或者说它们在世界近现代史体系中处于什么地位，罗先生也考虑到了。这里仅列出四个这样的问题。

1. 西方资本主义起源及非西方国家现代经济的产生问题。罗先生从社会变迁的角度把现代化进程分成"内源的现代化"和"外源的现代化"两大类。前者是在"西方基督教文明的历史背景和传统下孕育起来的"，是社会自身的力量产生的内部创新的结果；而对后者来说，"现代生产力要素和现代化的文化要素都是从外部移植或引进的"。这两类现代化大体上也就是西方国家的现代化与东方国家的现代化进程的区别。它们的现代化起点不一样，所以具体的现代化过程也不一样。这不仅指有的国家走上了社会主义的道路，而且也指许多走资本主义道路的第三世界国家，其具体道路也与西方国家有很大差别。这两种现代化的最大区别是："内源的现代化是以工业革命和工业化带动整个社会的其他方面的变革的；外源的现代化的变革顺序则有所不同，一般是社会和思想层面的变革和政治革命发生在前，而工业化发生于后。"此外，罗先生还强调指出了两现代化的一致性：（1）不管是内源的还是外源的现代化，"发展只有在社会内部的发展潜力被广泛有效地动员起来时才有现实可行性"；（2）任何国家的现代化都是在开放中实现的，"任何国家都不可能单独实现向现代社会的转变"。（第 131—133 页）。

2. 关于"发展性危机"。20 世纪上半叶那场最大的资本主义经济危机及由其造成的政治危机，罗先生理解成"发展性危机"（第 146 页），笔者不知道这是罗先生借用他人的说法还是他自己的创造，但不管是什么情况，这里都可看出罗先生的远见卓识。他认为这一危机造成了两个重大后果："一方面加速了'古典'的资本主义发展模式向有调节的、社会民主的经济发展方向转换；另一方面则是这一发展模式被突破，引向社会主义发展模式的创新。"（第 146—147 页）换言之，社会主义社会的建立是资本主义危机的产物，但这里的资本主义危机是"发展"中的危机，不是走向崩溃的危机，即使两次世界大战也是这样；另一方面，通过这一危机，社会主义成为世界现代化进程的一种模式，并表现出强大的生命力。这样理解世界现代史的发展是符合实际情况的。

3. 现阶段世界上资本主义与社会主义的关系。罗先生显然关注到 20 世纪 80 年代我国学术界和政界关于社会主义初级阶段及中国特色社会主义的论述，不再把现阶段的社会主义社会看成建立在资本主义充分发展基础上的社会，这就需要对它与资本主义的关系重新进行定位。关于这，罗先生有两句话特别值得我们注意，他是从人类历史发展多途径的角度来看这种关系的。第一句是："如果历史单线发展论是正确的，现实的社会主义就是错误的或反常的；如果现实的社会主义是真实的，历史单线发展论就是错误的。"（第 65 页）第二句是论述当代资本主义社会与社会主义社会的关系的："在同一生产力水平和条件下，社会形态可以是多模式的，发展的道路也是多模式的。但这绝不是说，历史发展是漫无规律性的，因为社会生产力限定了其发展的客观物质界限，而生产关系在大的方面也总有这样或那样的相似性。"（第 78 页）

4. 现代化进程的总趋势。在两个多世纪的世界现代化进程中，有几种基本趋势一直在发生作用，它们是：工业化和现代化进程不是直线式的，而是波浪式地跳跃推进的；现代化的根本动力是经济力，即现代工业生产力；世界现代化进程呈梯级升进秩序；原来相对孤立的地区被纳入新的国际分工的世界经济体，会不断引起世界整体结构的转换；工业化国家与非工业化国家间的发展差距日益增大；经济的持续增长，政治、社会、文化、教育等方面都会发生适应性变化，其中，"政治现代化是一个最复杂的过程"。（第 153—158 页）

在讨论现代化进程的总趋势时，罗先生并非完全是一个乐观主义者。他指出：现代化发展会带来"各种负效应"，从历史趋势来看，这些负效应"不是随着现代化的全球扩散而削弱……而是日益增长。这是不论哪种类型的现代化都还不能解决的新问题。今后的新的发展性危机将是过度发展与发展停滞同时迸发，比第一次发展危机会更加严重得多"。（第 171—172 页，着重号为引者所加）从这句话可以看出罗先生为什么把两次世界大战及其间的资本主义经济危机称为"第一次发展性危机"。这一思想与 20 世纪 80 年代西方的主流思想及国内许多学者的思想完全不同，当时世界上许多人都认为西方世界已经掌握了应对危机的方法，像 1929 年那样的大危机不会再出现了；但罗先生当时就预见到，1929 年的大危机及其前后的两次世界大战只不过是"第一次发展性危机"。也就是说，一方面他认为资本主义还会在相当长的时期内存在，不是一次发展性危机就能决定它的灭亡；但另一方面，资本主义在其生命的历程中还会碰到比 20 世纪上半叶的危机更大的危机。在上世纪 80 年代要作出这样的预见，需要有极大的理论勇气和魄力。

综上所述，罗荣渠先生的《现代化新论》新说迭出，不仅精辟地论证了世界史的主线问题，为世界近现代史提供了基本架构，而且还就许多重要问题提出了富于远见的评价和说明，值得我们好好思考和吸收。

（本文作者：王加丰，浙江师范大学人文学院教授）

论五种生产方式理论的形成

项观奇

五种生产方式理论，亦可称为五种社会经济形态理论，或五种社会形态理论。这一理论认为，人类社会的历史发展，一般说来大体会经历原始公社制、奴隶制、封建制、资本主义、共产主义等五种循序演进的生产方式。它的形成表现了唯物主义历史观和人类社会历史实际相结合的认识过程。这一认识过程至今没有完结。

一

五种生产方式理论的提出是和唯物史观的创立密切相关的。关于五种生产方式理论的基本思想以及诸如生产力、生产方式、社会经济形态、社会形态等一系列崭新的科学概念的运用，都是以唯物史观的创立为前提的。但是，也应看到，唯物史观与五种生产方式理论毕竟不属于同一层次。唯物史观是对人类社会历史运动规律的最高抽象，五种生产方式理论则是对人类社会历史中生产方式更替演进规律的抽象。

自唯物史观作为一种科学历史观确立以后，马克思主义创始人就运用它去分析人类社会历史中生产方式演进的实际情景，最早的尝试当推《德意志意识形态》。在这部著作中，马克思、恩格斯第一次运用唯物史观阐述了人类社会历史上生产方式的演进。关于前资本主义社会，马克思、恩格斯指出："第一种所有制形式是部落所有制。""第二种所有制形式是古代公社所有制和国家所有制。""第三种形式是封建的或等级的所有制。"马克思、恩格斯又以较多的篇幅论述了资本主义所有制，并勾画了共产主义所有制。可以看出，这些论述包含了五种生产方式的思想。但是，如果认为这是首次正式提出五种生产方式理论，却又不够准确。问题主要发生在对于原始社会生产方式的理解上。从关于原始社会的认识史来看，当时整个社会科学界还没有达到对原始社会能够提出科学认识的水平。从马克思、恩格斯关于"第一种所有制"即"部落所有制"的论述来看，也绝不等于关于原始社会生产方式的科学概念。社会结构更不是原始社会的典型形式："社会结构只局限于家庭的扩大：父权制的酋长、他们所管辖的部落成员以及奴隶。"① 马克思、恩格斯将这种社会关系概括为"父权制"。可见把"部落所有制"简单等同于典型的原始公有制是理解上的偏差。马克思、恩格斯当时尚认为："一开始就纳入历史发展过程的第三种关系就是：每日都在重新生产自己生活的人们开始生产另外一些人，即增殖。这就是夫妻之间的关系，父母和子女之间的关系，也就是家庭。这个家庭起初是唯一的社会关系。""因而也产生了所有制，它的萌芽和原始形态在家庭中已经出现，在那里妻子和孩子是丈夫的奴隶。家庭中的奴隶制（诚然，它还是非常原始和隐蔽的）是最早的所有制。"他们甚至认为典型的公有经济是不可能的，因为"不言而喻，野蛮人的每一个家庭都有自己的洞穴和茅舍，正如游牧人的每一个家庭都有单独的帐篷一样。这种单独的家庭经济由于私有制的进一步发展，而成为更加必需的了。在农业民族那里共同的家庭经济也和共同的耕作一样是不可能的"②。十分明显，这些认识是不符合原始社会历史的。30 余年之后，马克思在《摩尔根〈古代社会〉一书摘要》、恩格斯在《家庭、私有制和国家的起源》（以下简称《起源》）中，对这些问题作了重新认识③。

如果按马克思、恩格斯的认识而言，当时他们只是把"部落所有制"这种"更早期和更原始的财产形式"作为"财产发展的起点"去理解的。他们在书中写道："对法的历史的最新研究判明，在罗马，在日耳曼、赛尔特和斯拉夫各族人民中，财产发展的起点都是公社财产或部族财产。"④这种"起点"的说法，和以后才可能有的把原始社会作为一个社会形态去理解是不同的。正因为如此，他们在书中又说："到现在为止，社会一直是在对立的范围内发展的，在古代是自由民和奴隶之间的对立，在中世纪

---

① 《马克思恩格斯全集》第 3 卷，第 25 页。

② 同上书，第 32、36、33 页。

③ 参见《马克思恩格斯全集》第 45 卷，第 365 页；《马克思恩格斯选集》第 4 卷，第 61 页。

④ 《马克思恩格斯全集》第 3 卷，第 422 页。

是贵族和农奴之间的对立，近代是资产阶级和无产阶级之间的对立。"① 显然，部落所有制因为是"历史的起点"而没有被列入历史的发展过程之内。人们常常忽视了《德意志意识形态》中的这一论述，割裂了这一论述和部落所有制的关系，从而夸大了 40 年代提出的部落所有制所包含的关于原始社会认识的内涵，也就无法解释马克思、恩格斯曾讲到的："所有制的最初形式无论是在古代世界或中世纪都是部落所有制，这种所有制在罗马人那里主要是由战争决定的，而在日耳曼人那里则是由畜牧业所决定的。"②

还有必要说明，从《德意志意识形态》对于前资本主义生产方式的描述来看，显然是以欧洲的经验事实为依据的。文中说"印度人和埃及人借以实现分工的原始形态在这些民族的国家和宗教中产生了等级制度，所以历史家便认为似乎等级制度是产生这种原始社会形态的力量"。③ 但是，这种所有制形式应当放到哪一种所有制类型中，马克思、恩格斯没有明确说明。

在《德意志意识形态》写作后的第二年即 1847 年，马克思出版了《哲学的贫困》。在这部著作里，马克思以论战的形式第一次公开表达了唯物史观，但没有涉及关于人类历史上生产方式演进的具体规律。这一年，马克思、恩格斯还写作了《共产党宣言》并于 1848 年 2 月正式发表。马克思、恩格斯明确写道："到目前为止的一切社会的历史都是阶级斗争的历史。"在这部历史中，没有阶级社会以前的原始社会的地位。同样，此时在为同一目的而由恩格斯执笔的《共产主义原理》中，也没有关于原始社会的论述。

对于为什么当时把人类历史视为阶级斗争史，恩格斯在 1888 年《共产党宣言》英文版上加了一条著名的注释专门作了说明："在 1847 年，社会的史前状态，全部成文史以前的社会组织，几乎还完全没有人知道。"④ 可以和《共产党宣言》的论述相呼应的还有《雇佣劳动与资本》中的有关论述。在这里，马克思在对唯物主义历史观作了清晰表述后写道："古代社会、封建社会和资产阶级社会都是这样的生产关系的总和，而其中每一

---

① 《马克思恩格斯全集》第 3 卷，第 507 页。
② 同上书，第 69 页。
③ 同上书，第 44 页。
④ 《马克思恩格斯选集》第 1 卷，第 251 页。

个生产关系的总和同时又标志着人类历史发展中的一个特殊阶段。"① 可以说，这是这一时期马克思、恩格斯关于生产方式演进理论的总结性表述，反映了他们在 40 年代对这个问题所达到的认识水平。关于原始社会的生产方式，只能说他们注意到某些原始社会后期的经验事实，并作为文明史的起点提出了"部落所有制"这一"共同体"思想。这是深刻的，但又不够准确，并且包含了一些误解。

二

1848—1849 年欧洲革命失败后，马克思和恩格斯从革命前台退回书房，从事严肃认真的理论探讨。在 19 世纪整个 50 年代，他们将工作重点放到了在 40 年代即已开始的政治经济学的研究上，重心是剖析资本主义生产方式。但是，正如恩格斯所说："要对资产阶级经济学全面地进行这样的批判，只知道资本主义的生产、交换和分配的形式是不够的。对于发生在这些形式之前的或者在比较不发达的国家内和这些形式同时并存的那些形式，同样必须加以研究和比较，至少是概括地加以研究和比较。"② 马克思正是进行了这种研究和比较之后，才在《〈政治经济学批判〉序言》中表述了对生产方式演进规律的看法："大体说来，亚细亚的，古代的、封建的和现代资产阶级的生产方式可以看做是社会经济形态演进的几个时代。"③ 这一表述可以理解为马克思这一时期对广义政治经济学研究的总结性意见。但这个意见是否可以理解为即是五种生产方式的理论呢？问题的关键在于如何正确判断这时的马克思对原始社会的认识水平和他所提出的亚细亚生产方式的含义。以往有几种简便的以五种生产方式理论为框框去解决这一问题的方法，一种是将亚细亚生产方式作为马克思对原始社会的理解去处理，这样自然可以与五种生产方式的理论相统一。还有一种是将亚细亚生产方式作为马克思提出的一种东方奴隶制的形式，这样，联系以后对于原始社会的认识，依然符合五种生产方式的理论。但这两种说法都不是马克思的原意。

---

① 《马克思恩格斯选集》第 1 卷，第 363 页。
② 《马克思恩格斯全集》第 20 卷，第 164 页。
③ 《马克思恩格斯全集》第 13 卷，第 9 页。

50 年代马克思对于人类历史所经历的公有制形式的认识，是继承了40 年代的认识而又有所发展的。这主要反映在《政治经济学批判》（1857—1858 年草稿）的《资本主义生产以前的各种形式》（以下简称《前形式》）中。

在《前形式》中，马克思写道："在这种土地所有制的第一种形式中，第一个前提首先是自然形成的共同体：家庭和扩大成为部落的家庭，或通过家庭之间互相通婚〔而组成的部落〕，或部落的联合。因为我们可以设想，游牧，总而言之流动，是生存方式的最初的形式，部落不是定居在一个固定的地方，而是在哪里找到草场就在哪里放牧……所以，部落共同体，即天然的共同体，并不是共同占有（暂时的）和利用土地的结果，而是其前提。"马克思在这里所描述的这种"最初"的"原始共同体"——"部落共同体"，就其生产方式局限于流动、畜牧和社会关系局限于血缘关系而言，实际和 40 年代提出的部落所有制意义相通，依然可以看做马克思这时对于"史前状态"的一种带有"设想"成分的不够精确的理解。

但是，马克思对于公社的研究却进了一步，这主要与他对于印度以及其他地区历史上或现实中存在的各种形式的公社进行综合研究分不开。马克思认为各种形式的公社均发生在人类定居以后，并以各种外界条件为转移："一旦人类终于定居下来，这种原始共同体就将依种种外界的（气候的、地理的、物理的等等）条件，以及他们的特殊的自然习性（他们的部落性质）等等，而或多或少地发生变化。"但是不管怎样变化，由于"自然形成的部落共同体（血缘、语言、习惯等等的共同性），或者也可以说群体，是人类占有他们生活的客观条件和占有再生产这种生活自身并使之物化的活动（牧人、猎人、农人等的活动）的客观条件的第一个前提"①，所以"人类朴素天真地把土地看做共同体的财产，而且是在活劳动中生产并再生产自身的共同体的财产。每一个单个的人，只有作为这个共同体的一个肢体，作为这个共同体的成员，才能把自己看成所有者或占有者"。这样，马克思就把各种形式的公社是由部落共同体发展而来的这种历史必然性揭示出来了。而且，马克思对各种形式的公社的共同特征作出如下分析：1."在所有这些形式中，土地财产和农业构成经济制度的基础，因而经济的目的是生产使用价值"。2. 土地是劳动的前提，"个人把劳动的客

----

① 《马克思恩格斯全集》第 46 卷（上），第 472 页。

观条件简单地看做是自己的东西，看做是自己主体得到自我实现的无机自然"。3. "这种把土地当作劳动的个人的财产来看待的关系"，"直接要以个人作为某一公社成员的自然形成的、或多或少历史地发展了的和变化了的存在，要以他作为部落等等成员的自然形成的存在为媒介"。4. "公社的现实存在，又由个人对劳动的客观条件的所有制的一定形式来决定。"

马克思在《前形式》中实际上划分了三种公社所有制形式。按现在《马克思恩格斯全集》所加的标题来说，即："亚细亚的所有制形式"，"古代的所有制形式"，"日耳曼的所有制形式"。马克思分别分析了这三种公社的特点："亚细亚所有制形式"是一种土地公有制的公社形式，在这里，"只有公共财产，只有私人占有"。"古代的所有制形式"是一种公社所有同私人所有相并列的公社形式，在这里，"土地为公社所占领，是罗马的土地；一部分土地留给公社本身支配，而不是由公社成员支配，这就是各种不同形式的公有地，另一部分则被分割，而每一小块土地由于是一个罗马人的私有财产，是他的领地，是实验场中属于他的一份，因而都是罗马的土地；但他之所以是罗马人，也只是因为他在一部分罗马土地上享有这样的主权"。"日耳曼的所有制形式"是一种表现为联合、表现为以土地所有者为独立主体的统一的公社，在这里，"公有地只是个人财产的补充"，"每一个单独的家庭就是一个经济整体"，"公社只是在这些个人土地所有者本身的相互关系中存在着"。马克思所论述的公社所有制的特点正是以这三种公社为基础抽象出来的。十分清楚，这三种公社都不是原始公社的典型，基本上均属马克思后来所称的"二重性公社"、"最新的公社"。对于所以发生三种公社形式的历史原因，马克思当时以为："公社或部落成员对部落土地（即对于部落所定居的土地）的关系的这种种不同的形式，部分地取决于部落的天然性质，部分地取决于部落在怎样的经济条件下实际上以所有者的资格对待土地，就是说，用劳动来获取土地的果实；而这一点本身又取决于气候、土壤的物理性质，受物理条件决定的土壤开发方式，同敌对部落或四邻部落的关系，以及引起迁移、引起历史事件等等的变动。"这是相当有道理的。这些历史因素至今往往为我们所忽视，但这一分析没有说明不同形式公社赖以形成的历史原因，以及其间的历史联系和层次。

马克思揭示了在"一切文明民族的历史初期"，"劳动主体所组成的共同体，以及以此共同体为基础的财产，归根到底归结为劳动主体的生产力发展的一定阶段，而和该阶段相适应的是劳动主体相互间的一定关系和他们对自然界的一定关系"。这就是"共同体（部落体）的特殊形式和与它相联系的对自然界的所有这二者的原始统一"①。这种关系的解体，劳动者与他的天然的实验场即土地相脱离乃是历史的产物。这一科学论断对于研究资本主义的雇佣劳动的发生是有巨大理论意义的。而且确如恩格斯所说，当时只有马克思进行了这种研究。基于这种研究，马克思才在《政治经济学批判》一条注释中（后来又转引用于《资本论》第1卷）说："近来流传着一种可笑的偏见，认为原始的公社所有制是斯拉夫族特有的形式，甚至只是俄罗斯的形式。这种原始形式我们在罗马人、日耳曼人、赛尔特人那里都可以见到，直到现在我们还能在印度遇到这种形式的一整套图样，虽然其中一部分只留下残迹了。"②

那么，能否因此就认为这已经是在人类历史上划出了一个原始社会时代呢？不能。这条注释所注的就是"一切文明民族的历史初期的共同劳动"。可见，马克思不是划出了什么原始社会，而是找到了文明的起点。这个认识过程和当时整个学术界对公社问题的认识过程是一致的。正如恩格斯所描述的："后来，哈克斯特豪森发现了俄国的土地公有制，毛勒证明了这种所有制是一切条顿族的历史发展所由起始的社会基础，而且人们逐渐发现，土地公有的村社是从印度起到爱尔兰止各地社会的原始形态。"但是，如果以为认识到文明民族的历史始于公社所有制，认识到公社所有制是原始形式，就等于弄清了原始社会的生产方式和社会形态，那实际上是拔高了马克思、恩格斯在研究摩尔根之前的认识水平。事实正如恩格斯所说的："最后，摩尔根发现了氏族的真正本质及其对部落的关系，这一卓绝发现把这种原始共产主义社会的内部组织的典型形式揭示出来了。"③就此已经可以推断，根据马克思当时的研究状况，他所说的"亚细亚生产方式"作为一种独立的社会生产方式，一种社会经济形态，显然不可能是指原始社会的生产方式。那么，该如何认识亚细亚生产方式的原意呢？

从《前形式》可以看得十分清楚，亚细亚生产方式的基本特征是以土地公有的公社为基础。这种生产方式与古代的和日耳曼的形式相比较，部落共同体变化较少，以至于公社保持了一种"实体"、"统一体"的状态。

---

① 以上引文见《马克思恩格斯全集》第46卷（上），第472—496页。
② 《马克思恩格斯全集》第13卷，第22页。
③ 《马克思恩格斯选集》第1卷，第251页。

换一个角度比较就是，在古代的或日耳曼的形式下，"奴隶制和农奴制只
是这种以部落体为基础的财产的继续发展。它们必然改变部落体的一切形
式"。① 所以在古代就有共同体的逐步解体和奴隶制曾成为占主导地位的生
产方式，在中世纪则有日耳曼共同体的逐步解体和农奴制成为占主导地位
的生产方式。可是在亚细亚形式下，情况就不同了，奴隶制或农奴制在这
里对于公社形式"所能改变的最少"。"因为在这种财产形式下，单个的人
从来不能成为所有者，而只不过是占有者，实质上他本身就是作为公社统
一体的体现者的那个人的财产，即奴隶，所以奴隶制在这里并不破坏劳动
的条件，也不改变本质的关系。"② 这样，也就构成了亚细亚的特殊的对抗
形式——专制制度。马克思认为专制制度与土地公有制并不矛盾，而是其
实现的一种方式。③

　　在亚细亚生产方式的条件下，公社的原始形式未能发展到奴隶制、农
奴制等派生形式。马克思说得很清楚："在奴隶制、农奴制等等之下，劳
动者本身表现为服务于某一第三者个人或共同体的自然生产条件之一（这
不适用于例如东方的普遍奴隶制；这仅仅是从欧洲的观点来看的）。"④ 十
分明确，欧洲历史上的奴隶制、农奴制不适用于东方，而所谓"东方奴隶
制"无非就是指东方的公社成员"作为公社统一体的体现者的那个人的财
产，即奴隶"的意思，当然是一种特定的对抗形式。因为存在这种对抗，
所以马克思从未把亚细亚生产方式理解为原始社会的生产方式，而是理解
为一种独立的生产方式，并以这种生产方式去概括东方诸国在西方殖民者
到来之前的数千年中所存在的生产方式以及由这种生产方式所决定的历史
发展规律。⑤

　　将亚细亚生产方式误解为原始社会的生产方式的原因可以归纳为以下
几个方面：1. 只注意到马克思谈论亚细亚形式下的公社的原始性质，没有
注意到马克思仅是把这种原始公社形式作为"历史的起点"去理解的；
2. 只注意到马克思谈论亚细亚公社，没有注意到马克思还谈论古代公社、

---

① 《马克思恩格斯全集》第 46 卷（上），第 492 页。
② 同上书，第 493 页。
③ 同上书，第 473 页。
④ 同上书，第 496 页。
⑤ 关于亚细亚生产方式的含义，参见拙文《论马克思心目中的亚细亚生产方式》，《文史哲》
1986 年第 1 期。

日耳曼公社，而且都是就历史起点而言的；3. 只注意到马克思谈论亚细亚形式的公有制，没有注意到马克思是以"没有土地私有制"去认识东方整个前资本主义历史的，尤其没注意到马克思从来不认为东方达到过公社瓦解后的奴隶制或农奴制；4. 没有尊重马克思实际对东方历史的认识水平；5. 始终没有能够正确理解马克思关于亚细亚生产方式中的专制君主——最高总合统一体的思想，因而违背了马克思认为专制君主和公社形式完全不矛盾的原意。总之，这种种误解均与用五种生产方式理论硬套亚细亚生产方式有关。

在对以《前形式》为重点的马克思的经济学著作进行研究之后，再去看《〈政治经济学批判〉序言》中关于生产方式演进的理论，就可以十分明确地说这决不是五种生产方式的理论。其中的亚细亚生产方式显然是指一种独特的古代东方的生产方式。

19 世纪 60 年代，马克思继续从事政治经济学的研究，通过以写作《资本论》为中心的艰辛劳动，不仅完成了对于剩余价值理论的科学论证，而且在大量对比研究中分析了前资本主义诸生产方式。从研究五种生产方式理论的形成这一特定角度看，他们这一时期的认识有两点值得强调：第一，关于"一切文明民族的历史初期"都存在着土地公有制公社这一思想更加明确。因而 1868 年马克思在给恩格斯的信中称："我提出的欧洲各地的亚细亚的或印度的所有制形式都是原始形式，这个观点在这里（虽然毛勒对此毫无所知）再次得到了证实。"① 这一提法的理论意义在于，马克思十分明确地确认了一个在世界范围里存在的历史统一性，即公社所有制是历史的起点。第二，50 年代所提出的亚细亚生产方式的观点，在《资本论》中实际被坚持下来，并用以说明东方生产方式的特点。无论是第一卷中论述"古亚细亚生产方式"的那段著名文字，还是第三卷中论述"土地国有"、"租赋合一"的那段著名文字，实际都是对亚细亚生产方式基本特征的阐发。限于篇幅，姑且置而不论。

三

进入 70 年代之后，马克思、恩格斯对于人类原始社会的认识步步深

---

① 《马克思恩格斯全集》第 32 卷，第 43 页。

入。到了 80 年代，以《家庭、私有制和国家的起源》的发表为标志，可以说他们大体完成了这一认识过程。马克思、恩格斯科学地说明了人类的起源，说明了各种层次的公社所处的不同历史阶段，使家庭、私有制和国家的起源得到了科学解释。这样，原始社会生产方式之谜终于真正揭开。只有这时，才可以说五种生产方式理论中关于原始社会生产方式作为一种独立的公有制生产方式的理论真正确立起来。

关于原始社会生产方式的科学认识的确立，是否就意味着五种生产方式理论的形成呢？问题并不这么简单。在这里，很重要的是应注意马克思和恩格斯在认识上的差别。

先说马克思。他在对原始社会史、包括对摩尔根《古代社会》进行了深入研究之后，关于生产方式演进规律的意见，集中反映在《给维雅·伊·查苏利奇的复信草稿》中。归纳起来，有以下几点值得注意。

第一，关于公有制解体、私有制发生的历史过程，马克思十分明确地将此局限于西欧历史，他在《三稿》中说："如果你仔细考察西方社会的产生过程，那你到处都会发现土地公社所有制；随着社会的进步，它又到处让位给私有制。"并且对这一立论加以分析说："我所以注意这一论据，仅仅因为它是以欧洲的经验为根据的。至于譬如说东印度，那么，大概除了亨·梅恩爵士及其同流人物之外，谁都知道，那里的土地公社所有制是由于英国的野蛮行为才消灭的。"① 在《初稿》中，马克思也说："回顾一下遥远的过去，我们发现西欧到处都有不同程度上是古代类型的公社所有制；随着社会的进步，它在各地都不见了。"② 在分析农业公社时还说："在古代和现代的西欧的历史运动中，农业公社时期是从公有制到私有制，从原生形态到次生形态的过渡时期。"③ 马克思一而再、再而三地把私有制发生的历史局限于西欧。马克思是非常郑重地提出问题的。因为马克思在这一时期从理论的科学性和革命的现实性出发，一再强调他所说的资本主义"历史必然性"限于"西欧各国"。基于同样理由，马克思在谈到私有制发生的历史时，也审慎地限定于西欧。马克思探讨的是历史规律性，但他同样注意历史的多样性，这时，他对于人类历史的认识更全面、更深刻

---

① 《马克思恩格斯全集》第 19 卷，第 448 页。
② 同上书，第 431 页。
③ 同上书，第 435 页。

了，但对于生产方式演进的普遍规律却更加慎重了，没有从世界历史的范围去谈论五种生产方式的理论。因此下述《三稿》中的一段话，不但不是五种生产方式理论的依据，恰恰也是以西欧历史为经验前提的："农业公社既然是原生的社会形态的最后阶段，所以它同时也是向次生的形态过渡的阶段，即以公有制为基础的社会向以私有制为基础的社会的过渡。不言而喻，次生的形态包括建立在奴隶制上和农奴制上的一系列社会。"① 这段话和《二稿》中的另一段话是同义语，"在西欧，土地公社占有制的灭亡和资本主义生产的诞生之间隔着一段很长的时间，包括整个一连串的经济上的革命和进化，而资本主义生产不过是其中距离我们最近的一个。"②

第二，继续保留了关于亚细亚生产方式的一些看法，却找不出放弃亚细亚生产方式的根据。马克思坚持了东印度自远古以来长期没有土地私有制的认识，依然认为："那里的土地公社所有制是由于英国的野蛮行为才消灭的。"只是这时马克思已看到东印度的农村公社"往往是古代形态的最后阶段或最后时期"。③ 三封信稿中都谈到公社的孤立性、公社与公社之间的生活缺乏联系、保持与世隔绝的小天地。并在两封信稿中说："在有这一特征的任何地方，它总是把集权的专制制度矗立在公社的上面。"这种孤立的公社与专制制度相统一的思想是亚细亚生产方式的思想。当然，由于这时的马克思对原始公社已较之五六十年代有了更为科学的认识，因此他没有再用印度公社来表示原始公社的典型形式，而是直接使用了"古代类型的公社所有制"、"古代社会形态"、"原始公社"等科学概念。

可以补充论证这一点的是，马克思在这之前还曾作《马·柯瓦列夫斯基〈公社土地占有制〉一书摘要》。在《摘要》中，马克思批评了柯瓦列夫斯基把印度德里苏丹时期和莫卧儿帝国统治时期的土地关系的变化看做是"封建化"过程，他写道："别的不说，柯瓦列夫斯基忘记了农奴制，这种制度并不存在于印度，而且它是一个基本因素。"另外，"土地在印度的任何地方都不是贵族性的"，"在大莫卧儿帝国特别是在民法方面没有世袭司法权"。④ 马克思还认为印度集权君主制的存在阻碍了印度社会向西欧

---

① 《马克思恩格斯全集》第 19 卷，第 450 页。
② 同上书，第 443 页。
③ 同上书，第 434 页。
④ 《马克思恩格斯全集》第 45 卷，第 284 页。

那样的封建制度演变，并使农村公社的社会职能逐渐转变为国家职能。①这几乎是亚细亚生产方式的又一次理论上的说明。

不管怎样，有一点可以作为定论，在马克思晚年，他对世界历史上生产方式演进的规律持一种更为慎重的态度。纵观马克思一生对广义政治经济学的深刻研究和伟大贡献，我们有把握说，马克思不是五种生产方式理论的提出者，他似乎更愿意给后人留下继续研究的课题。

再说恩格斯。无疑，在这一时期，恩格斯在会同马克思创立广义政治经济学中占有突出地位，作出了许多独立的贡献，尤其在马克思逝世后，更是由他继续着这一理论工作。五种生产方式的理论正是恩格斯在这一工作过程中提出来的。

写于 1876—1878 年的《反杜林论》是 70 年代恩格斯研究广义政治经济学的代表作。在这部著作里，恩格斯表露了"三大奴役形式"的思想或可以说是五种生产方式的思想。在《社会主义》中，恩格斯写道："到目前为止还在阶级对立中运动着的社会，都需要有国家，即需要一个剥削阶级的组织，以便维持它的外部的生产条件，特别是用暴力把被剥削阶级控制在当时的生产方式所决定的那些压迫条件下（奴隶制、农奴制或依附农制、雇佣劳动制）。国家是整个社会的正式代表，是社会在一个有形的组织中的集中表现，但是，说国家是这样的，这仅仅是说，它是当时独自代表整个社会的那个阶级的国家：在古代是占有奴隶的公民的国家，在中世纪是封建贵族的国家，在我们的时代是资产阶级的国家。"②但是也应指出，虽然从字面上看，恩格斯的上述论述是没有地域限制的关于人类历史发展的一般规律的意见，可是在对全书进行更仔细研究后，又会发现在恩格斯心目中实际是以欧洲历史为依据的。

根据之一是，恩格斯说："奴隶制被发现了。这种制度很快就在一切已经发展得超过旧的公社的民族中成了占统治地位的生产形式，但是归根到底也成为他们衰落的主要原因之一。只有奴隶制才使农业和工业之间的更大规模的分工成为可能，从而为古代文化的繁荣，即为希腊文化创造了条件。没有奴隶制，就没有希腊国家，就没有希腊的艺术和科学；没有奴隶制，就没有罗马帝国。没有希腊文化和罗马帝国所奠定的基础，也就没

---

① 参见《马克思恩格斯全集》第 45 卷，第 274、248 页和编者"说明"。
② 《马克思恩格斯全集》第 20 卷，第 305 页。

有现代的欧洲。""在这个意义上，我们有理由说：没有古代的奴隶制，就没有现代的社会主义。"① 这一段话十分明显是以欧洲的历史为依据去讨论从奴隶制到现代社会主义运动的历史发展的。至于东方，恩格斯并不以为经历过公社的瓦解而达到奴隶制。他认为："古代的公社，在它继续存在的地方，在数千年中曾经是从印度到俄国的最野蛮的国家形式即东方专制制度的基础。"②

根据之二是，恩格斯实际依然承袭了他在50年代提出的东方没有土地私有制的意见。恩格斯不仅认为东方长期存在公社，而且认为"东方的专制制度是基于公有制"。③ 80年代头一两年，恩格斯连续写了《论日耳曼人的古代历史》、《法兰克时代》和《马尔克》等著作，《马尔克》得到马克思的高度赞赏。无疑，这时恩格斯关于原始社会的认识，尤其是关于土地公有制公社的认识大大前进了。但是对于东方社会的认识依然未有大的变动。在《法兰克时代》一书中说："在有的地方，如在亚洲雅利安民族和俄罗斯人那里，当国家政权出现的时候，公社的耕地还是共同耕种的，或者只是在一定时间内交给各个家庭使用，因而还没有产生土地私有制，在这样的地方，国家政权便以专制政体而出现。"④ 这还是亚细亚生产方式的观点。

可是恩格斯在研读了摩尔根的《古代社会》，尤其是在马克思去世后研读了《摩尔根〈古代社会〉一书摘要》后，认识迅速发展，致使他在1884年3月底至5月底短短的两个月内写出了《家庭、私有制和国家的起源》。经过这次对于原始社会史的变革性的研究，恩格斯不仅划开了原始社会与阶级社会的界限，而且论证了未来共产主义社会的历史必然性。同时，还用十分肯定的语气将阶级社会划分为三大时期："随着在文明时代获得最充分发展的奴隶制的出现，就发生了社会分成剥削阶级和被剥削阶级的第一次大分裂。这种分裂继续存在于整个文明期。奴隶制是古代世界所固有的第一个剥削形式；继之而来的是中世纪的农奴制和近代的雇佣劳动制。这就是文明时代的三大时期所特有的三大奴役形式；公开的而近来

① 《马克思恩格斯全集》第20卷，第196—197页。
② 同上书，第197页。
③ 同上书，第681页。
④ 《马克思恩格斯全集》第19卷，第541页。

是隐蔽的奴隶制始终伴随着文明时代。"① 可以说，这是正式从世界范围里提出五种生产方式的规律。《起源》正式提出的五种生产方式的理论和《反杜林论》中的意见有了很大不同。在《反杜林论》中，东方尚处于一种特殊的地位，实际未概括于共同规律之中。《起源》的概括却包括了东方，而且是恩格斯自己明确表示了的。其一是他在书中说："由于篇幅的原因，我们不能详细研究今天仍然在各种不同的蒙昧民族和野蛮民族中间以或多或少纯粹的形式存在着的氏族制度，或者亚洲的文化民族的古代历史上的氏族制度的痕迹了。"② 这里明确说明了亚洲文化民族亦在历史的共同规律之中，这些民族经历了古代历史上氏族制度的过程，随后才发展为"文化民族"。这和过去马克思一向称东方为"半野蛮半文明"民族有了区别。其二是他在书中当谈到德意志人历史上的野蛮状态时说："由于这种野蛮状态，他们还没有达到充分发展的奴隶制：既没有达到古代的劳动奴隶制，也没有达到东方的家庭奴隶制。"③ 至于这种家庭奴隶制的特征，恩格斯最初说是东方的多妻制，认为"事实上，一夫多妻制，显然是奴隶制度的产物，只有占居特殊地位的人物才能办到……现在整个东方还是如此；多妻制是富人和显贵人物的特权，多妻主要是用购买女奴隶的方法取得的"④。1891 年修订《起源》时，又将这种历史现象和家长制家庭公社联系起来，认为："在东方各民族中所见到的那种形式有所改变的家长制家庭公社，乃是一个由群婚中产生并以母权制为基础的家庭到现代世界的个体家庭的过渡阶段。"⑤ 在这个时期开始出现"一是把非自由人包括在家庭以内，一是父权"的特征，于是走上家庭奴隶制的历史途程。这样，恩格斯便把东方存在"家奴制"的思想作为一种肯定意见表述出来。三年后，在《美国工人运动》一文中，恩格斯再次肯定东方也属于三大奴役形式的历史统一性："在亚细亚，古代和古典古代，阶级压迫的主要形式是奴隶制，即与其说是群众被剥夺了土地，不如说他们的人身被占有。"⑥

马克思、恩格斯对广义政治经济学的研究是与当时整个社会科学的发

① 《马克思恩格斯选集》第 4 卷，第 172 页。
② 同上书，第 126—127 页。
③ 同上书，第 153 页。
④ 同上书，第 56 页。
⑤ 同上书，第 64 页。
⑥ 同上书，第 258—259 页。

展进程同步的。他们对于公社和原始社会的研究即是这方面的一个最清楚不过的例证。由此还可看到另一个十分明显的事实：马克思、恩格斯对于东方历史的研究受到了客观条件的较大限制，而东方有四大文明古国，这不能不影响他们对于文明史的统一规律的考察。这或许已经反映到亚细亚生产方式的理论上，也反映到五种生产方式的理论上。

四

在马克思、恩格斯逝世之后，以更加明确的语言阐明五种生产方式理论并使之产生了广泛影响的是列宁。列宁在著名的演说《论国家》中曾经这样论述五种生产方式理论："我们始终都要记住历史上社会划分为阶级这一基本事实。世界各国所有一切人类社会数千年来的发展，是这样向我们表明这种发展的一般规律性、常规和次序的：起初是无阶级的社会——父权制原始社会，即没有贵族的原始社会；然后是以奴隶制为基础的社会，即奴隶占有制社会。整个现代文明的欧洲都经过这个阶段——奴隶制在两千年前占有完全统治的地位。世界上其余各洲的绝大多数民族也都经过这个阶段……在历史上继这种形式之后的是另一种形式，即农奴制。在绝大多数国家里，奴隶制发展成了农奴制……后来，在农奴制社会内，随着商业的发展和世界市场的出现，随着货币流通的发展，产生了一个新的阶级，即资本家阶级……在人类历史上有几十个几百个国家经历过和经历着奴隶制、农奴制和资本主义。"[①] 这是对几段文字的节录，整个论述对于五种生产方式各自的特征的阐发更为细致。

列宁的论述就思想来源而言，与恩格斯的《起源》密切相关。正是在这个演说中，列宁给《起源》以极高评价。而且就在这个演说的两年前（1917 年）列宁写了《国家与革命》，为了研究国家问题，列宁曾花大气力研究《起源》。因此，列宁受恩格斯关于五种生产方式理论的思想的影响是很好理解的。但是，《论国家》表明列宁对五种生产方式理论有新的发展。

第一，列宁强调了五种生产方式理论和"人类社会数千年来的发展"的"一般规律性、常规和次序"相统一。列宁一向是这样理解生产方式演

---

① 《列宁选集》第 4 卷，第 45—47 页。

进规律的意义的，而且认为这是运用唯物主义历史观的必然的结果，是一种科学性的表现。他在年轻时代和民粹派论战时，即强调指出："唯物主义提供了一个完全客观的标准，它把'生产关系'划为社会结构，使我们有可能把主观主义者认为不能应用到社会学上来的一般科学的重复律应用到这些关系上来……一分析物质的社会关系，立刻就有可能看出重复性和常规性，就有可能把各国制度概括为一个基本概念，即社会形态。"① 列宁在《论国家》中坚持并论述了这一思想。

第二，列宁明确肯定了五种生产方式理论在世界历史范围里的意义。这种肯定不是偶然的。它一方面与列宁在理论上更为强调人类社会在生产方式演进规律上的历史统一性分不开，另一方面也与列宁对俄国、对东方有更深刻的认识，并且这种认识较多地反映历史统一性分不开。例如在《论国家》中，列宁就曾明确认为东方、俄国都曾经历过农奴制："这就是农奴制国家，这种国家，例如在俄国或者在至今还是农奴制占统治的十分落后的亚洲各国，有各种不同的形式，有的是共和制，有的是君主制。"

第三，列宁排斥了亚细亚生产方式的提法。《论国家》中未提亚细亚生产方式，这不是因为列宁未注意这一问题，而是他未把亚细亚生产方式列入生产方式演进规律之中。列宁为了弄清俄国社会的性质，包括农村社会的性质，科学确定俄国革命的性质、任务、策略，驳斥民粹派的谬论，曾用了极大精力去分析俄国村社，它构成 90 年代列宁所写的大量的经济学著作的一个重要内容。列宁深刻揭示了村社在中世纪是和农奴制、封建制相统一的，在现在正逐步和资本主义相适应。村社到处存在着尖锐的阶级斗争，而绝非民粹派所美化、幻想的是农民的天堂，是社会主义的天然基石。俄国的专制制度显然不是简单地基于公有制，而是基于私有制，基于阶级对抗，村社不过是作为残余形态而存在。这样，亚细亚生产方式的思想自然从整体上失去了它在理论上的意义。

列宁排斥亚细亚生产方式的理论，还与他在国家学说上的深入探讨和对东方历史的深刻理解分不开。就五种生产方式理论而言，列宁一再明确肯定诸如中国等东方国家中都曾长期"处于中世纪、半封建制度之下"，"在最野蛮的专制制度之下"，这就不能不在实际上否定了马克思、恩格斯对东方曾经发表过的一些意见，也不能不在实际上否定了亚细亚生产方式

---

① 《列宁全集》第 1 卷，第 120 页。

的意见。列宁的意见是有道理的，因为列宁更了解东方，更易于从东方实际出发。而且，列宁在批判考茨基之流的论战中，一再强调国家是阶级斗争不可调和的产物，是一个阶级压迫另一个阶级的工具，因此对东方专制国家，他当然不会再重复马克思以及恩格斯关于东方的那些意见。

就在列宁《论国家》公开发表的前两年——1927年，考茨基出版了大部头著作《唯物主义历史观》。在第4卷《阶级和国家》的第9篇《马克思关于社会发展动力的论述》中，考茨基专门阐述了他对马克思《〈政治经济学批判〉序言》的看法，其中涉及关于生产方式演进规律的问题。他认为："马克思在这里说，至今的历史，即'社会的史前时期'，是建立在对立上面的社会形式的历史。而且这种对立正如马克思所补充说明的，不是个人的对立，而是社会的对立，是'从个人的社会生活条件中生长出来的对抗'。这恰恰就是《共产党宣言》所提出的那个观点：'至今所有一切社会的历史都是阶级斗争的历史。'马克思正是在与此相同的意义上，在上引部分序言里说：'大体说来，亚细亚的、古代的、封建的和现代资产阶级的生产方式可以看作是社会经济形态演进的几个时代。'这四种社会形态，是吻合于我们在第4卷里已考察过的阶级社会四大阶级的。马克思没有谈到在这四种阶级社会形态以前出现的社会形式。因此，他在1859年论述社会发展的机制时，所考虑的还仅仅是阶级社会。"[①] 应当指出，考茨基这里所作的探讨是符合马克思原意的，值得重视。考茨基论述国家的产生，包括论述东方国家的产生时，虽然不无有道理的地方，但整个说来是"修正"马克思主义的，而且显而易见是想"修正"恩格斯《起源》中的基本观点的。结果，错误落到了考茨基身上。

1929年发表的列宁《论国家》，对于考茨基的错误观点带有拨乱反正的作用。而且因为随后在苏联和国际上展开了关于亚细亚生产方式问题的讨论，列宁的意见不会不发生重大影响，首先对斯大林就会发生重大影响。

斯大林关于五种生产方式理论的意见，发表在1938年出版的《论辩证唯物主义和历史唯物主义》一书中。斯大林写道："随着社会生产力在历史上的变化和发展，人们的生产关系、人们的经济关系也相应地变化和发展。历史上有五种基本类型的生产关系：原始公社制的、奴隶占有制

---

① 考茨基：《唯物主义历史观》第5分册，第321页。

的、封建制的、资本主义的、社会主义的。"然后，斯大林分别对五种生产方式的基本特点作了理论上的概括说明。斯大林明确排斥了亚细亚生产方式的提法，因此苏联学者在五种生产方式的框框之内找到了一个安排亚细亚生产方式的办法，即提出了所谓东方不发达奴隶制的见解，其内容主要以恩格斯家庭奴隶制的说法为依据，其理论框架又以符合五种生产方式的说法为准则。

斯大林关于五种生产方式的理论在苏联和国际上，包括在中国，基本上为马克思主义史学家所熟知，并奉为经典，长期以此来指导历史研究。像中国古史分期的讨论，在相当长的一段时期内，在理论方面大体就是以斯大林关于五种生产方式的意见为指导的。这种状况甚至使人们发生误解，以为五种生产方式理论是斯大林提出来的。

今天，重新评价斯大林的意见，以及马克思、恩格斯、列宁或其他人的意见，是完全应该的，因为关于这一问题的认识理应发展。但是轻易否定某种意见，包括轻易否定五种生产方式的理论，在现在还不合适。因为目前整个学术发展水平似乎尚未达到能够对这一问题做出新的结论的程度。关于五种生产方式理论的认识史也告诉我们：广义政治经济学仍然有待创造。

（原文载《历史研究》1987 年第 6 期）

再评五种生产方式说[*]

胡钟达

一

中国古代史分期问题的讨论，其中主要的是中国奴隶社会和封建社会分期问题的讨论，从本世纪二三十年代那场"中国社会史论战"算起，至今已 50 余年；即使从我们新中国成立以来重新展开讨论算起，至今也有 30 余年了。可是当前的情况仍然是众说纷纭，莫衷一是。其中有西周封建说、春秋封建说、战国封建说、秦统一后封建说、秦汉之际封建说、东汉封建说、魏晋封建说。最近几年，还有人提出北朝封建说。以西周封建说同北朝封建说相比，时间差距达 1500 年左右。

中国和印度一样，是历史悠久的文明古国，其古代历史应该具有典型性。特别是古代中国受外界的重大干扰极少，它的历史应该更具有典型性。可是在奴隶社会同封建社会分期的问题上，几十年来，中国古史学家费了无穷的心血和无尽的笔墨，仍然不能在基本上取得一致的意见，甚至连解决问题的前景看来都很渺茫。时至今日，我们不得不问一个"为什么"？

分期问题的讨论是以五种生产方式说为前提的。所谓五种生产方式说，就是认为人类社会共有原始社会、奴隶社会、封建社会、资本主义社会和以社会主义为其低级阶段的共产主义社会五种社会经济形态。它们之间的关系是前者产生后者，后者高于前者。如无特殊情况，它们中间的任

---

[*] 在《试论亚细亚生产方式兼评五种生产方式说》（载《中国史研究》1981 年第 3 期；增订稿刊于《内蒙古大学学报（哲学社会科学版）》1982 年第 2 期）中，对这一问题，我已提出了我的主要论点；今进一步加以阐述，故曰"再评"。

何一种社会经济形态对于世界上每个民族和国家的历史来说，都是不可或缺的必经阶段，它们中间的任何一种社会经济形态都具有普遍意义。

据说，五种生产方式说是马克思主义的创始人马克思和恩格斯确定的。

马克思和恩格斯对人类历史上社会经济形态的发展和更替做过种种论述。但是，据我所知，他们从来没有对此做过集中的全面系统的论述。他们关于人类历史上社会经济形态的发展和更替的学说，是包含着几个不同层次的。

人类社会的发展由原始共产主义社会进入阶级社会，再由阶级社会进入共产主义社会，这是社会经济形态发展的第一个层次。它是历史唯物主义的基本原理，是历史唯物主义同形形色色的历史唯心主义学说相区别的最重要的标志之一。

阶级社会可以分为以人的依赖关系为基础的第一形态（这是指以奴隶制、农奴制和租税合一的贡纳制为基础的前资本主义社会）和以物的依赖关系为基础的第二形态（这是指以雇佣劳动制为基础的资本主义社会）①。同样，原始共产主义社会可以分为蒙昧和野蛮两个时代，大体和考古学上的旧石器时代和新石器时代相当。前者以采集和渔猎经济为主，后者以农牧业经济为主②。共产主义社会可以分为社会主义和共产主义两个阶段，前者是各尽所能，按劳分配，后者是各尽所能，按需分配③。这是社会经济形态发展的第二个层次。它同样是历史唯物主义的基本原理，特别是阶级社会和共产主义社会再做第二个层次的划分，同无产阶级的革命实践和社会主义建设的实践有密切联系，是科学共产主义学说的基石。

把前资本主义阶级社会即以人的依赖关系为基础的社会经济形态再划分为所谓奴隶社会和封建社会，这属于社会经济形态发展的第三个层次。这样的划分同无产阶级的革命实践并无直接联系。有无必要和可能做这样的划分，是有关五种生产方式说的争论的核心问题。

1859 年马克思在《〈政治经济学批判〉序言》中说："大体说来，亚细亚的、古代的、封建的和现代资产阶级的生产方式可以看做是社会经济

---

① 《马克思恩格斯全集》（以下简称《马恩全集》）第46卷上，第104页。
② 马克思：《摩尔根〈古代社会〉一书摘要》；恩格斯：《家庭、私有制和国家的起源》。
③ 马克思：《哥达纲领批判》。

形态演进的几个时代。"①

人们往往认为，马克思在这里已把前资本主义阶级社会划分为奴隶社会（即古代社会）和封建社会。马克思的这一段表述就是五种生产方式说的主要依据。

但不管人们对这一表述如何理解，应该承认，从马克思所使用的语气来看，马克思在这里并没有把话说死。

1884 年恩格斯在《家庭、私有制和国家的起源》中才把话说得比较明确。他说："奴隶制是古代世界所固有的第一个剥削形式；继之而来的是中世纪的农奴制和近代的雇佣劳动制。这就是文明时代的三大时期所特有的三大奴役形式。"② 假如认为恩格斯在这里主要是指西方社会而言，1887 年恩格斯为他的《英国工人阶级状况》纽约版写序言时又说："在亚细亚古代和古典古代，阶级压迫的主要形式是奴隶制，即与其说是群众被剥夺了土地，不如说他们的人身被占有。"③ 这就足以说明恩格斯在《家庭、私有制和国家的起源》中所提出的文明时代的三大时期所特有的三大奴役形式，不仅适用于西方社会，同样也适用于东方社会。人们往往认为，这是五种生产方式说在马克思、恩格斯著作中的最主要的依据，是马克思主义创始人的晚年定论。

这里，我们有必要回顾一下马克思、恩格斯的时代研究古代社会特别是古代东方社会的历史条件。

在 19 世纪，希腊、罗马古典时代政治史的研究已经取得显著的成果，经济史的研究则尚未深入。西方学者对东方各国历史与文化的研究，则是以 17、18 世纪以来西方旅行家、外交官、传教士以及殖民地官员所提供的资料为依据。当时，西方正处于由封建社会向资本主义社会急剧转变的时期，东方由先进转化为落后，而西方则由落后转变为先进。曾经创造过灿烂文明的东方在西方人心目中的地位由此一落千丈。西方学者往往带着种族优越感来观察东方。主观、片面、夸大、曲解在他们有关东方的著作中比比皆是。因而，一位西方当代史学家不得不承认："用今天的眼光来看，18 世纪甚至 19 世纪有关亚洲的著作中，可信的资料是很有限的。"④

---

① 《马克思恩格斯选集》（以下简称《马恩选集》）第 2 卷，第 83 页。
② 《马恩选集》第 4 卷，第 172 页。
③ 同上书，第 258—259 页。
④ L．克拉德尔：《亚细亚生产方式》，阿森 1975 年版，第 21 页。

　　马克思和恩格斯曾经投入很大的精力研究东方的历史与现实，并为我们留下了许多可贵的具有启发意义的指示。但他们所能利用的资料，主要是西方古典作家有关古代东方的记载以及 17、18 世纪以来西方旅行家、外交官、传教士以及殖民地官员所提供的资料和著述，而不是东方本身的文献和文物。在这种情况下，要求马克思和恩格斯对古代社会，特别是古代东方社会的性质做出合乎历史实际的科学的结论，可以说是不大可能的。假如我们今天还以"凡是"的态度来对待马克思和恩格斯有关古代社会，特别是古代东方社会的论述，甚至把他们的未经充分论证的片言只语都当做不可更易的结论来对待，那就近乎把马克思、恩格斯神化了。

　　1894 年列宁在《什么是"人民之友"以及他们如何攻击社会民主主义者？》中曾指出，运用历史唯物主义去分析和说明资本主义这一社会形态已经取得"辉煌的成果"，应该把这种方法"应用于其余各种社会形态"。可是在当时，"这些社会形态尚未经过专门的实际研究和详细分析"。① 列宁在这里所说的"其余各种社会形态"，主要的应该是指所谓奴隶社会和封建社会。列宁当时的这一论断，是极为中肯的，是合乎实际的。

　　四分之一世纪以后的 1919 年，列宁在《论国家》中却以相当完整的形式提出了五种生产方式说，并且几乎以全称肯定的形式，肯定"奴隶占有制社会"是"整个现代文明的欧洲"和"世界上其余各洲的绝大多数民族"都经历过的一种社会形态。②

　　在这四分之一世纪中，马克思主义史学对古代社会性质的研究是否获得了显著的成就，使列宁有可能做出如上的概括呢？根据 M. I. 芬利的论述，在这期间，只有意大利的 E. 奇科蒂和 G. 萨尔维奥利这两位马克思主义古史学家对西方古代奴隶制写过专题研究著作③，马克思主义史学对东西方古代社会性质的研究并无重大突破。马克思和恩格斯在生前就已肯定日耳曼人没有经过奴隶社会这一阶段；此后苏联史学家又肯定斯拉夫人没有经过奴隶社会这一阶段。列宁在这里说"整个现代文明的欧洲都经过这个阶段"，明显地不符合历史事实。至于说世界上其余各洲的绝大多数民

---

①　《列宁选集》第 1 卷，第 13 页。
②　《列宁选集》第 4 卷，第 45—46 页。
③　芬利：《古代奴隶制和现代意识形态》，纽约 1980 年版，第 42—43 页。

族也都经过这个阶段，更是缺乏科学根据的。

应该指出，列宁的这一段话是他在斯维尔德洛夫大学作报告时讲的。报告全文当时没有在报刊上发表。十年以后（1929 年）在苏联关于亚细亚生产方式论战的高潮中，《真理报》发表了列宁《论国家》第一次讲演的速记记录稿。第二次讲演的速记记录稿据说没有保存下来①。就在列宁做《论国家》的报告的前几个月，列宁曾表示对他的讲演的速记记录素不满意，并禁止此后发表他的讲演的速记记录②。因此几年前我就提出，这篇没有经过列宁本人审阅，他身后才发表的速记记录，在有关五种生产方式说的措辞上是否符合列宁的原意是很值得怀疑的。③

马克思、恩格斯关于人类社会经济形态发展的第一个层次的划分和第二个层次的划分，都是经过严密的科学的论证的。虽然论证的内容还可以进一步发展，有些局部甚至还需要加以订正，但那都是历史唯物主义的基本原理，这是无可怀疑的。

至于前资本主义的阶级社会再进一步分为奴隶社会和封建社会，只能认为是科学上的假说，它需要以科学研究的实践来检验。

我们（当然包括我本人在内）过去把这一科学上的假说作为科学的结论来对待，并以此为前提来进行古代史分期问题的讨论。我们不能对奴隶社会是否是人类社会发展的必经阶段或人类历史上究竟是否存在过一个完整的奴隶社会这一社会经济形态提出怀疑。我们的科学研究在某种程度上成为马、恩、列、斯语录的注疏学，我们的学术论争在某种程度上往往成为一场语录官司。这种方法和态度本身就是违反马克思主义的。现在是结束这种状态的时候了。

二

根据历史唯物主义的生产力同生产关系对立统一的辩证原理，社会经济形态的划分在生产力和生产关系两方面都应该有显明的标志。

由旧石器时代进入新石器时代，由采集、渔猎经济通过"农业革命"

---

① 《列宁选集》第 4 卷，第 57 页附记。
② 《列宁全集》第 29 卷，第 67 页。
③ 胡钟达：《试论亚细亚生产方式兼评五种生产方式说》，《内蒙古大学学报（哲学社会科学版）》1982 年第 2 期。

转变为农牧业经济使原始社会划分为蒙昧时代和野蛮时代两个阶段。

金属的冶炼和金属工具（铜器和青铜器）的使用，帆船、轮车、历法、文字等的发明、发现和创造，即英国考古学家 G. 柴尔德为之命名的"城市革命"[①]，使人类的劳动不仅可以养活劳动者本身，而且有可能提供剩余生产物。它推动人类由原始共产主义社会进入阶级社会，从而创造了青铜器文明和铁器文明。

阶级社会中农业、手工业生产力的提高，商品货币经济的发展，促成以自然经济为主的农业社会向以商品经济为主的工业社会的过渡。在此基础上产生了资产阶级革命。资产阶级革命为产业革命开拓了道路，从而把阶级社会划分为以人的依赖关系为基础的前资本主义社会和以物的依赖关系为基础的资本主义社会。产业革命的高度发展加剧了资本主义社会的固有矛盾，人类社会由此开辟了通过无产阶级革命和无产阶级专政由阶级社会进入无阶级社会的道路。方兴未艾的新技术革命和新产业革命更为我们充分显示了社会主义社会在生产力的发展上赶超资本主义社会并向共产主义社会过渡的光辉灿烂的前景。

由此可以看出，人类社会经济形态的第一个层次和第二个层次的划分，在生产力和生产关系两方面都有其显明的标志。

把前资本主义社会再划分为所谓奴隶社会和封建社会，在生产力和生产关系两方面是否有其显明的标志呢？

先从生产力看。古代史分期问题的讨论中有一个奇怪的现象，即参与讨论者几乎都集中讨论生产关系而不涉及生产力；或者在涉及生产力时根本提不出一个合理的明确的标准，以致有人主张"手无寸铁"也可以进入封建社会；有人主张，只可能有"铁"的封建社会，不可能有"铜"的封建社会。

当代西方历史学家 L. S. 斯塔夫里亚诺斯指出："人类的物质文化近二百年来发生了比先前五千年还要大的变化。十八世纪，人类实际上还过着和古代埃及和美索不达米亚同样方式的生活。人们使用和过去同样的材料盖房，同样的牲畜驮人载物，同样的帆和桨推进船只，同样的织品裁制衣

---

① 柴尔德：《远古文化史》，周进楷译，群联出版社1954年版，第6—8章。

服，同样的蜡烛和火把照明。"① 这实际上是说，在产业革命以前的五千年的文明史中，人类所使用的生产工具和物质生活方式基本上没有变化。应该承认，这基本上是符合历史实际的。

再从生产关系看。我们想从四个方面来谈：

1. 我们承认，在古代世界，某些时期，某些地区，奴隶制的发展程度比较高，也许可以称为"奴隶社会"。但那是特例而非常例。

长期以来，人们对古代东方社会的性质曾经议论纷纷，但对古典时代的希腊罗马是奴隶社会，似乎很少有人提出怀疑。这种传统认识也是有其根据的。

公元 2 世纪的雅典尼乌斯在其《哲人宴享》中说，根据克泰西克尔斯、泰迈厄斯和亚里士多德的记载，雅典有公民 2 万 1 千人，外侨 1 万人，奴隶 40 万人；科林斯有奴隶 46 万人；伊齐那有奴隶 47 万人②。19 世纪前期德国的古史学家 A. 俾克、W. 瓦克斯穆特、G. 舍曼在其有关古希腊史的著作中，除将雅典尼乌斯书中所载雅典公元前 4 世纪末有公民 2 万 1 千人，外侨 1 万人，奴隶 40 万人改为雅典极盛时期有公民 9 万人，外侨 4 万 5 千人，奴隶 35 万 5 千或 35 万人外，基本上肯定了雅典尼乌斯的记载③。恩格斯在《反杜林论》和《家庭、私有制和国家的起源》中关于雅典、科林斯、伊齐那奴隶数字的记载大概就是转引自俾克和瓦克斯穆特的著作。罗马帝国时代的学术著作和文学作品关于当时罗马的奴隶数字有些夸张的描述。18 世纪英国古代史家 E. 吉本在其《罗马帝国衰亡史》中估计，罗马帝国在其极盛时期约有自由民 6000 万人，"而奴隶的数目至少和罗马世界的自由居民相等"④，从而罗马帝国在公元 1 世纪有奴隶 6000 万人的说法也流传一时。19 世纪末 20 世纪初在德国出版又在英国一再修订增补、翻译重版的《普勒茨世界史手册》，以 G. 舍曼的《希腊古事记》为据，肯定"在她的最繁荣的时代，雅典的公民可以估计为九万，外侨四万五千，奴隶三十六万。因此，在其激进的民主制最兴盛的时期，居于统治地

---

① 斯塔夫里亚诺斯：《1500 年以来的世界》（《全球通史》下卷），普林蒂斯学院 1971 年版，第 206 页。译文采自刘乐泮同志的译稿。

② 雅典尼乌斯：《哲人宴享》，6，272。

③ 据马克思《摩尔根〈古代社会〉一书摘要》，第 183 页；《马恩选集》第 3 卷，第 608 页，注 140；《普勒茨世界史手册》，1915 年版，第 52 页。

④ 吉本：《罗马帝国衰亡史》第 1 卷，伦敦 1896 年版，第 42 页。

位的国民在其总人口中只占极少数"。① 这是当时西方高等学校的历史教学和史学界的通行观点。在这样的历史背景下，马克思主义者从历史唯物主义出发，把古典时代的希腊罗马社会看做奴隶制社会经济形态，资产阶级学术界甚至一般公众也把它看做蓄奴社会，是完全可以理解的。

但是，早在 18 世纪中叶，D. 休谟在其《古代国家的人口密度》中就认为古希腊罗马文献中有关人口的数字，包括有关奴隶的数字"往往是荒谬可笑的"②。从 19 世纪中期以来，西方的古代史学家对古典时代希腊罗马世界的人口和奴隶在其中所占的比例，做出了种种不同的估计。基本的看法是：在希腊，古典奴隶即物化奴隶（Chattel Slayes）较多者，仅限于公元前 5—前 4 世纪以雅典、科林斯为代表的商品经济比较发达的城邦；在罗马，仅限于公元前 2 世纪至公元 2 世纪的意大利（还可以包括西西里和北非）。

在希腊，以雅典极盛时代为例，H. 瓦朗估计其奴隶约占总人口的三分之二③；G. 格罗茨、B. C. 塞尔格叶夫和 N. G. L. 哈蒙德估计其奴隶约占总人口的二分之一④；J. 贝洛赫估计其奴隶约占总人口的五分之二以上⑤；《剑桥古代史》和《牛津古典辞汇》估计其奴隶约占总人口的三分之一⑥；W. L. 威斯特尔曼估计其奴隶人数不超过总人口的三分之一或四分之一，人数约在 6 万—8 万之间⑦。M. I. 芬利也认为，把公元前 5—前 4 世纪雅典的奴隶估计为 6 万—8 万是很确当的⑧。

就罗马的情况而论，J. 贝洛赫估计公元前 1 世纪，在意大利半岛，奴隶与自由民之比为 3：5，在波河流域为 3：10，公元前 5 年罗马与奥斯提亚的总人口约为 87 万，其中奴隶约 28 万。概括地说，公元前 1 世纪时，

---

① 《普勒茨世界史手册》，第 52 页。

② 转引自芬利《古代奴隶制和现代意识形态》，第 30 页。

③ 瓦朗：《奴隶制度史》第 1 卷，巴黎 1847 年版，第 254—255 页。

④ 格罗茨：《古代希腊经济史》，纽约 1926 年版，第 198—199 页；塞尔格叶夫：《古希腊史》，缪灵珠译，高等教育出版社 1955 年版，第 238 页；哈蒙德：《希腊史》，牛津 1959 年版，第 328—829 页。

⑤ 转引自塞尔格叶夫《古希腊史》，第 258 页。

⑥ 《剑桥古代史》（初版）第 5 卷，第 11 页；《牛津古典辞书》，牛津 1953 年版，第 718 页。

⑦ 威斯特尔曼：《古代希腊罗马奴隶制》（以下仅标书名），菲兰德尔菲亚 1955 年版，第 9 页。

⑧ 芬利：《古代希腊的经济与社会》，鹈鹕丛书 1983 年版，第 102 页。

意大利的总人口约 600 万，其中奴隶占 200 万，即约为三分之一①。这是上个世纪的估计。当代的 P. A. 布朗特认为，在公元前 225 年，意大利约有自由民 440 万人，奴隶 60 万人；到公元前 43 年，自由民约为 450 万人，奴隶约为 300 万人。在这 200 年左右的时间内，自由民仅略有增加，而奴隶则猛增了 4 倍②。在总人口中奴隶所占比例由 12% 上升到 40%。P. 安德松说："在古代世界，类此情况实前此所未见。"③

　　一个社会是否够得上称为奴隶社会，不在于奴隶必须占人口的半数以上。芬利指出，废除奴隶制以前美国南部各州，奴隶在其总人口中的比例略少于三分之一，自由人中有将近四分之三的人同奴隶制毫无瓜葛，但没有人能够否认奴隶制在美国南部各州的社会中是一个决定性因素④。准此而论，公元前 5 至前 4 世纪以雅典、科林斯为代表的商品经济比较发达的城邦，公元前 2 世纪至公元 2 世纪的意大利，是可能称为奴隶社会的。但这只是局部而非全体，是一个特定时期而非整个时代。不能把它们看做一个完整的社会经济形态。

　　2. 除了上述的特殊情况外，所谓奴隶社会中的奴隶并不多，而封建社会中的奴隶也不少。

　　先谈所谓奴隶社会中的奴隶并不多。

　　从 30 年代以来，苏联古史学界大多数史学家都肯定古代近东为奴隶社会。先有以 B. B. 斯特鲁威为代表的"两个阶段"说⑤，后有以 A. H. 久梅涅夫为代表的"两种类型"或"两种发展道路"说⑥。他们的理论都是我国史学界很熟悉的。"两个阶段"说坦率承认，古代近东社会中奴隶的数量极为有限，大量存在的是受租税剥削的公社农民。久梅涅夫对"两个阶段"说进行过深入细致、很有说服力的批评，但也不能否认古代近东社会奴隶的数量极为有限这个基本事实。

　　关于古代印度奴隶制的情况，我国古代印度史学者崔连仲认为，古代印度家庭奴隶制很发达。吠陀文献中反映有大量的女奴，佛教文献中关于

---

　　① 转引自《古代希腊罗马奴隶制》，第 69 页。
　　② 转引自安德松《从古代到封建制的道路》，伦敦 1974 年版，第 62 页。
　　③ 前揭书，第 62 页。
　　④ 芬利：《古代希腊的经济与社会》，第 102—103 页。
　　⑤ 斯特鲁威：《论古代东方与古典世界》，《历史科学论文选辑》，东北师范大学函授教育处 1955 年版。
　　⑥ 久梅涅夫：《近东和古典社会》，《史学译丛》1958 年第 3、4 期。

家庭奴隶的记载更多，奴隶用于家庭生活的各个方面。"但是家庭奴隶不管怎样发达，也不能决定社会性质。"他更指出："从……早期佛典、《政事论》以及《摩奴法典》所反映的情况来看，在古代印度确有一定数量的生产奴隶……但这些资料没有一份像希腊罗马那样有分量的记录，甚至也没有一份像苏美尔的泥版或埃及的草纸那样明确而具体的数据……另外，这些资料的年代都不好确定，时间跨度很长，达几个世纪……同奴隶劳动并存的，还有其他劳动者，例如村社的小农、各类手工业者、雇工和佃农，等等。同这些劳动者相比，奴隶在生产领域内的应用和规模是有限的。"①

就中国而论，学者们不管在古代史分期问题上持什么观点，大概都不能否认两汉，特别是西汉的奴隶是比较多的。假如我们不把春秋以及春秋以前的"众"、"庶"都一律贬为奴隶，在古代中国，两汉特别是西汉大概是奴隶最多的一个朝代（秦代情况较特殊，姑置勿论）。西汉的人口根据西汉平帝元始二年（公元2年）的资料为12233062户、59594978口②，即大致为6000万人。奴隶的数字及奴隶在人口中所占的比例，由于没有比较确实的统计资料，因而也只能估算。翦伯赞认为"两汉时代存在着相当数量的官私奴婢，是不可否认的事实"③。他对西汉奴隶数字的估计约为150万人，占西汉总人口的1/40或2.5%。胡寄窗估计西汉的官私奴婢约230万人④，约占西汉总人口的1/26或3.85%。可能因为他们两位都是西周封建论者，认为汉代奴隶制只是遗留在封建社会的"残余"，"奴婢的绝大部分都不从事生产，用于农业生产者尤其少"，他们的估计显然偏低。

童书业是由西周封建论转变为魏晋封建论的。他认为："说西汉时奴隶有一千几百万人，是并不夸大的。""无论如何，当时的奴隶总数要占总人口的四五分之一样子。"⑤也就是达到了20%—25%。在我看来，他似乎夸大了西汉末全国豪富的户数，从而也就夸大了奴隶的数字。

马克垚看来也是魏晋封建论者。他说汉代"奴隶数字记载不多，贡禹

①　崔连仲：《古代印度社会几个问题》，《世界历史》1985年第1期，第1—8页。

②　《汉书》卷二八，《地理志》。

③　翦伯赞：《关于两汉的官私奴婢问题》，《中国的奴隶制与封建制分期问题论文选集》，三联书店1962年版，第392页。

④　胡寄窗：《中国经济思想史》，上海人民出版社1978年版，第149—150页。

⑤　童书业：《中国古史分期问题的讨论》，《中国的奴隶制与封建制分期问题论文选集》，第153—154页。

说过'诸宫奴婢十万余人',是指中央掌握的官奴婢,地方上的官奴婢还不在此数。私奴婢有多少呢?汉代官吏数字,西汉自佐吏至丞相共十三万余人,东汉为十五万余人。哀帝时有个限奴婢的意见,其数字是诸侯王奴婢二百人,列侯公主百人,关内侯吏民三十人。以这些官吏(包括民在内)平均每人占有奴婢按最低限度三十人计,则全国当有私奴婢四百五十万人,加上官奴婢,可能是五百万。五百万数字占到当时人口的十分之一"。①(笔者按,如就西汉说,则约占全国人口的1/12,即8.4%)。马克垚估计的依据比较合理。说西汉末奴隶大约有600万人,占全国人口的10%左右,可能是比较接近于实际的。

最后,我们再回到罗马(古典时代希腊的问题下文再谈)。我们在前面已经指出,根据两种不同的估计,公元前1世纪,意大利的奴隶占总人口的1/3或2/5。就帝国时代全国而论,连做这样的估计都很难。因为罗马帝国时代没有户口统计流传下来。帝国极盛时代的全国人口,吉本估计为1亿2千万,此后的学者多认为太夸大了。贝洛赫估计帝国的全部人口约为5400万②,芬利估计在五六千万之间③,和两汉帝国的人口大体相近,可能比较合理。至于有关奴隶数字及其与自由民的比例问题,正像威斯特尔曼所说:"在〔罗马〕帝国的文献中,没有发现任何地区任何时期奴隶总数的明确记载,表明奴隶人数和自由民人数之间关系的记载也极为稀少。"④ 至于意大利,在公元初两世纪,根据科路美拉和小普林尼所提供的线索,在农业上,奴隶的使用趋于减少,科洛尼租佃制从1世纪到2世纪有了显著的发展。

希腊在所谓希腊化时代,从德尔斐神庙有关脱籍奴隶的文献来看,奴隶制已开始衰落。

东方各国本来奴隶制就不发展,希腊化时代略有变化,但变化不大。罗马统治时期的情况同希腊化时代基本类似。以资料较多的埃及为例,根据多种有数字可据、身份可查的零星资料来看,农村中奴隶的人数可以说是寥寥无几。另据某一市镇应纳人头税的男子人数来看,奴隶也仅占

---

① 马克垚:《罗马和汉代奴隶制比较研究》,《历史研究》1981年第3期,第38页。
② 转引自《牛津古典辞书》,第719页。
③ 芬利:《古代经济》,加利福尼亚1973年版,第30页。
④ 《古代希腊罗马奴隶制》,第87页。

10%强①。

西方各省的情况，由于资料缺乏，更难以提供有数据的论证。以高卢为例，普林尼认为高卢实际上是意大利的延长，"与其说它是一个行省，不如说它更像意大利"。安德松以此为据，认为 A. H. M. 琼斯在《古代世界的奴隶制》中，把高卢作为帝国的奴隶制烙印最深的地区之一来对待是正确的②。威斯特尔曼认为，意大利的奴隶制曾得到对外战争和海盗劫掠所提供的廉价奴隶的滋养，但在帝国初期，高卢已缺乏这样的条件。在农村，是依附关系占优势。家内奴隶制虽有发展，但"奴隶人口的总数在高卢从来没有达到像在意大利曾经达到的那样的比例"③。

再谈所谓封建社会中的奴隶也不少。

在中国古代史分期问题的讨论中，战国封建论和魏晋封建论比较占优势。

按上文所说，在西汉，奴隶人口大致占全国总人口的10%左右，作为奴隶社会，奴隶的数目不算多；但是作为封建社会，奴隶的数目实在也不算少。

根据魏晋封建说，魏晋南北朝当然是封建社会。可是有谁能证明，魏晋南北朝的奴婢在全国人口中所占的比例比两汉为少呢。

这个时期，不仅南朝有"耕当问奴，织当访婢"的口碑④，北朝也有"耕则问田奴，绢则问织婢"的俗谚⑤。曾经历仕南北的颜之推，在其《家训》中说过："常以为二十口家，奴婢盛多，不可出二十人。良田十顷，堂屋才蔽风雨，车马仅代杖策。"⑥ 另一个南朝贵族，羁旅长安的萧大圜也说："二顷以供饘粥，十亩以给丝麻。侍儿五三，可充纴织，家僮数四，足代耕耘。"⑦ 可见在南北朝时期，视家业大小之不同，蓄养数目不等的家内奴隶，以及在自营庄园中使用奴隶劳动，仍然是一种相当普遍的现象。

当时无论北朝、南朝，在战争中掳掠生口，充当奴婢，习以为常。而

① 《古代希腊罗马奴隶制》，第87页。
② 安德松：《从古代到封建制的道路》，第64页。
③ 《古代希腊罗马奴隶制》，第93页。
④ 《宋书》卷七七《沈庆之传》。
⑤ 《魏书》卷六五《邢峦传》。
⑥ 《颜氏家训·止足第十三》。
⑦ 《周书》卷四二《萧大圜传》。

掠卖人口为奴婢，籍没犯人家属为奴婢，也比比皆是。北朝帝王赐臣下奴婢田宅，更属常见。北魏实行均田，奴婢也同样授田。均田后咸阳王元禧还是"奴婢千数，田业盐铁遍于远近，臣吏僮隶，相继经营"①。随晋室南渡的刁逵，其家"有田万顷，奴婢数千人"②，宋沈庆之"广开田园之业……僮奴千计"③。宋谢弘微承继父业，有"田业十余处，僮仆千人"④。梁裴之横未仕前，"与僮属数百人，于苟陂大营田墅"⑤。等等。

　　唐代的情况也值得研究。在中国历史上，把奴婢与部曲明确划分为两个不同的经济范畴，奴婢"律比畜产"，"同于资财"⑥，"名例"，是不具有人格的物，而部曲则"不同资财"，"奴婢有价，部曲转事无估"⑦，即部曲是供主人役使的人而不是物，似乎是从唐律开始的。在唐代，奴婢的数目也不少。他（她）们不完全是姣童美姬，同样也使用于生产劳动。甚至到宋代，"耕当问奴，织当问婢"的俗谚仍继续流传⑧。

　　在西方，所谓封建社会中的奴隶也不少。

　　通行的见解认为，西罗马帝国的灭亡标志着西方奴隶社会的终结。可是根据现代西方学者的研究，在西罗马帝国灭亡前后蛮族纷纷建国的时期，由于战乱频繁，奴隶的数目比之西罗马帝国末期有增无减⑨。

　　在中世纪早期，奴隶仍大量存在，奴隶买卖相当兴盛，奴隶的价格很贱。上至国王下至庶民都蓄养奴隶。奴隶仍然毫无权利，主人对他们有生杀之权。他们没有合法的家庭，不能掌握他们的妻子儿女的命运，不能自由处理自己的财物。既有在主人直接经营的领地上劳动的物化奴隶，也有在拨给他们的领地上劳动的授产奴隶。他们遭受一切非人的待遇，被主人当做牲口一样看待⑩。9世纪法兰克圣热尔门·德·普雷修道院的农庄所

---

① 《魏书》卷二一上《咸阳王禧传》。
② 《晋书》卷六九《刁逵传》。
③ 《宋书》卷七七《沈庆之传》。
④ 《宋书》卷五八《谢弘微传》
⑤ 《梁书》卷二八《裴邃传》。
⑥ 《唐律疏议》卷四、卷六，"名例"。
⑦ 《唐律疏议》卷一八《贼盗律》、卷二五《诈伪律》。
⑧ 《宋史》卷二六七《陈恕传》。
⑨ 据马克垚《西欧从奴隶制向封建制过渡》，《北京大学学报（哲学社会科学版）》1981年第3期，第44—45页。
⑩ 布瓦松纳：《中世纪欧洲的生活与劳动》，伦敦1927年版，第93—94页。汤普逊：《中世纪经济社会史》上，耿淡如译，商务印书馆1961年版，第260—261页。

役使的劳动人口共 2343 户，其中奴隶 220 户，将近 10%。① 11 世纪（1086 年）英国的土地赋役册（即所谓"末日审判书"）所统计的将近 280000 农村人口中，奴隶约 28000 人，也将近占农村人口的 10%②。在西南部，奴隶所占的百分比更高得多③。这种比例，比之罗马帝国、两汉帝国时代奴隶在全部人口中所占的比例并无逊色。

3. 无论是在所谓奴隶社会，还是在封建社会，奴隶制和农奴制都曾长期并存。

农奴一般有两个来源：一个源于丧失人身自由而沦于依附地位者；一个源于丧失土地而沦于依附地位者。在发展过程中，两者往往合而为一。农奴制是各式各样依附关系的总称。

前面已经论证了封建社会中的奴隶也不少，从而也就说明了在封建社会中奴隶制和农奴制曾长期并存。现在要论证的是，在所谓奴隶社会中也有大量农奴存在。

坚持五种生产方式说的同志们，往往引用恩格斯在《家庭、私有制和国家的起源》中所说的罗马帝国晚期的科洛尼（Coloni）是"中世纪农奴的先驱"（又译"前辈"），来证明封建农奴制只能在奴隶社会末期作为一种先进生产关系的萌芽而出现；在此以前，不会存在什么农奴制。

这种说法与历史事实不符。

马克思说："假如把人本身也作为土地的有机附属物而同土地一起加以夺取，那么，这也就是把他作为生产的条件之一而加以夺取，这样便产生了奴隶制和农奴制。而奴隶制和农奴制很快就败坏和改变一切共同体的原始形式，并使自己成为它们的基础。"④ 马克思在《摩尔根〈古代社会〉一书摘要》中又指出："现代家族在胚胎时期就不仅含有 Servitus（奴隶制），而且也含有农奴制，因为它从最初起就和土地的赋役有关。它含有后来在社会和国家中广泛发展起来的一切对抗性的缩影。"⑤ 马克思的这两段话，可以从大量史料中得到证明。可见，农奴制的萌芽以及农奴制本

---

① 转引自恩格斯《法兰克时代》，《马恩全集》第 19 卷，第 562 页；《家庭、私有制和国家的起源》，《马恩选集》第 4 卷，第 150 页。

② E. 米勒、J. 哈切尔：《中世纪英国的农村社会和经济变化，1086—1348》，伦敦 1980 年版，第 22 页。

③ 莫尔顿：《人民的英国史》，谢琏造等译，三联书店 1958 年版，第 47 页。

④ 《马恩全集》第 46 卷上，第 490—491 页。

⑤ 马克思：《摩尔根〈古代社会〉一书摘要》，第 38 页。

身，不是在所谓奴隶社会的末期才出现，而是在原始社会末期、阶级社会初期就出现了。

在中国的西周和春秋时代，既存在着奴隶制，又存在着农奴制。这种农奴制又是同次生的公社制度结合在一起的，所以有不少同志又把当时的农奴认为是公社农民（其实，西欧领主封建社会中的农奴制也是和次生的公社制度结合在一起的）。不能为了论证西周、春秋是奴隶社会就把大量的"众""庶"一概贬为奴隶。魏晋封建论者也不能否认两汉帝国有大量依附农民即农奴存在。在东汉，"奴婢千群"和"徒附万计"是并列的。

田余庆的《秦汉魏晋封建依附关系发展的历程》一文中有一段话是值得我们重视的："（西汉末年）奴婢问题朝野瞩目，喧腾一时……它暂时遮掩了依附关系这一社会现象的实际情况，可是真正影响社会历史进程的却正是这一现象而不是其他。而且也正是在两汉之际，封建依附关系向深度和广度发展，具有前所未有的速度和规模。"[①] 田余庆在这里所强调的至少可以证明，在两汉，奴隶制是同日益扩大和加深的依附关系、农奴制并存的。

在希腊的古典时代，同样既存在着奴隶制，又存在着农奴制。恩格斯1882 年 12 月 22 日给马克思的信指出："毫无疑问，农奴制和依附关系并不是某种特有的中世纪封建形式，在征服者迫使当地居民为其耕种土地的地方，我们到处，或者几乎到处都可以看得到。"作为举例，他肯定希腊古典时代的特萨利亚就存在着农奴制[②]。显然，恩格斯认为农奴制即使在古代，覆盖面也相当大。1884 年恩格斯写《家庭、私有制和国家的起源》时，提到斯巴达的黑劳士（helot，希洛人、希洛特、赫罗泰均为同名异译）也明确地称之为"农奴"。

50 年代，郭沫若曾认为，黑劳士绝不能是农奴。假如黑劳士是农奴，那么在古典的希腊，雅典是奴隶社会，而斯巴达却是封建社会，比较晚些的罗马又是奴隶社会，则马克思主义关于社会经济形态的学说"岂不会完全破产了吗？"[③] 其实，问题并没有像郭老所说的这么严重。

黑劳士究竟是奴隶还是农奴？黑劳士奴隶论者的理由是：在斯巴达，

①《中国史研究》1983 年第 3 期，第 41 页。
②《马恩全集》第 35 卷，第 131 页。
③ 郭沫若：《奴隶制时代》，人民出版社 1954 年版，第 99 页。

正如土地属于国家所有，黑劳士也属于国家。国家对黑劳士操有生杀之权（郭老特别强调这一点），因而黑劳士是奴隶。黑劳士农奴论者的理由是：黑劳士虽隶属于国家，附着于土地，但有自己的家庭，有自己的经济，每年他们向每一占有份地的斯巴达公民缴纳82麦斗粮食以及定量的油和酒。除此以外，不闻黑劳士对其主人还要尽什么义务。我认为，关键问题不在黑劳士可杀不可杀。斯巴达国家杀害黑劳士，是一种防止黑劳士起而暴动的政治措施（而且其所采取的行动是一种特务行动），不是黑劳士人身完全被占有，因而是主人对之操生杀之权的表现。关键在于，除了向主人缴纳定量的实物地租外，对其余劳动生产物，黑劳士有无所有权，也就是说，黑劳士有无财产权？

斯巴达没有留下有关的法典，古典作家的论述也未涉及这一问题。因而这个问题无法给予直接的回答。但是特萨利亚的皮涅斯特，斯巴达的黑劳士，克里特的克拉罗特，一向被认为是属于同一类型的被奴役者。1857—1884年陆续发现的高尔亭法典，是古典时代的希腊唯一保存下来的一部完整的法典。此法典称克拉罗特为沃依克，规定："女沃依克在男沃依克生前或死亡时与其离异，可以带走她自己的财产"（三栏）；"如某人死亡，在乡村中生活的沃依克所不居住的城市中的房屋与房屋中的所有财物以及大小牲畜等不属于沃依克者，均应属于其子"（四栏）[①]。由此可见，无论男、女沃依克，都可以有自己的财产[②]。沃依克有财产权既为高尔亭法典所肯定，则同一类型的皮涅斯特和黑劳士估计也应该是有财产权的。因而黑劳士型的劳动者应该是农奴而不是奴隶。恩格斯把皮涅斯特和黑劳士都肯定为农奴是值得我们认真对待的。

在论述黑劳士型劳动者的属性时，还要回答一个问题——既然黑劳士

---

① R. F. 魏莱茨：《古代克里特文明》，附录《高尔亭法典》（英译），伦敦1977年版，第218页。

② 50年代初苏联的 A. H. 卡札玛诺娃在《公元前六至四世纪克里特的奴隶制度》（《历史问题译丛》1954年第2辑）一文中，也引用了高尔亭法典中上述有关沃依克财产权的条文。可是接着又借斯特拉波（罗马帝国初期希腊的地志学家）转述的一段厄福鲁斯（《历史问题译丛》由俄文转译作"埃弗尔"，公元前4世纪希腊历史家）的话，否定了法典中明文规定的沃依克所享有的财产权。按，厄福鲁斯的那一段话，是论克里特宪法的，与奴隶无财产权无关。以希腊原文校勘，俄译就有错误（苏联《古代史通报》1952年第3期，第36页），卡札玛诺娃据此证明沃依克无财产权更属曲解。希腊原文与英译文见 Strabo，X，4，16；《劳依布古典丛书》本卷五，第144—145页。

型的劳动者是农奴，为什么古典作家几乎毫无例外都称他们为奴隶（dou-lotis，aiketes）呢？

在古典时代的希腊，甚至在古罗马，"奴隶"与"农奴"这两个概念还没有分化。无论在古希腊文中，还是在古拉丁文中，根本没有"农奴"这个词。古典作家往往既称名副其实的"物化奴隶"（Chattel Slave）为奴隶，又把若干带有不同程度的依附关系的劳动者称为奴隶。"奴隶"是同"自由人"对立的范畴，凡是不自由者、被奴役者，不管他们被奴役的程度如何，往往都归入"奴隶"的范畴。直至公元 2 世纪，亚历山大里亚的 J. 波卢克斯在其《名物辞汇》（Onomastikon）中才指出，希腊有一些劳动者，如斯巴达的黑劳士，特萨利亚的皮涅斯特，其地位"介于自由民和奴隶之间"①。但他并没有提出一个统摄"介于自由民和奴隶之间"的各种被奴役者的范畴。

其实，按照我们的理解，"介于自由民和奴隶之间"的正是"农奴"。

在古典拉丁文中，"塞尔夫"（Servus）是奴隶（包括授产奴隶）的通称。在 10 世纪以前，"塞尔夫"仍然是指奴隶。此后"塞尔夫"本身逐渐向农奴转化，因而，"在第十世纪，古典拉丁文'塞尔夫'一词不再意味着一个作为动产的奴隶，而意味着一个农奴了；当时另有从日耳曼东部边境俘获的斯拉夫人（Slav）得来的 Sclavus 这一名词，成了指奴隶的通用名词。"② 所以在近代法语和英语中，从"Servus"变来的"Serf"是农奴的通称。奴隶在英语中叫 Slave，在法语中叫 esclave，在德语中叫 Sklave，都是由中古拉丁语"奴隶"（Sclavus）一词变来。

中国的情况也类似。汉代法律中只有庶民（良人，在西方是自由民）和奴婢之分，而没有居于两者之间的依附农或农奴的概念。"奴婢"、"僮仆"不一定都是指名副其实的奴隶，也可能包括一些其身份介于庶民和奴婢之间的依附民在内。大体在东汉以后一直到魏晋南北朝，宾客、佃客、部曲、僮客等名词陆续出现，其性质与依附程度多半因时因地而异。在唐律中，"奴婢"和"部曲"才成为相当于西方的"奴隶"和"农奴"的不同的经济范畴。

让我们再回到在希腊的古典时代奴隶制与农奴制并存的问题上来。我

---

① 据芬利《古代希腊的经济与社会》，第 116 页。
② 汤普逊：《中世纪经济社会史》上册，第 326 页。译文略有变动。

在前面已经指出，在古典时代的希腊，古典奴隶即物化奴隶较多者，仅限于公元前5—前4世纪以雅典、科林斯为代表的商品经济比较发达的城邦。但是，黑劳士制度，正像芬利所指出的，它不仅存在于斯巴达和伯罗奔尼撒、特萨利亚、克里特，而且存在于西西里，甚至也可能存在于整个多瑙河地区和黑海沿岸地区的希腊人的居留地①。这就是说，黑劳士制度不仅存在于希腊本土的广大地区，而且广泛存在于希腊人的殖民地。在古典时代的希腊世界，黑劳士制度比奴隶制度具有更大的普遍性。

在罗马帝国，奴隶（包括授产奴隶）长期与科洛尼（Coloni）并存。科洛尼最初是自耕农，在帝国初期，已有相当一部分成为自由佃农，到公元300年前后，就普遍农奴化。同时，在帝国各部，还存在着不同来源的依附农民，譬如在埃及，由希腊化时代沿袭下来的"劳依"（laoi），即所谓"皇家农民"，实质上也是农奴，这是人所共知的。

4. 典型的奴隶与典型的农奴之间虽可以划出一条比较明确的界限，但在实际生活中，在不那么典型的情况中，这条界限有时是划不清的。

奴隶的人身为主人完全占有，主人对奴隶操有生杀之权。对典型的奴隶来说，这本来是没有疑义的。然而在实际生活中，情况就没有这样绝对。

在中国，大约从秦代起，处死奴婢须事前报官②。西汉和王莽时代，虐杀奴婢是犯法的，而且诸侯王和丞相往往也不例外。因虐杀奴婢而有被处死刑者③，有勒令自杀抵罪者④，有受到"不宜立嗣"即夺爵的处分者⑤。东汉光武帝曾下诏重申"天地之性人为贵。其杀奴婢，不得减罪"⑥。

翦伯赞认为这些"除专杀之威"的事例"都有力地说明两汉的社会不是奴隶社会；两汉的政权不是奴隶主政权"⑦。其实，这些"除专杀之威"的事例，不仅两汉社会存在，而且在翦老肯定其为"奴隶社会"的罗马社会也存在。克劳狄（公元41—64年在位）规定，不把老弱病残之奴送往

①　芬利：《古代希腊的经济与社会》，第37页。
②　《史记》卷九四，《田儋传》。
③　《史记》卷二〇，《建元以来侯者年表》。
④　《汉书》卷九九上，《王莽传》。
⑤　《汉书》卷五五，《景十三王传》。
⑥　《后汉书》卷一下，《光武帝纪》。
⑦　《中国的奴隶制与封建制分期问题论文选集》，第416页。

埃斯库拉帕岛，而任意将其杀害者，其罪与杀人同①。哈德良（公元117—138 年在位）禁止主人虐杀奴隶，规定奴隶犯罪，应交法庭处置②。在安敦尼（公元 138—161 年在位）时代，无故杀害自己的奴隶与杀害他人的奴隶同罪③。

能否买卖一向是判断被奴役者是奴隶还是农奴的另一标准。奴隶为主人完全占有，他（她）们是主人的一种"动产"，可以像牲口一样买卖。农奴为主人部分占有，他（她）们可以随土地而转移，但不能脱离土地像牲口一样买卖，这是典型农奴的情况。这一点，恩格斯在《英国工人阶级状况》里早就明确指出了④。但斯大林在《辩证唯物主义与历史唯物主义》中为奴隶与农奴分别下定义时，认为农奴是可以买卖的⑤。这当然不是通例，不过 17 世纪中叶以后的沙皇俄国，确有这种情况。

在沙皇俄国，16 世纪以前，农民还有从地主土地上出走的权利。1550年伊凡四世的律书规定，农民在尤里也夫日（十二月廿六日）前后的一个星期内，有合法出走的权利。可是到 1580 年，就规定了暂时停止农民出走的所谓"禁年"。这种规定到 16 世纪末就演变为永久性的，农民完全被固着在领主的土地上，从而完成了农民的农奴化过程⑥。17 世纪前期，沙皇俄国已经出现不连带土地而单独出卖农奴的现象。17 世纪的最后 25 年，通过 1675 年、1682 年、1689 年的法令，不连带土地而单独出卖农奴，已在法律上得到认可。到 18 世纪后期，除了禁止在招募兵役时买卖农奴和拍卖农民外，成批或零星地买卖农奴已不受任何限制。法律还规定领主可以流放农奴（1764 年），可以罚农奴服苦役（1765 年），或投入监牢（1775 年）。⑦ 从这里，我们可以理解，为什么列宁曾经说过："农奴制，特别是在俄国维持得最久，表现得最粗暴的农奴制，同奴隶制并没有什么

① 《古代希腊罗马奴隶制》，第 114 页。埃斯库拉帕岛系第伯河中的小岛，老弱病残之奴送往该岛后，便获自由。如能恢复健康，主人不能再加以奴役。

② 《古代希腊罗马奴隶制》，第 115 页。

③ 同上。

④ 《马恩全集》第 2 卷，第 49 页。

⑤ 《列宁主义问题》，第 728 页。

⑥ 梁士琴科：《苏联国民经济史》（中国人民大学编译室译）第 1 卷，人民出版社 1959 年版，第 271—277 页。

⑦ 《苏联历史百科全书》第 8 卷，莫斯科 1965 年版，第 73 页。

区别。"①

有无财产权也是区别奴隶和农奴的一个重要标志。特别是授产奴隶和农奴在形态上很相似，要区别他们是奴隶还是农奴，主要就是看他们是否有一定的财产权。前文我们肯定黑劳士和黑劳士型的被奴役者是农奴而非奴隶，主要依据就在于他们有财产权。奴隶是主人的财产，因而他们自己所占有的财产，其所有权属于主人而不属于奴隶。物化奴隶是这样，授产奴隶也是这样。可是授产奴隶往往有自己的"私蓄"。从"法理"上说来，这种"私蓄"也是主人的财产，但是在实际上，它可以由授产奴隶自己来支配，授产奴隶还往往用这种"私蓄"来赎身。② 甚至特授产（Peculium）此后被视为奴隶自己的财产。③ 公元前5世纪至前4世纪的雅典，在手工业（也涉及商业）方面就出现了授产奴隶制。罗马共和末期和帝国初期，手工业方面的授产奴隶制尤为盛行。主人可以把一个手工业作坊、一爿店铺或其他生产资料交给奴隶去经营，奴隶给主人一定的赢利，结余则归己。授产奴隶由于经营得法而致富者不乏其人。他们有了一定的积蓄，在主人同意的条件下，便可以出一笔赎金向主人赎身，从而成为脱籍奴隶（Freedman）。以前的"主人"此后就成为他们的"庇护人"。

由此可以看出，从一般"法理"观点来看，农奴有一定的财产权，授产奴隶无财产权。可是在实际生活中，在非典型的形态中，这种界限也往往是模糊不清的。至于脱籍奴隶的地位，在一般情况下，就更接近于农奴了。

三

从上文的分析中，我们可以看出，前资本主义阶级社会没有必要也没有可能分为奴隶社会和封建社会两个有前后高低之分的不同的社会经济形态。从生产力看，两者之间找不出可以同农业革命、城市革命、产业革命相类似的显示生产力向一个新阶段发展的标志。从生产关系看，由于在所谓奴隶社会中奴隶并不多，封建社会中奴隶也不少，奴隶制曾与农奴制长

---

① 列宁《论国家》，《列宁选集》第4卷，第46页。

② T. 魏德曼：《希腊罗马奴隶制》，伦敦1981年版，第52、32页。

③ 《牛津古典辞书》，第843页。

期并存，除了典型的奴隶与典型的农奴外，奴隶与农奴之间往往划不清界限，因而，即使不考虑生产力，单从生产关系的角度看，奴隶制和农奴制本来就难解难分，勉强要分，必然会"剪不断，理还乱"，产生种种纠缠不清的问题。古代史分期问题的讨论长期开花而不结果者，其故盖在于此。

过去，为了论证奴隶社会的存在，为了论证奴隶社会和封建社会是两个前后相接的不同的社会经济形态，我们往往在设想的奴隶社会中千方百计地去搜寻奴隶，甚至把种种不具有奴隶身份的人也打上奴隶的烙印；对大量存在的种种不同程度的依附关系，则视而不见，或别作新解。而对所谓封建社会中存在的奴隶又往往视而不见，或有意缩小它的存在的意义，认为它不过是"残余"。在今天，我们应该认识到，这并不是一种实事求是的科学态度。

在前资本主义的阶级社会中，剥削阶级往往既是奴隶主，又是农奴主或地主，"一身而二任焉"。而我们有些同志，为了论证奴隶社会向封建社会的过渡，提出了一套所谓封建主向奴隶主进行斗争的理论，或把中国战国时期各国的"变法"，贴上地主阶级向奴隶主贵族夺权的标签，或把东罗马帝国为了光复旧土向西罗马帝国的进攻，贬为"复辟奴隶制"，这就更不知是从何说起了。

我们并不是说，从整个世界来看，在长达四五千年的前资本主义阶级社会中，生产关系的结构没有多大变化。前资本主义阶级社会中，大体上存在着奴隶制、农奴制、租佃制和独立的小生产者（他们也要向国家纳税，只有古典时代的希腊与罗马，部分享有特权的公民曾有例外）四种生产关系；在每个民族（部族）进入阶级社会的初期，带有浓重的氏族制色彩的农村公社往往与农奴制相结合，从而成为"次生"的农村公社。作为残余，它也可能存在一个相当长的时期。独立的小生产者、佃农、农奴、奴隶之间的转化往往是可逆性的，而且还存在着种种过渡的中间形态。各种生产关系依历史条件的不同和自然条件的差异以及其他种种因素的影响，形成形形色色的组合，构成曲折、反复的历史长流。但是它的总的流向是奴隶的数目逐步减少，依附关系逐渐削弱，从而由古代向近代，由前资本主义社会向资本主义社会过渡。

我们并不认为前资本主义阶级社会就不可能再作第三个层次的划分。事实上，列宁对资本主义社会已作了第三个层次的划分——自由资本主义阶段和垄断资本主义（帝国主义）阶段。作为所谓第二次产业革命标志的电力工业的兴起及其在制造业、电信业、交通业以及生活等各个方面的广泛使用，加速了资本主义社会生产力的发展，促成了自由资本主义向垄断资本主义的转化。在前资本主义社会中，"铜"、"铁"问题确是值得我们重视的。在青铜器时代，青铜器是武器和礼器，是手工工具，是制造木石工具的工具，农器使用青铜是比较少见的。因而亚欧大陆青铜器时代的文明地区仅限于大河流域的冲积平原（克里特、迈锡尼文明是例外），是广漠的野蛮世界中的孤岛。只有铁器的广泛应用，生产工具才真正普遍金属化。由此氏族关系、公社外壳再也不能成为限制小农活动的藩篱，小农的独立性大大增强，山林大辟，耕地大增；农业向深度和广度发展，亚欧大陆文明地区连成一片，并且有"丝绸之路"作为东西经济文化交流的纽带和桥梁。中国和希腊罗马的古典文明，东西辉映，成为世界古代史中最璀璨的篇章。

这一观点同中国古史分期问题讨论中的战国封建说和苏联古史学界关于古代社会的两个阶段、两种类型说都有某种类似之处。但我们必须抛开奴隶制和封建制的标签，从新的角度，从经济、政治、文化等各个侧面，来重新探讨问题。

五种生产方式说把马克思主义关于社会经济形态发展学说中的三个层次的划分不分主次地混淆在一起，其中既有遗漏（未将原始共产主义和共产主义社会再作第二个层次的划分），又未能对前资本主义阶级社会所作的第三个层次的划分做出令人信服的论证。不能认为这是对马克思主义关于社会经济形态发展学说的一种全面的科学的概括。

从解放初起一直到70年代末，同我国古史学界的绝大多数同志一样，我也坚持五种生产方式说，并对其中的某些问题，做过一些认真的探索。但是从70年代末，特别是从80年代初起，经过反复的思考，我终于否定了过去的信念，形成了在本文中阐述的观点。这是"以今日之我与昨日之我战"，假如说它有什么针对性，首先它是针对我自己的。现在，我认为我自己业已"迷途知返"，不过也可能是"误入迷途"，这就有待于同志们的批评与指正了。

（原文载《历史研究》1986 年第 1 期）

马克思的社会形态更替理论是科学假说

朱本源

一 苏联半个世纪来关于"五项公式"研究的概况

自从 20 世纪 30 年代初以来，苏联的历史学界就把五种社会经济形态——原始公社制形态、奴隶占有制形态、封建制形态、资本主义形态以及社会主义·共产主义形态——的演进的更替看成是历史科学的基本规律，并且以之作为通史（世界的和国别的）分期法的唯一标准。这个规律和分期法，在近一二十年来被苏联学者称之为"五种社会形态公式"或"五项公式"（以下我们借用这个术语）。

一直到 80 年代，苏联官方的史学仍然视"五项公式"是马克思主义历史科学的基础。苏联历史学权威人士茹可夫在 80 年代初说："社会经济形态的演进更替是一般社会学的规律，同时也是历史的基本规律。它的发现使历史学变成了客观的科学。它不仅能确定或重建社会发展的具体进程，并且能给它以说明。""在这个领域中，唯物史观和唯心史观的对立和不可调和性表现得最明显，最尖锐。"[①] 第二次世界大战以后，"五项公式"被各个社会主义国家的史学界引进，作为建立马克思主义历史学的奠基石，我国也不例外。自 50 年代一直到今天，我国所有的通史（世界的和中国的）著作的体例以及一切涉及历史分期的社会·人文科学著作的体例，无不以"五项公式"为标准。不过，在我国也有个别历史家或社会科学家对"五项公式"提出过异议。例如，有人主张中国古代没有奴隶制社会形态；有人主张没有必要或没有可能把中国的、甚至世界的前资本主义的阶级社会史区分为奴隶制和封建制两个社会形态；也有人主张"亚细亚生产方式"是一个独立的、特殊的社会形态；等等。在苏联，自 50 年代

---

① E. M. 茹可夫：《历史方法论纲要》，莫斯科 1980 年版，第 88、89 页。

后期以来，不少历史学家对"五项公式"理论进行挑战，并且发生过全国性的大论战，甚至有人否定它是无可置疑的历史发展的普遍规律。在我国史学界，近年来人们已经感到在这方面有深入讨论的迫切需要。这样看来，回顾一下"五项公式"研究在苏联的演变史，或许对我们有借鉴作用。

（一）"五项公式"的制定及其定于一尊

众所周知，"五项公式"并不是马克思所拟定的，而是苏联理论界在30年代制定的。在1925—1931年期间，苏联的政治家和学者展开了关于"亚细亚生产方式"的讨论，这个漫长的讨论和争议最后在政治压力下结束，并将"亚细亚生产方式"这个本来是马克思主义的一个历史范畴视为异端。这就为"五项公式"的制定扫清了道路。"五项公式"的权威性根据是斯大林的《辩证唯物主义与历史唯物主义》一文。在30年代，苏联历史家别出心裁地把"亚细亚生产方式"解释为早期奴隶占有制的社会形态，如阿夫箕耶夫所主张者，他因此而获得了斯大林奖金。这样看来，"五项公式"在制定之初就是从属于斯大林的教条主义的。

"五项公式"在30年代到60年代期间，在苏联史坛居于绝对的权威地位，它被视为"放之四海而皆准，施诸百世而不惑"的普遍历史规律。例如，从50年代开始出版到80年代出完的多卷本《世界通史》（苏联科学院编辑），是苏联马克思主义史学纪念碑式的巨著，它就是以"五项公式"为体例的。这个公式既然被认为具有普遍有效性，在历史研究中就只能允许某个国家的具体历史在发展阶段上的残缺不全，或跳越某一阶段，如日耳曼人由氏族公社制末期直接过渡到封建社会，但是这必须归结为比较先进制度（罗马的奴隶制社会）的促进作用。绝不允许有五种形态以外的第六种形态。茹可夫在60年代初发表的《第十一届国际历史科学大会会刊》中的一篇论文中说："历史发展决不是遵照公式的，也不是整齐划一的……各个国家和民族的生活常常表现为对普遍规律和事件的符合逻辑的局部和暂时的偏离。"[①] 这几句话未免闪烁其词，因为不把普遍规律公式化，怎么能断定什么东西是暂时的偏离呢？

---

① 转引自巴勒克拉夫《当代史学主要趋势》，杨豫译，上海译文出版社1987年版，第39页。

在斯大林时期，苏联史学界也多次讨论历史分期问题，而讨论的主题不过是某一既定的社会形态所存在的历史时代的上限和下限怎样划定问题，例如西方资本主义的开端究竟是 16 世纪的尼德兰革命，或 17 世纪的英国革命，还是 18 世纪的法国革命。这在中国史学界就是中国奴隶社会与封建社会的分界线以及中国资本主义萌芽的问题。再不然，就是探讨某一国家在某一个社会形态所存在历史时代中的上升和下降阶段如何划分问题。总之，斯大林统治时期，在苏联的史学界，任何历史家也不敢对"五项公式"提出质疑，只能用经验的历史去"证实"它，而不能用经验的历史去"证伪"它。

（二）对"五项公式"的挑战和应战

在后斯大林时代的苏联，学术界有了一定限度的思想"解冻"和自由。苏共二十大以后，在 50 年代后期，苏联历史家中就有人重新肯定"亚细亚生产方式"这一概念，开始向"五项公式"挑战。1961 年到 1962 年英共的机关刊物《今日马克思主义》，1964 年法共机关刊物《思想》都展开了社会形态的讨论。苏联学术界也起而响应。特别是在 1965年，科学院东方学研究所举办了一次"亚细亚生产方式"讨论会，由此引起的讨论热潮持续到 70 年代初。在这次讨论中，历史家们完全可以根据历史科学的丰富数据，各抒己见地对"亚细亚生产方式"概念做出自己的理解，肯定亚细亚生产方式独立存在的学者，自然而然地要涉及"五种社会形态"公式本身，于是形成了对这个公式的反对派和拥护派的对立。限于篇幅，仅举出几个反对派的重要论点，以见一斑。最突出的是不少学者把"亚细亚生产方式"看成是一种独立于五种形态以外的、确实存在的社会经济形态，即肯定它是在三种经典性的阶级剥削形式（让渡人身的奴隶制剥削、让渡土地的农奴制剥削和出卖劳动力的雇佣制剥削）以外的第四种剥削形式（专制国家用征收赋税和征发徭役方式剥削自由小生产者的剩余劳动，甚至大部分必要劳动）。有的历史家主张"亚细亚生产方式"是混合的社会形态，即"封建的·奴隶制的形态"。也有人认为在前资本主义的东方存在着"一贯封建制"。这次讨论的问题扩大到整个前资本主义的世界历史。例如，有人根据史料，明确主张希腊农奴制发生在奴隶制之前（恩格斯明确地把斯巴达的希洛特人看成农奴）。有人甚至主张欧洲的前资本主义时代也是一贯封建制，其特征为

"超经济强制的社会形态"。

　　这里，我们所注意的是这次讨论会的动向。就反对派而言，他们深深感到：历史科学所积累的确凿的事实材料，装不进"五项公式"中，从而不得不突破这个公式的框框。更值得注意的是反对派在历史方法论上的突破，这主要表现在如下的两个方面。第一，不少人认为：既然过去视为"偏离"的历史现象被史料证明比过去视为"合乎规律"的现象反而多得多，那么，这些所谓偏离现象就不能再用外在影响来解释，而应当视为有自己的发展规律；这就意味着：人类历史并不是在一个普遍规律支配下朝着单一方向演进的一元过程。第二，有的历史家主张经济基础决定上层建筑原理不适用于任何前资本主义的社会形态，不管是亚细亚的或非亚细亚的，因为在前资本主义社会中商品经济尚未控制一切社会生活，经济尚未区分出来成为一个独立自主的领域；起支配作用的是政治、宗教等因素。这种反调在马克思在世时就有人提出过，马克思曾做过反驳。但是，史实和理论仍然使人们不得不老调重弹。所以在本世纪，匈牙利的马克思主义者卢卡奇、德国的马克思主义者柯尔什、英国的许多马克思主义历史家以及南斯拉夫的实践派都主张唯物主义的这一原理不适用于前资本主义社会。这样看来，反对派已经突破了苏联三十年来的史学传统，无怪正统派斥责他们"偏离了〔马克思主义的〕社会经济形态学说和否定了远非一代马克思主义史学家得来的科学成果"[1]。

　　反对派已经向"五项公式"挑战了，我们所关心的是正统派怎样应战。在后斯大林时代，正统派不能再以"势"压人，而只能以"理"服人，这就是说：在确凿的史料面前，正统派只能对社会经济形态的一些基本范畴作出新的解释。譬如关于最遭到反对派抨击的"奴隶制"概念，苏联 30 多年来的史学在确定奴隶占有制社会形态时，是从以下几个方面着眼：奴隶在全国人口数目中是多数；奴隶生产是占有主导地位的生产方式；奴隶在阶级斗争中起主导作用。反对派以古代世界大多数国家（甚至古典古代）的史实否定了这些论点。于是"五项公式"的拥护者们对奴隶制社会形态的特征提出了新的规定。例如，他们认为只要奴隶制的出现逐渐改变了整个社会面貌（指自由公社成员向奴隶主和奴隶两个阶级分化）或者决定了社会发展方向（如希腊的农奴制不是导向资本

---

① 见苏联《共产党人》杂志 1969 年第 1 期。

主义而是导向发达的奴隶制），那便是一个奴隶社会。再如，就奴隶和农奴（封建依附者）的根本区别而言，正统派不再用斯大林所举出的特征，而提出如下的标准：即归根到底由剥削者掠取的产品的份额和留给直接生产者的份额来决定，也由剥削者对被剥削者监督的程度来决定。又如，"奴隶革命"这个概念被证明是杜撰的以后，正统派就把"奴隶革命"概念改造为"反对奴隶制的革命"概念；并把来自罗马帝国的内部和外部的一切反对帝国秩序的活动（如打家劫舍的强盗，被压迫的省民中的小农和城市议员，外来的蛮族对帝国的蚕食与鲸吞等等）视为"反对奴隶制的革命"的"统一战线"。这种说法只能是把古代史现代化。至于他们所提出的剥削份额、监督程度等标准，在史料有限的前提下，就是用计量史学的方法也无法做出精确的统计。在我们看来，概念上的花样翻新是不能取胜论敌的。

苏联的这一次讨论在 70 年代自然地消沉下去，拥护派与反对派各自拥有的论证都不能说服对方。不过，总的看来，"五项公式"的拥护派（正统派）占优势，虽然不再能"定于一尊"了。这形势不是学术性的，而是与赫鲁晓夫以后的保守派当权有关。

（三）"五项公式"的自我调整和存在的问题

经过了 60 到 70 年代的冲击后，"五项公式"理论在苏联的历史界当然不能照旧存在下去，而需要进行自我调整。80 年代，茹可夫便委婉地拯救"五项公式"。他说："不要忽视如下的可能性：为了回到某一种社会经济形态的存在问题的研究上来，如果出现了新的和使人信服的事实材料，在社会经济形态的划归时，还是应当以传统的'五项公式'为依据。"又说："'五项公式'的反对者们常常言之有据地说：具体的历史材料并没有对五种社会经济形态中的任何一个，就其共同标志和一切属性方面，提供出一幅完全清晰的图像。但是他们不应忘记：历史往往保留了许多'磨损了的'社会经济关系的形式（它们属于这样或那样的社会组织的类型）。有时，这情况乃由于多种结构——过时了的社会经济形态的残片与比较进步的生产关系、与新的占主导地位的结构（即决定当前社会的形态属性的生产方式）——的暂时'并存'。"他又说："具体历史过程的多样性、分析社会经济形态时所表现出的色层的丰富性是非常大的……但是统一的和合乎规律的过程的一些局部特征并不排斥内在于这个或那个社会形态整体中的普遍规律的作用。"①

根据我们所见到的材料，苏联史学在70—80年代，其主导思想仍然认为社会经济形态的演进更替是不容置疑的历史发展的普遍规律；即使社会形态的数目的多少不能先验地确定，即使每一个形态在具体历史过程中表现为"多结构性"，都不妨碍这个历史发展的普遍规律的存在。在我们看来，苏联历史家尚未把社会形态更替理论的讨论进行到底，他们并未对马克思的这个理论进行哲学的反思。也就是说，人们尚未涉及如下一些问题：第一，马克思所说的"大体说来……社会经济形态演进的几个时代"这个命题究竟是已被经验证实了的普遍规律呢，还是一种假说性质的科学理论呢？第二，马克思究竟是赞成还是反对人类历史有普遍的规律？第三，马克思所提出的社会经济形态更替的有序性，从方法论上是怎样推导出来的：是从一个宏观的规律（如唯物主义辩证法）中演绎出来的，还是历史经验的概括？抑或是"半先验"半经验的推理？

我们认为"五项公式"是否可以成立的问题，不能仅仅从史料的搜集和经验的证实中去求解答，更重要的是从马克思本人的社会经济形态的理论中去寻找答案。因为今天的科学哲学家们指出了一个无可辩驳的事实，如亨佩尔所说："科学的假设和理论不是从被观察到的事实中引申出来的，而是发明出来说明事实的。"② 美国另一科学哲学家 N. R. 汉森指出，一切科学的观察都不是纯粹地接受对象所给予的东西，而是带有"理论负荷"的，即依据一定的理论或"背景假说"进行观察。理论或假说固然要靠经验观察来证实，而理论反过来也积极地把事实"组织"起来。

所以，我们不揣浅陋，尝试性地从上述的三个问题去再认识马克思的社会经济形态发展理论。

二　马克思的社会形态更替理论探源

马克思的社会经济形态的理论，简而言之，就是以社会的变化说明社会历史运动的轨迹。首先把处在一定历史阶段的整个社会作为一个"机体"，即作为一个相对稳定的系统。它由两个部分组成：一部分是基础，

---

① 《历史方法论纲要》，第108、109、110页。
② 亨佩尔（Karl Hempl）：《自然科学的哲学》，美国新泽西州1966年版，第15页。

另一部分是竖立在基础之上并与之相"适应"的上层建筑。基础与上层建筑之间的关系是结构性的因果关系。马克思在研究社会机体的结构时，不像结构主义者那样去探讨"同时态的"社会结构的不变模式，而是把一个社会机体看成一个过程。马克思断定"现在的社会不是坚实的结晶体，而是一个能够变化并且经常处于变化过程中的机体"①。他还从方法论上一般地说："辩证法对每一种既成的形式都是从不断的运动中，因而也是从它的暂时性方面去理解。"② 这样看来，马克思是从一个社会形态（资本主义）的结构中去探求它的运动的内在的动力——生产力的发展达到一定阶段就与一直在其中活动的生产关系发生矛盾以及由此而引起阶级矛盾。这个矛盾导致了该社会形态向更高的形态的过渡。马克思否认有支配一切社会形态演进更替的普遍规律。

（一）只有单个社会形态的特殊发展规律而无社会形态演进的普遍规律

马克思承认他在《资本论》中只研究一个社会形态的特殊规律。马克思的一个同时代的人，俄国经济学家考夫曼认为《资本论》的科学价值"在于阐明了支配着一定社会机体的产生、生存、发展和死亡以及为另一更高的机体所代替的特殊规律"③。马克思对考夫曼的这个评语表示完全同意。列宁也指出过：马克思在《资本论》的研究中"摈弃了所有这些关于一般社会和一般进步的议论，而对一种社会（资本主义社会）和一种进步（资本主义进步）做了科学的分析"④。又说："按照马克思的理论，每一种生产关系体系都是特殊的社会机体，它有自己的产生、活动和向更高形式过渡即转化为另一种社会机体的特殊规律。"⑤ 列宁并且认为这种特殊规律就是"历史规律"。⑥

考夫曼不仅认为马克思所发现的是一个社会机体（社会形态）的特殊规律，而且认为马克思否认有适合于一切机体的一般规律。马克思也同意

---

① 《马克思恩格斯选集》（以下简称《马恩选集》）第 2 卷，人民出版社 1972 年版，第 208 页。

② 《马恩选集》第 2 卷，第 218 页。

③ 同上书，第 217 页。

④ 《列宁选集》第 1 卷，人民出版社 1972 年版，第 12—13 页。

⑤ 《列宁全集》第 1 卷，人民出版社 1955 年版，第 388 页。

⑥ 参看《列宁选集》第 1 卷，第 33 页。

考夫曼的这一论断。考夫曼说："有人会说，经济生活的一般规律，不管是应用于现在或过去，都是一样的。马克思否认的正是这一点。在他看来，这样的抽象规律是不存在的……根据他的意见，恰恰相反，每个历史时期都有它自己的规律……例如，马克思否认人口规律在任何时候在任何地方都是一样的。相反地，他断言每个发展阶段有它自己的人口规律……生产力的发展水平不同，生产关系和支配生产关系的规律也就不同。"① 马克思曾经批评过资产阶级经济学家们的错误就在于把反映一定历史阶段的生产力和生产关系的那些"经济范畴看做永恒的规律，而不是看做历史性的规律——只是适于一定的历史发展阶段、一定的生产力发展阶段的规律"②。在马克思看来，在资本主义这个社会形态中起作用的规律都是一些历史性的、特殊的规律。例如，就考夫曼特别指出的人口规律而言，马尔塞斯的人口规律是作为在社会任何发展阶段都起作用的规律而提出的。因此，"人口过剩"被他认为是"自然的"人口规律造成的。马克思反对这种虚构的普遍规律。他指出，造成过剩的"不必要的"人口、失业等状况，是资本主义所特有的人口规律所决定的。他说："因此，工人人口本身在生产出资本积累的同时，也以日益扩大的规模生产出使他们自身成为相对过剩人口的手段，这就是资本主义生产方式所特有的人口规律，事实上，每一种特殊的、历史的生产方式都有其特殊的、历史地起作用的人口规律。抽象的人口规律只存在于历史上还没有受过人干涉的动植物界。"③ 同样，抽象的历史发展的普遍规律也是不存在于人类所创造的历史世界中的。

（二）从一个社会形态的特殊发展规律怎样推导出社会经济形态更替的历史有序性

如上所述，既然马克思只承认每个社会形态的特殊规律，那么，怎样说明各个社会形态的连续与更替的有序性呢？关于历史发展阶段的有序性，可以有两种不同的理解。第一种，把它理解为根据经验的历史趋势，譬如说人类社会都是由旧石器时代到新石器时代再到金属时代，由物质生

---

① 《马恩选集》第 2 卷，第 216—217 页。
② 《马恩选集》第 4 卷，第 325 页。
③ 《马克思恩格斯全集》（以下简称《马恩全集》）第 234 卷，人民出版社 1974 年版，第 692 页。

活资料的获得到它们的生产，在许多国家由农业革命到工业革命，由专制主义到民主政治，等等。这些阶段表现为人类社会由低级阶段向高级阶段发展的趋向，这种有序性实质上是"经验的常规性"。第二种，如"五项公式"论者，把五种社会形态的更替看成是必然的、不能更动的、不可逆转的历史顺序。要肯定这种有序性，必须先假定有历史发展的客观普遍规律，像自然规律那样的规律。历史能不能有这种发展（进化）的规律呢？19世纪末期以来，西方学者一般是作否定的回答的。汤因比曾作过"近代西方历史家的无规律论"的总结。卡尔·波普尔认为这种历史规律观是以生物进化规律为模式的，即如赫胥黎所说的"永不变更的秩序"那种进化规律。波普尔当然不承认有这样的普遍的历史规律。他的主要理由是：人类历史的发展是一个独一无二的进程。如果我们永远局限于观察一种独一无二的、不再重复出现的过程，我们就无法去检验一种普遍的假说或发现一种为科学可以接受的自然规律。这样看来，宏观的、普遍有效的历史规律只能是超验的、形而上学的假说。波普尔以此反对马克思主义。他认为马克思把历史趋势绝对化了，而这种绝对化的趋势仅仅是从一个更普遍的规律，即辩证唯物主义规律中推导出来的。我们认为波普尔在这里是无的放矢。如上所述，马克思并不承认有历史发展的普遍规律。英国著名的历史学家爱德华·卡尔也说："波普尔似乎把马克思跟他称之为'历史主义的主要错误'联系在一起。这种历史主义的错误就是相信历史趋势或倾向'可以仅仅从普遍规律中径直推导出来'。这恰恰是马克思所否定的东西。"① 当然，我们不否认，斯大林的马克思主义就是从辩证唯物主义推导出历史唯物主义。不过，马克思本人完全不是这样。

在我们看来，恰恰相反，马克思是从一个社会形态（资本主义形态）的特殊规律中推导出历史的总趋势。不过马克思所理解的历史趋势或倾向不是纯粹地经验的归纳，而是具有逻辑必然性的演绎。这种趋势，我们借实证主义哲学的一个术语来表达，便是"可以变更的必然性"。这一点我们将在下面详细论证。在论证以前，我们附带指出，马克思即使在揭示社会的特定的规律时，也是把必然性与带有偶然性的趋向结合起来。例如，马克思在谈到"利润率下降趋势的规律"时说："一般利润率日益下降的

---

① 参看卡·波普尔《历史主义的贫困》，何林、赵平译，社会科学文献出版社1987年版，第148页；爱德华·卡尔：《历史是什么？》，吴柱存译，商务印书馆1981年版，第68页注③。

趋势，只是劳动的社会生产力日益发展在资本主义生产方式下所特有的表现。这并不是说利润率不能由于别的原因而暂时下降，而是根据资本主义生产方式的本质证明了一种不言而喻的必然性。"① 又说："必然有某种起反作用的影响在发生作用，来阻挠和抵消这个一般规律的作用，使它只有趋势的性质。"②

首先，我们看看马克思怎样从一个特殊社会形态发展的规律推导出历史发展趋势的有序性。他同意考夫曼的如下评价："马克思竭力去做的只是一件事：通过准确的科学研究来证明一定的社会关系秩序的必然性，同时尽可能完善地指出那些作为他的出发点和根据的事实。为了这个目的，只要证明现有秩序的必然性，同时证明这种秩序不可避免地要过渡到另一种秩序的必然性就完全够了。"③

要确定连续的若干社会形态的有序性，这样"就完全够了"么？我们认为也就够了。要说明这一点，就需要揭示马克思在方法论上的一个奥秘——马克思是以西欧资本主义社会作为社会经济形态理论研究的典型，在研究它的一定的社会关系秩序的必然性时，向过去推导出封建社会过渡到资本主义社会的必然性，向未来推导出资本主义过渡到社会主义的必然性。

马克思陈述了他的这个方法："我们的方法表明必然包含着历史考察之点，也就是说，表明仅仅作为生产过程的历史形式的资产阶级经济，包含着超越自己的、对早先的历史生产方式加以说明之点。因此，要揭示资产阶级经济的规律，无须描述生产关系的真实历史。但是，把这些生产关系作为历史上已经形成的关系来正确地加以考察和推断……给我们提供了一把理解过去的钥匙。"④ 为什么从现在就可以理解过去呢？因为"资产阶级社会是历史上最发达的和最复杂的生产组织。因此，那些表现它的各种关系的范畴以及对于它的结构的理解，同时也能使我们透视一切已经覆灭的社会形式的结构和生产关系……人体解剖对于猴体解剖是一把钥匙……因此，资产阶级经济为古代经济等等提供了钥匙……人们认识了〔资本主

---

① 《马恩全集》第 25 卷，第 237 页。
② 同上书，第 258 页。
③ 《马恩选集》第 2 卷，第 216 页。
④ 《马恩全集》第 46 卷（上），第 458 页。

义〕地租，就能理解〔封建〕代役租、什一税等等"①。例如，马克思以英国历史和现状（如圈地运动和十五世纪末以来的血腥立法）为根据研究了资本主义原始积累，即西欧的资本主义制度从封建制度内部产生出来的途径。

从资本主义社会向前看，马克思认为对资产阶级经济规律的"正确的考察同样会得出预示着生产关系的现代形式被扬弃之点，从而预示着未来的先兆，交易的运动……如果说资产阶级前的阶段表现为仅仅是历史的，即已经被扬弃的前提，那么，现代的生产条件就表现为正在扬弃自身，从而正在为新社会制度创造历史前提的生产条件"②。也就是说，从资本主义的必然性推导出过渡到社会主义的必然性。马克思在《资本论》原始积累那一章的末尾说："我把生产的历史趋势归结成这样：它'本身以主宰着自然界变化的必然性产生出它自身的否定'；它本身已经创造出一种新的经济制度的因素……实际上已经以一种集体生产为基础的资本主义所有制只能转变为社会的所有制。"③

根据以上的叙述，我们可以得出如下的结论：马克思对一个社会形态（资本主义社会形态）的客观发展规律的研究是以事实为根据而做出的"经验的推理"，从而得出了现有秩序的必然性。但从现有秩序的必然性推导出向另一秩序的过渡，就不是经验的推理所能得出的，因为关于未来的社会，不可能有完全的经验数据；就是对于过去的社会，"文献不足征"也是不可避免的事。在这样的场合，只能进行"半先验的"推理。如恩格斯所指出，马克思在写《法兰西阶级斗争》时，某些结论是"半先验地根据不完备的材料推导出来的"④，因为当时还得不到比较完备的材料。恩格斯并且一般地说，在理论的自然科学中，"我们往往不得不计算不完全知道的数量，而在任何时候都必须用思想的首尾一贯性去帮助还不充分的知识"⑤。所谓思想的首尾一贯性，就是逻辑的演绎推导了。

我们赞同罗莎·卢森堡的提法，她把资本主义崩溃的必然性区分为"逻辑的必然性"和"历史的必然性"。她认为要把前者转变为后者，则

---

① 《马恩全集》第 46 卷（上），第 43 页。
② 同上书，第 458 页。
③ 《马恩全集》第 19 卷，第 130 页。
④ 《马恩全集》第 22 卷，第 592 页。
⑤ 《马恩全集》第 20 卷，第 376 页。

决定于特殊的历史条件（包括工人阶级的革命意识的成熟和组织条件的完善等）。例如，从逻辑的必然性说，资本主义的生产过程的社会化与资本主义的生产资料所有制的矛盾只有一个解决的途径，即用生产资料的社会所有制代替私人所有制。无论在时间上或辩证逻辑的内涵上，社会主义公有制只能出现在生产过程社会化以后。马克思在上面已引过的那段话中所说的资本主义"生产的历史趋势以主宰着自种界变化的必然性产生出它自己的否定"，这个必然性就是辩证逻辑的必然性；"它自己的否定"就是意味着"资本主义所有制只能变为社会所有制"。但是，在谈到历史过程时（如西欧和俄国的历史和现实时），马克思就把这个逻辑的必然性看成是西欧的"历史概述"，即视为历史的必然性。因此，他认为西欧的这种历史必然性不能不问具体的历史条件而适用于任何民族，如俄国。当时，俄国政治活动家们争论了如下的问题：俄国的变革是首先摧毁农村公社（当时俄国的农村公社还没有被私人所有制摧毁）以过渡到资本主义制度呢？还是与此相反，可以不受资本主义的一切苦难而通过农村公社的公有制直接过渡到共产主义社会呢？有人认为如果根据马克思所揭示的历史规律，俄国也只有经历了资本主义才能过渡到共产主义。马克思知道后，大不以为然。他说，如果有人"一定要把我关于西欧资本主义起源的历史概述彻底变成一般发展道路的历史哲学理论，一切民族，不管他们所处的历史环境如何，都注定要走这条道路……但是我要请他原谅。他这样做，会给我过多的荣誉，同时也会给我过多的侮辱"①。

马克思所说的历史必然性是有条件的。他着重地向友人说，他在《资本论》中分析资本主义生产的起源时，把"这一运动的'历史必然性'明确地限于西欧各国"②。马克思根据当时俄国所处的国际和国内的历史环境，认为"俄国可以不通过资本主义制度的卡夫丁峡谷，而把资本主义制度的一切肯定的成就用到〔农村〕公社中来"③。

我们受"五项公式"的影响，以为从原始公社制社会形态只有向私有制形态过渡的历史必然性，并且只有向奴隶占有制社会形态过渡的历史必然性，这是把"逻辑必然性"看成"历史必然性"的结果。从逻辑必然性

---

① 《马恩全集》第 19 卷，第 130 页。
② 同上书，第 447 页。
③ 同上书，第 435 页。

看，在原始社会末期，生产过程已开始个体化，所以只能有适合于它的生产资料个人所有制（私有制）；同时因为在上古时代生产力发展的低水平上，"只有奴隶制才使农业和工业之间的更大规模的分工成为可能"。马克思却不是这样简单地看待历史问题。当他谈到历史的必然性时，认为一切决定于历史过程的初始条件。因此马克思认为原始公社制发展的历史趋势有公有和私有两种可能性；而且向私有制过渡也有两种可能性：向奴隶制或向农奴制。马克思把农村公社作为"原生的社会形态"（原始公社所有制）的最后阶段，同时也是向"次生形态"——包括建立在奴隶制和农奴制上的一系列社会——过渡的阶段。他说："这是不是说，农业公社的历史道路必然要导致这种结果呢？绝对不是的。农业公社天生的二重性使得它只可能是下面两种情况之一：或者是私有原则在公社中战胜集体原则，或者是后者战胜前者。一切都取决于它所处的历史环境。"[1] 马克思还指出原生形态向次生形态过渡也不是只有一种必然的途径，例如作为原生形态的"古代所有制形式"（指古典古代）是向奴隶制这种次生形态过渡的；而作为原生形态的"日耳曼所有制形式"则是向农奴制过渡的。[2] 马克思从这两种原生形态的结构特征来说明这两种不同的过渡，而不是像苏联学者那样认为日耳曼制向农奴制过渡是受了罗马帝国的影响。

总之，历史的必然性是受历史环境所制约的，因而不排斥其他的历史可能性，它是"可以变更的必然性"。这样，社会经济形态的有序的更替，就只能是一种历史的总趋势。

（三）社会形态更替的有序性是可变更的趋势，不是不可变更的普遍规律

波普尔曾经批评马克思把趋势"归结"为"规律"，他这看法又错了。如本文在上面所指出，马克思不仅把个别经济规律（如利润率下降）归结为趋势的性质，而且把特殊的社会形态的规律归结为历史发展的一般趋势。波普尔正确地指出："社会变化中的趋向和趋势的存在，几乎是无可置疑的，每一个统计学家都可以计算这类趋向……对趋向的假说往往是一

---

① 《马恩全集》第 19 卷，第 450—451 页。
② 参见《马恩全集》第 46 卷（上），第 474—482 页。

种很有用的统计学方法。但是趋向并不是规律。"① 但是他武断地认为"亲
自然主义的历史主义者"（包括马克思主义者在内）的错误在于：力图发
现像牛顿的天体运动规律这样的宏观的"社会运动规律"或像达尔文的生
物进化规律那样的宏观社会进化规律。他特别指责马克思主义的理论是：
社会变化沿着一条不能改变的前定道路，通过被无情的必然性所前定的各
个阶段而进步。他认为根本不存在这样的社会规律。我们认为波普尔在这
里又歪曲了马克思的社会经济形态更替的理论。我们在上节已论证过，马
克思否认有绝对的历史必然性，否认有宏观的历史发展的普遍规律，而肯
定一个社会形态向另一个形态过渡的多线性（至少是两种历史可能性）。
这样看来，马克思也认为宏观的历史运动是一种趋势。但是，我们不能不
承认：在斯大林时代，苏联的马克思主义者确实是从自然科学规律的模式
去说明历史发展的宏观规律的。

　　苏联学者在 70 和 80 年代已经改正了他们的宏观的历史发展规律的观
点。例如，Ф·康斯坦丁诺夫说，他们过去自然主义地即"拉普拉斯式
地"理解历史规律，这是一种错误。众所周知，拉普拉斯的天体运动规律
肯定任何时刻的宇宙状态完全决定着它的后继时刻的状态，在宇宙中发生
的一切现象都是牛顿天体运动规律作用的结果。这种天体的机械决定论正
适合于斯大林的机械的经济决定论。康斯坦丁诺夫认为拉普拉斯式的社会
规律观完全否定了人们的自觉性的、目的性的活动。他主张历史规律的特
点表现为它是人们活动的规律，因而这些规律往往作为一种趋势、趋向或
可能性而出现。这种趋势或可能性在每一特定时刻可能变为现实，也可能
不变为现实，这取决于人为的对比，取决于人、阶级、历史活动家在其中
活动的局势。② 苏联的另一个学者 И·А·马茨亚维丘斯主张社会发展规律
的统计性质。他认为即使某一社会经济形态范围内的社会生活条件完全一
样，一个社会发展规律的作用结果也永远不会绝对相同。因此，这位作者
要求，人们在分析和预测社会现象和过程时，必须更灵活地运用概率方法
和概率论。③ 这种观点是与当代自然科学的发展分不开的。过去的自然主
义的历史规律观是受古典力学的影响，而在量子力学出现后，不要求对物

---

① 《历史主义的贫困》，第 137 页。
② 参看康斯坦丁诺夫《马克思列宁主义哲学和当前时代》，莫斯科 1982 年版。
③ 参看马茨亚维丘斯《社会规律分析的若干问题》，苏联《哲学问题》1983 年第 6 期。

理过程作绝对的描述，不在理论和实践上使主体与客体对立和分离，而肯定认识条件对认识活动结果的影响。于是，在量子力学中，因果关系表现为统计的规律，即概率性规律。在微观的自然界尚且如此，宏观的社会规律或历史规律更是只能这样。我们认为这两个苏联学者的观点符合于马克思的原旨。

（四）马克思的社会形态更替的理论是科学的假说

根据以上我们所论证的各点，我们有理由断定：马克思在 1859 年《序言》所提出的"大体说，亚细亚的、古代的、封建的和现代资产阶级的生产方式可以看做是社会形经济形态演进的几个时代"这一命题，是一种科学理论（假说），而不是完全用经验的历史证明了的普遍的发展规律。马克思说："如果人们要像黑格尔那样第一次为全部历史和现代世界创造一个全面的结构，那么没有广泛的实证知识，没有对经验历史的探究（哪怕是一些片断的探究），没有巨大的精力和远见，是不可能的。"① 马克思在经验历史的知识和远见方面大大超过了黑格尔，他拟定的全部历史的全面结构，自然具有高度科学性，但它仍然是一个没有经过全部世界史检验的假说。这主要由于当时西方学术水平的限制。首先就原始社会说，马克思写该《序言》时，毛勒和摩尔根等人的著作尚未问世，如恩格斯所说："全部成文史以前的社会组织，几乎完全没有人知道。"马克思和恩格斯也不例外。有人把亚细亚生产方式解释为原始公社制，那只能说他对西方学术史的无知。再就亚细亚生产方式说，一百多年后的今天，人们所掌握的史料比马克思时不知多了几千百倍；世界的马克思主义与非马克思主义学者经过几次国际性的讨论，仍然作不出定论，无怪马克思对于亚细亚生产方式究竟应当纳入以西欧为模式的前资本主义社会发展的哪一阶段举棋不定了。在《序言》中固然把它排在古典古代之前，但这完全不是把它理解为什么原始氏族公社制，而是受当时西方学术的影响。当时西方的比较语言学认为梵语是印度、欧罗巴语系的母语，而马克思当时把印度的农村公社看成是最早的人类社会机制的残存，而"罗马和日耳曼的私人所有制的各种原型"可以"从印度公社的各种形式中推出来"。马克思在《经济学手稿（1857—1858 年）》和《资本论》中谈到城市发展和剥削形式时，则

---

① 《马恩全集》第 8 卷，第 190 页。

把亚细亚的城市或亚细亚生产方式置于古典古代之后或西方中世纪之后。①显然，马克思把亚细亚生产方式看成是贯穿在整个前资本主义时代的非欧洲的模式。再就当时西方历史编纂学的一般水平看，马克思、恩格斯在世时，世界上没有一个历史家写出过包括一切文明社会的、能够多少体现出人类历史的"多样的统一性"的世界通史著作（当时德国历史家兰克主编的多卷本的《世界史》是欧洲中心主义的）。所以马克思所拟定的社会经济形态演进的几个时代，是缺乏经验历史的研究来加以检验的。因此马克思自己也要加上"大体说"这个不定限制词。

　　当然，我们并不因此而认为马克思所拟定的社会形态交替的理论是形而上学的、思辨的，因为它是从资本主义的经验历史出发，而做出的半先验的推导。这也就是说，把资本主义生产方式的特殊运动规律作为"一般类型"来推导人类历史发展的一般趋势。这个"一般类型"见之于资本主义发展的一定点。马克思写道："资本本身在其历史发展中所造成的生产力的发展，在达到一定点以后，就会不是造成而是消除资本的自行增殖。超过一定点，生产力的发展就变成对资本的一种限制；因此，超过一定点，资本关系就变成对劳动生产力发展的一种限制。一旦达到这一点，资本即雇佣劳动同社会财富和生产力的发展就会发生像行会制度、农奴制、奴隶制同这种发展所发生的同样的关系，就必然会作为桎梏被打碎。"②这个"一定点"是马克思、恩格斯根据 19 世纪前半叶欧洲的周期性经济危机的事实以及"利润率趋势向下降的规律"而得出的、以西方的农奴制和行会制的被打碎作为资本主义必将被打碎的历史根据。马克思并由此推导出社会经济形态更替的一般原理：第一，当生产关系由生产力的发展形式变成它们的桎梏时，"社会革命的时代"（即由一个社会形态过渡到另一个形态的时代）就到来了；第二，"无论哪一个社会形态，在它们所能容纳的全部生产力发挥出来以前，是决不会灭亡的"；第三，"新的更高的生产关系，在它存在的物质条件在旧社会的胎胞里成熟以前，是决不会出现的"。关于这个原理的预测部分，直到今天，经验的历史尚未证实它。今天的发达的资本主义国家的生产表明资本主义生产关系并未成为生产力发展的致命的桎梏，反而能促进生产力的不断革命化（指科技革命），当然

---

① 参看《马恩全集》第 46 卷（上），第 480、474 页；第 25 卷，第 370 页。
② 《马恩全集》第 46 卷（下），第 268 页。

也不能证伪它，因为资本主义制度仍然有周期性经济危机。至于今天的现实的社会主义国家都不是从发达的资本主义母胎中诞生出来的，也就不能证明它们是资本主义生产到达一定点以后的社会革命的成果。

更重要的是：马克思和恩格斯不曾用西方已经完全结束了的历史——古典古代向中世纪过渡——去证明上述原理。他们认为罗马帝国的崩溃不是在生产关系限制了生产力的发展（生产高涨）的情况（如西欧封建社会末期那样）下发生的，而是在帝国生产极度衰落的情况下发生的。他们认为生产的停滞甚至退化使罗马社会走向绝路。马克思并一般地论述了古代社会崩溃的经济原因，他说："……在古代各民族那里出现的奢侈品生产，是奴隶制关系的必然结果。古代国家灭亡的标志不是生产过剩，而是达到骇人听闻和荒诞无稽的程度的消费过渡和疯狂的消费。"① 恩格斯虽然在罗马帝国后期的依附性小农经济中看到封建生产方式的萌芽，并把"隶农"作为中世纪农奴的前辈，但是他并没有说明依附性小农经济是由怎样的生产力发展新水平所形成的。他只说明了奴隶制大土地经营制（拉提芬丁制）因无利可图而崩溃，从而引起依附性小农经济的出现。恩格斯是这样看奴隶制社会的根本矛盾的：在帝国末期，"奴隶制……成为使自由民丧失体面的事情。这样就封锁了这种生产方式的出路，而另一方面，更加发展的生产受到了奴隶制的限制，迫切要求消灭奴隶制"②。但是这个"更加发展的生产"的要求只是逻辑的推导，并不是在奴隶制社会母胎中所形成的封建主阶级的要求。因为在奴隶制社会母胎中根本没有形成或不可能形成这样"更加发展的生产"方式，也就没有代表这种生产方式的生产阶级。所以恩格斯只能认为："在大多数情况下，这种矛盾是通过另外的比较强盛的公社对衰落的公社进行暴力的奴役而解决的。"也就是"最后被一个用另外一种生产形式代替了奴隶制的民族征服"来解决的。③ 在罗马帝国历史上，这就是日耳曼人对罗马的民族征服。恩格斯于是说："只有野蛮人才能使一个在垂死的文明中挣扎的世界年轻起来。而德意志人在民族大迁徙之前所努力达到并已经达到的野蛮时代的高级阶段，对于这一过程恰好最为适宜。"④ 这个野蛮时代高级阶段达到的是什么呢？恩格斯说：

---

① 《马恩全集》第 46 卷（上），第 424 页。
② 《马恩全集》第 20 卷，第 676 页。
③ 同上。
④ 《马恩选集》第 4 卷，第 153 页。

就是"他们的氏族制度"①。恩格斯这里所说的"氏族制度"实指日耳曼人的农村公社制度（马尔克）。这不能不使"五项公式"拥护者吃惊，因为代替奴隶制的新生产形式不是比它进步的封建制，而是比它远远落后的农村公社制。

我们认为，即使西欧从奴隶制形态到封建制形态的过渡在史实上不符合上述社会形态更替的一般原理，并不能因此而否定它是一种科学理论（假说）。因为从资本主义生产方式所得出的"一般类型"，类似于 M. 韦伯的"理想的类型"。它虽然产生于经验的（即历史的）数据，却力图超越这些数据以建立概念体系。恩格斯曾经指出过，像利润率和其他经济规律"没有任何其他的现实性，而只是一种近似值，一种倾向，一种平均数，但不是直接的现实"，"由于概念都有概念的基本特性，因而它并不是直接地、明显地符合于它必须从中才能抽象出来的现实，因此，毕竟不能把它和虚构相提并论"②。这样看来，我们不管西欧奴隶制社会实际上是怎样灭亡的，最终是比较进步的封建生产方式代替了它。根据恩格斯的研究，西欧封建化过程经历了漫长的岁月，即从 7 到 11 世纪，这就是社会经济形态演进的历史逻辑：较高的形态从较低的形态发展出来。总之，社会形态更替的有序性只能是一种趋势，关于它的理论只是一个部分地可以证实也可以证伪的科学假说。

（五）作为科学研究纲领的马克思主义

卡尔·波普尔认为一切科学理论都是假说；这是今天的科学哲学家都同意的。但是波普尔提出区分伪科学与科学的标准——"证伪标准"——则是一偏之见。他认为凡是经不起证伪或反对证伪的都是伪科学。他把"证伪"夸大到无以复加的地步，套用我国考据家的术语说，他是"据孤证以求通"。例如他认为"天下乌鸦一般黑"的原理只要发现一只白乌鸦就可以证伪它。他不考虑"天下乌鸦一般黑"的结论所以建立的许多生物分类学上的特征，如（1）动物通常共同具有一些种类特点，如颜色；（2）乌鸦这样的鸟类倾向于具有一种共同的颜色，即黑色；（3）乌鸦可以靠颜色和其他一些特点来识别，等等。英国另一科学哲学家伊·拉卡托

---

① 《马恩选集》第 4 卷，第 152 页。

② 同上书，第 515—516 页。

斯批评波普尔所提出的标准忽视了科学理论明显的坚韧性：科学家们不会因为一件事例与理论相矛盾就放弃他们的理论。他们通常是提出某种"拯救现象"的假说以阐明为什么发生这种暂时反常的现象，而不视为这些孤例就是对整个理论的驳斥。拉卡托斯认为重大的科学理论并不是孤立的假说，而是一个"科学研究纲领"。这个纲领是一个强大的"保护带"，它保护总的理论使不因个别反常事例的出现就被驳倒。譬如说，如果一颗行星的运行出现了不合于牛顿的引力定律的反常现象，牛顿派科学家就会检查他关于大气折射的猜测，关于光线在磁暴中传播的猜测以及其他许多猜测，这些猜测都是牛顿纲领的组成部分。这个科学家因此可以推测出一颗迄今尚未为人所知的行星并计算出它的位置、质量和速度，以说明被视为反常运行的行星所以反常的原因。海王星就是这样被发现的。拉卡托斯说："牛顿的万有引力理论、爱因斯坦的相对论、量子力学、马克思主义、弗洛伊德主义都是研究纲领，它们各有一个受到顽强保护的独特的硬核（指基本原理或规律，如牛顿的力学三定律及万有引力定律——引者），各有自己较为灵活的保护带，并且各有自己精心考虑的解题手段。这些纲领在自己发展的任何阶段上，都有未解决的问题和未消化的反常。"① 这是极为通达之论。由此可见，马克思的关于社会经济形态不断演进和更替的理论，本来就是科学假说，是他的科学研究纲领的主要部分，因此即使有了未解决的问题（如亚细亚生产方式问题）或未消化的问题（如奴隶制向封建制过渡的问题）或暂时的反常问题（如社会主义革命发生在资本主义不发达的国家），并不能驳倒整个纲领所保护的内核（如社会存在决定意识、生产关系对生产力的适应和矛盾，等等），反而可以推动这个纲领的进步。在拉托卡斯看来，一种科学理论，在被另一种具有更大真理性的新理论能取而代之以前，是不存在被证伪问题的。

波普尔认为马克思主义是伪科学，因为它不允许证伪。这完全是诬蔑。马克思和恩格斯承认他们的某些假说既可证实又可证伪。恩格斯指出，马克思提出的一个科学假说，即一切历史上的斗争，无论是在政治、宗教、哲学或其他领域中进行的，实际上是各社会阶级的斗争或多或少明显的表现。他用这个假说去理解法兰西第二共和国的历史，"他用这段历

---

① 拉卡托斯：《科学研究纲领方法论》，兰征译，上海译文出版社 1986 年版，第 6 页。

史检验了他的这个规律……这个检验获得了辉煌的成果"①。恩格斯又指出，马克思和他在 19 世纪 40 年代末，认为无产阶级社会主义革命的客观条件已经成熟，因此提出了无产阶级"以一次简单的突然袭击来达到社会改造"的革命策略理论。但是在 90 年代时，恩格斯说："历史表明，我们当时所持的观点只是一个幻想，历史做的还要更多：它不仅消除了我们当时的迷误，并且还完全改变了无产阶级进行斗争的条件。"② 马克思主义是批判性的，它能够在自我批判中发展。

英国当代著名历史家巴勒克拉夫说："今天仍保留着生命力和内在潜力的唯一的'历史哲学'，当然是马克思主义。"③ "而马克思主义影响之所以日益增长，原因就在于人们认为马克思主义提供了合理地排列人类历史复杂事件的使人满意的唯一基础。"④ 但是这并不意味着马克思的社会形态更替理论是不可辩驳的、关于普遍规律的绝对真理。马克思和恩格斯在一方面批判抽象的经验主义和另一方面批判唯心的思辨哲学的前提下，创建他们的历史唯物主义时，指出了他们自己的方法是从对人类历史发展的观察中抽象出最一般原理，而"这些抽象本身离开了现实的历史就没有任何价值。它们只能对整理历史资料提供某些方便，指出历史资料的各个层次间的连贯性。但是……它们绝不提供可以适用于各个历史时代的药方或公式"⑤。

这就是我们的结论。

（原文载《历史研究》1989 年第 1 期）

---

① 《马恩选集》第 1 卷，第 602 页。
② 《马恩全集》第 22 卷，第 595 页。
③ 《当代史学主要趋势》，第 261 页。
④ 同上书，第 26—27 页。
⑤ 《马恩选集》第 1 卷，第 31 页。

论一元多线历史发展观

罗荣渠

一　是一元单线,还是一元多线?

长期以来,由于用五种生产方式循序演进的历史发展图式来阐述世界历史发展进程,在马克思主义的历史教科书中一直把马克思的历史发展观解释为单线式的。这种五种生产方式（或社会经济形态）的单线发展图式,最早大概是由苏联理论界提出的。现在一般都追溯到列宁的《论国家》。这篇对苏俄大学生的演说,中心思想是要求青年学习马克思主义的国家学说,而不是全面阐述马克思的社会发展观。在阐述从无阶级社会向阶级社会发展的一般规律性时,列宁列举了原始社会、奴隶占有制社会、农奴制社会、资本主义社会的发展序列。列宁的这篇演说在 1929 年首次发表,在此以前,不知在苏联理论界是否有过什么影响。布哈林在他的《历史唯物主义理论》一书中就根本没有涉及马克思的这种历史发展观。1938 年,斯大林在《论辩证唯物主义和历史唯物主义》中才明确提出:"历史上有五种基本类型的生产关系:原始公社制的、奴隶占有制的、封建制的、资本主义的、社会主义的。"[①] 在这里,斯大林以五种生产关系代替了五种生产方式。大概从此以后,五种生产方式的单线发展图式就被马克思主义史学界解释为关于世界历史演进的规律。例如,在 1963 年莫斯科出版的由奥托·库西宁等人编著的《马克思列宁主义基础》一书中阐述历史发展的规律时写道:"所有的民族都经历基本相同的道路……社会的发展是按各种既定的规律,由一种社会经济形态向另一种社会经济形态依次更替的。不仅如此,生活在更加先进形态的国家对别的国家显示出他们

---

① 《斯大林文选》,人民出版社 1962 年版,第 199 页。

的未来，就像别的国家显示出的是那个先进国家的过去一样。"①

必须指出，把马克思主义创始人的著作中关于某一历史问题或某一历史进程的观点奉为一般发展道路的哲学图式，是后来的马克思主义研究者附加上去的。同样，把马克思主义创始人关于社会及其发展规律的一般学说与他们关于世界历史发展的具体规律混为一谈，用历史唯物主义学说代替马克思主义的史学理论，也并非马克思主义创始人的本意。上述关于五种生产方式单线演进的历史观，就是源于这些认识偏向。

这里，先从马克思的历史发展观是一元单线还是一元多线谈起。

把人类社会看成是一个从低级向高级发展的过程，把全世界不同民族的演进纳入一个统一的发展轨道，这是从 18 世纪西方启蒙运动思想家就开始提出的观点。到 19 世纪，胚胎学、地质学、生物学、考古学、文化人类学、社会学、历史哲学等各个不同领域的学者都提出了进化的概念。1859 年，达尔文发表《物种起源》，提出了他发现的有机界的进化规律，引起了马克思和恩格斯的高度重视。但后来对两位经典作家的社会与历史观影响最大的，是 1877 年问世的摩尔根的《古代社会》一书。现在的人类学家把摩尔根视为古典进化论的杰出代表。这个学派的社会进化观的基本出发点是：1. 人类出于同源，并且有同一的智力原理，同一的物质形式；2. 人类智力原理的一致性，使不同的文化呈现出相似的特质，沿着相似的路线平行进化；3. 文化在进化过程中，循序渐进，从旧的阶段发展到新的阶段。摩尔根以生产技术的发展为基础，提出了他的人类从蒙昧时代经过野蛮时代到文明时代的发展序列的著名理论。这一理论对人类史前历史的唯物主义解释作出了重大贡献，但这是典型的单线式历史发展观或单线式社会发展观。摩尔根也承认，这一发展观"构成一个顺序相承的系列自然含有假设的成分，但是，它们之间的确具有紧密的无可置疑的联系"②。

摩尔根在《古代社会》中描述的家庭发展观与技术史观早在上世纪末期就遇到西方人类学家的挑战。恩格斯采纳摩尔根的技术史观，在《家庭、私有制和国家的起源》一书中阐述的东西两半球的单线的技术过程，具有较明显的单线进化论观点。第二国际理论家、著名人类学家亨·库诺

---

① 转引自拉德尔《马克思的历史观》，纽约 1979 年版，第 129 页。
② 《古代社会》，商务印书馆 1977 年版，第 505 页。

夫在其所著《马克思的历史、社会和国家学说》中最早批评了这一观点。考茨基也指出："现在，我们已经能够根据对今天仍然存在的原始部族的研究结果，摸索出来关于人类在有文字可考的历史时代以前的发展阶段的先后序列了。当然，关于这个序列，学者们也绝对不是在一切要点上都已意见一致，并且还有许多观点正在继续涌现出来。"① 事实正是如此，《古代社会》发表一个世纪以来，人类学对初民社会的实地考察、理论和历史的研究都有重大的突破。第二次世界大战后，在现代民族学与考古研究的基础上，新文化进化论派重新估价了古典进化论的价值，肯定了从整体上研究人类文化的意义。尽管每个社会文化经历的过程不完全一样，但从大处看，从简到繁，从低级到高级，总的发展趋势是不能否定的。但是，戈登·柴尔德确认，新石器时代各民族经历的各个阶段、顺序并不相同。多线进化论从广泛比较研究世界各种文化之后，找出了不同的文化类型，这些文化有共同的功能或结构的特征。总之，通过对世界不同文化的深入具体的研究，是可以找到对文化进化现象的一般性通则的，同时又可以避免把五大洲的各种文化都塞入一个共同发展的必经阶段的图式之中。

马克思早年显然受古典进化论的影响，但就他的历史观而言，从他留下的大量著作来看，并未发现明显的单线发展的观点。虽然他在《德意志意识形态》一书中最早提出了原始的、古代的、封建的和现代资产阶级几种社会形式，可说是一种历史发展类型的尝试，但他从未把这视为历史研究的公式或图式。他在书中写道：

> 思辨终止的地方，即在现实生活面前，正是描述人们的实践活动和实际发展过程的真正实证的科学开始的地方……对现实的描述会使独立的哲学失去生存环境，能够取而代之的充其量不过是从对人类历史发展的观察中抽象出来的最一般的结果的综合。这些抽象本身离开了现实的历史就没有任何价值。它们只能对整理历史资料提供某些方便，指出历史资料的各个层次间的连贯性。但是这些抽象与哲学不同，它们绝不提供用来把各个历史时代修剪齐整的处方或图式（着重点是引者所加，引文按英译本略有改动）。②

---

① 《唯物主义历史观》第 4 分册，上海人民出版社 1964 年版，第 69 页。
② 《马克思恩格斯选集》第 1 卷，第 31 页。

在 1847 年发表的《哲学的贫困》一书中，马克思对蒲鲁东的政治经济学的形而上学方法提出尖锐批判，其中之一就是批判那种把社会阶段看成是简单的经济关系的线性运动的观点。他写道：

> 蒲鲁东先生把种种经济关系看做同等数量的社会阶段，认为这些阶段一个产生一个，一个来自一个，正如反题来自正题一样；认为这些阶段在自己的逻辑顺序中实现着人类的无人身的理性（似应译为"非人情味的理性"——引者）。
>
> 谁用政治经济学的范畴构筑某种思想体系的大厦，谁就是把社会体系的各个环节割裂开来，就是把社会的各个环节变成同等数量的互相连接的单个社会。其实，单凭运动、顺序和时间的逻辑公式怎能向我们说明一切关系在其中同时存在而又互相依存的社会机体呢？（着重点为引者所加）①

后来，马克思在《序言》中概括他的唯物史观基本要点时，也是从社会发展类型的角度排列出几种生产方式的：亚细亚的、古代的、封建的和现代资产阶级的。② 此种排列顺序的逻辑根据是：原始社会解体以后出现好几种不同的社会形态，其中亚细亚生产方式尚保存土地公有制，因而与原始公社制最接近，而封建生产方式则在欧洲直接演变成为现代资产阶级的生产方式，并较之古代的即奴隶制生产方式更为解放生产力。这样，把马克思当时所知道的几种社会形态即生产方式按其发展的高低水平排列，就形成《序言》中那个大致的序列。马克思从来没有说这个序列是各种生产方式演进的"逻辑公式"，它们之间具有"一个产生一个"的历史必然性；更没有说每个民族都按这个演进序列循序上升。

从马克思关于世界史的许多具体论述来看，特别是从他晚年的著作来看，我们认为，马克思的历史发展观是多线式的而不是单线式的，至少他晚年的观点是明显的一元多线历史发展观。这有马克思的论述为据。例如，在原始社会"并不是所有的原始公社都是按着同一模式（原译'形

---

① 《马克思恩格斯选集》第 1 卷，第 109 页。
② 《马克思恩格斯选集》第 2 卷，第 83 页。

式'，着重点为引者所加）建立起来的。相反，它们有好多种社会结构，这些结构的类型、存在时间的长短彼此都不相同，标志着依次进化的各个阶段"。又如，向阶级社会过渡："各种原始公社（把所有的原始公社混为一谈是错误的；正像地质的形成一样，在这些历史的形成中，有一系列原生的、次生的、再次生的等等类型）的解体的历史，还有待于撰述。到现在为止，我们只有一些粗糙的描绘。"再如，"农业公社既然是原生的社会形态的最后阶段，所以它同时也是向次生的形态过渡的阶段，即以公社制为基础的社会向以私有制为基础的社会的过渡。不言而喻，次生的形态包括建立在奴隶制上和农奴制上的一系列社会。"①

根据马克思的描述，从原始社会转向文明，经历各种不同途径：在南欧产生的是希腊、罗马的奴隶制社会；在此以北的日耳曼人则发展起一种部落型的社会；在亚洲的原始公社既未导致奴隶制，也未导致封建制，而是形成一种独特的亚细亚模式。就是亚细亚社会也不是一模一样，中国与印度就大不相同。尽管当时对亚洲社会的不同模式认识得很不够，但马克思从未把东西方社会的发展模式与道路混为一谈。关于从封建社会向资本主义过渡，马克思做过专门研究，他在《资本论》中历史地分析了西欧资本主义的起源与进程。② 为此，他后来曾郑重声明："我明确地把这一运动的'历史必然性'限于西欧各国。"③ 并且反对把西欧资本主义发展道路解释为"一切民族，不管他们所处的历史环境如何，都注定要走这条道路"④。马克思意味深长地指出，在古代罗马历史发展过程中，罗马自由农民的小土地被剥夺之后，蕴涵着大地产和大货币资本形成的过程，这与西欧资本主义兴起之初的情况颇有相似之处，但其结果却完全不同："罗马的无产者并没有变成雇佣工人，却成为无所事事的游民，他们比过去美国南部各州的'poor whites'（白种贫民）更受人轻视，和他们同时发展起来的生产方式不是资本主义的，而是奴隶占有制的。"⑤这些论述充分证明，单线式的历史发展公式与马克思的辩证的发展思想

① 《马克思恩格斯全集》第19卷，第448、432、450页。
② 《马克思恩格斯选集》第2卷，第219—268页。
③ 《马克思恩格斯全集》第19卷，第430页。
④ 同上书，第130页。
⑤ 《马克思〈资本主义生产以前各形态〉导言》，见《外国学者论亚细亚生产方式》，中国社会科学出版社1981年版，第9—10页。

是格格不入的。

当代西方马克思主义学者也认为，马克思没有关于人类历史单线发展的构思。英国著名历史学家霍布斯鲍姆写道：

　　明确地说，原始公社制度的发展有三条或四条线路，各自代表一种在它内部已经存在或隐含于其中的社会劳动分工形式，它们是：东方形式、古代形式、日耳曼形式（尽管马克思没有说明关系到某一民族）和斯拉夫形式，后者的提法有些晦涩，以后就没有进一步讨论，不过它与东方形式有密切关系……马克思在1845—1846年制定的模式，仅仅略微涉及这一问题，尽管如前所说，马克思对历史发展的观点从来就不是单线式的，他也从来没有把它视为一种单纯的进步纪录。不过在1857—1858年之际，这种讨论是相当先进的。①

从宏观历史来看，世界不同地区、不同民族、不同社会发展既不是划一的，也不是同步的。大致说来，世界各民族脱离了具有不同特征的原始社会以后，发展趋势各异，但其共同的特点是：低下的农业或畜牧业生产力与人力技术只能提供非常有限的剩余产品，并只能产生很粗的社会分工与阶级分化，只能建立单个的小生产或大地产制下的小生产，只能形成各种形式的人身依附形态，也只能产生经济权力、政治权力、军事权力融为一体的统治体制。除了西欧由于特殊的历史条件，发展的起伏变化最大，可以清理出从原始公社经奴隶制、封建制过渡到资本主义制的典型的线性发展序列之外，其他各大洲的国家和民族的发展，起伏变化不大，前进的步伐缓慢。东方历史发展之缓慢以致使马克思甚至也说那里的某些民族几乎是没有历史的社会（这是沿袭黑格尔的观点）。

对于世界历史从史前的野蛮时代向文明时代的转变所遵循的不同途径，根据美国哈佛大学张光直教授的观点，可归并为两种主要方式，列图如下：

---

① 《马克思〈资本主义生产以前各形态〉导言》，见《外国学者论亚细亚生产方式》，第431页。

```
          ┌───────世界式的（非西方式的）（连续性的）───────┐
野蛮 ──────┤                                                    ├────── 文明
          └───────西方式的              （突破性的）──────────┘
```

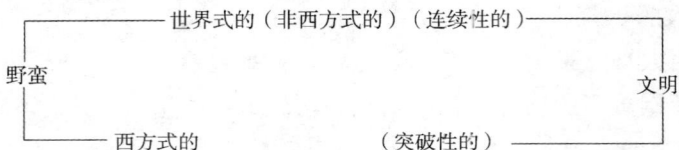

关于历史发展的连续性与突破性特征，张氏从文化学角度做了富有启发性的解释：

> 我们从世界史前史的立场上，把转变方式分为两种，把眼光扩展到欧洲、近东、非洲、中东、远东、大洋洲和美洲，我们可以看出两大空间的不同方式。一个是我所谓世界式的或非西方式的。主要的代表是中国；一个是西方式的。前者的一个重要特征是连续性的，就是从野蛮社会到文明社会许多文化、社会成分延续下来，其中主要延续下来的内容就是人与世界的关系、人与自然的关系。而后者即西方式的是一个突破式的，就是在人与自然环境的关系上，经过技术、贸易等新因素的产生而造成一种对自然生态束缚的突破。[①]

关于西方式的"突破性"发展，将在下节阐述，这里先说西方历史发展的起伏变化问题。历史的梯级式上升运动在欧洲表现得最为明显，但在这一区域的各民族也不是按同一顺序或在大致相同的时间同时迈向下一梯级的。有的民族也许跨越某一中间梯级，出现一跃而过的突变（如俄国跨越奴隶制阶梯），而个别民族则长期在原地踏步不前（如比利牛斯山区民族）。同时历史梯级的上升运动也不是直线式的有进无退，而是有进有退，进进退退，弯弯曲曲，只是在总体上说来是向一个方向前进罢了。具体地说，欧洲在奴隶制的罗马帝国崩溃之后，在许多地区都导致生产大倒退。在14、15世纪的经济亢进之后，又出现17世纪的危机，向后倒退半个梯级。在西欧向前迈进之时，在东欧出现了农奴制的再版。西欧的资本主义生产方式的兴起，导致在美洲的奴隶制的再版。不论按生产力与生产关系的发展水平来说，中国的封建主义生产方式（按通行的说法）早就居世界前列，达到成熟的程度，但却迟迟不能迈向下一个梯级——资本主义，而

[①] 《考古学专题六讲》，文物出版社1986年版，第17—18页。

社会经济与文化水平都远远低于东亚和西亚的西欧，却成为近代资本主义的发源地和发展中心。所有这些问题都对单线发展的五种生产方式论提出了严重挑战。

对历史发展单线论的最尖锐的挑战是现实的挑战。既然资本主义创造了历史上最强大的生产力，而这种生产力又是迈向社会主义的必要物质条件，为什么远没有具备这一物质条件的国家首先跃入社会主义？如果历史单线发展论是正确的，现实的社会主义就是错误的或反常的；如果现实的社会主义是真实的，历史单线发展论就是错误的。

单线发展论的症结何在？在于对生产力和生产关系的互相关系的机械的单线解释，即认为每种社会经济形态只有一种生产方式，每种生产力在历史过程中只同一种生产关系相结合，而生产关系适应于生产力水平又是一次性完成的，等等。这种单线解释可能与马克思的下述论点有关："手推磨产生的是封建主为首的社会，蒸汽磨产生的是工业资本家为首的社会。"① 现在看来，这一简单化的概括未必是正确的。

相应的生产力水平有相应的生产关系，形成相应的社会经济结构，但是由于每一种新形态的生产力都具有巨大的能动性、发展弹性和适应性，同一性质与水平的生产力可能与几种不同的生产关系相适应。同一种生产力、同一种生产方式在不同的历史条件下可以适应几种不同的社会结构。例如，小农经济和独立的手工业生产，在从原始公社解体后的各种社会经济形态中都是存在的（如下列图示）。同样，现代工业生产方式既可与资本主义生产关系相结合，也可以适应于社会主义生产关系。

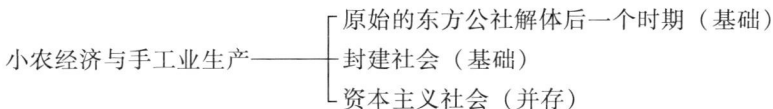

```
                    ┌─ 原始的东方公社解体后一个时期（基础）
小农经济与手工业生产 ─┼─ 封建社会（基础）
                    └─ 资本主义社会（并存）
```

如此看来，社会经济形态的概念要广泛得多，它包括与某种生产方式相适应的既定社会结构中的经济制度。这种经济制度并不是仅仅建立在一种生产方式之上，而是建立在多种生产方式之上，但其中有一种占主导地位，例如，在资本主义经济制度下，同时还包括各种前资本主义的剥削方

---

① 《哲学的贫困》，《马克思恩格斯选集》第 1 卷，第 108 页。

式。蓄奴制、封建关系，其他雇佣关系的萌芽，在几种社会形态中都同时存在。绝不是一种生产形式结束之后才代之以另一种形式。任何一种社会经济形态都不是单向度的，静态的，而是多向度的和动态的。每种社会形态都具有三个向度：第一，这一社会结构在特定的历史环境中所具有的特殊性；第二，这一社会结构在特定的历史形成过程中所处的阶段性（原生的、次生的、再次生的、变异的类型）；第三，这一社会结构在同时代世界环境（即社会外环境）中所占的位置，即在同一历史时代并存的不同社会系统间的横向联系。这样，对于任何历史形成的社会形态的分析，就应该是多维的，立体交叉的，网络式的。这不仅是打破社会形态史观的单线发展图式，用对历史进化论的辩证的认识来代替机械的、片面的和单线的认识，改变思维方式的问题，也是对历史宿命论与自动论的彻底扬弃。

过去学术界对生产力与生产关系的理解非常狭窄，近年的研究已把生产力与生产关系放大成为两个系统。马克思从来都不孤立地讲生产力因素或生产关系因素，而总是讲"生产力的总和"与"生产关系的总和"。事实上现实社会生活中根本没有纯粹的生产关系存在，"每一个社会中的生产关系都形成一个统一的整体"。[①] 而且生产关系总是融合在总的社会关系中起作用。这样，社会的经济结构就是一个比生产力系统远为复杂的社会系统。再扩而大之，加上上层建筑的诸系统，相互联系构成一个社会的文明系统。马克思写道："相同的经济基础——按主要条件来说相同……自然条件，种族关系，各种从外部发生作用的历史影响等等，而在现象上显示出无穷无尽的变异和程度差别，这些变异和程度差别只有通过对这些经验所提供的事实进行分析才可以理解。"[②] 因此，即使同一经济形态的社会也存在千差万别，有许多中介、过渡、变异的形式。

受众多因素影响与支配的历史发展的根本规律是不平衡规律。对于这一特点，比利时马克思主义者恩斯特·曼德尔写道："除了直线式进步外，还有跳跃式进步。经济发展可能引向死胡同或者引向长达数世纪的停滞。例如，由于过分适应一个具体环境的缘故，东南亚农业民族的情况似乎就是这样。如果马克思主义不承认正在进步的社会以外（从平均劳动生产率来看），

---

① 《哲学的贫困》，《马克思恩格斯选集》第 1 卷，第 109 页。
② 《资本论》，《马克思恩格斯全集》第 25 卷，第 892 页。

还有正在显著地退化的社会，那么，马克思主义便不是辩证的了。"①

事实正是如此，无论在地球上任何地方，从采集野果的原始社会，直到最先进的资本主义（或社会主义）社会都没有直线进步的发展。在采集野果、狩猎和捕鱼阶段达到了生产力发展最高程度的民族，不论是爱斯基摩人还是美洲西北岸的印第安人，都没有发明农业。农业最初是在阿比西尼亚、阿纳托利亚、阿富汗、外高加索和印度西北部水源丰富的河谷地区出现的。但是，产生于水利灌溉的文明却并非起源于这些地方的农业。农业文明在埃及、美索不达米亚、印度和中国达到最先进的阶段。然而，农业劳动生产率的进步并不是在这些国家，而是在希腊、罗马、拜占庭和中世纪欧洲（意大利和弗朗德斯）导致了小商品生产范围内最发达的手工业和商业。关于小商品生产发展到工业革命，发展到资本主义生产方式的地方还得往北移，移到英国。然而，从手工业和商业来看，这个国家却是长期落后的，直到 17 世纪，仍远非世界上或欧洲最富有的国家。还有，资本主义首先被推翻的不是在英国，也不是在另一个资本主义发达的国家，而是在 20 世纪初典型落后的俄罗斯。曼德尔提出了这样一个大胆的预言："虽然俄罗斯是在大生产资料社会化的基础上实行计划经济的第一个国家，但是将来也不是最先在俄国看到一个完成的社会主义社会，看到阶级、商品、货币和国家的消亡?"②

二　单因素论还是多因素论

研究马克思的历史发展理论，特别是研究他的几种生产方式的理论，首先当然是尽可能准确地使马克思原来的观点复原，把一切以马克思主义名义附加上的东西去掉，恢复其本来面貌。但要准确无误地做到这一点几乎是不可能的。即使做到这一点，也不能回答世界历史发展进程中的种种具体问题。

现行的世界通史是按五种社会经济形态的理论排列的。各种形态之间相互衔接，给人造成一种错觉，似乎按生产力与生产关系的内在矛盾的运动规律，前一种社会形态的崩溃，接之而来的必然是一种新形态的统治。

① 《论马克思主义经济学》上卷，商务印书馆 1979 年版，第 83 页。
② 同上书，第 84 页。

在两种社会形态交替之间有一个过渡时期。这一过渡是如何实现的呢？按现今流行的马克思主义解释是，强调内因即通过内在矛盾的迸发引起革命（突变）而完成过渡。过渡的公式大致如下：

新生产力→革命生产关系变革上层建筑变革生产力大发展

这样，按单线发展论的逻辑，既然每种社会经济形态只有一种生产方式，每种生产方式又只同一种生产关系相结合，受同一种规律的支配，那么，世界上所有国家自然都会或迟或早地要经历同样的历史发展梯级了。但这套理论是很难经得起现实历史实践检验的。历史上社会经济形态的大过渡，现已大体清理出演进序列的只有西欧地区。它的演进共有三次：即从原始社会过渡到奴隶社会，从奴隶社会过渡到封建社会，从封建社会过渡到资本主义社会。

第一次过渡经历了漫长的时间，无文字记载可考，但看来是通过渐进的形式实现的，而不可能发生什么原始社会的革命。第二次过渡发生在西欧，它的发生固然与奴隶制内在矛盾的激化分不开，但是单靠旧制度内在矛盾的发展和新经济因素的萌芽，奴隶制的崩溃在何年何月得以实现，恐怕是难以想象的。瓦解奴隶制的决定性力量是外来因素，即蛮族的多次入侵。这就是说，并不是由于旧制度下的生产力根本无力维持下去，而是由于原有生产力遭到外力的大破坏，造成了从商品经济向自然经济的大倒退。这样的大灾变在整个世界史上都是罕见的，而正是这种突变推动了欧洲向一种封建等级制过渡。在相当一个时期中，很难说封建关系下的农业一定高于奴隶制生产关系下的农业，因此很难用奴隶制在经济上已无利可图来解释这种制度均必然崩溃。正如用南方奴隶制在经济上已无利可图来解释它在美国的必然消亡一样，都是对生产关系要适合于生产力的规律的简单化。

第三次过渡在西欧的发生，问题就更加复杂了。先进的资本主义社会形态在落后的西欧的形成，绝不是靠什么资本主义萌芽成长壮大或土地贵族与农民（农奴）的阶级斗争这类单因素论可以解释的。仅仅依靠旧母体内部的新因素的萌芽与成长，在世界任何地方也不可能使封建主义变成资本主义。西欧所经历的漫长过程是，首先在旧的封建社会的母体中孕育出早期城市化（社会结构变化），早期商业化（交换方式变化），早期工业化（又称原始工业化，即生产方式变化），世俗化（神权政治变化）。这些因素的凑合，有助于使稳固的封建型依附结构发生松动。但要指出的是，正是这种西方式的封建社会系统，而不是东方式的中央集权结构，为新生产力因素的活动提供了空间，因为它在蛮族入侵反复破坏之后建立起等级封建权力机构（政治多元化），众多的小国林立而无大帝国体系（国际多元化）；教权与王权分享政治权力（社会多元化），随之又发展起城市自治体（经济权力多元化）等等，使新兴生产力因素以自由城市为依托而较易发展。尽管这样，如果没有产生特殊强大的冲击波予以推动，新因素也不可能成长壮大。这就是由于地理大发现引起的商业革命和殖民征服运动，使新生产方式在母体内获得了大量的营养液。随之而来的是18世纪后期的工业革命，以及与之同步发生的政治大革命，这些奇特的巧合性使经济革命、政治革命、社会革命紧紧扭在一起。只有这样，即许多有利条件的特殊凑合，新生的现代生产方式才脱颖而出，在西欧资本主义生产关系中找到了它最适合的发展形式。但像南欧即地中海的城邦国家，早就享有海外贸易之厚利，却没有首先完成向新生产方式的过渡。同样，葡萄牙、西班牙曾经在地理大发现中遥领风骚，最早建立"日不落"殖民大帝国，也没有首先过渡到近代资本主义社会。可见，现代资本主义的兴起是一个众多因素长期交互作用的自发的历史过程。物质对于精神，经济对于政治与文化，绝对不是按人们设想的固定方向和顺序发生作用的。这只能借助于合力说才能正确说明历史客体发展的一切矛盾趋向的总和。这是恩格斯晚年对历史唯物论方法论的重大贡献。而所有单线论者和单因素论者是根本不了解这一点的。

　　马克思说过："极为相似的事情，但在不同的历史环境中出现就引起了完全不同的结果。"① 新的生产力因素在旧的社会形态中萌芽，这种现象在社会生活中到处可以碰到。过去那种认为亚非的一些国家由于有了某些封建主义衰败的迹象，有了某些资本主义的萌芽因素，就迟早能过渡到资本主义新形态的观点，是典型的单线发展论，是完全不能为历史所证明的。例如，包含着整个资本主义生产方式萌芽的雇佣劳动是很古老的，它个别地和分散地同奴隶制度并存了几百年。恩格斯指出："只有在历史前

① 《马克思恩格斯全集》第19卷，第131页。

提已经具备时，这一萌芽才能发展成资本主义。"① 由于这种历史前提只有在特殊地区和特殊情况下才具备，因此，根据某种生产方式的萌芽的出现来推断这种生产方式的必然性，往往会导致对社会形态史观的粗俗化。

总之，在人类历史上，凡属社会形态的转变，都不是一般的社会变动，而是巨大的社会变革即社会革命过程。这样的历史运动不同于改朝换代，不是任何单因素可以支配的，它总是众多的内因和外因的交互作用与奇特的凑合。内因，即新生产力孕育发展以及伴随而来的阶级斗争，是社会大变革的必要条件；外因，即异乎寻常的特殊因素的凑合，则是社会大变革的充足条件。社会内在发展机制的强弱，取决于一切关系在其中同时存在而又互相依存的社会机体中的多元因素能获得多大的活动空间，这是内部孕育的渐变力量能否壮大的重要条件。变革的外部条件，通常都是超乎社会结构之外的某些特殊力量起作用。这种外部条件之所以必要，说到底是因为任何一种已形成的社会经济结构及其文明形态都具有历史稳定性，单靠本身内部孕育的对抗运动很难突破，往往只能造成原结构"破坏—修复"的不定期更新的循环运动。欧亚两洲历史上发生过的大变革几乎都与某种"灾变"联系在一起。例如，蛮族对欧洲的大征服，加速了罗马帝国的崩溃；地理大发现与西方海外殖民活动的火与剑，加速了近代资本主义欧洲的出现；第一次世界大战使世界资本主义残破不全；第二次世界大战使世界殖民主义体系土崩瓦解，亚非地区发生了结构性变化；甚至连日本现代化的成功也以在第二次世界大战中的大败为契机。近代中国的变革也是如此。我们提出"灾变说"作为社会大变革的充足条件，绝没有丝毫意思要否定或贬低内因的作用，内因始终是变化的根据。单纯外来力量帮不了"扶不起的阿斗"。19 世纪初，由于各种条件的凑合，海地奴隶革命打碎了奴隶制，然而并未能由此而导致改变昔日奴隶命运的社会改革，就是一个明显的例证。在这里，为了破除历史的宿命进化观，我们突出强调了过去长期被忽视的外因作用。

还必须指出，对生产力与生产关系、社会经济形态等的理论分析，都是集中在经济层面研究社会与历史发展的问题上（从马克思主义看，这是最重要的层面），但即便为了深入地阐述经济层面的发展而不陷入片面性，单靠经济层面的孤立分析也是不够的。迄今以来，马克思主义理论界对非

---

① 《反杜林论》，《马克思恩格斯选集》第 8 卷，第 311 页注①。

经济因素的研究一直是非常薄弱的，而在复杂的历史现象中，非经济因素对历史发展的影响，绝不是仅仅用上层建筑对基础的反作用可以概括的。因此，对近一个世纪以来国际非马克思主义学术界在社会变迁与历史发展理论方面的重大成就，绝不可忽视。有些人类学家认为，在原始社会，如何使用土地和作物的种植与分配，不是纯经济活动，而是服务于宗教观念和社会目的。原始的物品交换中甚至带有艺术的色彩。这里特别要提到本世纪初马克斯·韦伯关于新教伦理和东西方宗教社会学研究方面的开创性贡献，以及第二次世界大战以后帕森斯等人对人类社会文化的进步提出的系统动态解释。这些研究所选择的新角度，无疑拓宽了构筑更加严密的历史发展理论的思路的广度和深度。

历史发展表明，越是远离现代的时代，社会的结构与功能就越单一化，即各种社会功能分化的程度越低。在原始社会里的生产与家庭是密切结合的，宗教与政治是合为一体的，政治权力（特别是神权政治）是凌驾于经济权力之上的。在那个时代，亲缘关系、宗教观念、首领人物对人类共同体的作用远远超过后来的时代，从而非经济因素对社会发展的影响实际上是超过经济因素的，尽管物质生产方式提供了发展的最后限界。举一个例子，古代中美地区的玛雅文化与南美安第斯山地区的印卡文化，都同处于与东半球隔绝的状态，拥有大致相同的生态环境，生产力发展水平相似，生产关系的基本模式也相差无几，但这两种文化的发展方向却有很大不同。在相当原始的生产力条件下，玛雅人的天文历算与文字系统为古代美洲之奇葩，而政治结构却非常落后。而印卡人在缺乏文字与铁器这些发展的关键要素的条件下，建立了广阔的大"帝国"和秩序井然的政治结构、分配制度与交通网。这一对比说明，仅仅用简单化的生产力、生产关系、生产方式等分析概念，是很难解释人类社会生活的复杂模式和不同发展道路的。恩格斯晚年在关于历史唯物主义的通信中一再说明，除了经济因素之外，上层建筑的各种因素也对历史起作用。现在看来，上层建筑对经济基础的反作用的观点，对某些历史时代是适应的，但不适用于一切时代。更加辩证地科学地来考察各种因素的历史合力，则"作用与反作用"的公式显然是过于机械。当整个社会机体运转起来之后，就形成为互动作用体系，而不是单向作用体系。经济因素在社会发展中的决定性作用，是随着经济权力脱离社会权力和政治权力并逐渐凌驾于其上而日益显露出来的。越是进步与发展的社会，经济因素的作用越大。到资本主义时代，发展的机制较之前资本主义时代有重大变化。经济因素在今天甚至是独立地发挥着自己的作用。如果认为有史以来，不论任何时代，经济因素（它本身就是一个复杂的系统）与非经济因素的作用都是按同一公式、同一配方运转，那就把人类历史进程想象为完全的"自然历史过程"，简直可以用数学公式来推导了。我们主张"把历史当做一个十分复杂并充满矛盾但毕竟是有规律的统一过程来研究的途径"①。也赞同历史研究方法的科学化与计量化，但不赞同把历史科学与自然科学完全等同的机械类比的研究方法。

三　一元多线历史发展宏观架构的设想

现实的生产力系统构成一切经济活动的物质基础，是社会变革的根本动因，并为变革提供了发展的客观可容量。生产关系系统则是生产过程中形成的社会组织形式，它的总和构成社会的经济基础。人类历史发展归根到底是围绕以生产力发展为核心的经济发展的中轴转动，我们称之为社会进步与经济发展的中轴原理。② 这是坚持马克思主义的历史一元论。但是，"整个伟大的发展过程是在相互作用的形式中进行的（虽然相互作用的力量很不均衡：其中经济运动是更有力得多的、最原始的、最有决定性的），这里没有任何绝对的东西，一切都是相对的"③。生产力与生产关系的统一体，一般理解为生产方式。生产方式是马克思用以分析生产过程的最简明的综合概念。马克思的历史发展观可归结为生产方式发展观。它的发展包括社会生产过程中的劳动方式、技术方式及经营方式等诸方面。在历史地考察某种生产方式时，必须同与之相适应的生产关系的统一中去进行考察。生产关系包括社会生产过程中的产权关系和分配关系等诸方面，它对既定社会经济形态的性质具有决定性作用，但是衡量社会进步与经济发展的客观标志最终取决于社会生产力的发展水平（如图1）。而流行的五种生产方式说是按斯大林的解释，完全按生产关系来排列社会发展顺序的。这样，衡量社会发展水平的主轴就被完全颠倒了（如图2）。

---

① 列宁：《卡尔·马克思》，《马克思恩格斯选集》第1卷，第12页。
② 参见拙作《建立马克思主义的现代化理论的初步探索》，《中国社会科学》1988年第1期。
③ 《恩格斯致康·施米特（1890年10月27日）》，《马克思恩格斯选集》第4卷，第487页。

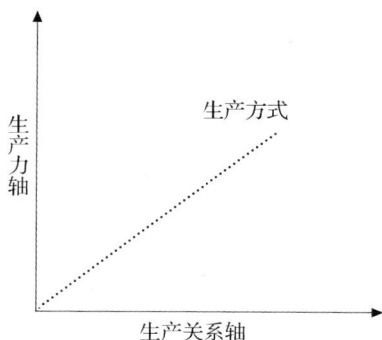

图1

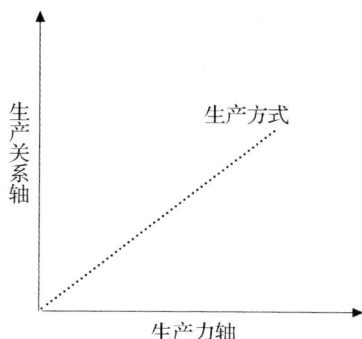

图2

　　以上两个图式的差别是非常重要的。按图2，社会发展水平的高低主要是按生产关系的性质来衡量的，这不能不受到意识形态与价值观的重大影响。由于现实的社会主义生产关系被认为优于资本主义，就引申出社会主义国家已进入比资本主义更高的发展阶段。这一革命的公式为生产力发展水平低的国家的超越发展提供了理论根据，解决了俄国革命在理论上面临的难题。先进的生产力是很难一蹴而就的，而按阶级斗争动力说的观点，先进的生产关系却是可能通过革命手段迅速达到的。但这样一来，先进的生产力与落后的生产关系的矛盾就一变而为先进的生产关系与落后的生产力之间的矛盾。这就是说，不是努力使生产关系适应生产力的发展，而是反之，要使生产力的发展跟上生产关系。要在理论上解决这一矛盾，必然要把革命的国家政权的作用提到空前的高度。这样，往往为唯意志论代替历史唯物论大开方便之门。

　　由此可见，为了构筑马克思主义的一元多线历史发展观的框架，必须重新认识生产力在历史大变革过程中的作用，研究它在不同的历史发展大阶段中与生产关系以及整个社会经济、政治、文化结构的相关联系。

　　迄今人类历史上出现过几种根本不同性质、不同形态的社会生产力，其出现的顺序是：（一）原始生产力，即自然形态的生产力；（二）农业（含畜牧业）生产力，即半人工形态的生产力；（三）工业生产力，即完全人工形态的生产力。这三种不同性质的生产力划分出人类宏观历史演进的最一般的大阶段：前农业时代即采集—渔猎时代，农业文明时代，工业文明时代。三大生产力形态的发展是循序渐进的，但又是有重叠而不是截然分开的。每一种生产力形态在不同的自然条件、社会条件和在不同地区的发展是不平衡的，但总的来说都经历漫长的发展过程，并显示出不同的阶段性。例如农业生产力最早有原始农业这种萌芽形式，工业生产力则最早有家庭手工业、工场手工业这样的萌芽形式，等等。新性质的生产力的演进速度超过旧的生产力，而且越是接近现代，越是加速运动。

在不同的国家和民族那里，每一种生产力系统在不同的自然、历史、社会条件下，在不同的历史时期，形成与之相适应的生产关系，扩而大之，也就是社会经济形态。每种独立的社会经济形态都具有内在的结构性以相对适应性和长期稳定性，以及自身的运动规律。这样，在同一生产力水平和条件下，社会形态可以是多模式的，发展的道路也是多模式的。但这绝不是说，历史发展是漫无规律性的，因为社会生产力限定了其发展的总的框架，而生产关系在大的方面也总有这样或那样的相似性。

如果以三大生产力形态来观察人类的历史进程，可以看出，在过去几十万年的历史长河中，人类就其与它所处生态系统相互影响的程度和性质而言，与其他杂食哺乳类动物并没有多大区别。他们是狩猎者和采食者。人类学家认为，第一次大变革是工具制作的革命，即粗石器的制作，包括火的使用的发现。有了工具，人类与其他动物的竞争才取得优越的地位，狩猎和采集的食物量开始大增，人类的生活区域扩大，迁徙扩大。这种生活方式大约占人类历史的百分之九十九以上的时间。

第二次大变革是"新石器时代革命"，又称"农业革命"，大约发生在一万年到八千年前，人类由于使用新石器而进入主动利用自然资源的食物生产经济，即驯化并栽培农作物和饲养家畜的定居生活方式，人口的增长也加速。但人类从早期原始农业过渡到真正锄耕农业大约经历了数千年时间，大约五千年前西亚地区才开始真正进入到第一种文明形态——农业文明时代。早期城市的出现，专业化分工盛行起来，剩余产品的积累加速贫富的分化，使人类有史以来第一次使社会的不同人群过着条件完全不同的生活——逐步进入定居生活和阶级社会。个人和家庭所有制变得非常重要。这是人类文明发展的重要时期。以农业生产力为物质基础，由于基本财富（土地）和劳动成果占有的不同方式，区分出原始公社制、亚细亚制（？）、奴隶制，封建制等不同的生产关系。不同的生产关系与其他社会条件的特殊结合，构成具有明显等级结构的各种社会经济结构。在上述几种生产方式中，原始公社制是始发的，奴隶制与封建制在不同地区可能是先后的、并行的或混合的。有的原始公社制可以直接过渡到封建制。这种农业生活方式的保守性和稳定性，使经济增长缓慢，它大约占去全部历史剩余的百分之一的绝大部分时间。至于说到欧亚北部草原上的畜牧业生活方式，则是一种次生形态。它生活的流动性较大，文明的演进过程就更加缓慢了。

　　第三次大变革是工业革命，最先发生于两百年前的西欧，至今全世界许多地区仍在进行这个过渡。现代工业生产力的最突出的特点是机器力即技术力代替了自然力和人力，非生物性能源的广泛采用，从而使生产过程发生了质的变化，强大的市场竞争机制形成经济自行增长的能力，生产方式与交换方式的国际化，使工业化国家的经济得以持续增长，从而进入第二种文明形态——工业文明的新时代。与工业革命相伴发生的政治革命带来了生产关系和社会结构的大变化。19 世纪初全世界约有7.2 亿人口，在不到两百年时间猛增为 50 亿人口（按 1987 年 7 月统计数字），按人均计算的产品猛增十倍以上。工业化和都市化的生活方式正在取代传统农业生活方式。这毫无疑问标志着人类发展的一个崭新时期。野蛮与文明的历史划分已被工业社会与前工业社会的新划分所取代。在现代工业生产力的基础上，资本主义生产关系首先在西欧、北美取得统治地位，并建立起资本主义工业社会。西欧工业化进程的加速导致它与非西方世界发展差的增大，对这种发展差的强烈民族反应加速了非西方世界的现代化运动。这样，就使整个世界历史进程加速化。社会主义运动是落后国家采取非资本主义方式向现代工业社会过渡的特殊方式。在同一性质的生产力下，出现两种不同的主导生产方式，出现两种形态的工业社会，相互共存并激烈斗争，在人类历史上是从来没有过的。这预示着现代社会发展形式的多样性，并将影响向现代工业社会过渡的其他国家的发展形式与进程。

　　以上这种宏观描述大体上是从人类学的观点（西方现代化论者也持相似看法）加以引申与发挥，作为历史架构来看则显得过于粗疏。这里关键的问题是生产力三大段的划分（就有文字记载以来的历史而言）跨度太大。事实上每种形态的生产力自身都经历过一个发展过程，其间经历过多次的革命，只是由于目前研究不够，对几千年来农业生产力的发展阶段性如何划分，还不大清楚，但就工业生产力来说，已经历的几次工业革命是比较明确的。因此，把农业文明和工业文明的演进各自划分为若干阶段，是有充分理由的。

另一个大问题是社会经济形态的问题，生产力发展的阶段性与既定的社会条件相结合，自然导致社会经济形态发展的阶段性。迄今为止，现代工业生产力发展的不同阶段把资本主义划分为自由资本主义和垄断资本主义，在国际学术界已基本定论。问题是农业生产力发展的不同阶段形成的不同社会形态，只是在欧洲历史研究中整理出比较明确的发展顺序，而在世界其他地区，研究还是很不够的。或者是把欧洲历史的演进序列完全照搬到别的地区，或者是根本否定这些地区所经历的农业文明的长过程有什么明显的社会形态变化。因此，在世界不同地区的历史发展中，社会经济形态到底可以划分出几大类型，还有待于进一步深入研究。对这个问题的唯一正确态度是从客观的历史实际出发，通过对现存的大量经验性资料的研究，去探索科学的结论。有一点是肯定的，正如工业文明的不同发展阶段要引起社会的经济、政治、文化各方面的结构性变化一样，农业文明也不会例外，只是由于时过境迁，而演变的速度又非常缓慢，给研究者造成困难，但可以肯定，许多非西方民族的农业文明也经历过或快或慢的不同升进过程。由于现代西方工业文明兴起后对世界各农业文明造成前所未有的大冲击，使这些文明形态与社会形态都发生变形与扭曲，这样就使探索每个民族发展的特殊序列的任务变得复杂而艰巨。对一种社会形态的多种类型（模式），对新旧形态交替的过渡形态，是长期以来理论研究的薄弱环节。为了打破公式化与概念化，引进诸如"初生的"（incipient）、"发展中的"（developing）、"发达的"（developed）等定语来精确界定社会发展的不同阶段与不同特征。"欠发达的"（underdeveloped）是现代资本主义生产方式造成的一种特殊变形，即一种依附形态。

就全世界范围看，有史以来的历史时期中人类文明的多线发展趋势，可大致列表来表示（见表1）。

此表的最大缺点是难以表达影响历史发展的各种因素、结构、系统的动态进程。如将这一动态进程也加以图式化，可能会有助于弥补上述的缺点（见表2）。

表 1

文明演进阶段的相对年代	生产力的物质技术基础	生产方式	交换方式	经济结构	政治制度	文化形态
发达工业文明约公元 1800 年—（由第一次工业革命开始）	大机器生产体系能源从蒸汽—电力—石油—原子能的革命转变	专门化与社会化的现代工业经济	全球市场发达商品经济	各种社会主义体制（现代公有制）* 各种资本主义体制（现代私有制）混合体制	各种集权型民主制—民族国家 各种分权型民主制—民族国家 专制体制—民族国家	苏维埃文明 现代美国文明 现代欧洲文明 ……
原始工业文明约公元 1500—1800 年（由英国农业革命和欧洲商业革命开始）	铁器 能源从木材到煤的革命转变	工场手工业经济农业—手工业经济	世界市场商品经济	殖民和半殖民奴役制商业资本主义（半资本主义）**	封建君主制—王朝国家 封建贵族制—王朝国家 官僚帝国制—王朝国家 城邦共和制—家族国家	中国古典文明 伊斯兰文明 基督教文明 印度古典文明 罗马—地中海文明 ……
古典农业文明约公元前 500 年—公元 1500 年（由冶金革命开始）原始农业文明	铁器	各种农业经济	大区域市场半自然经济	东方封建制西方农奴制奴隶制亚细亚制(?) 各种后期公社 ……		
原始农业文明约公元前 4000 年—公元前 500 年	青铜器新石器	各种畜牧经济 混合经济	地方市场共生性交易		王国制城邦制部落制酋长制僧侣教权制	希腊古文明犹太古文明中国古文明西亚古文明埃及古文明

＊　包括社会主义各种过渡形态和半社会主义　　＊＊　资本主义各种过渡形态

表 2　　　　　　　　　　论一元多线历史发展观

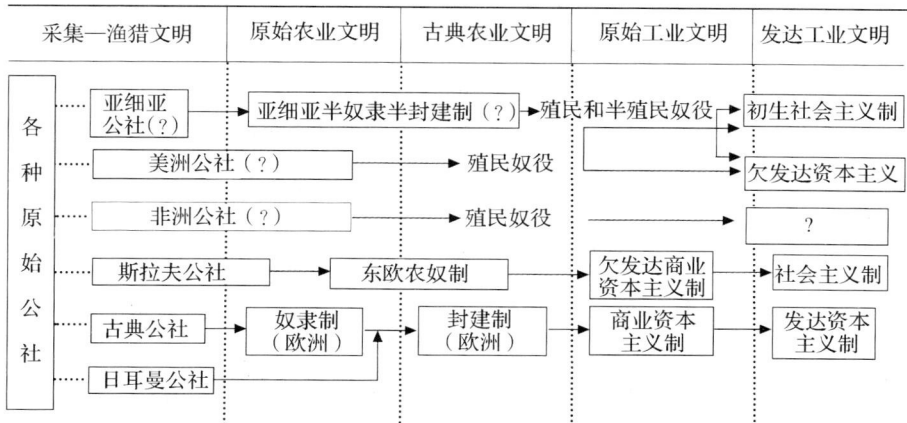

采集—渔猎文明	原始农业文明	古典农业文明	原始工业文明	发达工业文明

各种原始公社

- 亚细亚公社（？）→ 亚细亚半奴隶半封建制（？）→ 殖民和半殖民奴役 → 初生社会主义制
- 美洲公社（？）→ 殖民奴役 → 欠发达资本主义
- 非洲公社（？）→ 殖民奴役 → ？
- 斯拉夫公社 → 东欧农奴制 → 欠发达商业资本主义制 → 社会主义制
- 古典公社 → 奴隶制（欧洲）→ 封建制（欧洲）→ 商业资本主义制 → 发达资本主义制
- 日耳曼公社

从表 1、表 2 中可以得到如下启示。

（一）自有文字以来的历史时期，文明的演进大约经过四个阶段：原始农业文明，古典农业文明，原始工业文明，发达工业文明。也可以把原始农业文明与原始工业文明看做两种大生产力系转换与交替的过渡时期或过渡形态。这种大过渡时期的特点是多种生产方式与生产关系并存或混杂，基础与上层建筑脱节，社会长期处于动荡状态。

（二）生产力发展是各文明发展阶段推动社会财富增长的根本动因，而生产力诸因素的配置是能动的，其中技术力的增长是最活跃的因素。新生产力的大发展一般都通过革命性的变革：古代的冶金革命，西欧中世纪后期的农业革命（英国）和商业革命，近代第一次工业革命，分别是迄今文明阶梯升进的重要标志。

（三）生产方式与交换方式的发展构成社会经济结构发展的基础。大致相同的生产方式与交换方式和其他因素相结合，在世界不同地区形成各种不同的经济结构，包括各种过渡形态和变异形态（例如殖民奴役制）。其中现代资本主义对现代世界发展的影响最大，它引起了国际格局的变化（世界殖民体系）与发展方式的变化（依附性发展）。

（四）政治结构在世界不同地区呈现更大的多样性，它的发展落后于经济结构的变化。在整个农业文明发展阶段内的进步都相当缓慢，只有进入工业文明才发生重大的变化，其主要表现是社会的自治性与社会成员的自主性的发展。

（五）基本文化模式在世界不同地区又比基本政治结构呈现出更大的多样性。长期历史发展形成的文化沉淀物——文化传统，具有比政治结构更大的稳定性，成为影响历史动向的潜在的深层结构。

（六）人类从原始文明向发达工业文明演进的总趋势是：1. 经济组织和社会组织由简单趋于复杂；2. 各民族对自然力的支配由被动适应趋于主动支配，从而对自然环境的依赖性趋于缩小，人类自身的独立自主性趋于扩大；3. 在每个社会系统中，社会由一元趋于多元；4. 在世界范围内则是从多元趋于一元，农业文明是地方性的，工业文明是世界性的，历史发展第一次显示出一种全球性的一致趋势；5. 归根结底，生产力越发展，社会的物质技术基础越雄厚，经济因素的能动作用越大，人的能动作用也越大，社会进步与经济发展的步伐就越是加快。

根据这些观点，可以设计出世界通史的新的写作架构。这个架构的最大特点是打破了超越社会生产力发展水平来衡量社会发展进程，也打破了长期流行的以 16 世纪作为现代世界史（这里"现代"一词按西方含义）的分界线，使之后移到 19 世纪。在新的架构下，人类的整体演进的宏观图式是通过历史的复杂多样性显示出来的。

最后想顺便指出，当前在重新研究五种生产方式论的讨论中，有人提出用所谓三大社会形态的新说来代替五种生产方式论。论者从马克思的《经济学手稿》中找出一段话作为依据，试图构筑一个三大社会形态论。①社会形态共有几种？这个问题完全可以研究。但是我认为引用马克思的《手稿》来解决这个问题，恐怕只能给马克思主义的历史发展理论帮倒忙。首先，这种研究方法不是从对历史和社会过程的具体分析入手，仍然是从语录引出理论的方法，何况引证的是马克思没有发表的只言片语。其次，马克思在《手稿》的这一段论述根本不是要讨论有关历史或社会发展的一般规律性问题，而是论述到交换活动的社会性顺便提到人的依赖关系的转化：最初是完全自然发生的关系，后来是依赖于物的关系，而理想的状态应是个人全面发展的"自由个性"。整个陈述是不甚明确的，从而这三大关系应如何对应于现实历史发展的经济形态，更是含混不清。再次，这段论述完全离开了马克思关于生产力和生产关系（主要是财产关系）的基本理论，而抽象地谈"人的生产能力"。我认为抛弃马克思的生产方式理论用任何别的标准来构筑社会和历史发展的理论，都是从马克思主义唯物史观倒退，而不是前进。三大社会形态论是对历史发展规律的简单化，无助于解决非常复杂的世界历史进程问题。

这使我想起意大利马克思主义者梅洛蒂批评别人的一段发人深思的话："他们找到一段马克思著名的话作为论据，就不但把不正确的图式扔掉，而且扔掉了所有的图式。他们没有看到，马克思并非反对图式的实际用途，而只是反对笼统地应用它们，或换句话说，反对把一种图式用作思想禁锢或一套教条主义的先验原则。当然，使用错误的图式或者错误地、教条主义地使用正确的图式，还不如没有任何图式。"②

（原文载《历史研究》1989 年第 1 期）

---

① 参见《马克思恩格斯全集》第 46 卷上册，第 194 页。
② 《马克思与第三世界》，商务印书馆 1981 年版，第 10 页。

建立马克思主义的世界史体系

郭圣铭

在世界史的研究和教学中，首先碰到的是体系问题。我们要提高世界史的研究水平和教学质量，加强世界史在我国"四化"和社会主义精神文明建设中的作用，就必须从这一点入手。世界史的体系问题，早就引起史学界的注意和讨论。1957 年第 1 期的苏联《世界文化史通报》上译载了美国历史学家、芝加哥大学教授马歇尔·霍奇逊所写的一篇论文，题为《半球区际史——世界史的研究方法》；同时发表了苏联科学院通讯院士、十卷本《世界通史》的主编者叶·茹科夫所著的《论世界通史的编写原则》一文①。尽管霍奇逊还远不是科学的历史工作者，他在其论文中却着重批判了那种以西欧为中心的世界史的片面性，认为必须注意东方国家的历史，才能窥见世界史的全貌。茹科夫赞同霍奇逊的基本论点，但也对他的某些说法提出了异议。那一次的讨论，在我国史学界也有反响。20 多年前，我国史学界曾展开过关于世界史体系问题的讨论。1961 年 2 月 7 日，周谷城先生在《光明日报》和《文汇报》上发表了一篇饶有兴味的文章——《评没有世界性的世界史》。接着在 4 月 9 日和 10 日，吴廷璆先生在《光明日报》上发表《建立世界史的新体系》一文。可惜那次讨论没有深入下去，关于如何建立新的世界史体系，有许多具体问题还有待于进一步的探讨。

打破以西欧为中心的世界史体系，建立真正名副其实的科学的世界史体系，这是一个"破"和"立"的过程。我们要用新的世界史体系来代替旧的世界史体系。

目前我们史学工作者面临着一项迫切的任务，即建立马克思主义的世

---

① 马歇尔·霍奇逊和叶·茹科夫这两篇论文的中译，俱见《学习译丛》1958 年第 1 期，第 21—31 页。

界史体系。我想本着"百花齐放、百家争鸣"的精神，就这个问题提出一些不成熟的看法，请同志们不吝指正。

一

首先，我们看世界史是在什么时候产生的？是在怎样的历史条件下产生的？

远在古代，历史家便试图在国别史的基础上编写综合性的史著。希罗多德（约公元前484—前425年）所著的《历史》（亦作《希波战争史》）、波里比阿（约公元前204—前120年）所著的《通史》（亦作《罗马史》），内容都不限于一邦一国，而是包括了当时他们所知道的那个"世界"的历史。从司马迁起，我国历代的史学家在记述本国历史以外，也都或详或略地提到邻近诸国的历史。不过，由于历史条件的限制，古代史学家至多只是编写了某一地区内几个国家或民族的历史，他们的著作都还不能称为世界史。

世界史的编纂，是在资本主义兴起、地理大发现以后才开始的。自15世纪末叶以来，海道大通，世界各地之间的经济往来和文化交流日益频繁，人类的知识范围日益扩大，这才为世界史的编纂提供了可能。马克思和恩格斯在《共产党宣言》中说道："资产阶级，由于开拓了世界市场，使一切国家的生产和消费都成为世界性的了。……过去那种地方的和民族的自给自足和闭关自守状态，被各民族的各方面的互相往来和各方面的互相依赖所代替了。物质的生产是如此，精神的生产也是如此。各民族的精神产品成了公共的财产。民族的片面性和局限性日益成为不可能，于是由许多种民族和地方的文学形成了一种世界的文学。"①

在西欧各种文字中，"文学"（Literatur，Literature）一词兼有"文献资料"之义。在这里，马克思和恩格斯的意思是说，到了资本主义时代，由于资本主义世界市场的形成，各个国家和民族的文献资料成为可供全世界人阅读、研究的文献资料。在这样的历史条件下，才产生了世界史。

在资本主义时代才开始形成的世界史，带有那个时代的特征。资产阶级使"东方屈服于西方"，这就使他们把西方当做世界的中心。西欧各国

----

① 《马克思恩格斯选集》第1卷，第254—255页。

的商人、传教士和殖民者以其本国的地理位置为准，称地中海东部地区为
"近东"或"中东"，称亚洲东部（包括中国、朝鲜和日本）为"远东"。
帝国主义的代言人更制造种族主义的谬论，妄说世界上有所谓"历史性的
民族"和"非历史性的民族"，有所谓"放射性的文明"和"静态的文
明"。他们肆意抹杀亚、非、拉美各族人民在历史上的光辉表现及其对于
世界文化的伟大贡献，而把世界史归结为"欧洲的扩张"。

资产阶级学者所编著的世界史，无不打上资产阶级思想的烙印。例
如：德意志史学家施洛塞尔（1735—1809 年）所著的《世界史》，法国史
学家拉维斯（1842—1922 年）和伦保德（1842—1905 年）所主编的《世
界通史》，美国史学家拉奈德（1836—1913 年）所著的《世界史》，以及
那著名的多卷本的《剑桥古代史》、《剑桥中世纪史》和《剑桥近代史》，
尽管其体例和侧重点也有所不同，但都是以西欧为中心的。它们反映了西
方资产阶级的世界观。

"西欧中心说"是为西方资产阶级的帝国主义政策服务的，它的实质
就是殖民主义。然而，由于习惯势力的影响，直到目前，史学界有许多人
都还没有从那个旧框框中解脱出来，不自觉地在重复着前人的错误。他们
口头上也认为要打破西欧中心说，但讲起世界史来又总是以西欧为主，只
偶尔加上一些关于中国、印度、朝鲜、日本以及其他亚洲国家的章节。苏
联出版的十卷本《世界通史》，并没有跳出西欧中心说的窠臼。

到底西欧是不是世界的中心？讲世界史应否以西欧为中心？这是首先
必须弄清楚的问题。周谷城先生在其论文中说道：在地理大发现以前，
"世界历史上占主导地位者为黄种人，此后，世界历史上的主导地位渐渐
转移到白种人方面去了"①。这种提法是颇可商榷的。但这里面多少也反映
了一个事实，即在历史上，西欧并非经常是世界上的先进地区。稍有历史
知识的人都知道，当埃及、两河流域、印度和中国早已孕育出灿烂的文
化，成为古文明的策源地时，西欧还是个榛荒未辟的地区。其后希腊、罗
马相继兴起，罗马统一了地中海区域，但却没有成为世界的中心。在中古
时期，中国、印度和阿拉伯帝国等东方国家在经济和文化的发展程度上都
远高于西欧各国，那时西欧当然也不是世界的中心。只有在资本主义时
代，即约从 17 世纪中期英国资产阶级革命的爆发（1640 年）到 20 世纪初

---

① 1961 年 2 月 7 日《光明日报》。

年，西欧才居于世界历史发展的前列。但自从第一次世界大战和伟大的十月社会主义革命以来，世界历史的面貌已经根本改变，西欧又不是世界历史发展的重心了。

在1913年，即第一次世界大战的前夕，列宁看到欧、美各国工人运动的高涨和亚洲各族人民民主运动的蓬勃发展，就指出："亚洲的觉醒和欧洲先进无产阶级夺取政权的斗争的展开，标志着二十世纪初所揭开的全世界历史的一个新的阶段。"① 及至第一次世界大战的末尾，当十月社会主义革命正在凯歌行进，而西方资产阶级的代言人不得不哀叹"西方之衰落"时，列宁又写道："总把自己看成世界中心的资产阶级和帝国主义的旧欧洲，已经在第一次帝国主义大屠杀中像发臭的脓疮一样溃烂和裂开了。不管施本格勒之流和一切狂热地崇拜他（或者是研究他）的有教养的小市民为此怎样痛哭流涕，然而旧欧洲的这种衰落不过是靠帝国主义掠夺和压迫地球上大多数居民而养肥了的世界资产阶级没落史上的一段插话而已，"② 历史条件改变了，"西欧中心说"破产了。

伟大十月社会主义革命开辟了人类历史的新纪元。当前，决定人类历史命运的是社会主义和民族解放斗争的力量。

我们站在20世纪80年代的历史高峰上，可以清楚地看到世界史的全貌及其发展的方向。在上古和中古时期，世界各地的文化发展呈现为多元的，说不上哪个地区是中心。在有史以来的六千年中，只约有二三百年的光景，其时西欧是处于世界先进的地位。而自20世纪初年以来，西欧已退居次要的地位。因此，讲世界史就不应当以西欧为中心。那种以西欧为中心的世界史体系是殖民主义和帝国主义时代的产物，它会由于历史条件的改变和人们对于世界史的正确理解而被扬弃。我觉得，只要我们按照世界史的本来面目来理解世界史，只要我们恰如其分地来叙述世界各族人民的历史，使之各能在世界史的整体中占到其所应有的比重，那么，西欧中心说就不攻自破了。

二

世界史的体系问题绝不仅仅是方法论上的问题，而是世界观的问题。

---

① 《列宁选集》第2卷，第448页。
② 《列宁全集》第33卷，第311—312页。

只有在无产阶级世界观的指引下，才可能建立起真正科学的世界史体系，才可能编写出名副其实的世界史。

在马克思和恩格斯以前，历史没有成为科学。以往的历史学家，即使在其所生活的那个时代中算是杰出的，至多只是记载了历史过程的个别方面，考证了一些历史事实并使之条理化，作为史料而流传了下来。他们没有能发现那决定社会发展的客观性的规律，因而也就不可能对人类历史的进程有正确的、全面的理解。

马克思和恩格斯第一次把辩证唯物主义应用到社会生活领域中，创立了关于人类社会发展的科学——历史唯物主义。列宁在论马克思这一伟大贡献时说道："发现唯物主义历史观，或更确切地说，彻底发挥唯物主义，即把唯物主义运用于社会现象，就消除了以往的历史理论的两个主要缺点。第一，以往的历史理论，至多是考察了人们历史活动的思想动机，而没有考究产生这些动机的原因，没有摸到社会关系体系发展的客观规律性，没有看出物质生产发展程度是这种关系的根源；第二，过去的历史理论恰恰没有说明人民群众的活动，只有历史唯物主义才第一次使我们能以自然史的精确性去考察群众生活的社会条件以及这些条件的变更。……人们自己创造自己的历史，但人们即人民群众的动机由什么决定，各种矛盾思想或意向间的冲突由什么引起，一切人类社会中所有这些冲突的总和究竟怎样，造成人们全部历史活动基础的客观物质生活生产条件究竟怎样，这些条件的发展规律又是怎样，——马克思对这一切都注意到了，并指出以科学态度研究历史的途径，即把历史当做一个十分复杂并充满矛盾但毕竟是有规律的统一过程来研究的途径。"[①]

马克思主义关于五种社会经济形态（生产方式）连续向前发展的理论，为建立科学的世界史体系奠定了基础。科学的历史工作者认为：尽管世界各族人民的历史发展各有其特点，呈现出纷纭复杂的多样性，但总归是合乎规律的，并且是统一的。历史上有五种连续向前发展的社会经济形态，即原始公社制、奴隶社会、封建社会、资本主义社会和以社会主义为其第一阶段的共产主义社会。

编写世界史，就必须贯彻历史唯物主义的观点，揭示出人类历史是一个不断向前发展的、为客观性的规律所制约的、统一的过程，把世界各族

---

① 《列宁选集》第2卷，第586页。

人民在生产斗争和阶级斗争中所获得的经验和成果作一个科学的总结，以之作为当前社会实践的指导。

在世界史的编纂中究竟应当体现哪些具体的要求？这是史学工作者经常讨论的问题。我觉得，以下的一些原则是必不可少的：

第一，我们必须以爱国主义和国际主义相结合的观点来编写世界史。世界各族人民都有独立建立其国家、独立发展其文化的能力，在历史上都曾有过光辉的表现，而这些历史和文化汇集起来，便成了全人类共同的财富。

我们珍爱本国人民的优秀传统，同时也尊重世界上其他各族人民所创造出来的一切优秀的文化成果。我们反对那种以西欧为中心的世界史体系，但并不主张建立以亚洲或中国为中心的世界史体系，因为那将是从一个极端跳到另一个极端，同样是片面的、狭隘的。

无论什么世界史，都不能用平均主义的办法，用同样的篇幅，巨细无遗地来叙述世界上各个国家和民族的全部历史。同时，世界史也绝不能厚此薄彼，单讲世界上几个主要国家的历史。世界各族人民的史事浩如烟海，何者应当记载，何者不应当记载，何者应详，何者应略，在轻重繁简之间，是很费斟酌的。这里必须有一个标准。只有根据爱国主义和国际主义相结合的原则，才能从全世界人民的根本利益出发，来权衡各个国家和民族的历史，使它们在世界史的整体中占到其所应有的地位。

第二，在世界史的编纂中，应当包括中国史。过去我们中国人自己编写的世界史大都不讲本国史，那是不对的。

目前我国历史专业的课程设置，有中国史和世界史之分。世界史所讲的，是除掉本国史以外的所有其他国家和民族的历史，其实就是外国史。在课程设置中，这种中国史和世界史的分法未可厚非；但要编纂多卷本的世界通史，则必须用适当的篇幅来叙述中国史。

顾名思义，世界史应当是用世界通史眼光写出来的世界各国、各民族的历史。中国史是世界史的一个重要组成部分，世界史中绝不能没有中国史。那种把中国史除外的世界史，只能算作外国史，而不能称为世界史。

第三，历史贵在纪实。我们编写世界史，必须如实地把世界各国、各民族所走过的历史道路再现出来。世界各族人民在其历史发展的进程中都有一个共同的普遍的规律，但也各有其特殊的表现形式。古代希腊、罗马是奴隶社会，中国历史上也曾经历过奴隶社会，但两者各有其特点。不能说古代希腊、罗马的奴隶制是"典型"的，而中国历史上的奴隶制就不是"典型"的。世界各族人民大致上都经过封建社会时期，但各国的封建制之间有共同的地方，也有不同的地方。我们既须注意到它们之间的共同之点，也须注意到它们各自的特殊之点。同为一个资产阶级革命，其在尼德兰、英国、美国、法国、德意志、意大利和日本的表现形式和具体道路都不一样。普遍性是特殊性的抽象，而特殊性则为普遍性之具体的表现。"普遍性即存在于特殊性之中。"① 只有明确认清了特殊性，才能概括出普遍性。而如果除去了特殊性，也就没有什么普遍性。

第四，在世界史的编纂中，必须注意到世界各族人民之间的关系。世界史绝不能是国别史之简单的拼凑，它必须揭示出世界各族人民那种互相影响、互相依存的关系。在历史的长河中，这种关系是愈来愈密切的。在上古和中古时期，尽管各个国家和民族还比较分散，它们的历史发展也是互相影响的。例如：匈奴西侵，引起日耳曼诸部族的大迁徙，从而加速了西罗马帝国的灭亡；阿拉伯帝国的扩张和蒙古大帝国的建立，都在世界广大地区留下深远的影响；中国四大发明（指南针、造纸术、印刷术，火药）的西传和应用，对世界文明的进步影响至巨。及至近代和现代，世界各族人民的命运更是密切地交织在一起。西方资本主义国家对东方各国的侵略和掠夺，影响了东方各国历史发展的进程。伟大十月社会主义革命开辟了人类历史的新纪元，它在东方和西方之间架起一座桥梁，使东方各国人民的反帝斗争成为国际无产阶级革命的一部分。中国革命是十月社会主义革命的继续，而中国革命的伟大胜利又大大促进了亚洲、非洲、拉丁美洲各族人民革命运动的高涨。世界上绝没有一个重大的历史事件是孤立发生的，也绝没有一个重大的历史事件不在其他地区引起连锁反应。"铜山西崩，洛钟东应"，便是这种情形的写照。

第五，历史的发展是不平衡的。我们编写世界史，必须注意到世界各族人民在历史发展进程中那种千差万别的状态。在历史上，世界各族人民绝不是在同一个时期进入某一社会经济形态，其在某一社会经济形态中所经历的时间也有长有短，情况是极其参差不齐的。例如：当埃及、两河流域、印度和中国出现了奴隶制国家时，世界上其他地区的各族人民都还处于原始公社制的阶段。中国从西周初年（公元前 11 世纪后半

---

① 《毛泽东选集》（合订本），第 293 页。

期）起便开始进入封建社会时期，当时希腊各部族正处在从氏族公社发展为奴隶制国家的过程中，而罗马还没有在历史上出现。在中国，"……封建制度，自周秦以来一直延续了三千年左右。"① 在西欧，封建主义占统治地位的时期是从公元 5 世纪中期至 17 世纪中期，只有 1200 年的光景。及至近代，当资本主义陆续在西方各国取得胜利时，世界其他地区的各族人民在颇大程度上都还保持着资本主义以前的社会经济形态。

　　而且，就世界各族人民说来，只有原始公社制和未来的共产主义社会是共同的，它们并不是都经过了奴隶制和资本主义制。大家知道：各族斯拉夫人和那些居住在莱茵河、多瑙河以北的日耳曼人在历史上就没有经过奴隶社会阶段，他们是直接从原始公社制发展到封建制的；蒙古人民和中亚各族人民都没有经过资本主义社会阶段，他们直接由封建制过渡到社会主义社会；中国历史上虽然有资本主义萌芽，但却没有经过一个资本主义社会时期。在解放以前，中国是一个半殖民地半封建的国家。

　　第六，在世界史的编纂中，必须做到"史"和"论"的统一。历史研究的正确方向，是用马克思主义的观点和方法来分析史料，从中得出关于社会发展的规律并对个别问题作出科学的结论。但历史研究是从史料出发的，是要通过具体的历史事实来阐明社会发展的规律，而不是用什么现成的框框或先验的原则来生搬硬套。恩格斯在《反杜林论》中说道："原则不是研究的出发点，而是它的最终结果；这些原则不是被应用于自然界和人类历史，而是从它们中抽象出来的；不是自然界和人类去适应原则，而是原则只有在适合于自然界和历史的情况下才是正确的。这是对事物的唯一唯物主义的观点……"② 所以，编写世界史就必须是从世界各族人民的具体史实出发，注意到他们在历史发展进程中的特点，而不是把无限生动的历史事实简单化、公式化。

　　此外，当然，在世界史的编纂中还必须贯彻"古为今用"、"洋为中用"的原则，使世界史的研究和教学为无产阶级的政治服务。而我们本国人编写的世界史，必须有中国的特点，有中国的气派。

---

① 《毛泽东选集》，第 586 页。
② 《马克思恩格斯选集》第 3 卷，第 74 页。

三

建立马克思主义的世界史体系，必然要涉及世界史的分期问题。

人类历史的发展是连续不断的，但也有明显的阶段性。所以世界史不能不分期，而分期就不能不以年代为标志。然而，世界各族人民的历史发展不平衡，情况极其参差不齐。除掉 1917 年的十月社会主义革命是人类历史的根本转折点以外，实在找不出一个对世界各族人民说来都适合的分期年代。世界史本身是错综复杂的，不能简单对待。我们既不能把西欧历史的分期办法强加在中国历史头上，也不能用中国历史的分期办法来硬套西欧的历史。分期问题的复杂性就在这里，许多争论也都是由此而起。

早在"文艺复兴"时期，西方的学者就开始把人类历史的发展分为三个显著的阶段——"古代"、"中世纪"和"近代"。"中世纪"一词最初是在 15、16 世纪之际出现的，当时西方有些"人文主义"学者，把从希腊、罗马古典文化的衰落直到意大利"文艺复兴"那一千年间看做"文化的中断"、或两个文化高峰之间的一段历史时期，称之为"中世纪"。还有人把"中世纪"说成是"黑暗时代"。

在 17 世纪末叶，德意志的史学家克里斯托夫·凯勒尔著《世界通史》，内分"古代"、"中世纪"和"近代"三部分。所以那部著作又被称为"三部史"。到了 18 世纪，西方的史学家大都采用这种三段分法。不过资产阶级的史学家对社会发展缺乏真正科学的认识，因此他们在历史分期问题上有许多不同的说法。克里斯托夫·凯勒尔以罗马帝国的政事为中心，把君士坦丁大帝即位的那一年（公元 306 年）作为"古代"和"中世纪"的分界线，而把东罗马帝国灭亡的那一年（1453 年）作为"中世纪"和"近代"的分界线。及至 19 世纪，西方的史学家均认为西罗马帝国的灭亡（476 年）是"古代"的终结和"中世纪"的开始，但在"中世纪"的下限这一问题上却纠缠不清。有人把诗人但丁逝世的那一年（公元 1321 年）作为"中世纪"的下限。有人把哥伦布发现新大陆的那一年（1492 年）作为"中世纪"和"近代"的分界线。有人把马丁·路德首倡宗教改革的那一年（公元 1517 年）作为"近代"的开端。后来，西方的史学家又把当代的历史称为"现代史"。

马克思主义的史学工作者接受了这种沿用已久的公认的分期方法，并且把这种分期方法和马克思主义关于五种社会经济形态连续向前发展的理论结合起来，使之具有科学的内容，即认为"古代史"基本上是原始公社时期和奴隶社会时期的历史，"中世纪史"基本上是封建社会时期的历史，"近代史"基本上是资本主义社会时期的历史，而自 1917 年伟大十月社会主义革命以来则属于"现代史"的范围。苏联的十卷本《世界通史》，仍然是按照"古代"、"中世纪"、"近代"和"现代"这四个主要阶段来划分历史时期的。

我们既须看到世界史分期的必要，也须看到这种分期方法的局限性和缺点。历史上的分期年代总是相对的。它只能大致上标志出历史发展的阶段性。而且，由于世界各族人民的历史发展极不平衡，适用于某一国家或某一地区的分期年代，就不适用于另一国家或另一地区。

除原始公社制以外，历史上就不曾存在过一种"纯之又纯"的社会经济形态。在奴隶社会时期，其早期保存着原始公社制的残余，其后期孕育了封建制；在封建社会时期，其早期保存了奴隶制甚至原始公社制的残余，其后期孕育了资本主义；而在资本主义社会时期，许多国家都还保存着前资本主义的生产关系。

"古代史"基本上是原始公社时期和奴隶社会时期的历史，但不能把"古代"一词和奴隶社会等同起来。各族的斯拉夫人和那些居住在莱茵河、多瑙河以北的日耳曼人在历史上都没有经过奴隶社会阶段，然而我们绝不能忽视斯拉夫人和日耳曼人在世界古代史上的地位。

"中世纪史"基本上是封建社会时期的历史，但不能把"中世纪"一词与封建制度等同起来。无论在哪个国家或地区，封建制的形成、发展和崩溃都是一个漫长而又复杂的过程。即以西欧而论，不能认为公元 476 年西罗马帝国的灭亡就是从奴隶制转变到封建制的绝对界线，也不能认为 17 世纪中期的英国资产阶级革命就是封建制为资本主义所代替的绝对标志。稍有历史知识的人都知道，早在罗马帝国的后期，封建制便已萌芽，其表现形式为"彼库里"奴隶制和隶农制。但直到公元 9—11 世纪，封建制才在西欧确立。从 15、16 世纪起，西欧便经历着封建制解体和资本主义兴起的过程。但直到 19 世纪上半期，西欧有许多国家都还保存着封建制。

原先那种以公元 5—11 世纪作为"中世纪早期"，12—15 世纪作为"中世纪中期"，16—17 世纪中期作为"中世纪晚期"的分期方法，只适用于西欧而不适用于其他地区。就中国说来，"中世纪"一词是个外来语。

我国习惯上是以朝代来划分历史时期的，尽管也有人把本国史分为"上古"、"中古"、"近古"等几个时期，但"中古"一词的含义不同于"中世纪"。中国历史上没有发生过像西罗马帝国灭亡和"文艺复兴"那样的事件，所以并不像西方人那样有什么"中世纪"的概念。

中国的历史和文化是一直连续向前发展的，从来没有中断过。当西欧沉浸在中世纪的"黑暗"中时，中国却在经济上和文化上呈现出高度的繁荣，出现了唐、宋盛世。"中世纪"一词对中国史是不适用的，我们不能把中国封建社会时期的历史叫做"中世纪史"。

"中世纪"的概念只适用于西欧，没有普遍意义。因此，我们在世界史的分期中就应当摈弃"中世纪"这个词，而把公元5—17世纪的世界史改称为"世界中古史"。

"近代史"基本上是资本主义社会时期的历史，但不能把"近代"一词与资本主义等同起来。大家知道：资本主义的发展也是不平衡的。早在14、15世纪之际，资本主义的生产方式便已在意大利的某些城市中萌芽。16世纪初年德意志的宗教改革和农民战争，已经是具有资产阶级性质的革命。16世纪后半期的尼德兰革命，是世界史上第一次成功的资产阶级革命。把17世纪中期的英国资产阶级革命作为"近代"的开端是适当的，因为它加速了英国资本主义的发展并且为其他国家的资产阶级革命提供了先例。但我们必须理解，当时封建制的生产方式仍在欧洲绝大部分地区内占有优势。18世纪末叶法国资产阶级革命的爆发（1789年），比17世纪中期英国资产阶级革命的爆发（1640年）晚了约150年。就整个欧洲说来，一直到19世纪中期，资本主义才成为居于支配地位的生产方式。而世界上有许多国家和民族，在历史上根本就没有经过资本主义社会阶段。

马克思主义的观点和方法，要求我们一切从实际出发，按照事物的本来面目来认识事物，对具体情况作具体分析。在世界史的分期问题上，我们也必须有这种态度。世界各族人民的历史发展是不平衡的，情况极其参差不齐。我们就必须承认这种不平衡，从这种参差不齐的情况出发，而不能强求一律。

四

吴廷璆先生主张"将世界史按照马克思主义关于社会经济形态的学说

分为五个时代，以阶级斗争为红线，参用综合年代法叙述每个时代总的特征和各国人民的具体历史。"① 这种精神是好的，但我觉得，这是编写社会发展史的方案，用来编写世界史会遇到以下两个难以解决的困难。

第一，历史的发展不平衡，世界各族人民绝不是在同一时间进入某一社会经济形态的。大家知道：早在公元前四千年左右，埃及和两河流域便产生了奴隶制国家；但希腊、罗马奴隶制城邦的形成是在公元前 8—前 6 世纪，晚了约 3300 年。中国历史上的封建社会时期始于西周初年，即公元前 11 世纪后半期；但西欧直到公元 5 世纪中期才基本上进入封建社会时期，晚了约 1500 年。这些历史事实的发生在时间上悬殊甚远，怎能平行地加以叙述？而且，世界史上往往有这种情形：在某一历史时期内，除掉一种占主导地位的社会经济形态以外，还存在着其他的社会经济形态。那可能是奴隶制国家与原始公社制的部落同时并存；可能是封建制国家与奴隶制国家同时并存；可能是资本主义国家与封建制国家同时并存；而在伟大十月社会主义革命以后，世界上则出现了社会主义国家与资本主义国家并存的局面。在世界史的编纂中，如果完全按照社会经济形态来分期，那势必会因其社会性质的不同，把一些同时并存的国家分开来，放在不同的社会发展阶段中去叙述，这就不能反映出同一历史时期内世界各族人民历史的全貌。

第二，并不是所有的民族都经过所有各种的社会经济形态。如果完全按照五种社会经济形态把世界史分为五个时期，那么势必会使许多国家的历史遭到割裂，使某些历史时期呈现"空白"。

世界史必须能反映出世界各族人民之间的关系，必须能揭示出每一个历史时期的主要内容、主要特征和主要的发展方向。因此，那些同时并存的国家都应当放在一起来叙述，不能因其社会性质不同而把它们分隔开来。例如：汉代的中国与罗马帝国，尽管一个是封建帝国，一个是奴隶制帝国，但同时并存，相互辉映，就应当放在一起讲。唐代的中国与同时期的朝鲜、日本、印度、阿拉伯帝国、拜占庭帝国有着经济往来和文化交流，当然更应该如此。帝国主义国家和殖民地或半殖民地国家的历史也应当放在一起讲，以揭示它们之间那种剥削和被剥削、压迫和被压迫的关系。

---

① 1961 年 4 月 9 日《光明日报》。

世界史的分期，看来还必须维持目前我们所公认的标准，即基本上按照马克思主义关于五种社会经济形态连续向前发展的理论，将人类历史发展的进程分为四个显著的阶段——"古代"（或"上古"）、"中古"、"近代"和"现代"。

我们应当确定一个统一的、具有严格科学性的世界史的分期界线，但由于世界各族人民的历史发展不平衡，在这方面存在着一定的困难。除把十月社会主义革命作为"现代"的开端这一点没有疑义以外，在世界史的分期中有两个重要的问题需要解决：一为"古代"与"中古"的分界线究竟应当划在哪里？一为"中古"与"近代"的分界线究竟应当划在哪里？

世界史的分期必须从世界全局着眼，因此它与国别史的分期就有所不同。中国历史上的封建社会时期始于西周初年，但我们不能设想会把公元前11世纪后半期作为"世界古代史"与"世界中古史"的分界线。把公元476年西罗马帝国的灭亡作为"古代"与"中世纪"的分界线，那也只适用于西欧而不适用于任何其他地区。中国历史上的封建社会时期比西欧早了约1500年。我们既不能单单以中国为准，也不能单单以西欧为准，而必须看到世界史的全貌。

当公元3—5世纪时，东半球大部分的国家均已陆续进入封建社会时期。在伊朗历史上，公元226年萨桑王朝的建立可视为封建社会时期的开始。在公元4世纪初年，印度已经出现了基本上是封建制的笈多王朝的帝国。朝鲜在高句丽、新罗、百济三国鼎立时期（公元3—7世纪），封建制亦已确立。而公元476年西罗马帝国的灭亡，确实标志着古代奴隶制的终结。所以，在世界范围内，我们可以将公元3—5世纪定为"古代"和"中古"的分界线，而把东汉以前（东汉亡于220年）的中国史放在"世界古代史"中讲述。

目前我们一般是以1840年鸦片战争的爆发作为中国近代史的开端，这比以1640年英国资产阶级革命的爆发作为"近代"的开端晚了整整200年。而从世界范围说来，那200年却是资本主义发展的重要时期。这个问题又如何处理？

我觉得，就国别史而言，中国近代史从1840年鸦片战争的爆发讲起是适当的；但从世界史的角度说来，从17世纪中期清朝的建立直至1919年五四运动这段时期的中国史就应当放在"世界近代史"中讲述。这有两方面的理由：一方面，从国内的社会情况来看，在明、清之际，资本主义已经在中国开始萌芽；另一方面，从世界全局来看，西欧资本主义国家的原始积累，在颇大程度上是以掠夺亚洲国家的方式来实现的。从 17 世纪起，中国和其他的亚洲国家已被卷入资本主义的世界市场。那臭名昭著的英国东印度公司成立于 1600 年，而利玛窦（1552—1610 年）、汤若望（1591—1666 年）、南怀仁（1623—1688 年）等传教士来华，也是 16 世纪末至 17 世纪中期的事。

把东汉以前的中国史放在"世界古代史"里讲，把从魏、晋直到明末的中国史放在"世界中古史"里讲，把从清朝的建立直到 1919 年五四运动的中国史放在"世界近代史"里讲，这样才可以把每个历史时期的中国史与其他国家的历史进行对比，并揭示它们之间的关系，从而见出，在漫长的古代和中古时期，中国在经济上和文化上一直是走在世界的前列；只在近代的一二百年中，中国由于受到帝国主义的侵略和封建势力的束缚，才相对地显得落后。而自从解放以来，社会主义的新中国光芒万丈，对世界和平和人类的进步事业起着日益重大的作用。阐明这一历史事实，对于培养爱国主义与国际主义相结合的世界观，有着重大的意义。

世界史的编写应有其本身的目的，那就是要通过世界各族人民的具体史实，来阐明社会发展的规律，揭示时代的本质，指出人类前进的方向。

根据以上所说的关于编写世界史的一些原则以及对于世界史分期问题的意见，我谨提出一个切实可行的编写世界史的方案：即在马克思主义基本原理的指导下，以年代为经，以地区为纬，来叙述世界各族人民的历史。具体说来，便是基本上按照五种社会经济形态连续向前发展的顺序，将人类历史发展的进程分为四个主要时期——"上古"、"中古"、"近代"和"现代"，并且按照地理位置把世界划分为几个平行的地区，如东亚、伊朗和印度、西亚和埃及、东欧、西欧、美洲、非洲等。在每个历史时期内，分别权衡各个国家或民族在当时世界上所占的地位，将之列为单元，按照年代顺序，恰如其分地加以叙述。在"世界上古史"部分，起首应有专章把人类在原始公社时期的历史作一综论，接着便分章叙述古代西亚和埃及、伊朗和印度、中国、中亚、希腊、罗马，以及美洲印第安人的历史。在"世界中古史"部分，应当以最先进入封建制的中国列为第一章，然后依次叙述中古的朝鲜、日本、伊朗、印度、拜占庭帝国、阿拉伯帝国、西欧诸国、东欧诸国、蒙古帝国、帖木儿帝国、奥斯曼土耳其帝国。在"世界近代史"部分，可以用较多的篇幅来叙述资本主义上升发展时期西欧诸国的历史，但必须着重说明亚、非各国内部的社会发展过程，并使其英勇壮烈的反帝国主义、反殖民主义的斗争得到充分的阐述。在"世界现代史"部分，必须正确阐明当前我们这个时代的主要特征是由伟大十月社会主义革命所开始的由资本主义向社会主义的过渡，充分说明中国革命的伟大意义，以及当前亚洲、非洲、拉丁美洲各国的民族民主运动。总之，我们一方面要阐明每个历史时期内世界各族人民在生产斗争和阶级斗争中的具体情况，一方面要揭示社会发展的规律，指出世界历史发展中的方向。

世界各族人民的历史发展就像是万流归海，它们各自发源于不同的地方，经过崎岖曲折的道路，后浪推着前浪，浩浩荡荡，一泻千里，呈现出波涛汹涌的奇观，而最后都是汇入那浩瀚无际的海洋——走向共产主义。马克思主义的世界史体系，就是要如实地反映出这个波澜壮阔的人类历史的进程。

我们学习世界史，就是要通过世界各国、各民族的具体史实，认识社会发展的规律，主动地、积极地投入到世界历史变革的洪流中，为社会主义、共产主义的实现而奋斗到底。世界史的教育启发作用就在这里，我们学习世界史的意义也就在这里。

（本文原载《世界历史》1984 年第 1 期）

世界现代史体系中的一个重大问题

刘绪贻

本文不打算讨论世界现代史的整个体系，只提出一个影响世界现代史体系的完整性、并关系到世界史研究深入联系实际的重大问题。

一　世界现代史的研究忽视了资本主义的一个重要新阶段

历史唯物主义是科学的历史学的依据。根据历史唯物主义，历史一般是按照原始社会、奴隶社会、封建社会、资本主义社会、共产主义社会的顺序发展的。由于生产力的发展，在一种生产方式的基本性质不变的情况下，其内部生产关系可以出现局部质变。这样，每种社会形态又可分为几个阶段。恩格斯将原始公社制度分为蒙昧时代和野蛮时代；马克思把奴隶制生产方式分为家长奴隶制和奴隶占有制；地主剥削农民的基本形式——地租，分为劳役地租、实物地租和货币地租，这和封建社会的演变过程基本上是一致的；资本主义一直分为自由资本主义和垄断资本主义；共产主义也分为低级阶段和高级阶段。不可以想象，研究某一个社会形态的历史，只研究这个社会形态的某一发展阶段，而置其他阶段于不顾。比如研究原始公社制度史不能只研究蒙昧时代，却不顾野蛮时代；研究资本主义制度只研究自由资本主义时代，而不研究垄断资本主义时代；研究共产主义绝不能不研究社会主义时代。此理甚明。

从世界史的角度说，由于人类历史发展的不平衡，一般在一个历史时期并不只存在一种社会形态。作为一个整体，研究这个历史时期的世界史，只能根据各种社会形态的重要性不同，有所轩轾，但不能只研究某一种、两种社会形态史，而完全忽视其他社会形态的历史；而且还要尽可能地研究当时各种社会形态之间的关系。

由于以上原因，我认为目前我们世界现代史学科关于资本主义制度发展史的研究，有一个重要的缺陷。这就是只注意了资本主义时代的自由资本主义阶段和垄断资本主义阶段，却忽视了一个新的、与人类现实生活关系最密切的阶段，即国家垄断资本主义阶段。当然，十月革命以来，世界上出现了社会主义制度，这无疑是世界上最优越的社会制度。所以研究世界现代史要把共产主义运动史放在最突出地位。但从资本主义社会制度在世界现代史上的影响来说，研究世界现代史的人，也都重视资本主义发展史的研究。问题在于忽视了它的新的发展阶段，而这一阶段又与当前人类社会生活的关系最密切。要使世界现代史的研究更好地联系实际，在研究资本主义制度发展史时，就不能不重视国家垄断资本主义阶段的研究。

二　国家垄断资本主义是资本主义的一个新阶段

国家垄断资本主义究竟是不是不同于自由资本主义，也不同于一般垄断资本主义的一个新阶段呢？这个问题，史学界似乎尚无人研究。现在，让我们来看看经典作家和经济学界的有关研究和论述。关于国家垄断资本主义的学说，是列宁帝国主义理论的重要组成部分。十月革命前，在《帝国主义是资本主义的最高阶段》这本名著中，列宁虽然没有用"国家垄断资本主义"这一术语，但应用了这个概念。其主要内容是：垄断资本与国家政权在保证垄断资本利益的统一机制中结合。列宁提出了三个论点：1."除了银行和工业进行'个人联合'以外，这两种公司又同政府进行'个人联合'"；2."……私人垄断和国家垄断是交错在一起的"；3."……在资本主义社会里，国家垄断不过是提高和保证某个工业部门快要破产的百万富翁的收入的一种手段罢了。"①这里，列宁说明了国家垄断资本主义的性质和目的。此外，列宁还在这本书中谈到它的某些形式、它在个别国家内和国际范围内的各种表现特点。在其后的有关著作中，列宁也未正式使用这个名词。只在1916年12月《关于战争问题的根本原则》、《告国际社会主义者委员会和各国社会党书的提纲草稿》及《告支持反对战争和反

---

① 以上三段引文见列宁《帝国主义是资本主义的最高阶段》，载《列宁选集》第2卷，人民出版社1972年版，第764、793、760页。

对投靠本国政府的社会党人的工人书》等三篇文章中，用过"国家资本主义"这个名词。1917 年 4 月 29 日（5 月 12 日）在俄国社会民主工党（布）第七次全国代表会议（即 4 月代表会议）上发表的《为捍卫关于目前形势的决议而发表的演说》中，列宁才第一次使用"国家垄断资本主义"这一科学术语。同年 9、10 月间，列宁进一步说明了垄断资本主义过渡到国家垄断资本主义的必然性，并明确断定国家垄断资本主义是介于一般垄断资本主义与社会主义之间的一个独立的阶段。大家知道，在帝国主义时代，经济危机与战争是不可避免的，而列宁则说："战争和经济破坏逼迫各国垄断资本主义走向国家垄断资本主义。这是客观的形势。"① 又说："国家垄断资本主义是社会主义的最完备的物质准备，是社会主义的入口，是历史阶梯上的一级，从这一级就上升到叫做社会主义的那一级，没有任何中间级。"② 这就是说，一般垄断资本主义并不一定上升到社会主义，只有国家垄断资本主义才上升到社会主义，所以国家垄断资本主义是不同于自由资本主义与一般垄断资本主义的一个新阶段。

诚如美国共产党主席威廉·福斯特在 20 世纪 50 年代中期所说："一般而言，在列宁以后，马克思列宁主义理论家并未系统地研究这个问题（按：指国家垄断资本主义）。就国家垄断资本主义本身来说，那是不够的……"③ 不过，如谢·阿·达林在 20 世纪 70 年代初所说："自从列宁写出他那部论述垄断资本主义的著作以来，已经过去 50 多年。在这段期间，列宁的学说完全得到证实"，④ 并已得到进步经济学家的公认。同时，由于列宁逝世以来，特别是第二次世界大战以后，国家垄断资本主义已有巨大的发展，经济学界关于国家垄断资本主义的理论，也远比列宁时代更加系统、丰富、全面而深刻，而且大都认为它是资本主义的一个新阶段。我所见到的外国学者的有关专著中，1955 年出版的库兹敏诺夫的《国家垄断资本主义》一书，是企图按照列宁关于帝国主义的发展规律，结合列宁逝世后帝国主义历史发展过程，系统论述国家垄断资本主义的较早著作。它认

---

① 《列宁全集》第 26 卷，第 150 页。
② 《列宁选集》第 3 卷，1972 年版，第 164 页。
③ 威廉·Z. 福斯特：《美国的"管理经济"》，载《国际问题译丛》1956 年第 10 期，第 37 页。
④ 谢·阿·达林：《第二次世界大战后美国国家垄断资本主义》，三联书店 1975 年版，第 7 页。

为"国家垄断资本主义是帝国主义时代的产物,它成长自垄断,是垄断发展的结果和最高阶段"①。20 世纪 30 年代后期起,谢·阿·达林就致力于系统论述美国国家垄断资本主义的发展史。1936 和 1961 年出版过《罗斯福的经济政策》和《美国军事国家垄断资本主义》两书,论述二次世界大战前和大战中美国的国家垄断资本主义。他的第三本著作《第二次世界大战后美国国家垄断资本主义》出版于 1972 年,认为"现在可以断言,垄断资本主义已经转变,已经成为国家垄断资本主义了"②。1973 年出版的、罗马尼亚教育部组织一部分教授和社会政治科学院院士根据齐奥塞斯库指示精神③集体编写的《当代资本主义》一书认为:"国家垄断资本主义由战前的非常环境造成的临时性措施,变成了垄断资本主义的一种经常形态。"换言之,"国家垄断资本主义是垄断资本主义的当前存在形态"④。1975 年出版,由苏联、东欧等国 51 位经济学家共同编写的《国家垄断资本主义:共性与特点》一书,虽未明确指出国家垄断资本主义是资本主义的一个新阶段,但它认为国家垄断资本主义已"转变为经常性的制度,成了资本主义再生产全部机制中不可分割的一个组成部分。这是一种特殊的飞跃,它标志着国家垄断资本主义已发展到了一个新的更高的阶段"⑤。1976 年出版的法共中央经济部等编著的《国家垄断资本主义》一书认为:"今天,对于资本主义积累的发展,对于资本和生产直至国际范围的集中,国家起着决定性的作用。这样一来,国家就成了垄断生产关系继续存在下去的首要条件,因此,国家垄断资本主义时期同一般垄断的时期,其发展既是连续的,又是断开的";"国家垄断资本主义是帝国主义阶段中真正独特的时期。"⑥

　　新中国成立以来,特别是近些年来,我国经济学界注意研究国家垄断资本主义的人日多,不仅写出了许多论文,还出版了专著。绝大多数人认

---

① 库兹敏诺夫:《国家垄断资本主义》,三联书店 1957 年版,第 1—2 页。
② 达林:前引书,第 4 页。
③ 齐奥塞斯库指示为:"我们再也不能满足于仅仅重复旧的观点,因为已经发生了重大的变化,如果我们不注意这些变化,便往往会得出错误的结论。"见格·普·阿波斯托尔主编《当代资本主义》,三联书店 1979 年版"出版说明"。
④ 见《当代资本主义》第 72、68 页。
⑤ M. C. 德拉基列夫主编《国家垄断资本主义:共性与特点》,上海译文出版社 1982 年版,第 25 页。
⑥ 法共中央经济部等编著《国家垄断资本主义》,商务印书馆 1982 年版,第 26 页。

为国家垄断资本主义是资本主义的一个新阶段①。肖德周等编著的《政治经济学（帝国主义部分）若干问题浅析》一书中指出："第二次大战后，到五十年代末六十年代初，在帝国主义国家，国家垄断资本主义在整个国民经济中业已占据统治地位，一般垄断资本主义过渡到了国家垄断资本主义。国家垄断资本主义已成了当代帝国主义的经济基础。"② 仇启华、吴健主编的《现代垄断资本主义经济》一书，是我国学者"力求遵循列宁写作的《帝国主义是资本主义的最高阶段》一书的结构"③ 写成的第一部系统论述国家垄断资本主义的著作。它认为"现在，在帝国主义的发展中，垄断资本主义已经发展为国家垄断资本主义"，"国家垄断资本主义是垄断资本主义的一个特殊阶段"④。

国家垄断资本主义究竟是资本主义的一个"什么样的"新阶段呢？我国经济学界有两种意见。1980 年上海《世界经济导报》7 月 15 日、8 月 15 日、9 月 15 日和 9 月 30 日四期上的讨论具有代表性。一种意见认为，国家垄断资本主义是继一般垄断资本主义之后垄断资本主义的一个新阶段，因为它没有超出垄断资本主义的范围，它在生产关系方面引起的变化，只是垄断资本主义的部分质变。另一种意见认为，国家垄断资本主义是继自由资本主义、一般垄断资本主义两阶段之后资本主义的第三阶段。因为自由资本主义转变为一般垄断资本主义是集体资本家代替个体资本家，而一般垄断资本主义转变为国家垄断资本主义则是国家作为"总资本家"代替集体资本家，所以国家垄断资本主义是自由资本主义的否定之否定。它突破了私人垄断资本主义的生产关系：改变了生产资料完全由私人占有的形式，因而冲破了私人垄断资本主义资本与生产集聚的局限性；在一定程度上突破了私人垄断资本主义单纯追求眼前利润的狭隘界限；在一定程度上减轻了私人垄断资本主义的盲目性和无政府状态。

总之，究竟是怎样的一个新阶段，这个问题还可以继续讨论。但是，无论如何，这个资本主义的新阶段，使二次世界大战以后、特别是 50 年

① 极少数人只承认目前国家垄断资本主义在帝国主义国家经济中很发展，但不能成为新阶段。其所持论点及对这些论点的批评意见，请参阅仇启华、吴健主编《现代垄断资本主义经济》，中央党校出版社 1982 年版，第 337—342 页。

② 肖德周等编《政治经济学（帝国主义部分）若干问题浅析》，中国人民大学出版社 1981 年版，第 64 页。

③ 仇启华、吴健主编《现代垄断资本主义经济》，中央党校出版社 1982 年版，"前言"。

④ 同上书，第 335 页。

代末以来的帝国主义国家的社会性质起了许多重要变化，而且影响到世界现代史的发展过程，如我们上文所说，这是研究世界现代史的人绝不应忽视的。

关于国家垄断资本主义的发展过程，大体可以这样说：国家垄断资本主义从 19 世纪末 20 世纪初开始形成，20 世纪 30 年代经济大危机期间在大部分资本主义世界迅速扩大，二次世界大战后逐渐臻于成熟，各发达资本主义国家已把全国经济活动置于它的统一指挥之下。

三 国家垄断资本主义和无产阶级革命的时代

如前所述，从一般垄断资本主义转变为国家垄断资本主义，意味着垄断资本主义的生产关系的部分质变，这就必然引起作为生产关系总和的经济基础以及适应于此经济基础的上层建筑的变化。这也就是说，由于一般垄断资本主义转变为国家垄断资本主义，资本主义世界的历史发展过程必然出现新的阶段，从而也影响到整个世界现代史的发展过程。我们说"影响"，就是说它不能决定世界现代史的发展过程，只能作为新的挣扎以减缓世界共产主义运动的发展速度。20 世纪 30 年代经济大危机以来，特别是二次世界大战以后，就是世界现代史的一个新阶段，仍然是帝国主义和无产阶级革命的时代，但因一般垄断资本主义已转变为国家垄断资本主义，它已不是一般的帝国主义和无产阶级革命的时代，而是帝国主义时代中的国家垄断资本主义和无产阶级革命的时代。从这个时代起，世界现代史中的许多现象，如果不考虑到国家垄断资本主义引起的变化，是不容易认识和阐述清楚的。

国家垄断资本主义引起的根本变化，就是在进入国家垄断资本主义阶段以前，资本主义的运行主要受市场机制的支配；像马克思、恩格斯形象地刻画的那样，国家只起着资本主义"守夜人"的作用，制定和执行各种法律，确立和维护某些制度，也就是创造一些外部条件，以保证市场机制的正常运转。这就是说，国家只起着上层建筑的作用。进入国家垄断资本主义阶段以后，国家不仅为垄断资本保证一般的外部条件，而且"以总资本家、总垄断资本家的身份，干预、指挥经济生活的各个方面"："在生产领域，经济计划化标志着国家直接参与社会生产；在流通领域，国家的政府巨额开支帮助私人企业剩余价值的实现；在分配领域，国家把国营企业创造的一部分剩余价值让渡与私人垄断资本；在消费领域，国家财政承担了调节个人消费品流动的重要职能。"① 这就是说，国家不仅起上层建筑的作用，也成为经济基础的重要组成部分，在资本主义再生产过程中扮演必不可少的角色——"总资本家"。

这种变化，势必引起一些根据国家垄断资本主义以前的资本主义发展规律所不能解释的历史现象。下面我们举几个例子说明。

1. 进入垄断资本主义阶段以后，资本主义生产社会化与生产资料私人占有制的矛盾日益尖锐；当这种矛盾发展到顶点时，不冲破资本主义生产关系，建立社会主义，生产力就不能再发展。1929—1933 年的资本主义世界经济大危机及其以后的特种萧条，就是这种资本主义发展规律的最明显的证据。以往资本主义经济危机只是过渡到普通的萧条，从而会引起工业的新高涨和繁荣，这次危机却过渡到特种萧条，看不出会导致工业新高涨和繁荣的预兆。正如斯大林 1934 年 1 月 26 日《在党的第十七次代表大会上关于联共（布）中央工作的总结报告》中所说："这是不是说现在的情况是从危机过渡到普通的萧条，从而会引起工业的新的高涨和繁荣呢？不，不是这个意思……"

"显然，现在的情况是从工业的最低点，从最深刻的工业危机过渡到萧条，但不是过渡到普通的萧条，而是过渡到特种的萧条，它不会导致工业的新的高涨和繁荣……"② 斯大林当时这样说是正确的。因为到 20 世纪 30 年代，一般垄断资本主义的生产关系已成为它生产力的桎梏；不冲破它，就不能导致新的工业高涨和繁荣。但是，众所周知，1929—1933 年经济大危机以后，资本主义世界主要国家并未实现社会主义革命，生产关系并未彻底改变，却出现过工业的新高涨和繁荣，特别是第二次世界大战以后，虽不断出现经济危机，而总的趋向则是经济的高涨。"从 1954 到 1973 年，工业生产平均每年增长率，美国为 4.6%，日本为 12.5%，联邦德国为 6%，法国为 5.7%。这样的高速度，在资本主义的历史上是少有的。"③ 过去，特别是"文化大革命"以前，研究历史的人很少研究资本主义世界

---

① 见褚葆一、张幼文：《乾坤日夜浮——论资本主义百年来的变化》，《世界经济论文选辑》，上海世界经济学会 1983 年 1 月版。

② 《斯大林全集》第 13 卷，人民出版社 1956 年版，第 258 页。

③ 李琮等：《对第二次世界大战后主要资本主义国家经济发展的一些看法》，《世界经济》1980 年第 1 期，第 1 页。

战后经济新高涨及其在世界现代史中的意义，即使提到，也多半只把这种新高涨归因于国防开支或军费开支。其实这是不全面的，是不完全符合历史事实的。战后西欧主要国家和日本的军费开支，在各国中央政府财政支出中的比重大大下降了，特别是经济增长最迅速的联邦德国和日本，降低比例都很大。据官方材料，1951—1975年，联邦德国军费占国家财政总支出由32%降至19%[①]。日本军费开支占国民生产总值比重，从1950年的3.32%降至1975年的0.84%[②]。反之，1961—1970年间，美国因为侵越战争军费开支在国家财政总支出中，比联邦德国、日本、法国都高得多。但是，同一期间联邦德国、日本、法国的国民生产总值的年平均增长率分别为4.7、11.2和5.6，而美国则只为3.9。由此可见，战后各垄断资本主义国家生产力的提高，必定还有别的原因。经济学工作者认为，这是国家垄断资本主义的发展，在一定程度上，使生产关系暂时地、局部地适应了生产力发展的要求，它主要表现在以下几方面：国家作为总垄断资本家，能从整个垄断资产阶级的长远利益出发，通过国有企业活动，保证经济发展对交通、邮电、动力、原料以及其他各种基础设施的需要，影响就业和收入水平，影响某些部门的生产成本、价格水平等等；由国家拨款以及在国家资助与推动下取得的科研成果，成为垄断资本加强实力、巩固阵地、提高生产效率、加快经济发展的重要手段；国家对经济的直接干预与调节，在一定程度上协调着各部门、各企业之间的相互关系，使国民经济的部门结构能维持相对的平衡，又能推动落后地区的经济开发，改善国家地区经济结构，有利于全国经济进一步发展；国家通过信贷、津贴、税收等手段减轻经济危机的深度，并通过"计划化"减轻生产无政府状态，以改善再生产条件；国家推行"社会福利"政策，缓和阶级斗争；等等。

　　由此可见，战后各主要资本主义国家生产力的提高，主要是由于国家垄断资本主义加强的结果。

　　当然，战后主要资本主义国家这种经济的高速发展，主要受益者仍然是垄断资本家。这一点未变。

　　2. 无论在自由资本主义或一般垄断资本主义时代，资本主义国家的生

　　① 郭吴新：《战后西欧的国家垄断资本主义的发展概况及其特点》，《世界经济》1982年第2期，第57页。

　　② 《世界知识年鉴》，世界知识出版社1982年版，第900页。

产都呈现着无政府状态，因此不可能实现计划经济。1933 年罗斯福实行第一次新政时，曾企图通过全国工业复兴法对工业实行某种程度的计划，结果是失败了①。所以，1934 年 7 月 23 日，当英国著名作家威尔斯向斯大林谈到美国罗斯福政府正在建立计划经济时，斯大林答复说："如果不摆脱资本家，如果不废除生产资料私有制原则，那么你就不能建立计划经济。"② 斯大林当时这样说是完全正确的。因为当时"真正的经济是很少与资本主义国家有关系的，它并不在资本主义国家手中。相反的，国家是掌握在资本主义经济手中"。③ 自罗斯福新政以后，特别是第二次世界大战以来，情况有很大变化。"真正的经济"不再是"很少与资本主义国家有关系"，也不再"不在资本主义国家手中"。

1968 年，国有企业在全部企业资产总额中所占比重，英国为 17%，联邦德国为 22.7%，意大利为 28%，法国为 33.5%。而且，国有企业最发达的，是采煤、石油、钢铁、汽车、造船、电力、铁路、煤气、航空、邮政、电讯等 11 个起关键作用的工业部门。有篇文章说，在这些部门中，国有企业比重超过 50% 的，英国和奥地利各有 10 个，法国 9 个，意大利 8 个，联邦德国、荷兰各 7 个，比利时 5 个，日本 3 个④。20 世纪 60 年代末 70 年代初，国有企业投资额占全国投资总额比重，西欧大国一般为 30% 左右，美国近 20%；信贷—金融业资产，国有企业比重，西欧大国均超过二分之一，日本、美国近五分之一。1978 年，国家开支占国民生产总值的百分比，英国为 45.7，法国为 39.3，联邦德国为 46.8，意大利为 48.2，美国为 32，日本为 30.5。到 1982 年底，20 个发达资本主义国家税收所占国民生产总值百分比如下表（引自 1984 年 2 月 13 日香港《经济导报》）（见表 1）。

国别	税收占国民生产总值百分比	国别	税收占国民生产总值百分比
瑞　典	50.3	芬　兰	36.8
挪　威	47.8	加 拿 大	35.9
荷　兰	45.5	新 西 兰	34.0

---

① 参见阿瑟·林克、威廉·卡顿：《美国世纪——1900 年以来的美国史》，纽约克罗普夫公司 1980 年版，第 1 卷第 16 章第 6 节。
② 《斯大林选集》下卷，人民出版社 1979 年版，第 353 页。
③ 同上，第 354 页。
④ 见郭吴新《战后西欧的国家垄断资本主义的发展概况及其特点》。惜未指出这些统计数字的具体年代。

国别	税收占国民生产总值百分比	国别	税收占国民生产总值百分比
比 利 时	45.4	意 大 利	33.7
丹 麦	44.5	卢 森 堡	33.3
法 国	43.5	希 腊	31.7
奥 地 利	41.0	澳 大 利 亚	31.6
爱 尔 兰	40.5	美 国	31.2
英 国	40.0	葡 萄 牙	31.1
联 邦 德 国	37.0	瑞 士	31.0

从以上情况可以看出，由于国家垄断资本主义的大发展，作为总垄断资本家的国家直接掌握着巨大的财政资金和为数众多的国有企业，使国家在整个经济生活中能发挥巨大的控制作用。这样，虽然垄断资本主义国家仍然不能实行社会主义性质的计划经济，但是，"现在在许多西方国家，国家垄断的经济计划化体系已经形成或正在形成，这种体系在确定一定的国民经济比例、编制和实现全国性经济计划的基础上，把当前的调节与协调经济发展远景的企图结合起来。"[1] 法国从 1947 年起就实行计划经济，目前正实行第八个五年计划（1981—1985 年）；联邦德国从 1967 年开始编制和实行为期五年的中期财政、经济计划；意大利从 1967 年起将国家计划和国有企业紧密地联系在一起；[2] 日本战后"制订九个发展经济计划，绝大部分都得到完成或超额完成"；[3] "英国、荷兰、比利时、挪威和其他一系列资本主义国家经济计划化都得到了巨大发展。美国从 60 年代初开始……加强了对长期的国家垄断调节经济的注意。"[4] 当然，这种计划经济是为垄断资本的利益服务的。它的约束力和准确性也不大，但和 1934 年时是很不相同的。

3. 1847 年恩格斯在《共产主义原理》中说，一个国家的"共产主义

① M. C. 德拉基列夫主编《国家垄断资本主义：共性与特点》，第 236 页。

② 郭吴新：《战后西欧的国家垄断资本主义的发展概况及其特点》，《世界经济》1982 年第 2 期，第 61 页。

③ 钟远蕃：《日美等发达国家与发展中国家的经济发展战略的比较研究》，《世界经济》1982 年第 2 期，第 21 页。

④ M. C. 德拉基列夫主编《国家垄断资本主义：共性与特点》，第 238 页。

革命发展得较快或较慢，要看这个国家是否工业较发达，财富积累较多，以及生产力较高而定。因此，在德国实现共产主义革命最慢最困难，在英国最快最容易（按：当时英国比德国的经济发达）。"① 根据资本主义发展的基本规律，根据当时资本主义发展过程受市场机制控制的具体情况，恩格斯的这种论断是完全可以理解的。因为工业最先进国家的资本主义基本矛盾、经济危机，阶级斗争最尖锐。事实上，共产主义和共产主义运动的诞生和早期发展，世界上第一个无产阶级政权的建立，都是在西欧、北美这些工业先进地区。到了帝国主义阶段，西欧、北美的工业更发达，财富积累更多，生产力更高，为什么没有首先实现社会主义呢？我在《美国垄断资本主义发展史与马列主义》② 一文中曾以美国为例初步谈到这个问题，这里不打算详谈，这里要提出的是：为什么西欧、北美的垄断资本主义以罗斯福新政为转折点发展为国家垄断资本主义时，特别是二次世界大战以后，其工业发达、财富积累、生产力提高程度又大大向前推进了一步，而这些国家致力于摧毁资本主义制度、建立社会主义的工人运动和社会主义运动不是发展得更快、更容易，反而更慢、更困难呢？我们认为，根本原因是因为这些国家的垄断资产阶级按照凯恩斯主义发展国家垄断资本主义、建立"福利国家"的缘故。这里极其重要的是国家垄断资本主义对再生产过程中劳资关系、劳动力再生产过程的干预和调节。从美国来说，1933 年罗斯福初任总统时，面临着一场空前严重的经济危机。除工农业生产和外贸锐减、金融业濒于崩溃外，失业工人达 1700 万③。在饥寒交迫中，在美国共产党领导或影响下，罢工运动风起云涌，少数人甚至喊出"我们必须夺取政权，建立工农共和国"的口号。1934 年又有成百上千万贫穷人民饥不择食，成为休伊·朗和库格林神父这类准法西斯分子的信徒。罗斯福是个较有远见的资产阶级政治家，他站在垄断资产阶级整体利益的立场上，较清楚地认识到，要在保存资产阶级民主的前提下挽救美国资本主义制度，避免共产主义和法西斯主义，就必须解决这个问题。他还逐渐认识到，胡佛总统三年来寄希望于市场机制自我调节和垄断资本家大发慈悲的放任主义政策，是绝不能解决这个问题的，联邦政府自己必须进

---

① 《马克思恩格斯选集》第 1 卷，人民出版社 1975 年版，第 221 页。
② 载上海《社会科学》1984 年第 2 期。
③ 各家所用数字不一，我们这里根据威廉·福斯特《美国共产党史》，纽约国际出版社 1952 年版，第 293 页。

行干预。在两次"新政"中，他促使国会通过全国工业复兴法第七条第一款、全国劳工关系法、公平劳动标准法、社会保险法等法律，又由联邦政府建立紧急救济署、民间自然资源保护队、公共工程管理局、国民工程管理局、工程振兴局、全国青年管理处、田纳西河流域管理局等机构。其结果是：1. 帮助大批在业工人不仅按行业、而且按产业原则组织起来（1933年工会会员只有 300 万，到 1939 年增至 900 万），和资本家进行集体谈判，改善他们在生产关系中的地位；为他们确定最高工时和最低工资；禁止童工。2. 尽量帮助失业工人就业，对尚未就业的，则通过社会保险和救济工作使他们维持最低生活水准。这样，就像资产阶级学者所说，罗斯福"新政"把美国推上了"福利国家"的道路。这样的劳工政策，当然在一定程度上有利于缓和阶级斗争。虽然罗斯福本人不相信当时适应国家垄断资本主义的需要而兴起的资产阶级经济学——凯恩斯主义，但他的这种政策是符合凯恩斯主义的。二次世界大战后，凯恩斯主义逐渐成为美国的官方经济学，罗斯福的劳工政策基本延续下来。不过，因为美国这种政策的最后目的在于挽救和维护资本主义制度，所以当垄断资产阶级认为工人运动、共产主义运动威胁到它的根本利益时，它是不惜加以严厉镇压的。1946 年美国政府对矿工罢工的镇压，1947—1954 年对美国共产党和一切进步力量的迫害，1947 年带有反共条款的塔夫脱－哈特莱法的通过和实施等等，都是很刻毒而彻底的。这样，就迫使产联内部左派与中派联盟统治的崩溃，形成右派与中派联盟的统治，并于 1955 年与保守落后的劳联合并，使美国工会运动的主要势力从此脱离了具有战斗性的、进步的思想，一心一意和"总垄断资本家"合作建立"福利国家"。美国史学家保罗·康金说，它"像一只幸福而被保护的羔羊，最后在企业雄狮身旁躺下"①。这虽然是一句资产阶级学者的话，我们不能照搬，但我们的确可以由此看出美国国家垄断资本主义削弱美国工人运动战斗性的作用。不独工人运动如此，二次世界大战以后，特别是 20 世纪 40 年代末以来，美国的共产主义运动再也没有罗斯福时代那种势头了。

　　在西欧，虽然除瑞典以外，英、法等国 20 世纪 30 年代没有像罗斯福政府那样大规模地、迅速地推行凯恩斯主义政策，但它们的社会福利立法比美国的开始较早。二次世界大战以后，不仅英、法等国不得不实行凯恩

---

① 保罗·康金：《新政》，纽约克罗韦尔公司 1972 年版，第 103 页。

斯主义，德、日、意的垄断资产阶级由于法西斯主义碰了壁，也不得不转而实行凯恩斯主义，走所谓"福利国家"的道路。联邦德国、英、意、法、荷、比等6国的社会福利开支占政府总支出的比重，从1957年的55.3%上升到1978年的64.7%[①]。所以这些国家的国家垄断资本主义对无产阶级革命的消极影响，也是非常值得而且急需进行研究的。

据以上所述，在战后国家垄断资本主义时代，帝国主义国家的无产阶级革命运动，可以说是出现了低潮。这里或许有人会问：既然国家垄断资本主义仍然是帝国主义，那么，这怎能和列宁说的帝国主义和无产阶级革命的时代一致起来呢？我们认为，不能这样形而上学地看问题。列宁说的帝国主义和无产阶级革命的时代，是指总的趋势而言，并不是说自进入帝国主义时代以后，无产阶级革命运动就一直高涨，它也有出现低潮的时候。国家垄断资本主义时期到目前为止就是如此。不过，由于国家垄断资本主义并没有消灭资本主义的基本矛盾，它仍然受资本主义发展总规律的制约，它一方面暂时延长了垄断资本主义的寿命，另一方面又酝酿着更严重的经济危机和更剧烈的工人运动和共产主义运动。20世纪70年代以来，已经出现了这种苗头。所以，无产阶级革命运动暂时出现低潮的国家垄断资本主义阶段，也是属于帝国主义和无产阶级革命这个总时代的。为了便于研究和认清帝国主义这个特定时期的历史发展规律，我们才把它称为国家垄断资本主义和无产阶级革命的时代，并不是有意标新立异。

除以上所述，由于国家垄断资本主义的影响，各主要资本主义国家的上层建筑也发生了许多变化。比如行政部门和行政首脑的权力扩大，政府机构和雇员大量增加；国家垄断性质的立法大量涌现；凯恩斯经济学代替了以前鼓吹自由放任的资产阶级经济学，等等。由于篇幅关系，我们将在适当时间另文论述。

四　国家垄断资本主义的国际联合

列宁说："资本主义如果不经常扩大其统治范围，如果不开发新的地

---

① 中国西欧研究会秘书组：《关于西欧国家垄断资本主义的几个问题》，《世界经济》1982年第3期，第60页。

方……它就不能存在与发展。"① 据此，垄断资本的国际化是必然的，垄断资本建立国际垄断组织，开始于自由资本主义向垄断资本主义过渡的时期，但当时这些国际垄断组织在世界经济中无足轻重。以后逐渐发展，到二次世界大战以后，由于科学技术的迅速发展、生产力的迅速提高以及工业与资本的更大规模的集中，大大加强了垄断资本国际化的规模。根据联合国跨国公司中心资料，1977 年全世界共有跨国公司 10 727 家，至少控制 82 266 家国外子公司。1976 年，跨国公司国外产值 8 300 亿美元，相当于当年世界出口总额 9 180 亿美元的 90% 以上。虽然有的跨国公司负责人称自己公司把世界看做一个整体，它的生产、投资和销售活动尽可能不考虑任何国家和政治方面的界线，但绝大多数跨国公司都是属于某一国家的。它们的基地国作为总资本家，不独在政治上保护它们，还对国际经济关系进行全面干预，以帮助它们发展，实际上是在国家垄断资本主义基础上的国际化。

这种垄断资本的国际化，在整个世界经济结构中具有多种多样的关系。它虽然引起资本主义世界国际生产分工和专业化基础上的相互依存，但也必然由于谋求高额利润而进行贸易战、关税战、货币战、投资战等，具有很大的破坏作用。对发展中国家，它们既有剥削的一面，也有依赖的一面。为了在这错综复杂的关系中维持和发展自己，各主要资本主义国家之间必须进行经济调节，组成国家垄断资本主义的国际联合。开始时，这种国际联合是比较松散的、级别较低的、约束力较小的。大体有两种：一种只调节国际关系的某一方面，如关税贸易总协定、国际货币基金组织、世界银行等；一种是调节全面国际经济关系，如经济合作与发展组织，包括 24 个国家。

由于这种松散的国际联合还不能适应形势发展的需要，又逐渐出现一种更高级的、一体化的国家垄断资本主义的国际联合。比如 1952 年，联邦德国、法国、意大利、比利时、荷兰、卢森堡六国为了调节彼此经济，与两个超级大国竞争，组织了欧洲煤钢联营，后来又在 1958 年发展为欧洲经济共同体，并成立欧洲原子能共同体。为了和欧洲经济共同体抗衡，在英国倡导下，1959 年成立了欧洲自由贸易联盟，参加的有英国、挪威、瑞典、丹麦、瑞士、奥地利、葡萄牙、芬兰、冰岛等国。欧洲煤钢联营、

---

① 《列宁全集》第 3 卷，第 545 页。

欧洲原子能共同体和欧洲自由贸易联盟，都是部门一级的国家垄断资本主义的国际联合，欧洲经济共同体则是国家一级的，调节作用更显著。1967年，三个欧洲共同体的主要机构合并，合称欧洲共同体。1973年，欧洲自由贸易联盟成员英国、丹麦、爱尔兰加入欧洲共同体，使欧洲共同体逐渐发展成为整个西欧的国家垄断资本主义的国际联合。

欧洲共同体通过关税同盟、共同农业政策和经济货币同盟，对各成员国国民经济的一切领域不仅进行国家间调节，也进行超国家的调节。这种高级的国际经济垄断，必然引起上层建筑首先是政治制度的变化。欧洲共同体是一个超出国界的地区性国家集团，也是一个以实行经济和政治全面联合为目标的经济政治实体。它设有部长理事会（1975年又成立各国首脑组成的欧洲理事会）、共同体委员会、欧洲议会和欧洲法院。理事会是决策机构，委员会是执行机构，欧洲议会是咨询监督机构，欧洲法院是司法机构，都是代表共同体的整体利益进行政治经济调节活动的。共同体的这一套机构是为了共同体国际垄断资本的利益，争取"欧洲能用一个声音在世界上说话"。

战后国家垄断资本主义从20世纪60年代后期起，导致了一种新型的经济危机——生产停滞与通货膨胀并发的滞胀危机。从1973至1975年整个资本主义世界的滞胀危机起，标志着"战后大繁荣的终结"，[①] 美、英、法、日、意、联邦德国、加拿大等七国的国民生产总值年平均增长率，1958—1973年超过5%，1973—1979年降为2.5%；同一时期，物价年平均上涨率从3.5%上升到8%[②]。英、美、日、联邦德国年平均失业率，20世纪60年代分别为2.1%、4.8%、1.0%和0.9%，20世纪70年代上升为4.8%、6.4%、1.7%和3.1%，法国的失业人数1980年为1970年的5.6倍[③]。再加上能源危机和以美元为中心的国际货币体系的崩溃，资本主义世界陷入一片混乱。其次是从20世纪70年代初期起，南北关系紧张，第三世界要求改变旧国际经济秩序、建立新国际经济秩序的斗争形势逼人。第三是西欧、日本和美国对东西方经济贸易关系步调不一致，但它们在和苏联的竞争中又感到应该具有共同立场。所有这些情况，要求在跨

---

①　美国《外交季刊》1979年秋季号，第104页。

②　同上书，第103页。

③　宋则行：《论发达资本主义国家经济的"滞胀"》，《辽宁大学学报》1983年第3期，第26—31页。

国公司方面占有绝对优势的美国采取主动，寻求整个资本主义世界的国际调节，也就是建立整个资本主义世界的国家垄断资本主义的国际联合。20世纪 70 年代初，布热津斯基提出定期召开各发达国家首脑会议，以便讨论解决共同的经济、政治和安全问题；第一步参加者应为西欧、美国和日本。1973 年 7 月，美国大通曼哈顿银行主要负责人戴维·洛克菲勒发起组织北美、西欧、日本三边委员会，促进三方经济、政治合作，协调三方内外政策，共同应付当前政治经济危机。在此基础上，1975 年由法国吉斯卡尔·德斯坦总统倡议，于同年 11 月在巴黎附近的朗布依埃举行第一次英、法、美、日、意、联邦德国六国首脑会议。1976 年 6 月在波多黎各举行第二次会议时，加拿大参加，称为西方七国首脑会议。1977 年 5 月在伦敦举行的第三次会议上，首次邀请詹金斯以欧洲共同体委员会主席的身份、卡拉汉以欧洲共同体部长理事会主席的身份参加，并建立了一个常务委员会以处理经常性事务。这样，一个具有整个资本主义世界规模的国际垄断组织便初步形成。它的任务是：研究资本主义世界的经济政治总方针，研究如何维持与加强国际垄断资本主义。七国首脑会议对资本主义生产关系在国际上进行某些调整，无疑为资本主义世界生产力的发展开拓了一点余地，加强了各国的国家垄断资本主义，并使之进一步国际化。从目前形势判断，只要资本主义制度存在一天，七国首脑会议的经济政治调节作用还有可能得到发展。1982 年已有人提出了"国际垄断资本主义阶段"的概念。是否资本主义在国家垄断资本主义之后，还有一个国际垄断资本主义阶段，目前不好定论。当然，即使资本主义有一个国际垄断资本主义阶段，它仍然是资本主义，绝不能解决资本主义世界的滞胀危机，真正的出路只能是科学社会主义。

（本文原载《世界历史》2008 年第 5 期）

后 记

　　2009 年 3 月，中央马克思主义理论研究和建设工程"第四批重点编写教材实施方案"正式启动，《世界现代史》即是其中的一种。同年 5 月，《世界现代史》课题组在北京召开扩大会议，研讨"世界现代史的主线和体系"，来自中国社会科学院、武汉大学、首都师范大学、中国人民大学、吉林大学、北京大学、西北大学、南开大学、辽宁大学等单位的专家学者与会，中宣部和中国社会科学出版社的同志作为特邀嘉宾也应邀出席。与会者各抒己见，踊跃发言；会议气氛热烈，不乏真知灼见和激烈交锋，对深化认识"世界现代史的主线和体系"，有积极的推动作用。本文集的内容，以与会者当时提交的论文为主，同时也有选择地将以往发表过的有代表性的六篇论文收入。如何科学地认识"世界现代史的主线和体系"，不仅是一个重大理论问题，更是一个实践问题。无论提出怎样的观点，都有待于科学研究实践的检验。希望本文集能从理论与实践的结合上，有助于学界同人和各界读者科学认识世界现代史的主线和体系。但因水平有限，加之时间仓促，本文集捉襟见肘，不尽如人意之处在所难免，敬请大家不吝指正。

　　在编撰本文集时，《世界现代史》课题组主要成员兼学术秘书孟庆龙研究员、中国社会科学出版社第一编辑室主任郭沂纹编审，承担了大量的组织工作和事务性工作，为本文集的顺利出版作出了积极贡献，在本文集即将问世之际，谨向他们表示深深的敬意。最后，对中国社会科学出版社有关同志所付出的辛勤劳动，也一并表示感谢。

主　编